》叢書・歴史学研究《

楽市論

初期信長の流通政策

安野眞幸著

法政大学出版局

序——楽市論への招待

はじめに——史料

信長を知るための史料には、文書と記録がある。現在までに発見された信長文書を、ほぼ網羅的に収集したものに奥野高廣の『増訂　織田信長文書の研究』上・下・補遺索引（吉川弘文館、一九八八年。初版＝上・下二巻、一九六九年）の三冊本がある。最近でも文書の発見は進んでいるが、大きな増加は期待できない。一方記録には、太田牛一『信長公記』、小瀬甫庵『信長記』などがある。なかでも『信長公記』は、信長の研究者はもとより、小説家が好んで利用している。われわれのテーマ〈信長の流通政策〉に限定して言えば、有名な出来事に〈関所の廃止〉がある。しかしこれを説明する具体的な「文書」は未だ発見されておらず、関所廃止は専ら「記録」に頼っているが、他方、〈楽市楽座〉に関連する記録は『信長公記』などには見いだせず、「文書」に頼らざるをえない状態にある。楽市楽座は、現代と異なり、「記録」作成当時は、太田牛一や小瀬甫庵など同時代人には重要視されていなかったようである。

本書は、私がこの数年間、集中して書き続けた一〇本以上の論文を基にしている。信長の楽市令は、岐阜（本書第七章で取り上げる）・金森（第九章）・安土（第十章）の三種類と、数の上ではそんなに多くないのに、初期信長の流通政策に関連する文書をほぼ網羅的に取り上げて論じたので、論文数としては一〇本以上となってしまった。なぜそんなにも多くなったのか、まずその説明から始めたい。しかしその前に、振り返れば今から三〇年も前のことになるが、勝俣鎮夫「楽市場と楽市令」（『中世の窓』一九七七年、吉川弘文館、所収）に接したときの私の違和感を述べておきたい。

勝俣鎮夫「楽市場と楽市令」への違和感

勝俣が論文「楽市場と楽市令」を発表したのは岐阜大学奉職中のことで、当時名古屋大学に奉職中の網野善彦『無縁・公界・楽』（平凡社選書、一九七八年）刊行とほぼ時を同じくしており、中京発のこれらの「無縁」「縁切り」の議論は〈新しい歴史学〉〈社会史〉として、一世を風靡した。これに対して私は、この時代を把握するのに「縁切りの原理」だけでは不十分ではないかとの違和感を感じ、「無縁」「縁切り」の議論に対する批判・克服をなんとか形にしたいと思った。そのために、勝俣と同様、上加納にある「楽市場」宛て制札を取り上げて、勝俣説への反論を試みたかった。しかしそれは当時の私の力量では無理だった。そこで、そのための前提、あるいは一つの試みとして「瀬戸楽市令と商人宿――永禄六年の瀬戸宛信長制札の分析」（弘前大学教養部『文化紀要』第二十六号、一九八七年）を発表した（本書では全面的に書き改め、第四章「瀬戸宛て制札」として収録）。その時から数えれば、今日まで二〇年もの長い月日が経ってしまっている。

勝俣の論文構想は、学生時代に氏が住んでいた「豪徳寺」近くの大山街道沿いで毎年開催される「世田谷ボロ市」の自由で開かれた空間に基づいているが、私の出身中学は「豪徳寺」から一つ新宿よりの「梅ヶ丘」にある梅ヶ丘中学で、同級生には「大場」姓の友人がいた。百姓家と植木職人の息子の二人は、われわれのような新住人ではなく、地付きの人だった。ここから、後北条氏の世田谷新宿宛て楽市令の分析には、文書保管者の大場代官に注目すべきだと思った。勝俣が論文を書いたときと比べ、現在では商人宿・有徳人・商人頭などの研究が進み、その限りで、「縁切りの原理」を克服する議論は進んでいると思う。しかしその後の私の研究は一向に進まず、時間だけが虚しく経っていった。しかしこの間突然に、私は集中して研究を進めることができた。それは、以下述べるように、楽市令に登場する「免許」文言に徹底的にこだわり、通説の解釈に対し、疑問を堅持することによってはじめて可能となった。それゆえ本書は「楽市論」であると同時に、「免許論」でもある。後者についての議論をここでまとめておきたい。

最初の疑問

信長の第三番目の「楽市令」は、天正五年（一五七七）に安土山下町中に宛てた十三カ条からなる定書である。これは「安土山下町中宛て楽市令」として、高校の教科書に必ず記載されるなど、「都市法」としても「楽市令」としても有名である。その第三条と第四条には、それぞれ「普請免除事」「伝馬免許事」とある。この解釈・説明は通常「普請役と伝馬役を免除した」である。つまり第四条の「免許」の意味は、第三条の「免除」と同じとしている。しかしながらこの文書では、「免許」はこの他第一条にあり、「免除」は第八条・第十二条にもある。文書表面上では明白に書き分けをしていると思われる。同じ意味なら同じ言葉を使うのが自然で、こうした書き分けの事実を無視し、同じ意味だとするのは、研究者の怠慢ではないか。これが私の、楽市令の通説的解釈に対する最初の疑問だった。いろいろな本に当たっても、どれも「普請役と伝馬役の免除」とあり、その他の解釈を見いだすことはできなかった。

一方、イエズス会宣教師ルイス・フロイスは、足利義昭から永禄十二年四月八日付けで布教許可証を得た際、日本の免許状一般の特徴を、「尊師の知らるる如く、公方様、又は日本の諸王の免許状は文言極めて簡単にして、意味深長なり」と述べている。日本の中世文書が〝言葉少なくして意味多し〟で、俳句と同様「最小メッセージ型コミニュケーション」の特徴を持つというのである。それゆえ表現されたメッセージの差違は当然意味上の差違を示したはずで、細部への注目こそが大切だと思われる。「免許」と「免除」とを明確に書き分けているのに、どちらも同じ意味だとするのは変ではないか。結論を先に述べると、私はこの第四条を「伝馬問屋を安土町に許可する」と解釈できると思う。その理由には、同じ安土楽市令の次の二カ条を挙げることができる。

① 第二条には「往還之商人、上海道相留之、上下共至当町可寄宿、但、於荷物以下之付下者、荷主次第事」とあり、東山道＝「下海道」や、昔からの裏街道＝「景清道」に対して、信長は安土を貫く「上海道」を重視し、「往還之商人」に道路強制をした。

② 第十三条には「博労之儀、国中馬売買、悉於当所可仕之事」とあり、信長は「馬売買」「馬市」の安土への

集中を命じた。ここから安土は博労たちの新センターとなったと思われ、信長が安土中心の道路政策・交通政策に関心を寄せ、伝馬制度の整備・確立を目指したとするのはきわめて自然である。

それゆえ第四条は「安土に伝馬制度を許可した」と考えられよう。逆に通説のように「伝馬役の免除」だとすれば、この法令以前に伝馬制度はすでに確立しており、安土の人々はその負担を嫌っていたことになる。日本列島の交通は一般に「西船東馬」と言われ、西国では水上交通の占める割合が高く、伝馬制度は東国の今川・武田・後北条・上杉・徳川などの大名領国にある。信長の根拠地、尾張・美濃・伊勢は〈環伊勢湾世界〉で、「木曾川八筋」の内陸水上交通と合わせて、網野の言う〈河海の世界〉である。近江も琵琶湖水運の意味は大きく、総体として織田の領国は西国的で、伝馬制度の確立は遅れたと思われる。信長印判状を悉皆調査した山室恭子は、「伝馬に至っては一通も見出すことが出来ない」と断言している。

しかし信長の安土楽市令を引き継いだ天正十四年（一五八六）の豊臣秀次の八幡山下町中宛て法令第三条と、文禄三年（一五九四）の京極高次の八幡町中宛て法令第三条には、それぞれ「普請并伝馬免除事」「伝馬并普請、今迄如有来可相勤、其他者免許事」とある。「普請」と「伝馬」を一緒に取り扱う点で、両者は共通するが、法の主旨は互いに正反対である。それゆえ、この二娘法を根拠に、母法もまた「伝馬役の免除」だとすることはできまい。むしろこの二娘法からは、天正十四年の豊臣秀次の法令発布以前に、この地に伝馬制度は確立していたと理解すべきだろう。以上から、安土楽市令の第三条は「普請役の免除」を、これに対して第四条は「伝馬制度の許可」を謳ったものと解釈できよう。以上を認めると、「免許」が「免除」でない場合もあったことになる。

広がる疑問

こうなると、問題は直ちに第一条の解釈に波及する。〈楽市場は無税の場〉という通説の理解のままでよいのか、第一条の「諸役免許」をどう解釈すべきか、という根本的な問題が生まれる。信長の出した「楽市楽座令」は〈中世の「座」の否定〉で、信長は中世的秩序の破壊者だ。〈「楽市」ではすべての課税が否定されていた〉。このような歴史の見方は現在でも日本史上の常識だろう。このような通説的理解は、「免許」＝「免除」という解釈に基づいている。しかも後北条氏などの東国の楽市令には「諸役一切不可有之事」とあり、「諸役免許」を「諸役免除」の意とすると、楽市令全体がうまく理解できる。逆に「諸役免除」の意でないとすると、信長楽市令と東国の楽市令との共通項が見失われる可能性が出てくる。こうして最初の疑問は、楽市令に対する根本的な疑問へと直結してゆくことになる。その結果、「諸役免許」の解釈をめぐって、私の孤立無援の闘い、孤独な試行錯誤の旅は始まった。

「諸役免許」文言を含む信長文書を挙げると、当然三楽市令がある。その他これとよく似た文書形式、つまり三カ条からなる定書には、瀬戸宛て制札（本書第四章）、尾張二宮宛て定書（第五章）、苻中府宮宛て定書（第八章）の三つがある。瀬戸では「新儀諸役……不可取之事」、二宮では「新儀諸役……免許」、苻中府宮では「諸役免許」とある。

しかし私は最初に、「停止諸役」とある今川氏の折紙、富士大宮楽市令（第六章）を取り上げた。「停止」と「諸役」の分離が可能ではないか、との期待があったからである。分析の結果、この場合の「停止諸役」は「諸役免除」に近いことがわかった。次に「諸役……免許」文言のある信長の鋳物師水野太郎左衛門宛て折紙（第三章）を取り上げた。ここで私は、信長文書中に「諸役……免除」ではない、〈権限の許可〉の意味での「諸役……免許」の用例を確かめることができた。問題は一歩前進し、私の構想は大きく膨らんだ。しかしここで私が確認したことは、「免許」には「免除」の意味も、「許可」の意味もあるが、そのいずれであるかは文書一つ一つに即して考えなければならないということだった。

信長三楽市令を個別具体的に理解するためには、楽市令の文言の一つ一つの理解が必要で、用例を信長文書中に探る必要があった。上加納楽市令（第七章）第一条の「往還不可有煩」文言の理解のために、瀬戸宛て定書の「往反不可違乱」の分析が必要だった。さらにそのために、信長文書中で最初に交通の自由を取り上げた知多郡・篠島の商人宛ての自由通行令（第二章）を取り上げ、「往反不可違乱」を分析した。同様に、前述三定書の分析も必要だった。

瀬戸宛て定書と苻中府宮宛て定書の「俵物・塩相物」の分析のため、熱田八カ村宛て制札（第一章）を取り上げた。こうして検討すべき文書は拡大し、多くの信長文書と取り組むこととなった。これが一〇本以上もの論文を書いた理由である。次に、本書の中心テーマとなった「諸役」と「免許」「免除」について、ここで取り上げ論じたい。

諸　役

「諸役」とは、「もろもろの役」のことで、「役」の複数形である。有光友学は、論文「今川氏不入権と『諸役免許』」（戦国史研究会編『戦国期東国社会論』吉川弘文館、一九九〇年、所収）において、今川氏が領国内の寺社・給人宛てに発給した史料に登場する「諸役」を次の五つに分類した。ここから、一口に「諸役」といっても、その意味は多義的で、何を意味するかは一義的に確定できないことがわかる。

㈠　守護役──棟別・段銭・国役・郡役
㈡　人夫役──四分一・点役（天役・転役・伝役）・押立・飛脚・用脚・伝馬役・普請人足
㈢　軍　役──陣夫・陣僧・陣参・陣取之人数
㈣　地下役──所役・地下次諸役・惣郷次之諸役
㈤　その他──職人役・商売役・山手役・船役・社役・井堤之普請

寺社や給人に対しては、地域住民として、その家屋や田畑に、㈠「守護役」、㈡「人夫役」、㈢「軍役」、㈣「地下役」などが課せられ、その負担免除が今川氏側からする彼らへの特別な恩恵を意味した。一方、今われわれが問題とする市場や関所での「諸役」は、この分類では㈤「その他」に入るが、行商人たちが市場や関所を通過する際に課せられるものだった。ここでは、地域住民に対するものと、旅から旅の生活をする人々とを分けて考察を進めたい。この二分法は、中世の商人を、①町に定住する「町人」と、②行商人である「商人」に分けることに対応している。通説の「諸役免許」の理解は、「商人」に課せられる「営業税」「商売役」の「免除」だが、「町人」に対する「住民税」の「免除」の可能性も排除できないからである。

免許と免除

現在の日本の歴史学界では、「免許」を「免除」の意味だとするのが常識で、史料解釈においても、「免許」を「免除」の意味だとすることに異議を唱える見解は、現在のところどこにも存在していない。しかし現在のわれわれの常識の世界、現在われわれが無意識に用いる日本語の世界では、「免許」と「免除」は明らかに別の意味であり、両者を区別することの方が、むしろ常識である。大学入学時の入学金や授業料は「免除」の対象だが、卒業時に手にするのが、教員や医師の「免許」証である。いまわれわれが手にすることのできる日本語の辞書で、「免許」について一番詳しい小学館『日本国語大辞典12』には、次の①〜⑥の意味が記されている。

① ある特定の事を行なうのを官が許すこと。
② 一般には許されていないことがらを、特別に許可すること。
③ 名対面《なだいめん》を許されること。名謁《みょうえつ》を許されること。
④ 師匠が弟子に、武芸・技芸などの修了を認定して授ける名目。また、その証書。ゆるし。伝授。免状。
⑤ 法令によって、一般には禁止されている行為を、行政官庁が特定の人または特定の場合に解除し、認めること。
⑥ 国家の権利に属する行為について、特定の者に限りこれをすることができる権利を与えること。

いま仮に「免許」本来の意味を②の「特別な許可」と仮定したとき、師匠・弟子関係で意味のある「特別な許可」は何かと考えると、当然④の「免許皆伝」になる。①・②の用例に挙がっているのは、いずれも鎌倉期の「貞永式目」と「追加法」である。他方、⑤・⑥の用例はいずれも近代のもので、どちらも①・②からの発展だろう。⑥が「権利付与」の意味なのに、⑤には「免除」の意味が含まれる。ここから「免許」=「免除」の可能性が出てくる。しかしここで注目すべきは、②の「特別な許可」の中にも、「免除」の意味が含まれることである。いまここに、「特別な許可」を願う者と、それを許可する者という、上下関係にある二人が相対峙する場面を想定したとき、そこでは当然「年貢をまけてくれ」「税金を免除してくれ」等の懇願が想定される。「免許」が常にイコール「免除」となると、日本の中世社会では、被治者の側は常に被害者で、なんら積極的な主張を持たなかったことになる。

しかし原理上は「特別な許可」を願うものが、なんらかの権利を主張し、権力側がそれを安堵する、「権利を付与する」ことも当然ありえたはずである。言い換えれば、「免許」イコール「免除」とする現代の歴史学界の常識の背後には、被治者＝被害者、民衆とは何一つ権利を主張しないものとする愚民観・民衆蔑視の歴史観が存在していると私は思う。次に、「免許」「免除」を構成する三つの漢字の訓読みを掲げ、それぞれの文字の持つ意味を考えたい。「免」「許」「除」は、順に「ぬぐ、まぬがれる、ゆるす」「ゆるす」「のぞく、きよめる、きざはし」となる（白川静『字統』）。ここから「免許」を和語で言い換えれば、「ゆるし、ゆるす」となり、「免除」は「まぬがれ、のぞく」となる。より簡潔に言えば、「免許」は「ゆるす」であり、「免除」は「のぞく」となろう。日本語の「ゆるす」とは、「束縛を加えている力を緩くして、自由に行動しうるようにすること。また束縛をゆるめて、相手の要求を聴き入れること」「聴許する」の意とある（白川静『字訓』）。

つまり、「免許」本来の意味は、相手の主体性を認め、相手の裁量でことが運ばれることを許可するの意味だろう。かつて今太閤といわれた総理大臣田中角栄の愛用語を借りて説明すれば、「よっしゃ、わかった」となろう。これに対応する信長の愛用語としては、『信長公記』「山城道三と信長御参会の事」にある「であるか」を挙げることができるかもしれない。となると、当然同じ言葉が、相手の要求如何によっては「免除」にも、「権利付与」になることは明らかである。つまり、「免許」が「免除」の意味か、「権利付与」を意味するかは、その言葉自身ではなく、交渉している両当事者間の社会的コンテキストによって決まるのである。次になぜ「免許」＝「免除」という通説が成立したのか、研究史を振り返り、議論の根底にまで遡って検討を加えたい。

研究史——小野晃嗣説の再検討

前述したように、織田信長の出した「楽市楽座令」は、〈中世の「座」の否定〉で、信長は中世的な秩序の破壊者である。〈「楽市」ではすべての課税は否定された〉——こうした歴史の見方は現在でも日本史の常識だろう。研究史をたどると、この考え方は、楽市楽座についての最初の学問的言及がなされて以来、現在まで変わらず継続していることがわかる。それゆえわれわれは、日本の歴史学界で最初に「楽市楽座」を本格的に論じた小野晃嗣説の再検討から始めなければならない。小野晃嗣（本名小野均）は、著書『近世城下町の研究』（増補版＝法政大学出版局、一九九三年。初版＝至文堂、一九二八年）の四二頁で、「課税免許の政策に於ては楽市及び地子免許は、特に注目の価値あるもの故に、暫く両者について詳説を試むこととする」と述べ、「楽市」と「課税」の関係を論ずると宣言した後、その五頁後で、「故に楽市は完全なる課税免除の市場なりと改めて断定するものである」とした。つまり形式的には、このわずか六頁の論述で「楽市は課税免除の場所」が論証されたことになる。

事実、小野のこの断定はそのようなものとして、その後長く多くの研究者たちに受け取られ、その後の「楽市楽座」研究に決定的な重みを持ち、現在に至った。しかし「詳説」の試みとはいえ、「楽市」の事例として分析対象に取り上げたものは、六角氏奉行人の出した「石寺新市宛て奉書」わずか一例のみで、多くは中世の商業や市場において、市にやってくる外来商人たちや、市の定住商人たちに対して課税がなされていた実例の列挙である。確かに石寺新市の事例は、特権を持つ「座」と「楽市」との鋭い対立を示す興味深い史料ではあるが、〈実証〉となれば、「楽市」についての多くの事例を掲げ、それらについての分析・検討の結果〈すべての課税が免除されていた〉ことを事実として証明しなければならないはずである。「楽市」でない、それ以前の中世市場で、外来商人や定住商人に対し課税がなされた事実を指摘することが、直ちに〈「楽市」は無税の場〉との判断には結びつかないはずである。この断定には論理の飛躍がある。

しかし、小野の議論をより詳細に辿ると、実は「楽市」についての〈実証〉ではなく、平泉澄が『我が歴史観』所収「座管見」（『史学雑誌』二八編十二号）で述べたことへのオマージュであり、平泉説再確認の試みなのである。小野は、平泉の「座管見」の例示・所説を二カ所で紹介し、その結論部分を一カ所で引用した。またこの六頁中四回、平泉澄『中世に於ける社寺と社会との関係』（国書刊行会、一九八二年。初版＝至文堂、一九二一年）を引用した。「座管見」は、「楽市」についての実証的な議論ではなく、叙述の中心は、戦前の有名な〈座論争〉、日本中世の「座とは〈団体・組〉であるか〈市に於ける座席〉であるか」について、最終的な決着をつけることにあり、その主張は、中世の商業「座」が「市での座席」であることの証明にあった。「楽市」についても、わずかにこれとの関連で議論がなされ、「楽市楽座」は中世の「市座」の否定とされたのである。小野の議論も、そのことの再確認にすぎない。

つまり、平泉・小野が実際に行なったことは、彼らが主張する「楽市とは課税免除と自由商業との二つの性質を具有するところの市場である」ことへの積極的論証ではなく、むしろ、中世市場では「座銭」が徴収され、「座」の特権が新儀商人たちの自由な商業を妨げていたという「楽市楽座」の〈陰画〉の証明なのである。それゆえ今ここで、私たちが確認すべきは、「楽市楽座とは無税の場所」という彼らの主張には、なんら積極的な実証が伴っていないことである。常識的に考えて、戦国末期の「楽市楽座」は、それ以前の中世「座」を前提とし、それをなんらかの形で改革したものだろう。しかしだからといって、たとえ「楽市」で「市座銭」徴収はなかったとしても、そのことから直ちに「楽市楽座とは無税の場所」で、「楽市」ではすべての支配は廃止され、別形式での課税の可能性もすべて否定されたとは断定できず、彼らの議論を根拠に、「楽市楽座とは無税の場所」だと断定はできないと思う。

以上、私は小野の下した断定、「楽市は完全に課税免除の市場」をそのまま鵜呑みにはできないとした。ところで、小野は前述の六頁中で、芝葛盛『社寺領性質之研究』より、「諸役の免除は即ち諸役の寄附にして」、「免除文書の『免除』とは、社寺の境内に於ける山林田畠宅地等に関する収益を寺に許すといへる義にして其収納を寄附するといへると同義なり」、「『竹木免除』は、社寺に竹木の伐採を許し其収納を保証する為のもの」、「『地子免除』（中略）は即ち、社寺の門前境内に住する住民より、政府に納むべき地子を免除し、而して、之を社寺に収納せしむるの謂なり」等々を引用し、寺社領に対する「諸役免除」には「収益を許す」「諸役の寄附」の意味があるとした。つまり中世語の「免除」には、現代語の「義務や役目などを果たさなくてもよいと許可すること」の意味に、さらに「収納」の意味が加わっていたことになる。収益許可の点では、現代語の前引「免許」①の「ある特定の事を行なうのを官が許すこと」の意味だろう。つまり小野は、中世語の「免除」に現代語の「免許」の意味もあるとしたのである。

ここから、日本中世社会では「免除」「免許」間に密接な関係があったことが明らかとなろう。「免除」「免許」関係を、論理学的に表現すれば、〈「免除」なら「免許」である〉〈「免除」⇓「免許」〉となる。「免許」の概念の方が「免除」の概念よりも大きく、「免許」の中に「免除」が含まれていた。しかし〝逆必ずしも真ならず〟なのだから、〈「免許」なら「免除」である〉〈「免許」⇓「免除」〉とし、「免許」の意味を「免除」だと一義的に断定することは論理的に不可能である。しかも問題なのは、「免除」には「収益の寄付」の意味があることが議論の前提だったのにもかかわらず、〈「免許」⇓「免除」〉とした時、「楽市令」の「免許」から「収益の寄付」が消えてしまったことである。「楽市令」の場合、「諸役免許」=「諸役免除」としても、その免除は根底的な免除とされ、中世社会一般の重層的な収支体系は否定され、免除された「収益」はどこに行ったのかの問さえも消滅してしまったのである。こうして「楽市楽座は無税の場所」という新命題が生まれた。

以上から、通説成立の根拠は最初から失われていたと断言することが許されよう。しかし戦後の歴史学界は、小野の〈「免許」=「免除」〉の議論を定説として受け入れた。その結果、「楽市令」にある「免許」の意味を「免除」とする理解が、現在でもなお一人歩きを続けている。中世において「免許」と「免除」の意味が非常に近かったことは事実で、これまでの研究者が「免許」=「免除」としてきたことは〝当たらずといえども遠からず〟ではあった。しかし、概念の混乱があったこともまた紛れもない事実である。

本書の構成と明らかにしたこと

一〇本ほどの論文を本書に編成するに当たり、論文を年代順に配置し、信長の歩みに基づき、Ⅰ「尾張統一へ」、Ⅱ「美濃併合へ」、Ⅲ「上洛から石山合戦へ」の三部構成とした。信長が歴史の舞台に登場したⅠの時代の信長の流通政策の基調は、関所の廃止に象徴される「往反の自由」の保証であり、商人たちは「無縁の人」として、そのまま保護されていた。しかしⅢに至ると、政策の基調は「市場強制・道路強制」へと変化し、市場の出入りや道路通行が強制された。商人たちには、石山本願寺側に属するか信長側かが厳しく問われ、もはや「無縁の人」ではありえなくなった。信長の保護下にある町人身分へと組織されたのである。石山合戦は信長の流通政策に潮目の変化（第八章）をもたらした。ⅠとⅢの中間に当たるⅡでは「楽市令の登場」を論じた。これまで誰も論じてこなかった織田信清の「尾張二宮宛て定書」（第五章）、〈環伊勢湾世界〉から遠く離れた今川氏の「富士大宮楽市令」（第六章）、信長の最初の楽市令である「上加納楽市令」（第七章）を論じた。「尾張二宮宛て定書」では、信長と敵対した信清のこの定書が、信長の岐阜・金森両楽市令にある〈弓矢徳政〉の歴史的前提となっていると論じた。「富士大宮楽市令」では、楽市令とは大名権力による城下町政策などではなく、市場に定住する人々の自治権拡大・「市の平和」確立の要求に基づき、権力側がそれを承認したものとした。

本書を通じて私が明らかにしたことを一口で述べると、岐阜上加納楽市令と金森・安土楽市令との間には大きな断層があり、上加納楽市令の「諸役免許」は「楽市場」の住人、都市の〈定住商人〉宛て〈守護役の免除〉であったのに対して、金森・安土のそれは町にやって来る行商人など〈外来商人〉に対し、本座に代わり町が〈営業の許可〉を与えるものだった。こうした深い断層を生み出したものが、前述の一向一揆と信長との戦い、石山合戦である。また「徳政令」に関して述べると、岐阜と金森の楽市令には〈弓矢徳政〉があるが、安土楽市令には寺内町と同様「徳政」免除が謳われ、金融業者は保護されている。ここにも三楽市令間の対立が認められる。これには前二者が敵地に出された法令なのに、後者が味方の地に出されたものという歴史の違いが関係していよう。

目　次

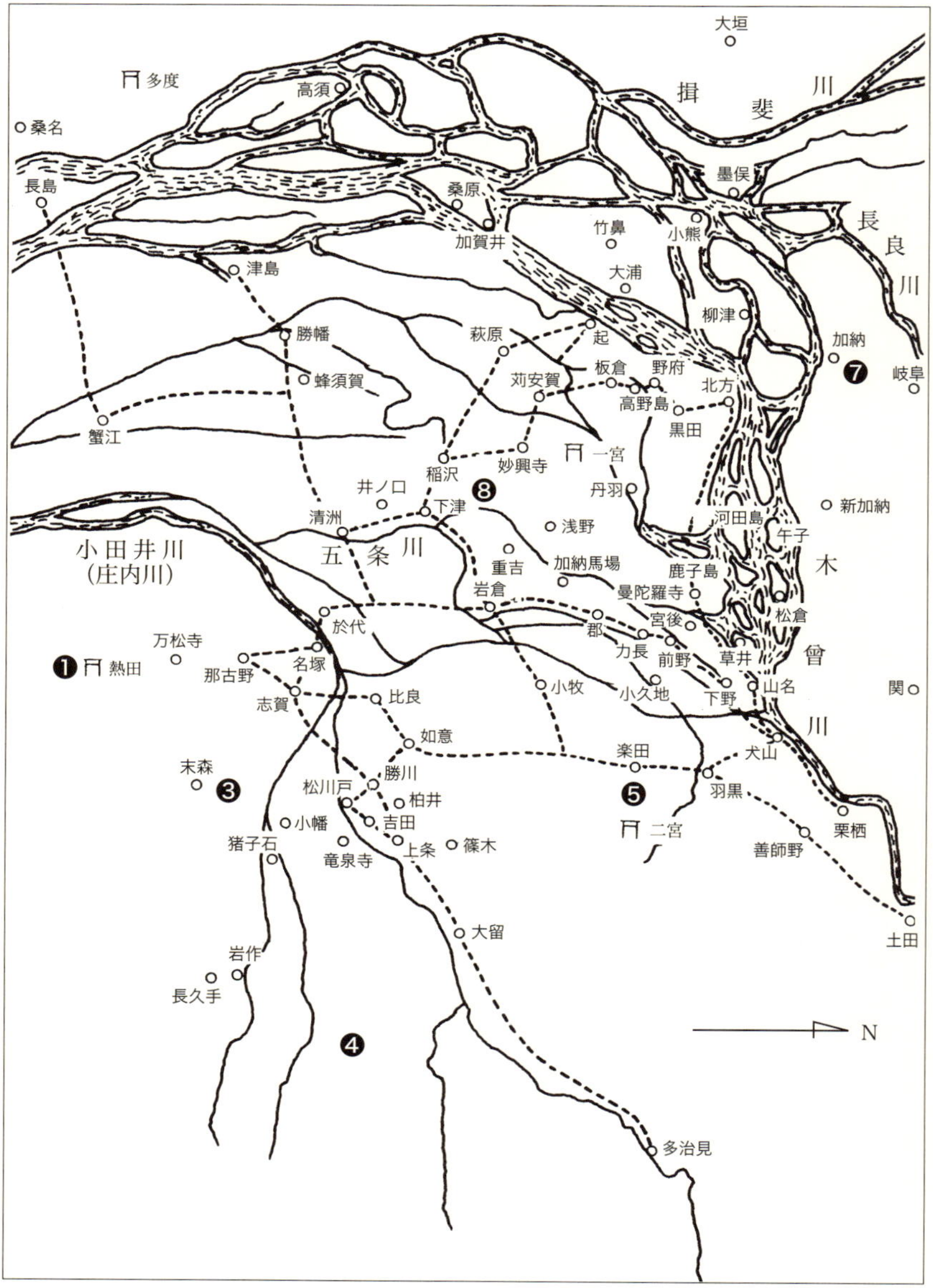

本書関係図（❶❸❹❺❼❽は本書の各章に対応。吉田蒼生雄訳『武功夜話』，新人物往来社，1987年，付図「永禄九年尾張図」に追補・転載）

I　尾張統一へ

——往反の自由

第一章　熱田八カ村宛て制札——都市熱田の成立

一　史料と研究史

ここでは、天文十八年（一五四九）に熱田八カ村に宛てて出された五カ条からなる信長制札(1)（これを制札Aとする）を取り上げ、分析する。制札Aは、現在発見されている織田信長文書のなかでは、信長が一番最初に発給したものである。ここで信長は藤原氏を名乗っており、織田氏の出自を問題にする際には、必ず取り上げられている。信長文書を収集・研究した奥野高廣は、その著書『織田信長文書の研究　上巻』の扉にこの制札の写真を収めた。次に奥野の翻刻を紹介する。第四条には、二、三文字ほどの不明箇所がある。

[A]

制札　　熱田八ヶ村中

一、当社為御造営、宮中可被収人別、然上者、国次棟別并他所・他国之諸勧進令停止事、
一、悪党於現形者、不及届可成敗事、
一、宮中任先例、他国・当国敵味方并奉公人、足弱、同預ヶ物等、不可改之事、付、宮中へ出入之者江於路次非儀中懸事、
一、宮中江使事三日以前□（『張州雑志抄』は「此間不分明」とする）并其村へ相届之、遂糺明、其上就難渋者、可入譴責使事、
一、俵物留事、任前々判形之旨、宮中江無相違可往反事、

右条々、於違犯之輩者、速可処厳科者也、仍執達如件、

天文十八年十一月　日　　藤原信長（花押）

織田信長制札（東京大学史料編纂所蔵写真．奥野高廣『織田信長文書の研究 上巻』吉川弘文館，1969 年より転載）

研究史を繙くと、制札Aを最初に取り上げたのは相田二郎(2)である。信長が元服後初めて〈めでたい文書〉として発給したものとした。しかし後述するように、天文十八年は、信長の生まれた織田弾正家にとっては政治的な危機の年で、この危機を乗り切るべく、厳しい緊張関係の中でこの制札Aは発給されたのである。次に取り上げたのは豊田武(3)で、「荷留」を〈大名領国の下での物資の統制〉とし、「特に注目すべきものは米穀と塩荷」で、「米穀の輸出禁止」を〈俵留〉〈米留〉と称したとした。米留の最初の例に、天文十二年（一五四三）尾張加藤家宛て織田信秀文書の「俵留雖有之、海陸其往反不可有煩」を取り上げ、次にこの第五条を示した。つまり制札A第五条の「俵物留」を荷留の実例としたのである。奥野は前掲書巻頭に、この文書Aを第一号文書として収録し、次に引用する「大意(4)」を掲げた。A文書全体に対する解釈・研究としては最初のもので

ある。「大意」には括弧書きで注記があり、文書各部分に関する研究史を踏まえた個別研究となっている。

［大意］

一、熱田神社は、造営のために社領のうちの熱田八ヶ村（全村）から規定の人夫を徴集してよい。この人々には一国平均の棟別（戸数割）と他所・他国から社寺の造営などで米や金を募ることを禁止する（このごろの勧進は、すでに強制募縁である）。

一、悪事を働いた悪党は、届出でずに成敗してよい。

一、宮中（熱田社の境内）では、先例によって他国人でも尾張国人の敵でも味方でも、また奉公人、足弱（老幼・婦女子）でもまたその人たちの預け物でも改めてはならない（宮中が治外法権のためここに逃れた敵味方とか、その預け物を検査することを禁止）。付り、宮中へ出入する者に路頭で無理を申しかけてはならない。

一、宮中へ使者を出す役目は、三日以前に連絡するから遅れないようにせよ、とやかくいえば譴責使（問責使）を派遣する。

一、俵物留をしても従前の判形の通り宮中には適用しない（この俵物は米俵のことで、たとえその移動を禁止しても従来の免許証の効力を認める。宮中へ運送するのをゆるす。戦国大名は、作戦上の目的で米穀の移動を禁止した場合がある。判形は判物《はんもつ》ともいい花押《かおう》―書き判―を書いた命令書）。

第五条の括弧書きが一番長いことからも明らかなように、奥野は豊田説に基づき第五条の「俵物留」に注目した。しかし私は、豊田・奥野の言う「俵物」＝〈米穀〉、「俵物留」＝〈作戦上の米穀の移動禁止〉説には従えない。佐々木銀弥[5]もまた、この第五条を「父信秀が下付したと思われる判物に記されている通り、熱田あたりで織田氏が俵物留＝米留を実施しても、熱田八ヵ村から宮中への米穀の搬送はさしつかえないことを確認している」、「神宮に貢納される俵物の搬送は、戦略・戦術として実施される俵物留に際しても例外とされ」たとして、〈俵物＝年貢米〉とした。豊田の〈俵留＝米穀〉説から、佐々木の〈年貢米の往反〉説は導き出されている。しかし「前々判形之旨」に任せ「宮中へ往反」した「俵物」は〈年貢米〉なのだろうか。奥野は「白俵物は、木炭の黒俵に対して、米穀」とし、「俵子」「俵物」のすべてを〈米〉の俵とした。水野郷定光寺宛て永禄七年（一五六三）十月付け信長判物についても「寺内に米俵の搬入を禁止した意味である。俵物の移動を禁止することが政策的に実施されていた」(6)とした。

しかし後述するように、熱田「魚市場」には〈日市〉〈朝市・夕市〉が、市場町には〈歳市〉が立った。これらの市場の存在は、熱田において「俵物」とは何かを考える上で大切である。近世長崎貿易の俵物三品は「干しアワビ・鱶のヒレ・煎り海鼠」だった。「俵物」の一般的な意味は「俵に入れて運ぶもの」で、穀類・芋類・塩などの他、海産物も多く俵物として運ばれた。船積みして運んだ後、陸路を馬の背で運ぶには「俵」が合理的だったからである。永禄元年（一五五八）の「保内商人申条案」(7)B（伊勢桑名から近江までの道路に優先権を持つ保内商人が、特権を笠に取り押さえた商品のリスト）には次のようにある（傍点は引用者）。

[B]

従往古、為此方伊勢道ふせき候物色〻事

あさのを　紙　木わた　土の物　塩　一切のわげ物　あふら草

若め　一切鳥の類　のりの類　あらめ　一切魚の類　伊勢布

右之物通候へハ見相ニ何時も荷物取之儀不珎候事、

これは、伊勢湾周辺地域から近江・京都方面に送られたすべての商品のリストではないが、商品一三品目中、熱田魚市場に関係するのは傍点の六品目で、なかでも「塩、若め、のりの類、あらめ」は「俵物」だろう。「わげ物」には尾州檜が適しているので、尾張の特産品だろう。「土の物」は常滑焼や瀬戸焼・美濃焼の陶器類で、熱田がこれらの集散地だろう。他方「あさのを」は木曾路で運ばれた越後の産物、「紙」は美濃産で、両者とも木曾川で桑名に運ばれた。「木わた」は三河木綿・知多木綿だろう。後述するように、水陸交通の要衝熱田は、さまざまな物資の一大集散地だった。以上から「俵物」とは、運搬途中の海産物など「俵に入れて運ぶ」商品一般を指し、奥野の言う米穀も排除しないが、一義的に〈米穀〉とは断定できない。

貫高制の世界では年貢米の換金が前提で、市場で商品に転化したが、年貢米は荷留には関係しない。また「宮中への往反」の表現も、一般的な商品の移動を指しており、年貢米は「往反」しなかった。戦国大名の行なう「荷留」とは、関所や道路に関わる統治権的支配権に関係し、あくまでも商品を対象としたもので、年貢米は荷留の対象にならない。それゆえ「荷留」の次に大名が考えたものは伝馬制度の整備だろう。ともあれ、信長の「荷留」を考えるには次の加藤全朔・同紀左衛門尉宛て信長判物C(8)が参考となる（分析の便宜上、傍点を付した）。

［C］

今度国中欠所之儀雖申付、代々免許在之上者、不可有別儀、於向後買徳〔得〕田地等縦為何雖為下地、不可有異儀〔議〕、然者前々売買之儀ニ付而出置判形之儀、於末代聊不可有相違、次其方門外江出入之俵物質之儀、国中札雖召上候、質物事候間、可有往反、并新儀諸役不可在之候、自然如此免許類令棄破雖申付、数通判形出置上者、於何様之儀、以此旨罷上、理可申者也、仍状如件、

永禄六

十一月日　〔信長〕（花押）

賀〔加〕藤全朔

賀〔加〕藤〔資景〕紀左衛門尉殿

後述するように、海から「浜鳥居」を経て神宮へ向かう参道と熱田台地をめぐる街道の交差点近くに「宿町」があり、ここには「伝馬問屋」などの運送業者がいた。一方折紙Cは、信長が織田氏の御用商人加藤氏に対し、彼の持つ特権を保証したものである。傍点部分「国中札召し上げ」からは、織田氏が「伝馬問屋」・馬借等に対し「札」＝営

業許可証を発行し、運送業者を統制した事実が想定される。傍点部分は「俵物」の「加藤氏屋敷のある門外」への出入り・往反を問題としている。「其方門外」とは〈其方＝門外〉で、加藤氏の羽城の屋敷が「突出鳥居」の外、「門外」にあることを指し、「俵物質」の質取主は加藤氏だろう。すべての商品が質の対象となりうるので、この場合の「俵物」は米穀と限定できず、「俵に入れて運んだ」海産物等もあっただろう。織田氏が「国中札召し上げ」を行ない、国中の馬借や「伝馬問屋」などの営業を停止しても、熱田には及ばないとし、加藤氏に質物往反の自由を保証したのである。

この「俵物質」は「俵物留」を理解する上で大切である。「俵物留」の対象となった「俵物」も、「俵物質」の場合と同様、海産物など「俵に入れて運んだ商品」一般と考えられよう。「魚市場」には、近海、遠近諸国より加工海産物の「俵物」が毎日、朝夕搬入され、尾張をはじめ各地に搬送されていた。これら「俵物」の輸送には、生産者や小売りの小座商人自身のほか、馬借や「伝馬問屋」など専門の運送業者の存在が想定される。この「魚市場」中心の物流圏は、熱田社の支配領域や織田信秀の領国、さらには尾張をも越えて広がり、織田氏が配下の運送業者に統制を加えることができる範囲を越えていた。それゆえ「魚市場」に関わりを持つ運送業者には、織田氏が統制できない人々も含まれていた。一方「荷留」とは、大名権力が伝馬問屋や馬借などに対し、営業許可を梃子に物資の流通を統制することだろう。それゆえ「荷留」では物資の流通圏と織田氏など大名の統制権の相互関係が問題となる。

二　舞台と背景

ここでは、制札A分析の前提として、天文十八年（一五四九）という時代と、歴史の舞台である熱田[10]を考察したい。江戸時代に作られた熱田絵地図では、熱田神宮周辺の町場は西から南・東と三方を順に、「一の鳥居」「浜鳥居」「突出鳥居」で囲まれていた。問題の熱田八カ村は、これら三鳥居のなかにある神戸町・市場町・宿町・中瀬町・大瀬子町・須田町など[11]と思われる。熱田は永禄年間から都市化が始まり、この制札の発給年は熱田都市化の始まりに当たろう。熱田神宮は「熱田の森」といわれる広大な神社境内にあり、広さも、生えている木の種類も明治神宮と似ているが、熱田神宮の方が歴史が古いだけ、境内にはいろいろな建物・施設がある。境内は、本来は春敲門・鎮皇門・海蔵門・清雪門の東・西・南・北四門で囲われていたが、今では北の清雪門は閉鎖され、その門は境内の別の場所に置かれている。本殿は瑞垣、内垣内、外玉垣が三重に取り巻き、さらにその外側を信長塀が取り巻いている。

地理学的に言えば、熱田神宮は名古屋台地の南に舌状に延びる熱田台地の先端にあり、昔ここは海に突き出していた。現在の「熱田の森」は神社境内に限られているが、古い時代には「高蔵古墳群」を含む「高座結御子神社」境内や「断夫山古墳」「白鳥古墳」等々、熱田台地全体を言った。熱田は古来より伊勢湾水上交通の要港で、現在の堀川は古代熱田の西側海岸線だった。堀川と新堀川の合流点に今では波止場が築かれ、石灯籠の常夜灯が再現され、正確には江戸時代の場所と異なるとしても、昔の港町の面影が偲ばれる。堀川端に沿って長く、魚市場跡地から白鳥貯木場までは歴史公園に整備され、市民の憩いの場所となっている。しかし大観すれば、堀川と新堀川に挟まれた現在の熱田神宮(12)境内は、波止場から堀川を通じて名古屋港・伊勢湾に連絡してはいるが、周辺は埋め立てられ、大都市名古屋に呑み込まれており、もはや港町ではない。それゆえ、古い時代の熱田神宮や、初期の都市熱田の復元には大きな困難がある。

今では国道一号線や高速道路・東海道新幹線・JR東海道線・名鉄線等々の交通路の密集する熱田の東方、笠寺―星崎間は、古くは「年魚市潟《あゆち》」の海で、熱田は伊勢湾と「年魚市潟」で囲まれた半島で、その付け根が古渡だった。古代東海道は伊勢から津島・萱津を経て、古渡を通り三河に抜けていた。中世鎌倉街道も、美濃墨俣で木曾川を渡り、黒田・一宮・下津・清須・古渡・古鳴海から三河に通じていた。つまり古代・中世の幹線道路は、古渡で熱田台地を横断し、「年魚市潟」を北から東へ迂回していたのである。狂言の『磁石』(13)では、遠江国見附宿の者が都見物に出かける際、三河を過ぎて「ヤアヤア尾張の国じゃ、さてもさてもにぎやかな国でござる。オオそれそれ、尾張の国には、熱田の明神というて大社がある。ここへ参ろうか。イヤイヤこれも戻りのことにして、まず急いで都に上り、ここかしこを見物致し、路次すがらの名所旧跡は、戻りにゆるりと見物致そうと存ずる」とあり、舞台はすぐに近江琵琶湖に変わる。ここから、熱田神宮が幹線道路から離れていたことが確かめられる。

「年魚市潟」の海は次第に陸地化、水田化した。干潟を流れる澪は精進川となり伊勢湾に注いだ。中世後期にはここに「裁断橋」が架かり、橋の東には「築出鳥居」が作られた。引潮時は、干潟を熱田から東南の戸部村・笠寺へは歩いて渡れた。『信長公記』[14]「今川義元討死の事」には「浜手より御出で候へば、程近く候へども、塩満ちさし入り、御馬の通ひ是れなく、熱田よりかみ道を、もみにもんで懸けさせられ」とある。「浜手」は「裁断橋」から「築出鳥居」を進む道で、当時は満潮で進めなかったので、狭い「かみ道」をもみ合いながら丹下砦、善照寺に進んだのである。「かみ道」は春敲門から東、今の豊岡通り・平針街道だろう。古鳴海から古渡に進む鎌倉街道に対し、「かみ道」ができたことが都市熱田の発展に結びつく。一方信長は、桶狭間の戦いの後、豪商加藤図書に命じ、干潮時には通れるが満潮時には海に沈むこの「浜手」の道を干拓させ、「築出町」を作らせた。

「裁断橋」が架かり、「築出町」ができると、幹線道路は熱田台地の北から南に移り、社会経済の道は熱田神宮の南を西北に進み、古渡で旧道に合流した。「海蔵門」の南には「浜鳥居」があり、その前に東脇・大瀬子・須賀の三浦があった。熱田神宮の南を通る〈社会経済の道〉と、海から「浜鳥居」を経る〈参道〉は直交した[15]。その時から水陸交通の要衝・熱田の都市形成は始まった。近世では裁断橋・築出町を通る道が東海道で、熱田は「宮宿」。次の桑名までは「海上七里の渡し」となった。江戸時代の都市熱田の、東の入口は「築出鳥居・裁断橋」で、西の入口は古渡の南、「一の鳥居」のある新尾頭だった。精進川はあの世とこの世の境、三途の川と認識され、「裁断橋」の西の袂に「姥堂」があった。「裁断橋」は町はずれの〈境界〉だった。現在では精進川は埋め立てられ、新堀川となる。精進川の上流は今の新堀川と共通するが、かつては羽城町の東北で潟湖をなし「浜鳥居」の前方に注いでいた。

現在の熱田神宮と波止場を結ぶ線の東側は、中世と大きく様変わりした。当然「一の鳥居」「浜鳥居」「築出鳥居」「裁断橋」「姥堂」も見当たらないが、幅広い国道一号線の南には江戸時代の東海道が通っている[16]。当時の羽城町は、

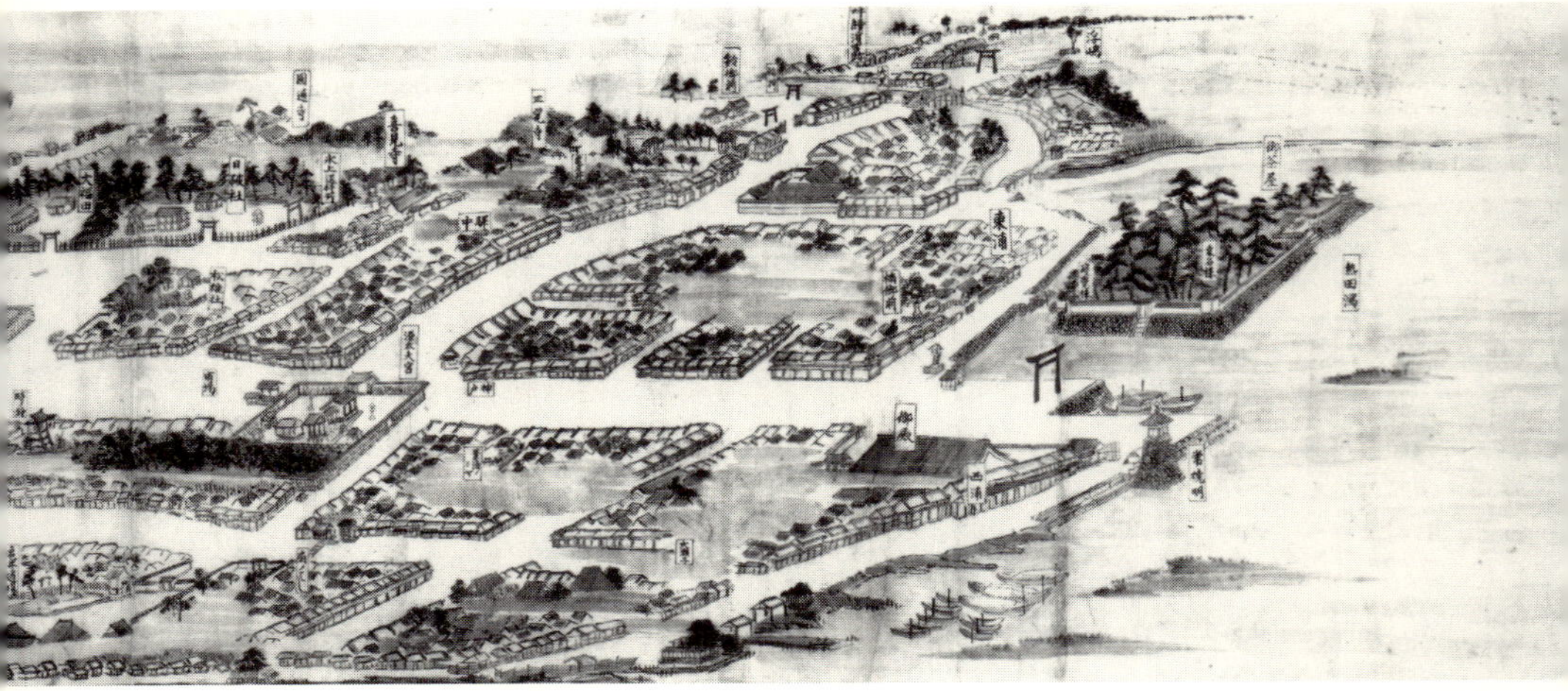

裁断橋の南、精進川の東にあり、木曾三川（木曾川・長良川・揖斐川）の水郷地帯の輪中と同様、周囲を城郭のように堤が取り巻き、東北には船津があった。江戸時代ここの住民のほとんどは漁師という。羽城町西側の浦が東脇浦である。この当時、東の羽城町と西の旗屋町にはそれぞれ、質屋で織田氏の御用商人の東・西加藤氏の屋敷があった。加藤氏の前身は熱田社の御師で、熱田社や織田氏からの特権に守られ、大商人として活躍した。「羽城の殿様」と呼ばれた加藤図書助全朔は、郭内中央に堀をめぐらした邸宅を構えていた。この東加藤氏は、幼い日の人質、徳川家康を預かったことで有名である。彼らと織田氏との関係は、津島神社の社人や後の堺の大商人との関係に似ていた。

　旗屋町は機織りの町から名づけられた。尾張国冨田荘を「桑の荘園」[17]と名づけたように、古代・中世の尾張は養蚕業が盛んで、熱田では機織業が盛んだった。加藤図書助の一族の賀藤佐助に宛てた信長の買得安堵状[18]には「大瀬古の余五郎跡職の座の事」とあり、大瀬子町になんらかの商工業者の座があったと思われる。熱田神宮西南の大瀬子町から木之免町にかけての海岸沿いに「魚市場」があった。熱田は魚に限らず伊勢湾沿岸の物資の一大集散地だった。『愛知県の地名』[19]には「熱田の魚市場は朝市・夕市といって、年中一日二回ずつ市が立ち、名古屋の魚類の元締であった。

熱田宮と宿場（高力種信筆「熱田宮全図」西尾市岩瀬文庫蔵）

この市には熱田だけでなく、近海、遠近の諸国より船積み、あるいは歩荷で魚介類・海産物・鳥類が送られてきて活況を呈していた。織田信長が清須に在城した時には、すでに熱田の浜に問屋数軒があって、毎日清須へ魚を運んだという」とある。参道と社会経済の道の交差点の北、「源大夫社」に接して「毎年十二月二十五日から大晦日まで」市の立つ「市場町」があった。

この市場は、本来は〈歳市〉で、江戸時代の熱田絵図にも大きな広場を囲む市場町が描かれている。それゆえ「市場町」は、古くは広場だった。『信長公記』[20]には、信長は桶狭間の戦いを前に「源大夫宮」の前の広場で、はじめて鷲津・丸根を展望し、体制を整えたとして、「是等主従六騎、あつたまで、三里一時にかけさせられ、辰の剋に源大夫殿宮のまへより東を御覧じ候へば、鷲津・丸根落去と覚しくて、煙上り候。此の時、馬上六騎、雑兵弐百計りなり」とある。現在、境内西南の第一鳥居の左脇にある熱田神宮の末社「上知我麻社」は「源大夫社」と呼ばれ、「熱田の地主神で、かつては地元の人々が魚を貢ぎ、東海道の守護神として道中安全を祈願した。正月五日は「初えびす」で、恵比寿・大黒の摺絵を出し、熊手などの縁起物を分けたので現在も参拝は混雑する。この日はかつて「初市」が開かれ、人々はお福餅・掛鮒・苧・葱を求めてお福迎えとした」とある。[21]

この源大夫社は、本来は「浜鳥居」からの参道と、社会経済の道の交差点の東北部にあり、昭和二十四年（一九四九）道路拡張工事のため現在地に移った。交差点西の「神戸町」は、古くは今の中瀬町にまで広がり、古来神社に附属する人々が住んだ。一方、東側には社会経済の道・東海道に沿って、西は源大夫社から東は裁断橋までの間は「伝馬町」で、古くは「宿」「今道」の二町だった。慶長年間に二町が共に伝馬役を勤めたことから「伝馬町」と改称したという。「宿町」には伝馬問屋が存在したと思われ、この「神戸町」「市場町」「宿町」辺りが都市熱田の原点だろう。熱田の町は、参道との交差点「市場町」を基点とすると、地形の関係から西に偏って発展したことになる。しかし江戸時代の遊里の方は、これとは逆に、東の方面に向かって展開し、熱田の中心地、神戸町の遊里が一番格が高く、名古屋の身分客を相手とし、伝馬町のは土地客・名古屋客を、場末の築出町古町のそれは漁師や魚屋を、相手にしたという。

ところで天文十八年（一五四九）、織田氏の三河支配の拠点・安祥城は今川の軍師太原崇浮に攻略され、城将織田信広は捕らえられた。長いこと織田氏の人質だった松平竹千代は、信広との交換で解放され、今度は今川側の人質となった[22]。安祥城を奪われた結果、織田信秀は三河から手を引き、支配領域は激変した。知多郡・愛知郡が新たに織田・今川両氏の国境となり、熱田には軍事的圧力が強まった。この年、信長の従兄弟、犬山城主織田信清も、信秀の所領・東春日井郡柏井口を犯し放火した[23]。国内秩序の再編成や治安維持の確保が新たに課題となった。第二条に「悪党現形」とあるように、熱田社領も臨戦体制下に入った。制札Aはこのような政治・軍事的な文脈の中で理解すべきだろう。峰岸純夫が明らかにしたように[24]、戦時下での禁制・制札は、一般に軍勢の濫妨狼藉から寺社の平和を守るために、寺社側の奔走の結果発給されたという。しかし制札Aは軍勢の移動する占領地でなく、独立性の強い外様領主の熱田社宛てだが、軍事的な緊張の点では事情は似ていたと思われる。

制札A本文の結びは「仍って執達件の如し」とある。〈守護―守護代―三奉行〉秩序を前提とし、尾張守護の意志を信長が熱田八カ村宛てに伝達する形式である。これは三奉行の一人織田信秀が、清須の守護・守護代を自家薬籠中のものにしていたからである。一般に戦国大名の領国は、独立性の強い国人領主たちの連合体で、「ブドウの房」に譬えられるが、勝幡を根拠地とする織田弾正家の織田信秀には、一房に束ねるカリスマ的な力量が特に問題とされている。その力量の秘密は当時の経済の中心地、津島や熱田の掌握にあった。経済力を背景に三河安城や美濃大垣に進出し尾張国に覇を唱えたのである。信秀が尾張国の西端勝幡から東端の愛知郡那古野・古渡などに勢力を伸ばしたのに対し、弟信康は北端犬山に勢力を伸ばした。信長の母・土田氏が犬山の東、土田の豪族とすれば、織田弾正家の発展と対応していることになる。弾正家は尾張の周辺部を根拠地とし、国外に発展したのである。

これに対し信長は、一族と争い、尾張中心部を武力で統一した。その過程において、馬廻衆・小姓衆など信長直属親衛隊の活躍はめざましかった。下村信博[25]は、自立性の強い国人領主をいかに解体し、織田氏傘下に組織するかが信長家臣団形成の問題だと言う。一方、熱田社の大宮司・千秋氏は、南北朝の頃より神官系武士として活躍し、知多半島先端羽豆ヶ崎の羽豆崎城城主になり、織田信秀・信長親子に従い戦功を上げた。谷口克広[26]は、千秋氏を「熱田社大宮司にして小部隊指揮官」として「異色な馬廻り」に数えた。奥野[27]も「熱田社神主千秋氏」を「広大な神領を支配して兵力を持つ」とし「緒川の水野下野守信元」と共に織田氏の「協力者」とした。熱田社は、荘園領主として多くの所領を持ち、神領には治外法権・守護不入など伝統的特権があった。制札Aは、信秀の支配体制激変に際し、熱田社側が「既得権としての独立王国的な治外法権」の安堵を要求し、織田氏が承認した結果発給されたものだろう。

三　文言の分析――他の信長文書との比較

制札Aを分析する上で鍵となる文言を含む文書を、信長文書のなかから探したい。奥野前掲書には、次のD・E二文書がある。注目すべきは、制札Aの第三条・第四条・第五条にある「敵味方預ヶ物」「使」「俵物」文言が、D・E両文書にも記載されていることである。どちらも信長判物で、弘治三年（一五五七）十一月に熱田社の検校・馬場氏[28]と祝師・田島氏[29]に宛てたものである。検校や祝師は大宮司と共に熱田社の支配層を形成していた。一方Aは、熱田旗屋町の加藤景鄰氏所蔵文書で、西の加藤家に伝来した。西加藤家は被支配者側の「熱田八ヶ村」の宿老中の代表者だった。東・西両加藤家が「熱田八ヶ村」の自治組織の代表者で、彼らが制札Aの実質的な相手だったことは、制札Aを理解する上で大切である。次に熱田検校宛て信長判物D・熱田祝師宛て信長判物Eを掲げる（傍点は引用者）。

〔D〕

敵味方預ヶ物、俵物并神田、為何闕所之儀候共、不可有異見候、門外江使入之事、竹木所望、郷質取立候事、末代不可有相違者也、仍如件、

上総介
霜月廿七日　信長（花押）
熱田検校殿参

〔E〕

敵味方預ヶ物、俵物并神田、為何闕所之地候共、不（可脱）有異見候、門外江使入之事、竹木所望、郷質取立候事、一切令免許之上者、末代不可有相違者也、仍如件、

弘治参年
上総介
霜月廿七日　信長（花押）
熱田祝師殿

奥野は、文書Dを「弘治三年十一月二日信長は、同腹の弟勘十郎信行が生母土田氏とも談合して、再び謀反を企てたことを柴田勝家の密告で知り、信行を清須城で誘殺した。この騒動に関係のある文書」とし、「信長の敵味方から熱田社に保管を依頼した物品・俵物（米穀）及び神田は、誰が闕所の処分をしても、信長として同意しない。またこ「敵味方・預ヶ物・俵物・使

の外に信長が使者を門外にふみこませたり、竹木をもとめ、或は郷質を取立てることは永久にしない」[30]の意とした。一方、「大瀬古の余五郎跡職の座の事」を問題とした天文十九年（一五五〇）の賀藤佐助宛て買得安堵状を、信行が信長に取り次いだことから、奥野の指摘するとおり、信行と熱田社間には特別な関係があった[31]。それゆえこの両文書は、信行との関係を打破し、信長との間に新たな関係を再構築すべく出されたもので、D・E両文書は制札Aと同様、基本的には熱田社側の要求に信長が応えたもので、判物の重点は熱田社の既得権の安堵にあった。

D・E二判物理解の鍵は「為何闕所之儀候共、不可有異見候」部分にある。当時罪を犯し「闕所」とされると、「闕所地」は検断権者の手に渡るのが一般だった。それゆえ熱田社の所領「神田」が「闕所」になると、土地所有権は熱田社側から織田氏側に移ったはずである。しかしここで織田氏側は「異見あるべからず」とし、これまでどおり熱田社の所有権を認め「神物」を「人物」にしない旨約束した。前掲文書Cの「今度国中欠所之儀雖申付……不可有別儀」はこれに対応し、次の史料Gはその実例である。両文書D・Eが制札Aと対応するとすれば、「敵味方預ヶ物」は「敵味方」と「預ヶ物」の二つで、織田氏は熱田社に対し「敵味方」「預ヶ物」「俵物」と「神田」四者の治外法権を認めると約束したことになる。A・D・Eが共に治外法権を主張する熱田社の既得権擁護を目的としたとすると、Aは「熱田八ヶ村」、D・Eは熱田社の「検校・祝師」と、要求主体に違いがあったことになる。

文書D・Eは、同一日に同一内容の文書を、同じ熱田社の検校と祝師に宛てて発給したことから、傍点部の相違は文字数の多い方を基準に理解してよいと思われる。しかし制札AとD・E両文書が互いに対応するとした場合、問題となる文言がある。それは第四条の「宮中江使事」と、D・Eの「門外江使入之事」である。「使」が入る世界が「宮中」と「門外」と異なっている。辞書によれば、「宮中」とは〈神社の境内〉を指し、「門外」は〈敷地の外〉で、辞書上では「宮中」と「門外」は対応しない。「門外」を含む文書にCがあり、この場合は〈加藤氏の屋敷の外〉を意味した。それゆえ次に「宮中」の用例を取り上げ、「宮中」[32]と「門外」[33]の関係を調べたい。奥野は、熱田社の持つ治外法権を「宮中之事」「宮中之儀」と表現した信長文書を、次の二つF・Gを掲げている（傍点は引用者）。

「宮中・門外」

〔F〕

明日・明後日内可被相果候

今度東脇・大瀬古御礼銭之儀付而申事候、此方ニて可有批判儀候へ共、宮中之事、先年ゟ於神前大法被相定之由候条、六ヶ村宿老中被仰付、如前々被成御異見、可相果候、不可有御油断候、恐々謹言、

七月廿五日

佐久間半羽介
信盛（花押）
赤川三郎右衛門尉
景広（花押）
村井吉兵衛
貞勝（花押）
嶋田所助
秀順（花押）

祝言師殿
千　秋殿
惣検校殿
人々御中

〔G〕

昨夕申下刻被仰出候条、則以使者申入候、仍千秋四郎息子・母儀近年雖被召使候、去年御意に被相違に付、被追出候、就其千秋治脚〔沽却〕之地、買徳〔得〕人かたへ如先々被返遣候、宮中之儀に候へ者、両人有馳走、可被返置候、為其我等使者進之候、早々被仰出之趣相届躰、先御返事待入候、恐々謹言、

正月十六日

菅谷九右衛門
長頼（花押）

加藤（順光）図書助殿御宿所

これらF・Gの「宮中」は、共に神宮境内という〈地域〉ではなく、〈熱田社の支配領域には守護の力は及ばない〉という〈熱田社の治外法権〉を意味している。Fは祝言師《のりとし》田島家伝来文書で、「東脇・大瀬古」の入港税・停泊税などに関わる「御礼銭」関係の訴訟取り扱いを問題としている。織田氏の宿老四人が裁判するのも筋だが、「宮中之事」＝〈熱田社に関わることだから〉との理由で、「熱田六ヶ村」の「宿老中」に任すので宜しく処理するよう、とある。「宿老中」の存在から「熱田六ヶ村」が自治組織だったことがわかる。この「熱田六ヶ村」に浦方の「東脇・大瀬古」を加えると「熱田八ヶ村」となるので、「六ヶ村」は先の分析結果から、江戸時代のように「一の鳥居」「浜鳥居」「突出鳥居」に囲まれた地域か、神戸町、市場町、宿町、中瀬町、須賀町あたりか[34]、などが考えられるが、後考を待ちたい。江戸時代でも、東脇・大瀬子・須賀の三浦は船奉行の支配下で、陸の町と浜の町の区別はあった。

Gでは「千秋四郎息子・母」が追放になり、千秋氏の売却した土地が「闕所」となったことへの対応を、宿老加藤順光・隼人佑の二人に命じた。この場合の売却は、奥野の言うように年限を定めた「年期売り」で、この「宮中之儀」は、奥野説と同様「熱田社に関することゆえに」と解釈すべきだろう。「宮中之事」「宮中之儀」が以上のように解釈できれば、制札A中に五回出る「宮中」の意味は、「神社の境内」よりももっと広い意味だったことになろう。文書C傍点部の「其方門外」は羽城町の加藤氏屋敷が「門外」にあることを指している。当然、加藤氏屋敷は「突出鳥居」の外部、「宮中」の外と観念された。それにもかかわらず「其方門外江出入之俵物質之儀」が問題とされたのである。制札Aでは「宮中」という狭い範囲を問題としたが、判物D・Eでは「宮中」外側の「門外」にまで不入の範囲は拡大され、「門外」が不入なのだから「宮中」への不入は当然との論理になっている。

以上の分析から、文書のA・D・E間には用語の面で多少の違いはあるが、全体として判物D・Eと制札A第三条・第四条・第五条は互いに対応すると考えてよいだろう。制札Aにある五つの「宮中」のそれぞれの場合の解釈は、われわれの次の課題だが、その際に、判物D・Eとの比較考察が許されよう。

四　制札の解釈

第一条

この制札Aが「熱田八ヶ村」宛てに出された最大の理由は、第一条にある。この天文十八年という年が熱田社社殿造営の年に当たり、「熱田八ヶ村」側は造営の条件に、「国次棟別」や「他所・他国の諸勧進」等の守護役の免除を強く望んだ。信長はここで、神宮の「熱田八ヶ村」に対する特別な支配権を認め、守護の課す「国次棟別」や「他所・他国の諸勧進」の停止を約束し、神宮の建物造営のため、「宮中」＝熱田社は「八ヶ村」から「人別」を収めてもよいとした。奥野はこの「人別」を〈人夫役〉としたが、「棟別」が〈棟毎に〉の意味なので、この場合は〈人一人当たり〉を意味し〈人頭税〉だと思う。守護課役の実例には、天文九年（一五四〇）に信秀が伊勢神宮の外宮仮殿造営費を寄進したこと、[35]天文十二年（一五四三）に前年の台風で荒廃した内裏の築地修理のため、四〇〇〇貫文を朝廷に献上したことがある。[36]「当社」は建物としての社殿を意味し、「宮中」は一般には「神社の境内」を意味するが、この場合は、熱田八カ村を支配する領主、熱田社を指していよう。

以上から第一条は、「熱田神社は、社殿造営のため、八カ村から人頭税を徴収してよい。それゆえ、八カ村には一国平均の棟別や他所・他国の勧進を禁止する」となる。

第二条

第二条には「悪党現形においては、届に及ばず成敗すべき事」とあるが、熱田八カ村は「宿老中」という自治組織のある惣村で、自検断の村として「悪党を成敗する」独自な武力が存在していた。その具体例としては、永禄三年の桶狭間の戦いの際、一向宗の河内「二の江の坊主」、長島の服部左京助が熱田に攻め入り、熱田側がこれを撃退した事件を挙げることができよう。『信長公記』(37)には次のようにある。「爰《ここ》に河内二の江の坊主、うぐゐらの服部左京助、義元へ手合せとして、武者舟千艘計り、海上は蛛の子をちらすが如く、大高の下、黒末川口まで乗り入れ候へども、別の働きなく、乗り帰し、もどりざまに熱田の湊へ舟を寄せ、遠浅の所より下り立て、町口へ火を懸け候はんと仕り候を、町人どもよせ付けて、噇《どう》と懸け出で、数十人討ち取る間、曲《きょく》なく川内へ引き取り候ひき」と。

それゆえ第二条は、「悪党が現われた場合は織田氏へ届け出には及ばず、現行犯はその場で成敗すべきである」となる。

第三条

第一条・第二条が熱田八カ村が半独立国であることの承認であるのに対し、第三条は「先例に任せて」とあり、熱田神宮の持つアジール特権の再確認である。人々は戦に際して神宮に逃げ籠もり、大切な財産は神宮に「預け」た。これは藤木久志(38)が明らかにした、戦国期の「戦場の習俗」だった。この場合、逃げ籠もったのは、熱田八カ村の住民のほか、「他国・当国、敵味方ならびに奉公人、足弱」で、彼らは財産を神宮に「預け物」として隠した。一方奥野は、「他国・当国敵味方」を、「敵味方」は「当国」にのみ関係するとして〈他国人でも尾張国人の敵でも味方でも〉としたが、〈他国人でも尾張国人でも、敵でも味方でも〉の意味だろう。戦国大名による大名領国制が成立すると、領国＝「味方」、「他国」＝「敵」という国家意識が生まれるが、熱田神宮が主張するアジール権は、このような〈尾張の国〉か〈外国〉か、〈織田氏の支配下〉か〈それ以外〉かを問う戦国大名の国家意識とは異なっていた。

社会的弱者の「奉公人や老人・女子供」に対し保護を命じ、「預け物」も「改め」ない旨を明言した。つまり織田側の軍勢が「改め」と称し「濫妨・狼藉」に及ぶことはないと約束したのである。「預け物」という社会的契約関係を尊重し、軍勢が暴力でこの社会関係の破壊を禁止した点では、安土楽市令などに登場する徳政禁止とも通じ合っている。次に「付けたり」として「宮中へ出入りの者へ路次において非儀申し懸くる事」も禁止し、熱田神宮へ出入りする者への保護を約束した。織田氏は尾張国における支配秩序の再編成に当たり、一面確かに織田氏の権力に敵対する要素を持つが、公共性再確認のため、熱田神宮の宗教的権威に基づくアジール特権を認めたのである。ところで『沙石集』(39)の巻第一の(四)「神明慈悲ヲ貴給事」の第三話には次のようにある。

「又去承久ノ乱ノ時、当国ノ住人、恐レテ社頭ニアツマリツ、神籬《イカキ》ノ内ニテ、世間ノ資材雑具マデ用意シテ、所モナク集リ居タル中ニ、或ハ親ニヲクレタルモアリ、或ハ産屋ナル者モアリ。神官共制シカネテ、大明神ヲ下参ラセテ、御託宣ヲ仰ギ奉ルベシトテ、御神楽参ラセテ、諸人同心ニ祈請シケルニ、一禰宜ニ託宣シテ、『我天ヨリ此国ニ下ル事ハ、万人ヲ育《ハゴクミ》タスケン為ナリ。折ニコソヨレ、忌マジキゾ』ト、仰ラレケレバ、諸人一同ニ声ヲ上テ、随喜渇仰ノ涙ヲナガシケリ。其時ノ人、今ニアリテ語リ侍リ。サレバ神明ノ御心ハ、イヅレモ替ラヌニコソ。只心清クハ、身モ汚レジ」と。熱田神宮は、少なくとも承久の乱以来、戦に際してアジールとしての機能を持ち、〈赤不浄・黒不浄〉の「死」や「お産」の汚れを忌まず、保護を願ってきたすべての人々に対して「万人を育み、助けることを」神の心としていた。『沙石集』の場合の「宮中」は、「社頭」「神籬ノ内」と表現され、「神社の境内」よりもっと神の力が強く及ぶ「本殿」付近を指していたと思われる。

ところで、「他国・当国、敵・味方、并に奉公人、足弱、同じく預ヶ物等」を「改め」た場所や、「宮中へ出入りの者へ」「非儀を申懸」けた「路次」とはどこだったのだろうか。熱田神宮の持つ治外法権、守護不入との関係で考えれば、清須・那古野から熱田に向かう新尾頭の「一の鳥居」より北側の〈古渡〉辺りと、裁断橋・「簗出鳥居」以東の〈戸部・笠寺〉辺りが考えられよう。逆に言えば、織田氏は〈古渡〉と〈戸部・笠寺〉辺りに関所を設けたが、この関所では「改め」ないと約束したのだろう。この条文が臨戦下の軍事的緊張下に出されたものだとしても、この法令が一人歩きを続け、臨時の法令が前例化すると、信長判物D・Eにあったように「敵味方預ヶ物……不可有異見候」となったと思われる。さらに、たとえ「敵」でも、「預ヶ物」でも、自由往来を認めるとなれば、それは一般的な〈自由往来権の公認〉となり、「楽市令」の在り方に近づいていった。
以上から、第三条は「宮中では先例のとおり、他国の人でも・当国の人でも、敵・味方に関係なく、奉公人、老人・婦女子たちを保護する。同様に預け物を改めてはならない。付則、宮中へ出入りする者へ路次で無理を申し懸けてはならない」となる。

第四条

奥野は第四条の「大意」を次のように述べた。「宮中へ使者を出す役目は、三日以内に連絡するから遅れないようにせよ、とやかくいえば譴責使（問責使）を派遣する」と。奥野は「宮中への使」を〈熱田八カ村から熱田神宮への使者〉とし、文章後段で登場する織田氏派遣の「譴責使」は、熱田八カ村と熱田神宮との媒介者で、「宮中への使」とは無関係とした。しかし「宮中への使」とは「守護使不入」に対応する織田氏派遣の使節だろう。この「宮中」と「其村」の関係は、文書Fで「宮中之事」だから「熱田六ヶ村」で処理するように、とあったのと同様な関係だと私は思う。つまりここの意味は、〈織田氏側から使者を派遣する以前に「宮中」に連絡・通知するので、宿老中として糾明を遂げるように。自治組織が解決できない場合は、織田氏の「譴責使」を入れる〉ということだろう。三文字ほどの不明部分の復元問題と、この条文全体の理解とは関係する。不明部分は「可通知」「可申入」等だと思う。

一方、判物D・Eでは、「門外江使入之事、竹木所望、郷質取立候事」一切免許せしむるの上は、末代相違あるべからざるものなりとあり、織田氏の使者は「竹木所望、郷質取立」を理由に「門外」に立ち入ったのである。奥野も、「信長が使者を門外にふみこませたり、竹木をもとめ、或は郷質を取立てることは永久にしない」と説明した。制札Aと判物D・Eが対応すると仮定すれば、「宮中への使」をD・Eと同様、〈織田氏の派遣した使者〉として筋が通る。この第四条の場合も、織田氏の使者は「竹木所望、郷質取立」を理由に立ち入ろうとしたと想像される。この想像が正しいなら、「理不尽の使入るべからず」等の慣用句と「郷質の取り立て」は相互に関連することになる。神田千里(40)

の述べたように、国質・郷質の取り立てに守護や地頭が関わるのが当時の社会的なルールなら、「宮中」に「使」が入らないとは、「宮中」では「国質・郷質」の取り立てはしないという意味となろう。

この点からも、熱田は質取を禁止した楽市に近づく。伝統的な守護使不入でなく、あくまでも「使」の入部にこだわるのは、この年が軍事的緊張下にあり、そのような必要性が予想されたからだろう。しかし緊張がなくなれば熱田のアジール性だけが問題となった。以上から第四条は、「宮中への使いは三日以内に通知する。問題の村に届けて、自治組織の責任で糾明を遂げるように。その上で、難渋する者があれば、譴責使を入れる」となる。

第五条

「前々の判形之旨に任せ」とあり、第五条は以前から発布した「俵物留」関連法令の再確認である。すでに述べたように、都市熱田には〈日市〉〈朝市・夕市〉の立つ「魚市場」があり、〈歳市〉もあった。水陸交通の要衝として、伊勢湾地域の物産の一大集散地だった。それゆえ、多くの商品が「俵物」の形態をとり、熱田の市場に搬入され、各地に搬出された。ここで信長は、支配領域内の例えば古渡・末盛・那古野等々で「俵物留」を行なっても、熱田は例外とするとした。「俵物留事」の「留」の一字に意味があるとしたら、それは佐々木銀弥が言う「織田氏の荷留権明示」で、軍事的緊張下において、織田氏は「俵物留」を行なう権限を熱田八カ村に誇示したとなる。しかし、この法令が日常化の波に呑み込まれると、史料D・Eのように、「俵物留事」は限りなく「俵物事」に近づき、信長は「俵物」一般に対して「異見あるべからず候」と約束したとなり、〈商品輸送の自由〉、商品に対する〈通行税の免除〉となってゆく。これと第三条の「敵味方・預ヶ物」と相まって、実質的に楽市令と同様な〈通行の自由〉、「諸役免除」を意味するに至った。

以上から、制札Aや判物D・Eは、内容的には「楽市楽座令」の先駆けで、熱田は楽市場の原形と考えられよう。熱田神社がこれまで持っていた治外法権や不入権の中に、商品流通の自由が新たに付け加えられ、熱田は規制緩和の経済特区＝楽市場となった。この熱田の楽市場は、第二条にある自検断の武力を背景としていた。それゆえ第五条は「俵物留めについては、前々からの安堵状があるので、例外とする。宮中は必ず往反すべきこと」となる。

五　むすび

この制札は基本的には、第一条の社殿造営や守護役の免除を主要なテーマとして作成されたものである。天文十八年には、織田信秀の勢力圏は激変し、今川氏との間に鋭い緊張が走った。このような臨戦態勢下で、第二条「悪党現形」、第三条「預ヶ物」、第五条「俵物留」などが問題となった。藤木久志が明らかにした「戦国の作法」としての「預物・隠物」は、熱田社の場合は、承久の乱にまで遡る。先学は皆、「俵物」を「米穀」としたが、むしろ海産物を中心とした商品一般「俵に入れて運ぶ物」だろう。これら「俵物留」の禁止。「預け物」を保護し、改めることの禁止。不入権を認め、一方的に「譴責使の入部」をしない、宮中へは敵味方・奉公人・足弱を問わず誰でも自由に出入りできること等々は、都市熱田を楽市へと発展させる梃子となった。伊勢湾を挟んで熱田と相対する三重の桑名は当時「十楽の津」と呼ばれていた。それゆえ熱田が桑名と同様、楽市となるのは当然と思われるが、楽市には「万人を育み、助ける」熱田の神の在り方に基づく面もあった。

この頃、熱田台地の北、古渡を通る鎌倉街道に対し、熱田台地の南、熱田神宮の前面を通る近世東海道の原型が形成された。この道は、熱田から精進川を渡り、簗出鳥居から戸部・笠寺へ続いた。干潮時は街道だが、満潮時は海の底だった。当然、近世美濃路の原型もまた形成された。このような社会経済の道が熱田神宮の前面を通ると、海から「浜鳥居」を経て、熱田神宮へ向かう参道と交差した。この時から都市熱田の形成は始まった。この交差点に市場町ができ、熱田は伊勢湾周辺地域の物産の一大集散地となった。大瀬子には、〈日市〉で〈朝市〉〈夕市〉の「魚市場」もできた。この制札は、全体としては熱田社の既得権の再確認だが、都市熱田の発展と共にその内容は「楽市楽座令」

に近づき、都市熱田は楽市に変身した。近世「魚市場」が卸売、仲買、小座の三者から構成されたとあり、小売商たちの名前が「小座」であることからも、「座」の存在が気になるが、後の課題としたい。

第二章　知多郡・篠島商人宛て自由通行令——保護の見返り

一　史料と研究史

信長文書には、知多郡と篠島の商人に対し自由通行を命じた、天文二十一年（一五五二）十月十二日付け文書[1]がある（これを文書Aとする）。信長にとって天文二十一年とは、三月三日に父信秀を病死で失い、十九歳で家督を相続した年である[2]。この文書はその直後に作られたもので、家督を継いだばかりの信長が、知多郡・篠島の商人を保護し、彼らに往来の自由を保証したものである。信長文書中ではきわめて初期のものである。本章での私の目的は、文書Aを当時の政治的・歴史的な世界の中にいったん埋め戻すことで、この折紙の伝えるメッセージを新たに蘇らせ、再確認することにある。まず、われわれの課題とする文書Aを掲げたい。

［A］　智多郡并篠島諸商人当所守山往反事、国質・郷質・所質并前々或喧嘩、或如何様之雖有宿意之儀、不可有違乱候、然者不可致敵味方者也、仍状如件、

天文廿壱
十月十二日　　信長（花押）

大森平右衛門尉殿

この文書Aを収録する『古今消息集』四には、「信長御判写折紙」との注[3]がある。信長花押の存在から文書Aは信長の「判物」で、年月日の書き方から「折紙」となる（今後この文書Aを折紙とも表記する）。文書Aに関する説明・解説としてまず取り上げるべきは、信長文書を網羅的に収集・研究した奥野高廣の次の解説である。

［解説］「智多郡」と篠島（知多湾上の島。面積七平方粁。漁業の島）の商人が守山（名古屋市守山区）に往来するについての自由を保証した判物である。国質・郷質・所質についてはまだ明確な解釈がついていないけれども、貸借関係で債務の弁済をもとめることができない場合には質物を取上げるとの契約のことのようである。それらの違乱を禁じ、もちろん敵味方の戦いをしてはならないとした。大森平右衛門尉は、今の名古屋市守山区大森の出身で、信長の「智多郡」の郡代であったろう。

この奥野説の問題点は、「智多郡并篠島諸商人当所守山往反事」を〈知多郡と篠島の商人が守山に往来すること〉とし、「当所」を無視したのでないとすれば、「当所」を「智多郡并篠島」とし、「自由往来の範囲」を〈知多郡・篠島と守山の間〉とした点である。現在では、信長の研究や国質・郷質・所質の研究は進み[4]、その点からも奥野説は再検討に値しよう。ところで『角川日本地名大辞典23 愛知県[5]』「守山」の項には、「当地には大永元年今川氏親が築いた那古野城に対抗して築かれたという守山城があり、同六年には松平信定が城主となったが、天文四年、松平清康が家臣阿部弥七郎に弑殺されたいわゆる守山崩れののちは織田信秀の支配下に置かれたという。城下は市場町としても繁栄し、天文二十一年十月十二日付織田信長判物では『智多郡并篠島諸商人当所守山往反事』として知多郡および篠島方面から当地に来訪する商人が質取や喧嘩などの問題に巻き込まれないよう保護を加えている」とある。

『角川日本地名大辞典』が明らかにした、守山城が三河の松平氏の支配から尾張の海東郡勝幡を根拠地とする織田信秀の支配へと変化した歴史的経緯は、文書A研究を進める上で大切である。しかし「当所守山」に関して言えば、奥野説とは逆に、「当所」＝「守山」とし、さらにこれを「当地」と言い直し、「自由往来の範囲」を局所的な「守山城下市場町」に限定したのである。他方、平凡社『日本歴史地名大系23　愛知県の地名』(6)にも次のようにある。文書Aを〈智多郡并篠島諸商人に対する保護〉とする点では、両地名辞典は共通している。「天文頃の守山は商業が発達し、知多郡や篠島の商人も往来していたようで、同二一年、信長はその商人に保護を加える判物を発している。（中略）現在も市場《いちば》の地名がある」と。この〈知多郡や篠島の商人に対する保護〉との理解は、おそらく大筋では間違いあるまい。しかし、例えば「然者不可致敵味方者也」の部分は〈保護〉とは解釈できないので、文書A全体を〈保護〉の一言で片付けることはできないだろう。文言一つ一つについての注意深い吟味が必要なのである。

一方永原慶二は、文書Aの対象世界を〈守山城下市場〉とし、文書の目的を〈市への商人の招致〉とする考えを引き継ぎ、文書Aを次のように説明した(7)。「大森氏は名古屋の東北に接する現在の守山市大森を本貫とした在地豪族で、守山市《いち》の市物管理にかかわっていたらしい。信長の方針は知多・篠島の商人の来市を歓迎し、守山市の繁栄をはかっているのである。守山は庄内川と矢田川の合流地点から少し矢田川をさかのぼった右岸地点にあるが、庄内川は戦国期でも河口から清洲・枇杷島辺りまでは舟運が行なわれていた。織田氏としても、守山市への知多・篠島商人の招致は、海産物を中心とする諸物資の入手という観点から戦略的意味をもつものと見ていたはずである」と。永原が本論文で、「現在の守山市大森」としたのは誤りで、同市は六三年に名古屋市守山区となっている。しかし庄内川・矢田川の水運の説明には聞くべきものがあろう。ここでは「大森平右衛門尉」は〈知多郡の郡代〉ではなく、守山城下市場の〈市物管理者〉とし、文書A発給の目的を守山城下の〈市場振興策〉とした。

また下村博信(8)は、史料の中から熱田の回船業者〈荒尾屋大森平左衛門〉を発見し、㈠「大森平右衛門尉」は熱田の回船業者荒尾屋大森平左衛門本人か、あるいはその一族である、㈡荒尾屋の屋号から、大森氏は知多郡荒尾郷出身の商人で、商人頭（触頭）である、㈢「当所守山」は熱田―守山間を指し、知多郡・篠島から熱田までは海路で、熱田から那古野・守山までは内陸路で往還した、と主張した。「大森平右衛門尉」と「大森平左衛門」では「右」と「左」

の違いしかないので、大森氏を〈知多郡出身の熱田の回船業者〉とする下村説は魅力的である。

以上のように、文書Aの「自由往来の範囲」や「大森平右衛門尉」について、管見に入っただけでも数多くの解釈が存在している。以上の諸説を「当所」がどこを指すかを中心にまとめると、「当所」は「知多郡・篠島」だとするのが奥野説、「熱田」とするのが下村説、「当所」＝「守山」とするのが角川・平凡社の両地名辞典説と永原説となる。

二　文言と構造

前述したように、平凡社や角川の地名辞典では、文書Aのメッセージの中心を〈知多郡や篠島の商人に対する保護〉とし、永原慶二はこの考えをさらに発展させ、〈商人の招致〉〈城下市場の振興策〉と解釈した。戦前、小野晃嗣が楽市楽座令を〈城下町振興策〉としたこと[9]は有名だが、永原の文書A解釈も、ややこれと似ている。永原説の根拠には、文書Aの文面上に、楽市楽座令と同様な文言が見いだせることがある。例えば、後北条氏が天正六年（一五七八）に世田谷新宿に宛てた「掟[10]」の第三条・第四条には、それぞれ「国質・郷質不可取之事」「喧嘩・口論令停止事」とある。また織田信長が永禄十年（一五六七）に岐阜城下の楽市場に宛てた「定[11]」の第一条・第二条にも、それぞれ「当市場越居之者、分国往還不可有煩……」「不可押買・狼藉・喧嘩・口論事」とある。それゆえ、文書Aの事実書きの部分のなかで、これら楽市令の文言と対応する文言に印を付けると（「掟」に対応するところには傍点を、「定」に対応するところには傍線を引いた）、次のようになる。

智多郡并篠島諸商人当所守山往反事、国質・郷質・所質并前々或喧𠵅、或如何様之雖有宿意之儀、不可有違乱候、

然者不可致敵味方者也、

しかし、楽市令と似た文言が登場することを理由に、この折紙もまた市場宛て文書で、〈商人に対する保護令〉だと断定できるだろうか。注目すべきは「定」の「分国往還不可有煩」に対応する「当所守山往反事」と「不可有違乱候」の間に「国質・郷質・所質并前々或喧嘩、或如何様之雖有宿意之儀」が挿入されている事実である。これを〈往来・通行の自由に敵対する「違乱」の具体的な例示〉とすると、文書Aは全体として〈商人等に対する往来・通行の自由の保証〉となる。信長文書中に、折紙Aと同様な〈商人等に対する往来・通行の自由保証〉を命じたものを探すと、次の四つが見つかる。史料を年代順に掲げ、B～Eとし、それぞれ〈往来・通行の自由〉の保証された人物などの〈対象〉には符号aを、自由に通行できる〈範囲〉にはbを、〈保証文言〉にはdを付すと、次のようになる。

[B]　永禄三年（一五六〇）九月、生駒八右衛門宛て判物折紙(12)、
「a諸荷物馬壱疋、b国中往還之事、於末代d違乱有間敷者也、仍如件」。

[C]　永禄五年（一五六二）三月十七日付け熱田座主御坊宛て判物折紙(13)、
「a六拾六部之経聖、b当国往反事、如前々、d不可有相違者也、仍状如件」。

[D]　永禄六年（一五六三）の尾張瀬戸宛て制札(14)の第一条、
「瀬戸物之事、a諸口商人b国中往□〔反〕d不可有違乱之事」。

[E]　永禄十年（一五六七）の美濃楽市場宛て制札(15)の第一条の最初の部分、
「a当市場越居之輩、b分国往還d不可有煩」。

Eは前述の岐阜城下楽市場宛て「定」で、楽市場宛て制札だが、少なくともB・Cは市場宛てでない。それゆえわれわれが問題とする文書Aも、地名辞典や永原のように〈市場宛て文書〉とする必要はなく、より一般的に〈往来・通行の自由〉の保証書と考えてよいことになる。このような観点から、文書Aの本体部分を次のようにa～eと五分

解したい。a、b、dは史料B～Eと対応しており、aは通行の自由が保証された〈対象〉を、bはその〈範囲〉を、dは〈保証文言〉を示す。

a智多郡并篠島諸商人b当所守山往反事、c国質・郷質・所質并前々或喧咙、或如何様之雖有宿意之儀、d不可有違乱候、e然者不可致敵味方者也、仍状如件、

cは往来・通交の自由に敵対する「違乱」の具体的な〈例示〉で、「然者」以降eは、信長が「智多郡并篠島諸商人」に対し往来・通行の自由を与えたことに対し、信長側が要求した〈反対給付〉である。B～Eでは自由通行の保証が無条件だったのに、Aでは自由往来への〈保証文言〉dだけでなく、「違乱」の具体的な〈例示〉cや、自由往来への〈見返り〉eがある。これらの点が文書Aの特徴となる。cの存在は、信長が「智多郡并篠島諸商人」に対して自由通交を保証する際、自由通交の具体的内容を明示する必要があったからであろうが、eの存在は、この文書発給の背景、特に当時の信長が非力だったこと（後述する）と関係しよう。

ともあれ、以上の史料B～Eや文書Aをすべて〈自由通行令〉と名づけるとすれば、文書Aのメッセージの中核は「a智多郡并篠島諸商人b当所守山往反事」「d不可有違乱候」が担っており、このa・b・dが文書Aの〈基幹部分〉となろう。逆に言えば、地名辞典や永原は、当文書の〈枝葉部分〉の文言「c国質・郷質・所質并前々或喧咙、或如何様之雖有宿意之儀」の中に、楽市令とよく似た文言があることに注目して、文書Aを楽市令と似た〈城下市場の振興策〉としたのである。しかしながら、文書Aを全体的に理解するためには、〈基幹部分〉にこそ注目すべきで、文書Aは全体として〈自由通行令〉と言えよう。

三　舞台と背景

「天文二十一年十月十二日」とはどのような時か

天文二十一年（一五五二）とは、この年三月三日に父信秀が病死し、信長が家督を継いだ年である。それよりおよそ二〇年前、居城を安城から岡崎に移した松平清康は、享禄二年（一五二九）に吉田城（豊橋市）や渥美半島の田原城（田原市）を落とし、三河を制圧した。尾張の品野城（瀬戸市）、岩崎城（日進市）を落とし、たびたび尾張を侵略したが[16]、天文四年（一五三五）の守山崩れで滅びた[17]。『信長公記[18]』には、信長の父信秀について「一ヶ月は美濃国へ御働き、又翌月は三川〔河〕の国へ御出勢」とあり、信秀は美濃の斎藤氏、三河の松平氏と戦っていた。守山を奪った信秀は反転攻勢に出て、天文九年（一五四〇）には三河の安祥城を陥れた。天文十二年（一五四三）には、尾張と三河の国境「境川」近くの刈谷や緒川を中心に、知多郡の常滑・大高や愛知郡の戸部などにも勢力を築いていた水野氏[19]を従わせ、織田・水野両氏の同盟が成立し、信秀は愛知・知多両郡を勢力下に収めた。しかし駿河・遠江両国守護の今川義元は、天文十八年（一五四九）に安祥城を奪い返し、天文十六年（一五四七）以来織田方の人質だった松平竹千代（後の家康）を取り戻し、自己の保護下に置き、西三河への支配を進めた。

この結果、信秀の愛知・知多両郡支配は崩壊の危機にさらされた。竹千代が人質の間は松平氏に睨みが利いたが、ここに至り瀬戸の品野城の存在がにわかに強調された。信秀は天文十七年（一五四八）に美濃の斎藤道三と和睦し、信長と道三の娘との婚姻が成立した。このような状況下に信秀は死に、その後一カ月後、鳴海城主の山口親子は今川方へ寝返った。信長は早速、同年四月十七日に赤塚で鳴海九郎二郎と戦うが、勝負はつかず、知多半島の西の付け根の大高・沓掛・笠寺などは新たに今川氏の勢力下に入った。しかし東の付け根の緒川の水野信元は依然として織田方で、猿投山から知多半島にかけての丘陵地帯と境川周辺は両氏の係争地帯となった。以上の織田・今川両氏の対立に決着をつけたのは、八年後の桶狭間の戦いである。天文二十一年（一五五二）当時を考えると、品野城・桑下城・落合城を拠点とし瀬戸一帯を支配する今川氏に対して、織田氏の防衛ラインは小幡城・守山城・末盛城で、両者の中間地帯に当たる現在の尾張旭市には、今までのところ戦国期の城は発見されていない[20]。

永禄三年（一五六〇）に信長は、桶狭間の戦いの前哨戦として品野城を落とした。こうして、瀬戸は長いこと織田氏と松平・今川氏の対立の渦中にあり、陶工たちは瀬戸から美濃などへ避難した。これを「瀬戸山離散[21]」という。永禄五年（一五六二）、尾張を統一した信長は、三河の松平元康（後の徳川家康）と清須会議で同盟を結んだ。このことは彼ら二人の後の発展に大きな意味を持つ出来事だが、瀬戸山にとっても長いこと失われた平和が戻った点で、大きな出来事だった。このような時代的文脈において、史料Dの永禄六年（一五六三）の信長制札を見ると、瀬戸山復興の息吹が感じられる。第二条に「塩あい物以下出入不可違乱[22]」とあるが、知多郡や篠島の商人たちの活躍が公認されたのである。信長の根拠地、那古野・熱田から陸路で緒川・刈谷へ行くには、鳴海・大高が行く手を遮り、また今川方の岡崎から鳴海・大高へも、緒川・刈谷が行く手を遮る関係にあった。つまり、今川方の鳴海・大高等々と、織田方の緒川・刈谷等々は互いに敵陣深くに食い込んでいたのである。

しかし両者共に、知多半島を挟みそれぞれ海で繋がっていた。それゆえ知多半島全体の政治的な帰属は微妙だった。『信長公記[23]』では、山口親子の寝返りにより、知多郡は今川方になったとし、次のようにある。「上総介信長、尾張国半国は御進退なすべき事に候へども、河内一郡は、二の江の坊主服部左京進押領して、御手に属せず。智多郡は駿河より乱入し、残つて二郡の内も、乱世の事に候間、慥《たしか》に御手に随はず、此の式に候間、万《よろず》御不如意千万なり」。「山口左馬助、同九郎二郎父子に、信長公の御父織田備後守、累年御目に懸けられ、鳴海在城不慮に御遷化候へば、程なく御高恩を忘れ、信長公へ敵対を含み、今川義元へ忠節なし、居城鳴海へ引き入れ、智多郡御手に属し、其の上、愛智郡へ推し入り、笠寺と云ふ所に要害を構へ、岡部五郎兵衛・かつら山・浅井小四郎・飯尾豊前・三浦左馬助在城。鳴海には子息九郎二郎を入れ置き、笠寺の並び中村の郷取出に構へ、山口左馬助在陣なり」と。

『角川日本地名大辞典　愛知県』の「知多郡」によれば、南北朝期以降ここは三河の守護一色氏が支配し、三河から知多湾を経て成岩（現半田市）から常滑・大野の伊勢湾に抜ける知多半島横断陸路が成立した。戦国期には、この横断陸路を緒川・刈谷の城主、水野氏が支配した。一方、半島の西海岸は、大野・内海・羽豆ヶ崎までを佐治氏が支配し、海賊衆をも統制下に置いていた。また一時期、渥美郡の田原城主戸田氏が羽豆崎城や河和城をも支配下に置いたとある。つまり文書A作成当時、篠島の支配者は佐治氏か戸田氏かという問題が発生し、篠島には知多半島よりもさらに強く今川氏の勢力が及んでいた可能性がある。また桶狭間の戦い以降は、佐治氏など知多半島の領主は信長に従った。逆に言えば、この当時知多郡には今川側の力が及び、戦国期を通じて水野氏が知多半島横断道路の支配権を握っていたとしても、知多郡全体の政治的な帰趨は明確でなく、信長による知多郡の郡代派遣は不可能だったと思われる。

奥野は「大森平右衛門尉は、今の名古屋市守山区大森の出身で、信長の『智多郡』の郡代であったろう」としたが、すでに述べたように、信長が守山・大森出身の大森平右衛門尉を郡代として派遣することは不可能だった。「智多郡」の郡代がもし現実にいたとすれば、それはむしろ刈谷・緒川を中心とする水野信元こそがふさわしかった。それゆえいずれにせよ、奥野の言う〈大森平右衛門尉＝智多郡郡代説〉は成立しないと思われる。

「智多郡并篠島諸商人」とは何か

知多半島と渥美半島は、〈蟹〉が両腕を伸ばし三河湾を抱え込む形をしている。その蟹の両腕の中に篠島はある。現在では知多半島と篠島・日間賀島・佐久島の間は愛知用水が貫流し、篠島と知多半島は一体化しているが、古代篠島は三河国に属した。これは現在の地図でも、三河の幡豆郡に対し、知多半島の南端に羽豆岬が見られるように、古墳時代には、三河湾を中心に伊勢・志摩、渥美半島が一つの海域世界「幡豆」を形成したからである。[24] しかし中世篠島は伊勢国度会郡や志摩国答志郡に属した。その最大の理由は、篠島が伊勢神宮の三節会に御幣鯛《おんべたい》を奉献[25]したからである。

　ここから文献資料的に確かめられなくても、中世篠島の漁師たちは「伊勢神宮の神人」として、伊勢神宮の特権を笠に「座」を形成し、魚を販売したと想定される。近世になると、篠島は尾張国知多郡に属し、隣の日間賀島からは将軍や尾張藩主に御用鯛を献上する習わしとなった。御用鯛は生鯛、干鯛、浜焼鯛などで、鯛腸塩辛も特産品とある。「肥前の唐墨」、「越前のウニ」と並ぶ三大珍味に、海鼠の腸から作る「大井のこのわた」[26]がある。大井は現南知多町の港で、「このわた」は知多半島の特産物で、篠島の鯛腸塩辛はその代用品という。近世におけるこれらの島の帰属には、家康の意向が強くかかわっていた。この文書は篠島と知多郡とを一緒に捉える点で、尾張国知多郡に属すとした近世篠島の在り方を予見させる。

　ところで、この時代の「商人」は〈行商人〉を意味した。「智多郡并篠島諸商人」とは〈智多郡や篠島からやって来た行商人〉である。奥野説のとおり、篠島商人は「魚」を商った。魚は生の他、干したり焼いたりした。篠島が〈漁師の島〉なら、知多半島は、女は山仕事、男は漁を行なう〈半農半漁の世界〉で、古くから行商・出稼ぎで他に出かける人の多い地域だった。ここが製塩業の盛んなことは考古学上の遺跡から明らかである。宮本常一[27]によれば、知多半島や三河から川を遡り信州に至る多くの道が古来〈塩の道〉という。となれば、知多の製塩業者たちは同時に〈塩売り〉となる。一方、木曾川の水を知多半島に引く「愛知用水」のアイディアが生まれたように、知多半島丘陵地帯は農業用水の不足する畑作地帯で、地図上に多くの溜池が見られる。近世ではこうした溜池掘りの技術を持つ人々を「黒鍬者」[28]と呼び、各地に出稼ぎに出た。この他、近世の出稼ぎ人には「大野鍛冶」「知多万歳」[29]などがある。

　このほか、知多半島には焼き物の産地「常滑」がある。近世では、「三河木綿」と並び「知多木綿」「知多晒」が特産物だが、生糸から木綿へと転換する以前は、養蚕業が盛んだった。近世の常滑・野間・師崎・篠島・亀崎などは、〈千石船〉の着く湊で、内海船・伊勢海運の活躍する世界だった。江戸－大坂間の海運業の発展につれ、古くからの製塩業を背景に、半田では醸造業が発展し、酒・味噌・食酢・醤油の生産地となった。それゆえ文書Aでも、「智多郡并篠島諸商人」は「当所守山」に根拠地を築き、魚・塩などを行商していたと思われる。名古屋市とその周辺地域の大正から昭和初期にかけての民俗調査では、魚は熱田から来る「宮の魚屋」と、庄内川河口の「下之一色」から来る行商人から買うのが常で、晴れの食事や行事食には「宮の魚屋」から、一般の煮魚用の魚、鰯・アサリ・シジミは「下之一色」の振売から買った、とある。(30) 近世「下之一色」には、問屋が集まり、青物市場もでき、物流の中心だった。「愛知」の起源は「鮎市」「アユチ」とされ、古来熱田には魚市場があり、江戸時代はもとより、中世にもその存在は確かめられる。知多郡や篠島の漁師たちは、一方では熱田の魚市に魚を生魚・相物・干物などの形で卸し、他方、自身が魚の振売・小売を行ない、戦国期には庄内川を遡り、守山辺りを根拠地としたが、近世になると、庄内川河口の「下之一色」をセンターとしたのだろう。以上から、戦国期の「智多郡并篠島諸商人」とは、海産物を中心にした塩・生魚・相物・干物などの行商人・振売商人だろう。漁師たちの乗る船は同時に海運業にも転用でき、漁師たちは一面で〈行商人〉、他面では〈海賊〉となる。「智多郡并篠島諸商人」に武装した海賊の顔が隠されていたとすると、文書中の「前々喧嘩・宿意」という海の男らしい荒々しさの記述がよく理解できる。

「当所守山」とはどのような範囲か

奥野説によると、自由通行の〈範囲〉bは「智多郡并篠島」と「守山」の間となる。この理解は前述史料B〜Eで、自由通行の〈範囲〉bが広域な「国中」「当国」「分国」だったことに対応し、いくつもの郡に跨る広域経済圏となる。父信秀の築いた最大規模の勢力範囲は、確かに愛知・知多両郡を覆ったが、家督を相続したばかりで、四方に敵のいた信長は、すでに述べたとおり知多郡を支配下に置けなかった。一方下村説では、「当所」を大森氏のいる「熱田」とした。それなりに合理的な解釈だが、熱田—守山間とすれば、その地域の海産物販売では、当然熱田魚市との関係が問題となる。信長はここで、熱田魚市の権限をさしおき、熱田の回船業者大森氏の特権を保護したのだろうか。第一章「熱田八カ村宛て制札」で、熱田の魚市が「日市」で、「朝市」「夕市」から成っていたことを見たわれわれは、下村説に従うことは難しく、〈熱田－守山間〉説は成立しないと思われる。

　一方『角川日本地名大辞典』や永原は、「当所」＝「守山」とし、この判物を守山城下の〈市場宛て法令〉とし、自由通行の〈範囲〉bを今度は逆に、極端に狭く解釈した。しかし「守山」は、天文二年の守山崩れの後、信秀が松平氏から奪った城で、当時は叔父信光の居城だった。この判物を城下市場宛て〈商人誘致の法令〉とするなら、城主信光が出すのが自然で、一族の当主とはいえ、信長が叔父の居城城下市場宛てになぜ法令を出したのか疑問が残る。辞書によれば、「当所」の「当」とは〈「この、現在の」などを意味する〉とある。この折紙に即して考えると、信長と大森平右衛門尉の間で「この所」と言った時、どこを指すと互いに了解したのかが問題である。先学の理解はすべて、〈大森氏の現にいるところ〉との理解に立つが、〈信長が現にいるところ〉との理解も可能だろう。前述した史料Cの「当国」は、信長側からの言い方で、信長が現に統一した〈尾張の国〉を指している。

　つまり、「当所」を〈信長が現にいるところ〉とすれば、当時信長の居城は「那古野」城、現在の名古屋城の一部（現名古屋市中区）となり、「当所」＝「那古野」城で、文書が保証した自由通行の〈範囲〉は、那古野－守山間となる。つまり広域経済圏でなく地域的市場圏となる。以上から、知多郡・篠島の商人たちは、熱田魚市の広域販売圏と対抗し、庄内川の河口で海舟から川舟に乗り換え、那古野－守山間で販売活動をしたと考えられる。ただ、ここで言う局地的市場圏が、知多郡・篠島の商人たちの縄張りか保護者信長の勢力圏か、の問題はある。実際は、彼らの縄張りはもっと広かったが、信長が保護できる範囲が那古野－守山間だったのだろう。

　現在の地図を見ると、名古屋城の外堀のさらに西側を、城から伊勢湾まで南北に「堀川」が流れる。一方この川は、城の北部「名城公園」からは東北に向きを変え、名前も「黒川」となり、矢田川に合流する。『角川日本地名大辞典』では、「堀川」は慶長十五年（一六一〇）名古屋城築城の際、城と熱田港とを結ぶため、福島正則を普請総奉行として開削したとあり、矢田川との間も、寛文三年（一六六三）の御用水路、天明四年（一七八四）の大幸川、明治十年（一八七七）の黒川開削によったとある。[31]一方、平凡社『日本歴史地名大系』では、那古野城は名古屋台地の北で、後の名古屋城二の丸、明治の陸軍歩兵第六連隊の所在地で、北端は断崖、その向こうの「名城公園」辺りは沼地という[32]。この沼地の水を利用して「堀川」は掘られた。この那古野城北側の沼地は庄内川や矢田川の遊水池で、黒川、大幸川、御用水路の開削がなされる以前から、水路で矢田川に結びつき[33]、矢田川・庄内川の合流点は、大きな乱流域だった。それゆえ庄内川と矢田川は、名古屋台地の北部で、木曾三川と同様なデルタや遊水池を形成し、那古野―守山[34]はこの水域世界に属した。矢田川を遡れば、尾張旭市や瀬戸市へも行けた。

三河の松平清康が品野・岩崎に拠点を築き守山に進出した経緯を見れば、当時の矢田川上流の尾張旭市・瀬戸市領域には松平氏（＝今川氏）の勢力が及んだ可能性は強い。またこの水域世界は、信長の力の及ばない枇杷島・清須とも接していた。天文二十一年（一五五二）八月、信長は清洲守護代家の家宰坂井大膳との対立の中で、庄内川を越え萱津で戦い、天文二十三年（一五五四）一月には緒川城「後詰め」のため村木攻めを行なうが、これらの戦いを信光と共に戦った。同年四月に清須城占領後は、信長が清須城に入った後、信光は信長の居城、那古野城に入った[35]。つまり信光は、家督継承直後四方を敵に囲まれた信長と、軍事的に一体となって行動した強力な味方で、那古野―守山間とは天文二十一年段階の信長の勢力範囲だろう。もちろん勝幡系織田氏として、信長勢力圏には本貫の海東郡があったが、那古野―守山間が問題となったのは、「智多郡并篠島諸商人」が庄内川を遡り商売をしたからだろう。以上から、永原の言う〈大森平右衛門尉＝守山城下市場の「市物管理者」説〉は成立しない。

四　文書の分析

「然者不可致敵味方者也」とは何か

この文書を〈自由往来令〉としたとき、この文書の特徴をなす〈反対給付〉eの「然らば敵味方を致すべからず」が問題となる。奥野は、この「不可致敵味方」を、「もちろん敵味方の戦いをしてはならないとした」と言う。これは〈知多郡・篠島商人同士が敵味方となって戦ってはならない〉の意味だろうか。意味不明である。一方、地名辞典や永原はこの部分に注意を払っていない。それゆえ、ここでeの政治的意味を考察したい。私はすでに「A然からばB」のBは、文書の差出人・受取人間での〈交渉内容が記されたもの〉として理解すべきだとしてきた。[36] この場合に当てはめると、信長が「大森平右衛門尉」を通じて「当所守山」間における、〈知多郡や篠島の商人に対する保護〉・通行の自由を申し出たのに対して、信長側が逆に、その対価・見返りとして「智多郡并篠島諸商人」が「敵味方をしないこと」〈今川・織田の対立に際し、厳正中立を守ること〉を要求したことになる。

つまり「然らば敵味方を致すべからず」とは、信長が「智多郡并篠島諸商人」に要求した交換条件なのである。知多郡や篠島の商人たちが伊勢神社の神人として、神々の権威の下に、武士階級から縁の切れたものとして強力に自己主張ができる時代であれば、このような表現は不必要だった。大名領国制が形成されるなかで、商人たちがどの戦国大名の保護下にあるかが問題となったことから、このような「不可致敵味方」が問題となったのである。戦国時代では、二つの勢力間の地域住民が「半手」と言う両属状態にある事例[37]が明らかにされている。文書の表面上からは、知多郡や篠島の商人が厳正中立を守るよう期待された世界は「当所守山」だが、このことは彼らの出身地、知多半島にも政治的な影響を及ぼした。敵地から来る商人に対して、人身の自由を保証する代わりに、今川・織田両氏の対立には、厳正中立を守らせたことで、信長は逆に、熱田から知多半島への実質的な自由通行権を得たのである。

天文二十一年（一五五二）に鳴海城主山口親子が今川方へ寝返った段階から、知多半島をめぐる海上航行路シーレーンの確保は信長の至上命題で、「境川」周辺勢力との連絡のためぜひとも必要だった。この文書の隠された目的はここにあった。このような政治状況を説明するものに、天文二十三年（一五五四）一月の信長の「村木城攻め[38]」がある。今川氏は水野信元の緒川城（現知多郡東浦町）を攻略すべく、城の北・村木に付城を築き、水野氏を攻撃した。緒川城の救援ために信長の行なった「後詰め」が「村木城攻め」である。もしも緒川城が今川氏の手に落ちると、知多半島から愛知郡にまで今川氏の勢力が及んで来ることは明らかだった。しかも当時信長は、清須の坂井大膳と天文二十一年（一五五二）八月には「萱津の戦」で、翌年七月には「成願寺の戦」で戦うなど、清須勢と今川勢の両面の敵と対決していた。信長はこのピンチを斎藤氏との同盟で克服し、天文二十三年一月には村木城を攻略した。

まず信長は、斎藤道三に加勢を頼み、安藤守就の軍一千を借り、これを那古野城の留守居役に頼み、一月二十一日に守山の信光と共に出陣し、熱田から大風の中を船で知多半島西海岸の常滑に渡り、緒川城に到着し水野軍と合流した。戦国時代とは、裏切りが日常化した時代とのイメージがあるが、このような信義もあったのである。九時間にもわたる激戦の末、信長の小姓多くが討死にする中で、村木城を落とし凱旋した。

その後四月には清洲城を占領し、信秀没後の混乱を収拾し、危機を脱した。この村木攻めに際し、信長が熱田から常滑への渡航の際、嵐の中の出航とはいえ、篠島や知多半島の海賊衆が信長に敵対しなかったことに注目すべきである。このような軍事・政治的な関係から、この文書は作成された。つまり信長は「智多郡并篠島諸商人」に、膝元の那古野―守山間での活動に保護を加えることで、知多半島の海賊衆が信長に敵対しないよう、シーレーン確保を目的としたと考えられよう。

この文書の後、永禄年間以降発給される信長文書では、このような〈反対給付〉付きの〈自由通行令〉は見受けられないが、それだけ信長の支配領域が拡大し、支配権も安定したからだろう。

通行の自由とは何か

ここではcとdを中心に考察したい。先に掲げた史料B～Eでは、〈往来・通行の自由〉の保証された〈範囲〉をb、〈保証文言〉をd、と二分したが、〈往来・通行の自由を保証する文言〉自体は「往反事不可有違乱」[39]「往還不可有煩」などとなろう。そこで次に取り上げるべきは、次の祖父江五郎右衛門宛て信長判物Fである。

[F]　俵子船壱艘之事、諸役等令免許上者、無異儀〔議〕可往反者也、仍状如件、

天文廿三
十一月十六日　　　　　　　　　　上総守
　　　　　　　　　　　　　　　　信長（花押）
祖父江五郎右衛門殿

Fでは〈往来・通行の自由〉の〈範囲〉は明示されていないが、この「無異儀可往反」は「往反事不可有違乱」と同じ意味だろう。Fでは〈往来・通行の自由〉は「諸役等の免許」に関わり、〈関税の免除〉と考えられる。現在の通説では、通行の自由とは専ら経済的な問題で、関所での〈関銭徴収からの自由〉と理解され、通行自由の妨害者は人々から関銭を徴収する〈関所〉であり、信長はこの関所を撤廃し、通行自由を確立したとされている。それゆえ史料B～Eも、一般には関銭免除とされる。しかし文書Aの「往反事……違乱あるべからず」は関銭の免除とは考えられない。文書Aのc「国質・郷質・所質并前々或喧咜、或如何様之雖有宿意之儀」は「違乱」の具体的な〈例示〉で、通行の自由を保証した具体的な内容である。文書Aは知多郡・篠島商人たちが明白に今川方だとすると、那古野―守山間で「国質・郷質・所質」や「喧咜」「宿意」の対象になる可能性があったことを示している。

峰岸純夫(40)は、勝俣鎮夫の「国質・郷質についての考察」以来の論争をまとめ、国質・郷質は勝俣説のように経済的な債権・債務関係に限定されるべきではなく、「国質・郷質を取るということは、債権・債務関係の質取行為というよりは、損害・被害に対するそれ相当の償いを集団の実力で押し取る自力救済行為の発動である」とした。このことはcの「国質・郷質・所質ならびに前々喧嘩、或いは如何様の宿意之儀ありと雖も」を理解する上で重要である。「前々或喧咜、或如何様之雖有宿意之儀」は問題の原因となった「本人」を直接保護することを意味した。これに対し「国質・郷質・所質」は、問題の原因となった「本主」の属する共同体の第三者に対するもので、「本主」から償いを引き出すための質取行為からの保護である。「宿意」とあるからには、敵討ちなども「違乱」として禁止された。以上から〈往来・通行の自由〉とは、質取・喧嘩などから「人身の自由」を守ることとなろう。

このことは、戦国期の「関所」とは何かの問題に関わってくる。鍛代敏雄[41]や宇佐見隆之[42]は、通説〈自由通行権＝関銭徴収の免除〉を再検討し、「関所」は軍事警察的な存在で、関銭を保護に対する反対給付とした。つまり、道路や水路において人身の自由・安全を守ったのは軍事警察的な関所で、湊・宿・町・道路などの関は、現在の「交番」と同様、治安維持に中心があったとした。この考えは「違乱」の具体的な〈例示〉cをよく説明してくれる。文書Aは、天文二十一年という臨戦体制下で那古野－守山間という地域を限定して発給された。一方F文書は、天文二十三年の海東郡津島地域という勝幡系織田氏の根拠地に発給された文書である。秩序が安定していれば、経済的な問題が表面化するが、戦時下では軍事面が強調される。「智多郡并篠島諸商人」は信長の法の保護下に置かれたことで、人身の自由＝「平和」が保証された。逆に「国質・郷質・所質」等々、集団の実力で己を守る自力救済権は奪われた。

われわれの想像が正しいなら、戦国期以前の社会では「智多郡并篠島諸商人」たちは、伊勢神宮の「神人」などの形で、宗教的な権威を基に自由通行権を主張していた。彼らは交通に際しなんらかの被害を被ったり、自己の主張が否定されたとき、当然質取などの自力救済に訴えたはずだが、最終的には、自分の帰属する神仏の宗教的な威力に基づく呪術や、ハレの日の武力を用いた聖なる暴力＝「嗷訴」に、そのよりどころを求めた[43]と思われる。宗教的な権威が人々の間で大きな力を振るう間は、神人たちのこうした「神人訴訟」は「寄沙汰」「請取沙汰」にまで発展することもあった。しかしここでは、信長権力の下でハレの日の暴力や自力救済は否定され、神人としての在り方に代わり、法の保護下の商人という新しい身分となり、日常的な保護が約束されたのである。

「大森平右衛門尉」とはどのような人物か

すでに先学たちも注目したように、「国質・郷質・所質」や「喧嘩・口論」の禁止は「市場の平和」として、市場という局地的な場所に出されることが多かった。しかしここでは那古野－守山間というかなり広い地域に「市の平和」と同じものが命令されており、「道路の平和」「水路の平和」令と名づけることができよう。これを維持するため、大森平右衛門尉は地域を覆う道路網や水路網に対し、相当な武力を保有していたものと想定される。「大森平右衛門尉」を奥野は〈守山区大森の出身〉、永原は〈大森を本貫とした在地豪族〉であるとした。これに対して下村は、〈知多郡荒尾郷出身の商人で、商人頭（触頭）〉とした。すでに述べたように、下村説では、熱田―守山の間で海産物販売をしたとなるが、熱田魚市の存在を考えればこの議論は成り立たないので、奥野・永原説に同意してよいと思う。

大森を地図で探すと、東名高速道路が矢田川を跨ぐ付近で、名鉄瀬戸線の駅名にもある。つまり「大森」は、庄内川の支流「矢田川」の川岸から金城学院大学の山までの広範囲で、守山区が尾張旭市に接する東の境となる。以上から「大森平右衛門尉」は信長の勢力範囲の東の「関所」の管理者となる。ここで再度、奥野の〈大森平右衛門尉＝智多郡郡代説〉や、永原の〈守山城下市場の「市物管理者」説〉を検討したい。両説共に、「当所守山」の理解と関わり、奥野説は「当所守山」が「智多郡并篠島」と「守山」の間を意味することを前提とした。しかしすでに明らかにしたように、当時の織田・今川両氏の対立関係の中で、信長が知多郡に郡代を派遣することは不可能で、奥野の言う〈大森平右衛門尉＝智多郡郡代説〉は成立しない。また永原説は「当所守山」を「守山城下市場」とした。しかし「当所守山」が那古野―守山間であれば、「大森平右衛門尉」は局地的な「市場」などより、もっと広い範囲で知多郡や篠島の商人に対する保護を行なっており、「市物管理」以上の権限を持っていたこととなる。

知多郡や篠島の商人は、行商人や振売商人で、流通業に深く関わっていた。「大森平右衛門尉」は彼らの「商人頭」である。知多郡や篠島の商人たちが水運に関わったとすると、「大森の関」は、瀬戸街道上の〈陸上関〉か「矢田川」の〈水上関〉かが問題となる。「大森」は、伊勢湾―庄内川―矢田川の水運を利用した船荷の〈陸揚げ拠点〉で、同時に矢田川北岸を川沿いに進む瀬戸街道上の〈宿〉でもあった。ここから「大森平右衛門尉」は知多郡・篠島商人の「定宿」の主人と想像される。彼は「商人司」で「関所」の管理者でもあった。最近の「商人司」研究(44)では、多くの行商人たちを支配下に置いた「商人司」は、「定宿」の主人で「関所」を預かり、道路支配について強い発言権があったとある。つまり信長は、船荷の〈陸揚げ拠点〉で瀬戸街道上の〈宿〉にある、知多郡・篠島商人たちの「定宿」

の主人「大森平右衛門尉」を、この時「商人司」に任命し、彼らへの保護を命じたのである。

当然彼らを質取や喧嘩から守るため、彼には若干の武力は認められた。つまり「智多郡并篠島諸商人」は、信長―「商人司大森平右衛門尉」系列の下で、法に基づく保護の対象として、人身の自由＝「平和」が保証され、商人身分としての社会的な位置付けが与えられた。一方、こうした商人たちの保護の背景には、信長―「大森平右衛門尉」系列への暴力の独占、戦国大名権力が宗教的な権威の力を排除して、一元的に社会秩序の維持者となったことが考えられる。他方、知多郡・篠島商人たちからは質取や喧嘩などの自力救済権が奪われたのである。

五　むすび

「智多郡并篠島諸商人当所守山往反事」は、〈知多郡・篠島の商人が知多郡・篠島と守山間を往反すること〉でも、〈知多郡・篠島の商人を守山市場に招致すること〉でもなく、〈信長の勢力範囲、庄内川中流域の那古野―守山間を水路を中心に往反すること〉を意味した。「国質・郷質・所質并前々或喧㖨、或如何様之雖有宿意之儀、不可有違乱候」は、臨戦下の信長勢力圏内で販売活動をする知多郡・篠島の商人に対し、国質・郷質・所質などの質取や喧嘩などの危険から保護することの約束である。ここでは「どのような宿意があっても」人身の自由、往反の自由は守ると保証した。「然者不可致敵味方者也」とは、今川方との対立が激化する中で、知多郡・篠島の商人に対し厳正中立を守るよう要求したもので、直接的には那古野―守山間での敵対行動の禁止だが、間接的には知多郡・篠島の海賊衆が信長に敵対しないこと、信長の生命線、熱田・知多半島・緒川の海上交通路の確保を目的とした。

第一章で問題とした熱田魚市場の営業圏は、おそらく熱田台地に広がっていただろう。これに対して、熱田台地の北、庄内川を遡り、庄内川と矢田川の作り出す乱流域は、知多郡・篠島の商人たちの営業圏で、自然環境の変化に応じ、熱田の商人と知多半島の商人間での縄張りが形成されていたと思われる。「大森平右衛門尉」とは、守山の大森を本貫とした在地豪族で、「宿」や「関」と関わりを持ち、知多郡・篠島の商人らの商人宿の主人と思われるが、この折紙により彼らの商人司になったと考えられ、道路・水路の平和を維持するための武力を持っていたと考えられる。

第三章　水野太郎左衛門——鋳物師の縄張り

一　史料と研究史

本章の課題は、尾張国（現愛知県）春日井郡鍋屋上野村の鋳物師、水野太郎左衛門家に伝来した永禄五年（一五六二）二月付けの信長判物[1]（これをA文書とする）を考察することにある。中世や近世の鋳物師研究は、名古屋大学国史研究室が『中世鋳物師史料』を公刊して以来、急速に深化した分野だが、この文書についての個別研究は、公刊以前の豊田武・奥野高廣の分析があるのみで、これらを凌駕し、新しい研究水準のもとにこの文書を位置づけ直すものは、管見の限り、未だ現われていない。ここで私は、この文書の逐語的な解読を目指そうと思う。A文書は、信長が水野太郎左衛門に対し鋳物師としての特権を保証したもので、年付けが二行にわたっていることから「折紙」である。A文書の作られた永禄五年（一五六二）は、信長が今川義元を討ち取った桶狭間の戦いの二年後で、この年の正月に織田・徳川両家は清須同盟を結び、信長は尾張一国をほぼ統一し、美濃制圧に向かい動き出した。

われわれの対象とするA文書を翻刻・収録したものに、㈠『中世鋳物師史料』のほか、㈡奥野高廣『織田信長文書の研究　上巻[2]』、㈢佐藤進一・百瀬今朝雄編『中世法制史料集　第五巻　武家家法Ⅲ[3]』、㈣『愛知県史　資料編11　織豊Ⅰ[4]』がある。ここでは一番新しい史料集『愛知県史』に従い、文書を次のA-Iのように復元した。不明部分の読みとしては問題あるまい。なお「槖籥《たくやく》」を立てるとは「鞴《ふいご》」を立てることで、鋳物師たちが〈鋳金に必要な金属の熔解装置を始動させること〉である。

［A-Ⅰ］前々任筋目、国中鐘・塔九輪・鰐口可鋳之、次於熱田（愛知郡）鉄屋立槖籥事可停止、然者自他国鍋釜入事、可申付之、諸役・門次・所質等令免許之、無相違者也、仍如件、

永禄五

二月　（織田信長）（花押）

上野（愛知郡）

鋳物師

太郎左衛門（水野範直）とのへ

㈠では二月の後に「〇日」の文字があったとある。㈡では「門次・所質」を「門次所質」とし、「門次の所質」と「門次」を形容詞的に読んでいるが、㈠・㈢・㈣では、両者は別なものを指すとして、分けて読んでいる。ここでは分ける読みに従った。今後この文書を分析するため、文書「事実書き」の部分を「a前々任筋目、国中鐘・塔九輪・鰐口可鋳之、次b於熱田鉄屋立槖籥事可停止、然者c自他国鍋釜入事、可申付之、d諸役・門次・所質等令免許之、無相違者也」とa〜dに四分解したい。次に「事実書き」部分の「読み下し文」Ⅱを述べる。

［Ⅱ］a前々の筋目に任せ、国中の鐘・塔九輪・鰐口これを鋳るべし。次にb熱田の鉄屋において、槖籥を立てること停止すべし。しからばc他国より鍋釜入ることこれを申しつくべし。d諸役・門次・所質等これを免許せしめ、相違なき者也。

以上のように四分解すると、この文書の事実書きの文章構造は〈a、次b、然者c、d〉となる。a・bは並列関係で、次に「しからばc」となる。ここからa・bとcとの関係は明快で、〈a、次b、然者c〉は〈a・bだからc〉となり、a・bから論理必然的にcが導かれる。つまり、aは「大前提」、bは「小前提」、cは「結論」で、a・b・cは「三段論法」となる。それゆえcの対象もa・bと同様、太郎左衛門となる。これに対し、c・dの関係は不明確で、cとdは「同格」か、それともdはcの説明文かが問題となる。a・b・cを「三段論法」とすると、a・

bは与件で、cこそが信長の主張となる。つまり、A文書全体の理解で大切なのは、cの「自他国鍋釜入事、可申付之」の部分と、dの「諸役・門次・所質等令免許之」の部分となる。ところで奥野高廣は、この文書を次のⅢのように解釈・説明した[5]（事実書きの部分に傍点をほどこし、対応するところにa〜dを付した）。

［Ⅲ］　水野氏は、もと尾張春日井郡鍋屋上野村（名古屋市東区・千種区）に住みのち清須に移り、さらに開府後の名古屋に転じ、鍋屋町に居をしめ現在に及んでいる。信長は水野氏にたいし、a従来からの権利によって尾張国中で鐘・塔の九輪・鰐口を鋳造する特権を認め、b熱田の鉄屋（鍛冶）が鞴を立てることを禁止した。そしてc他国人が尾張国中で鍋・釜を移入するのを禁止し、水野氏に専売権を与えた。d水野氏の諸役とか門次の所質などを免除した。織田氏の工業政策が見られる。

奥野は「申付ける」を〈禁止〉、対象を〈他国人〉とするなど、私の理解と異なる。cとdは「同格」扱いである。他方豊田武[6]も、次のように説明した（事実書き部分に傍点をほどこし、対応するところにa〜dを付した）。

［Ⅳ］　鋳物師水野太郎左衛門は春日井郡鍋屋上野村において古くより鋳物の特権をもっていたが、永禄五年二月、信長よりa従前の如く国中において鐘・塔・九輪・鰐口を鋳造する特権を認められ、且つd諸役・門次・所質を免除せられた。信長は同時に彼の特権を保護せんため、b熱田において鉄屋が橐籥を立てることを禁じ、またその承認を得ずして、c他国より鍋・釜を尾張に移入することを禁止し、元亀二年六月二十二日にも重ねてその特権を安堵している。

c部分に注目すると、豊田もまた〈他国の鍋釜が尾張の国に移入することの禁止〉とし、「申付け」の対象を〈太郎左衛門でない〉とした。私はこの部分を〈a・bだからcである〉とし、cの対象を〈太郎左衛門〉としたので、私の文章全体の理解とは異なる。さらに文書cの「申付ける」は、辞書によれば〈上の者から下の者に処置などを言い渡す。命ずる〉の意、とあるのに、この意味を〈禁止〉とするなど、私の理解と大きく異なる。結論を先に言えば、私は〈鋳物師水野太郎左衛門に国中の専売権を与えたので、他国よりの鍋釜の移入を水野氏に管理させる〉と解釈すべきだと思う。なぜなら、すでに豊田が同書で明らかにしたように、当時「葦屋釜・播磨鍋・能登釜」などは全国商品となり、戦国大名が律令以来の一国単位で領国経済の形成を目指していたとしても、畿内を中心に全国的商品流通が活発化し、他国産「鍋釜」の国内流入を禁止するなどの自給自足的・閉鎖的地域経済圏は考えられないからである。(7)私はこの文書を次のVのように解釈すべきだと思う。私の解釈ではcの「申付」を〈管理〉とし、dをcの説明文とするなど、先学の解釈とは異なり、先学の解釈より水野太郎左衛門の主体性を拡大したことになる。

［V］ａ従前の如く国中において鐘・塔九輪・鰐口を鋳造する特権を認め、ｂ熱田において鉄屋の営業活動を禁止する。だからｃ他国より鍋釜が尾張に入ることについては太郎左衛門に管理させ、ｄ配下の小工・鋳物師商人に対するのと同様、諸役・門次・所質等の取扱権を認める。

二　鋳物師の仕事

ａ「前々任筋目、国中鐘・塔九輪・鰐口可鋳之」

鍋屋上野村は、庄内川の支流・矢田川の南方、守山の近郊で、名古屋から瀬戸に向かう瀬戸街道上にあり、猿投窯の分布域内にある。鋳物師の仕事には鋳型を作る窯業が含まれ、陶土が商品化するまでは、仕事場はよい粘土の採れる場所から離れられなかった。それゆえ水野太郎左衛門家はその後、清須・名古屋へと転じたが、信長と共に岐阜・安土には行かず、尾張を離れず、織田家の御用鋳物師、尾張藩の御用鋳物師として近世を迎えた。ａからは、水野太郎左衛門が「前々から」尾張一国内の寺院・仏具関係の鋳銅製品、「鐘・塔九輪・鰐口」製造の独占権を持ち、この既得権を「前々の筋目に任せて」認めるよう信長に迫ったことがわかる。この「前々之筋目」文言から、太郎左衛門家が蔵人所や真継家と関係する供御人の系譜を引き、清須城の尾張守護斯波氏や、岩倉城の上四郡守護代・織田伊勢守家、清須城の下四郡守護代・織田大和守家などから国郡単位の独占権＝「大工職」を承認されていたと想定される。(8)

aの問題は「鐘・塔九輪・鰐口」である。朝岡康二が述べるように[9]、鐘を鋳る作業は「出吹きと称し、寺近くまで鋳物師が出向き、臨時の仕事場で鋳るのが基本で」「ひとたびその地の鐘を鋳た者は、のちのちまで、その権利をもつことになった」ことから、鋳物師には「梵鐘にたいする特別な気持ち」があったという。

戦国期の鋳物師たちが「梵鐘鋳造」をシンボルとして、国郡ごとに営業独占権を確立していったことを示す次の三史料がある[10]。㈠永享四年と康正二年に備後国守護山名氏より鋳物師に宛てた二判物[11]には「築鐘鋳并散在之在所等、可相計者也」とある、㈡天正四年八月十三日付けの「鋳物師職座法案[12]」の第四条には「鐘鋳等之事者、一国一郡ニ御牒并舊書等所持者有之所江者、仮令舊書頂戴之雖為鋳物師、其所江入乱鑪相建、令鋳営儀、堅可為停止」とある、㈢『芥田系図[13]』には「尤当国寺社ノ鋳鐘ハ他ノ鋳物師ヘ鋳造ヲ許サズ、悉皆吾家ノ銘文印キル。又野里同職中ヨリ農具・塩・温釜等ノ口銭銀請来リ候」とある。高級品を製作する鋳銅技術は、日用品を製作する鋳鉄技術より、技術的に高度なことから、鋳銅鋳物師は同時にcのように「鍋釜」などの鋳鉄業も行なった[14]。彼ら大工鋳物師は独占的な販売圏「売場[15]」を持ち、販売業者・鍋釜商人たちの元締めをも兼ねていた。桜井英治は、戦国期「野里村金屋法度」の「さきのおい・へらのおい・さら」等々を解読し[16]、鋳物師が鍋釜を売るとき、同時に鋳物の材料となる、壊れた古い鍋釜を回収する「鍋換えの習俗」が、近世のみならず戦国期でも確認され、〈鋳物師と消費者の関係は一回限りの売買に終わらず、継続的なサイクルを持ち、商品の販売圏は同時に原料の仕入圏でもあった〉とした。

鋳物師の縄張りは「市売り」の対象である地域の結節点「市場」に限らず、「里売り」の対象もあり、地域全体を縄張りとし、地域住民とくまなく接触し、国内のどんな道にも詳しかった。これが、笹本正治[17]が〈当時鋳物師は武器修理のほか、道案内の点からも戦国大名に重用された〉とした理由である。中世では、彼らは営業圏・販売圏を守るため自衛武装していた[18]。鋳物師たちは自らの商業圏を統一するため、国内統一に意欲を持ち、その点で戦国大名と利害が一致した。それゆえ信長の尾張統一は、直ちに国内鋳物師の一元化に連動したのである。「芥田文書[19]」「西大寺市場[20]」などから考えると、太郎左衛門も縄張り内の市場には「鋳物師座」等の「市座」を持ち、諸役・座公事等を徴収し、そこから毎年「市公事銭」を領主に納めていたと思われる。信長の祖父信定は、海西郡津島の経済力を背景に勝幡城を根拠地とした。一方、父弾正忠信秀は尾張下四郡の守護代・織田大和守配下の三奉行の一人で、愛知郡に進出して古渡に築城し、那古野城を今川氏から、守山城を松平氏から奪い、伊勢湾経済の中心地、熱田を新たに支配下に組み込み、鍋屋上野村近郊の末盛城を居城とした。ここから、信秀と水野太郎左衛門の関係が想像される。

名古屋市千種区鍋屋上野町の町名の由来(21)には、「鋳物職水野太郎左衛門の先祖が織田信秀の庇護下にここに住みついたので鍋屋上野とした」とある。初代水野太郎左衛門範直は「大工」として天文二十四年(一五五五)に現名古屋市中区の尾張功徳院所蔵の鉄地蔵を鋳たことから(22)、その活躍が確認される。しかし「前々の筋目」とはいえ、信秀以前のことはわからない。一方信長は、天文二十三年に居城を那古野から清須へ移し、それ以後、守護・斯波氏に代わり、戦国大名として尾張を統一した。その過程で太郎左衛門家との接点が生まれ、父の行なった保護の再確認が求められ、その結果がこの文書となったと思われる(23)。それゆえ、この水野太郎左衛門宛て信長判物Aの前提には、太郎左衛門側が信長に対し営業権=「大工職」の確認・保証を要求し、信長側がそれを承認・安堵した過程が想定される。

b「於熱田鉄屋立槖籥事可停止」

信長はこの折紙で、aでは「前々からの筋目」に基づき、真継家と関係する「上野鋳物師」水野太郎左衛門家が尾張一国内で「鐘・塔九輪・鰐口」を鋳る特権を承認し、次のbで、「上野鋳物師」にとって本来商売敵だった「熱田鉄屋」の営業活動を禁止した。これは「上野鋳物師」による「熱田鉄屋」の乗っ取り、吸収・合併である。つまりA文書aでは上野鋳物師の特権を再確認し、bでは「大工職」を一元化し、一国規模での営業独占を、鋳銅業のみならず鋳鉄業でも承認したのである。しかしA文書では、aもbも「与件」としてやや軽く扱われ、c・dが重視されている。それゆえ次に、鋳物師たちの中でも鍋釜販売人を考えたい。しかしその前に「熱田鉄屋」を明らかにしたい。

網野善彦(24)は、「鉄屋・金屋」とは鋳物師集住地を指すと言う。現在、熱田周辺に「鉄屋・金屋」の地名は見つからないが、熱田と名古屋の中間地点に「金山」[25]がある。ここには熱田神宮の修理職が「金山彦命」を祀ったとの謂れのある金山神社があり、この社地の森を「金山の森」「鍛冶屋の森」といったので、「熱田鉄屋」はここにあった可能性が強い。刀鍛冶が稲荷を祀ったことと比較すれば、[26]「上野鋳物師」と「熱田鉄屋」は信仰面でも仕事面でも近かった。

鉄を扱う職人には「鍛冶屋」と「鋳物師・鉄屋」の他、刃物製造からは「研ぎ師」が、また鉄のリサイクル面からは古鉄回収業者が考えられる。「鍛冶屋」と「鋳物師・鉄屋」とでは、原料が「鋼鉄」と「錬鉄」と異なり、区別される。鍛冶屋の仕事は、刀剣類、鉄砲などの武具を作る「刀鍛冶・鉄砲鍛冶」と、民衆的道具の刃物や農具の鋤・鍬等々を製造する「野鍛冶」に細分化される。しかし鋳物師は鋤・鍬等も製造した。ここから『クロニック戦国全史』[27]で〈太郎左衛門は鉄砲製造にも携わり、信長は鉄砲入手のため太郎左衛門を保護した〉とあるが、太郎左衛門は鍋・釜製造が中心で、鉄砲製造はしなかったと思われる。鋳物師たちの在り方を歴史的に長いスパンで鳥瞰すると、他国鋳物師が国内に入り込み国内需要を満たす「出職」段階から、次には各国内に鋳物師が定着する「居職」段階に進む。そうなると「居職」鋳物師は古いタイプの「出職」鋳物師に対し営業禁止を迫った。その結果、戦国期以降、鋳物師の営業圏は原則的に国郡単位で確立した。[28]それゆえ水野太郎左衛門の鋳鉄業独占は、鋳物師の近世的展開に対応した出来事となる。先にわれわれは、a・b・cを三段論法としたが、以上からは、むしろaの「前々任筋目」が「大前提」で、「国中鐘・塔九輪・鰐口可鋳之」が「小前提」、bが「結論」とも考えられよう。

近世の天明鋳物師の世界は、「総官—鋳物師—鋳掛職の関係で結ばれ」、「鋳物師は大工・親方、鋳掛職は小工・下吹とも称され」、「鋳物師は基本的には定住し、常時、鋳物生産に当たり」、「鋳掛職は出職で、仕事の多寡によって、人数も移動した」、「総官には鋳物師の代表が当たり、鋳物師を統率するとともに、職業の安定をはかった。また鋳掛職は、鋳物師に労力を提供する見返りに、給金を受けた」という。[29]ここから「鋳物師・大工」は企業家に、「小工」は熟練工に喩えられる。近世初めの辻村鋳物師集団が同村出身者で構成されたように、[30]「鋳物師—鋳掛職関係」は血縁関係を基盤としたカースト的閉鎖集団だった。「鋳掛職」は近世になると独立するが、中世の「小工」=「鋳掛職」

たちは、仕事の多いときは熟練工として鋳物生産に当たるが、仕事のない時は「出職」して鍋釜販売や、ヨーロッパの鋳掛屋・ジプシーと同様、[31]鋳掛師として遍歴した。それゆえ「小工」たちは各地に散在し、鍋屋上野村で水野氏の下で鋳造活動に従事する一方、遍歴職人として鋳掛業を行なうほか、鍋釜商人として鋳物販売もしていた。A文書において、鋳物師の水野太郎左衛門家による営業独占は、太郎左衛門の出職範囲を尾張一国に限定したが、他方「小工」たちの出職、旅の範囲は尾張一国には限られなかった。それゆえ他国の「小工」たちもまた、「梵鐘の鋳造」など大がかりな仕事でない場合は、鋳掛業や鍋釜販売等々の形で、尾張国内を遍歴したと思われる。

上野鋳物師と熱田鉄屋

「上野鋳物師」は、「大工」水野太郎左衛門に率いられた血縁的な武装職能集団だった。同様に「熱田鉄屋」も、「大工」に率いられた族縁集団だった。それゆえ二集団の結合は大変困難だった。この問題を理解するため、元亀二年（一五七一）に信長が太郎左衛門宛てに発給した次の朱印状[32]（これをBとする）を見たい。永禄五年（一五六二）の折紙Aで水野太郎左衛門の得たa・b・c・dの特権は、ここでは「鉄屋大工職」の一語に一括され、安堵されている。

[B]　鉄屋大工職事、如前々申付候、并家屋敷之儀、不可有相違之状如件

元亀弐
六月廿三日　（織田信長）（朱印）
上野鉄屋
太郎左衛門とのへ

この後、水野太郎左衛門家は、歴代領主からの発給文書の宛名を見る限り、「上野鋳物師」ではなく「上野鉄屋」と呼ばれた[33]。呼び名の変化は社会関係の変化を表わし、aの「上野鋳物師」からは真継家との関係が窺われるが、元

亀二年の信長判物からは、水野家の真継家支配下からの離脱、織田家直属の「鉄屋」への変化が読み取れる。つまり、永禄五年の折紙Aからは、水野氏の尾張一国「大工識」の承認、「上野鋳物師」の「熱田鉄屋」の乗っ取り、二つの族縁集団の統合が確認できる。それゆえ尾張国春日井郡「鍋屋上野」村は、さまざまな出自の尾張鋳物師たちの集住地＝工村となった。これまで尾張国内の「小工」たちは、少なくとも上野と熱田の二カ所で鋳物を製造していたが、今後は鍋屋上野の水野氏の下でのみ働くこととなった。一方水野家は、文禄二年（一五九三）には上野村から都市清須に、さらにその後、名古屋鍋屋町へ移転した。鋳物師の農村から都市への移住については、市村高男の「都市に住む鋳物師と村に住む鋳物師」(34)が参考になる。市村は次のように述べた。「都市に住む鋳物師たちは、原料の鉄・銅はもとより、燃料の木炭や鋳型に使用する砂・粘土などをすべて購入し、生産活動にあてることになる。それゆえ、都市居住鋳物師の登場は、原料鉄・銅や木炭・砂・粘土などが商品として広範に流通し、都市に居住しながらも、それを容易に調達できるような条件が整ってきたことを物語っている。同時にそれは、都市居住鋳物師たちが、原料・燃料の直接的な生産や調達その他から解放されて、鋳物生産の生産と販売のみに労働を集中することにより、鋳物職人として純化する条件を得たことをも意味していたのである」と。

工村に居住し生産活動をする鋳物師たちは、熟練工の「小工」の他、原料・燃料の直接的生産やその調達にあたる非熟練工・季節労働者を大量に必要とした。中世では、こうした労働力は「下人」が担った。当然彼らは、農業労働にも従事したが、仕事の暇なときは鍋釜などを販売し、遍歴職人として鋳掛業をも行なった。それゆえ、中世鋳物師の世界は「大工鋳物師－小工－下人」と定式化できよう。事実、桜井英治は、戦国期播磨国の野里村の鋳物師の世界を「鋳物師惣管職」の芥田氏、正規の構成メンバーである金屋、自立した経営基盤をもたず金屋の下で製品販売・労働を行なう「売子と弟子」の三者構成(35)とした。天正十五年（一五八七）正月十五日に遠州森の金屋七郎左衛門宛て家康朱印状(36)には、「駿遠両国鋳物師惣大工職之事、右七郎左衛門ニ定上者、小工共可相随、小工、同鋳物師商人并炭竈〔竈〕五口之通、諸役免除之事、不可有相違者也、仍如件」とある。ここから定式は、「大工鋳物師－小工－売子・鋳物師商人」と改めることができる。

笹本正治(37)が明らかにしたところでは、近世後期の明和三年(一七六六)遠州森の金屋山田七郎左衛門が配下の小工・商人を調査したところ、〈配下の小工は六人おり、七郎左衛門を含めた七軒がそれぞれ鍋釜商人と関係を持ち、遠江全体で鍋釜商人は一四九人が数えられる〉とある。戦国期野里村の売子が金屋の支配下だったのと同様、近世後期、遠江の鋳物師商人は小工を「主人」としていた。戦国期の原料・燃料等の商品化の動きは「下人」を身分的に解放し、「大工」水野太郎左衛門と「売子」「鋳物師商人」の関係は、「主人─下人」関係から、商品の卸問屋と小売りへと変化した。「下人」はカースト的閉鎖集団から解放された。「小工」たちにとっての統合は仕事場の統一で、鍋屋上野村への集住だが、「売子」たちにとっては、卸問屋水野太郎左衛門の保護の下に鋳物商品を卸して貰うことだった。しかしその決め手は、両者にとって共通の他者、cの「他国より入ってくる鍋釜」の問題だった。

三　太郎左衛門の権限

c「自他国鍋釜入事、可申付之」

このA文書では、a・bで一国規模での独占権を承認した後、「然らば」という順接でつないで、cでは他国から入る「鍋釜」を問題とする。前述したように、この「他国から鍋釜入ること、申付くべし」の「申付け」を、先学は〈停止・禁止〉とした。この理解は、この時期の鋳物師には国郡ごとに排他的独占権が成立し、太郎左衛門側が〈「大工職」の一国規模での独占がなったのだから、当然尾張一国内の「売場」はすべて自分が独占すべきだ〉と主張したはずとの前提に立っている。しかし営業独占権は、直ちに「売場」独占権に連続し、他国鍋釜の排除につながっただろうか。「大工職」を持つ鋳物師太郎左衛門が梵鐘の鋳造を中核とし、一国規模で製造業を独占したことから、これに対応して「市売り」「里売り」を含め、尾張一国内での鍋釜等の鋳物販売権は太郎左衛門の下にあった。彼は同時に「問屋」として、製品の「鍋釜」を直属の「売子」に卸し、これまでの主従制的・カースト的な支配に代わり、彼らを経済的に支配した。しかし「売場」に関して言えば、水野氏の鋳造した鍋釜以外は尾張国内では一切販売させないとするほどの閉鎖的な市場独占ではなく、他国の鍋釜もある一定のルールの下で販売されたのである。

例えば網野善彦[38]は、「平安末・鎌倉期、回船鋳物師たちは打ち鉄・熟鉄等の原料鉄、鍋・釜・鋤・鍬等の鉄製品、さらに絹布・大豆・小麦等まで持ち、広く諸国を遍歴し交易」した事実を明らかにした。鋳物師の在り方が「出職」段階から「居職」段階へと変化すると、原料鉄は全国商品にまで成長し、回船鋳物師に代わり原料鉄を商う鉄商人が堺を中心に全国を巡回した。「居職」鋳物師はこの原料鉄に依存したので、鉄商人が鍋釜販売を副業にしても、禁止できなかった。ここに他国鍋釜移入問題の発生の根拠がある。真継文書には、大工鋳物師が他国の鋳物師たちを管理したことを示す、次の興味深い文書[39]（これをCとする）がある。

［C］　鋳物師衆遠夫陣夫令免許之條、従他国猶以呼集候而、無等閑可令馳走者也

天正八
十二月七日　　　　松田印

大工源右衛門との

Cには書き写しの際添付された「丹波柿芝足立治右衛門所持」との説明書きがある。ここから「大工源右衛門」とは丹波国の鋳物師大工・足立家の一員で、足立家の者たちには「遠夫・陣夫」が免除された。逆に「大工源右衛門」は他国の鋳物師を呼び集める権限を持ち、彼らを「遠夫・陣夫」に動員する責任を負った。夫役の動員だったため、実際に呼び集められた他国鋳物師は、「小工」や「鋳掛職・鍋釜商人」だろう。ここから、戦国期に鋳物師の独占権が国ごとに確立するとはいえ、他国鋳物師が大量に丹波国に入り込んでいた事実が確認できる。それゆえ、水野太郎

左衛門もまた他国から尾張に入り込んだ鍋釜商人たちを配下に置いたと考えられる。このような「小工」たちの広範囲な遍歴があったので、種子島に伝来した鉄砲は、瞬く間に日本各地で製造されたのだろう。彼らの遍歴の理由の一つは他国の優れた技術の習得である。ところでdでは「所質」を問題としている。田中克行(40)が明らかにしたように、「郷質」と「所質」は同じ質取で、「郷質」が東国の質取を示すのに、「所質」は西国で使われた。それゆえ「所質」の言葉は、鍋釜を移入する他国の商人たちが京都・堺・大和等々西国の出身である可能性を示している。

ここから、当時全国商品として流通した京三条釜座の「釜」や、「播磨鍋・葦屋釜・能登釜」等々が尾張に出回ったと想像できる。戦国期鋳物師たちの「居職」時代は、尾張国内で「熱田鉄屋」と対立しながら、局地的縄張りを主張する段階が最初で、次に、商売敵の縄張りを吸収し、戦国大名の保護下で、一国規模ですべての鍋釜販売を政治的に取り締まる段階がある。問題のA文書cはこれに当たろう。近世になると、水野氏は尾張一国内での販売独占権を強く主張した。「他国から鍋釜入ること、中付くべし」とは、先学の言う「停止・禁止」でなく、〈管理せよ〉〈取り締まれ〉の意味で、水野氏は商人司として、丹波の「大工源右衛門」と同様、他国鍋釜商人たちを支配する特権を得たのである。「鍋釜」を商う他国商人は、水野氏配下の「売子」と同様なものだが、他国商人に対しては、商品の「卸問屋」でないことから、支配は及ばなかった。ここに信長から太郎左衛門に対し「他国より鍋釜の入る事」への命令「中付け」が出された理由がある。太郎左衛門はこの折紙により、彼らに対する政治的支配権が保証された。

全国商品流通と地域経済圏

鋳物師たちの尾張国への「出職」や他国「鍋釜商人」の流入は、時間的・場所的には、津島神社の祭礼(41)が関わっていた。狂言「千鳥(42)」に「津島祭り」があるなど、中世から近世にかけて、尾張で一番有名な祭礼は津島神社の祭礼だった。津島神社の信仰圏は伊勢神社のそれと重なり、遠く東国にまで広がっていた。祭礼の日には遠くから人々が集まり、その人々を目当てに商人も集合し、祭礼の瞬間は、神社の境内・門前は全国の人々の交流する巨大都市と化した。ところで小島広次[43]は、富士山頂の十一面観音の鋳鉄像銘から、明応二年(一四九三)の津島に鋳物師がいたとしたが、これは富士大宮司を檀那、津島の住人を願主とし、河内鋳物師が津島に出職して観音像を鋳造した事例である。この前提に、鋳物師の仕事場(=金大工所)が津島にあったことが考えられる。小島は十五、六世紀には〈津島に大工所が存在し、売買された〉こと、慶長年間には〈「くぎ大工」が知られ、大工所が同様に社家たちに売り渡された〉ことを明らかにした。以上から港町津島への鋳物師の存在は間違いないだろう。鍋屋上野が粘土・砂・木炭などの生産地を背景としたのに対し、津島鋳鉄業は水運により、必要なものすべてを商品として輸入して成立した。

一方、笹本正治[44]が明らかにしたように、近世初頭に近江の辻村鋳物師たちは津島祭りの際には商売棚を出し、鍋釜を販売した。辻村鋳物師が全国的に活動を開始したのは天正年間以降なので、それ以前は京三条釜座などが店を出したと思われる。二代目の水野太郎左衛門は、文禄二年の清須移住を機に、辻村鋳物師の来国禁止を領主徳川義直に訴えたが、執政の平岩親吉は水野氏の要求をそのままは認めず、〈祭礼時二〇日間を限り、辻村の鋳物師たちは水野の一員として、礼式を出して鍋釜販売すること〉を許した。この津島祭りの特例は、寛文年間まで続いた。平岩裁許の意味は、辻村鋳物師はあくまでも「出職」で、津島への「居職」は許可しないが、祭礼の際は水野氏の保護下に鍋釜販売を行なう旧慣は守るということだろう。前述した「鍋換えの習俗」により、鋳物師・消費者間に強い結合があり、鋳物師には強固な販売圏があったが、他方、鍋釜販売には、全国的な商品流通の網が覆い被さり、永禄五年(一五六二)の信長判物以前の尾張国内の鋳物師商人たちの縄張りは、太郎左衛門の縄張りと熱田鉄屋のそれの他、西国の鉄商人や鋳物師商人たちの縄張りがあり、三者が時間的・空間的に同質でなく、重複していたことが問題だった。

しかし今や、この三者は水野氏の下に一元的に管理され、太郎左衛門配下の「売子」も、熱田鉄屋の「売子」も、他国の鋳物師商人も、皆太郎左衛門から営業許可証を貰い、尾張国内で鍋釜販売を行なう体制となった。このような太郎左衛門の在り方は、他国商人をも自己の保護下に置く今川氏の商人司・友野氏[45]とよく似ている。この在り方が、尾張国内の太郎左衛門配下の「売子」と熱田鉄屋の「売子」との相互間に統一をもたらしたのである。他方、太郎左衛門は、天正十年（一五八二）七月付け北畠信雄「末盛丸山新市場」宛て判物[46]の存在から、商人司と同じ市場開催権を持っていたことがわかる。「鍋屋上野」の南に末盛城があり、「丸山新市場」は水野太郎左衛門の膝元にあった。「売子」たちが多くの牛馬で鉄製品の卸買いをする際、多種多様な商品をこの「末盛市場」で販売し、その売上代金で鉄製品を仕入れたと想像される。「鋳物師商人」「売子」や遍歴の「鋳掛師」たちは、鎌倉期の回船鋳物師と同様、移動スーパーマーケット的な側面を持ち、本来商うべき鉄製品以外に野鍛冶や鋳掛業のための道具、坩堝・鞴・羽口・炭等々や原料鉄や回収した古鉄、多種多様の商品等々を大量に牛馬に積んで移動していたと思われる。

以上より水野氏は、尾張一国内の鋳物製造独占権、鋳物販売許可権、膝元の末盛丸山新市場の市場開催権、問屋としての鋳物の卸業等々の商業権を持っていたこととなる。尾張の鋳物師商圏も、諸レベルで重層的に存在したが、津島の祭礼を中心とする全国的商品流通圏が、信長には一番把握しにくかった。信長は利害の一致する鋳物師水野氏と結び、重層的な商業圏の把握につとめた。それゆえｃ以下は、〈他国より鍋釜が尾張に入ることについては太郎左衛門に管理させ、配下の売子同様、彼らに対する諸役・門次・所質等の取り扱いの権利を認める〉ことと解釈できよう。

四　ｄの文言の解釈

「免許」

「序——楽市論への招待」で述べたように、「免許」が「免除」の意味か、「権利付与」の意味かは、その言葉自身ではなく、交渉中の両当事者間の社会的文脈で決まる。それゆえ、この文書の「諸役・門次・所質等、令免許之」の場合、「諸役・門次・所質等」を具体的にどうするかの述語部分は、信長—水野太郎左衛門間の社会的文脈から考えなければならない。つまり文書を正しく理解するには字句の解釈ではなく、文書の差出人と受取人との社会的文脈についての歴史的考察が必要なのである。私たちは今、文書解釈の隘路に立っている。信長—水野太郎左衛門関係から考えると、太郎左衛門側が「諸役・門次・所質等」の「免許」を要求し、信長側がそれに応えて「これを免許せしむ、相違なきもの也、仍って件の如し」と答え、この判物を結んだことになる。これは信長側の要求cに対して、水野太郎左衛門側がd「諸役・門次・所質等」を要求したことを意味する。信長側の要求「他国より鍋釜入る事」の「申付け」cに対し、「諸役・門次・所質等」dは水野氏側が示した条件で、この条件を「免許」しない限り、「申付け」は引き受けられないとしたのである。以上から、この場合の免許は「権利付与」で、dはcの説明文となる。

「諸役」

「諸役」とは、「役」の複数形、「諸々の役」である。有光友学[47]によれば、戦国期今川の「諸役」は、(イ)「守護役」、(ロ)「人夫役」、(ハ)「軍役」、(ニ)「地下役」、(ホ)「その他」の五つになるという。地域住民の寺社や給人の家屋敷や田畑に対し、(イ)「守護役」、(ロ)「人夫役」、(ハ)「軍役」、(ニ)「地下役」などが課せられており、その免除は今川氏からの特別な恩恵だった。今問題とする「諸役免許」も、こうした住民税的なものとするのが通説で、「諸役」は上野村の住人水野太郎左衛門に課せられたもので、「諸役免許」は特別に免除された特権となろう。そう解釈すると、ここの理解は、前述のⅣの豊田の理解に辿り着くことになる。しかし、この場合の「諸役」は、(ホ)「その他」の「職人役・商売役」として理解すべきだろう。信長が天文二十三年(一五五四)に祖父江五郎左衛門に宛てた文書[48]には、「俵子船壱艘之事、諸役等令免許上者、無異儀可往反者也、仍状如件」とある。この場合の「諸役」は通行税のことで、「諸役免許」とは関銭・津料など〈通行税の免除〉を意味し、俵子船壱艘に対する自由通行を許可するの意味である。われわれが問題とするA文書・折紙の「諸役免許」もこれと同じものだろう。

鋳物師たちが「市津泊関渡等」を自由に交通し、商売ができた権限には長い歴史があり、天皇に結びつく供御人の特権があるが、信長はそれをここでは「諸役免許」という短い言葉で表現し、安堵した。それゆえ太郎左衛門は、他国の売子に対しても、自己の支配下の売子と同様、鍋釜販売にかかわる自由通行を許可し、「過書・短冊[49]」等の通行許可証を発給した。「諸役免許」をこのように考えると、さらにその発展として、発給は当然有償だったはずで、太郎左衛門は配下の売子と同様、他国の商人に対し、「過書」発給の反対給付として「諸役」の徴収が認められた、ということになろう。つまり「諸役免許」は、直接的には〈通行許可証の発給権〉を意味したが、拡大して〈徴税権の許可〉をも意味した。それゆえ、信長が水野太郎左衛門に対し行なった「諸役免許」とは、徴税権の許可だろう。この信長の「諸役免許」は、朝倉氏や今川氏が御用商人・特権商人で「商人司」の橘氏や友野氏に対して行なった「諸役免許」とよく似ている。越前の朝倉義景は「商人司」橘屋に対し、次のような判物[50]（これをDとする）を発給した。

［D］

諸商買并諸役等事、去嘉吉元年六月十七日任　御綸旨之旨、所令免許、不可有相違状如件、

元亀貳

十二月十四日　（朝倉義景）（花押）

橘屋三郎五郎

この場合の「諸商売」は薬売りで、文書Dは薬売りの免許である。「諸商売」は「許可」するが、「諸役」は「免除」するでは落着きが悪く、「商売」も「諸役」も共に「許可」する、「安堵」するで、この「免許」は「権利付与」の意となろう。この「綸旨」は、網野善彦が明らかにした天皇の名による自由通行権を示し、この場合の「諸役免許」は直接には「過書・短冊」等の〈通行許可証の発給〉を意味したと考えられる。今川氏に代わり駿河を征服した武田氏は、元亀四年（一五七三）に今川氏の「商人司」友野氏宛てに次の朱印状[51]（これをEとする）を与えた。

［E］

定

如㆓舊規㆒連雀役。木綿之役等。御代官被㆓仰付㆒候之條。対㆓自他国之商人㆒無㆓非分㆒様。以㆓寛宥㆒役銭

可㆓請執㆒之旨被㆓仰出㆒者也。仍如㆑件。

元亀四年癸酉

八月廿七日　◯（朱印龍文）

友野宗善

跡部美作守

奉之

この朱印状からは、㈠友野氏は武田氏から連雀役・木綿役徴収の「代官」に任命された、㈡その「役銭」は他国から来た商人たちからも徴収できた、ということがわかる。この権限は「旧規の如く」の言葉から、武田氏の駿河支配以前から友野氏に与えられていた。これに対応するものは今川義元の次の判物(52)（これをFとする）である。

［F］

友野座之事

一当府（駿河）如㆓前々㆒可㆑為㆓商人頭㆒之事

一諸役免許之事

一友野之者、就㆓他座㆒雖㆑令㆓商買㆒、伝馬之事者、可㆑加㆓友野座㆒事

一木綿役江尻（駿河）、岡宮（駿河）、原（駿河）、沼津（駿河）如㆓前々㆒可㆑取之事、自㆓当年㆒為㆓高番料（公事）㆒、木綿廿五端可㆓進納㆒事

一友野座江自㆓他座㆒、無㆓前々子細㆒、以㆓新儀（私）㆒雖㆓申懸㆒、不㆑可㆓許容㆒事

右、先判壬子年（天文廿一年）正月廿七日焼失之由、遂㆓訴訟㆒之間、重所㆑出㆓判形㆒也、條々領掌永不㆑可㆑有㆓相違㆒者也、

仍如㆑件、

天文廿二年二月十四日　（書判）（今川義元）

友野二郎兵衛尉

宇佐見隆之[53]は第二条の解釈を保留したが、これを除く残り全四カ条を逐一検討した上で、「友野氏は今川氏と結びつき友野座と呼ばれる座を経営する商人だった。そして商売役を徴収し、今川氏に奉仕していた」とした。しかし商売役徴収権は「木綿役」を記した第四条の他、第二条の「諸役免許」からも説明されるべきだろう。この「諸役」は元亀四年の武田氏朱印状Eの「連雀役」に対応し、配下の商人たちから徴収したと考えられよう。連雀商人に対する「商人頭」の権限として、友野氏は「役銭」徴収権が許可されたとする点で、宇佐見の議論はわれわれの考察と一致する。以上、上野の鋳物師水野太郎左衛門、商人司の友野氏、橘氏の三例の分析から、「諸役免許」は諸役「免除」ではなく、諸役徴収権の許可、安堵の意味となろう。

「門次」

「鋳物師商人」「売子」たちは、商品の鉄製品以外に、野鍛冶や鋳掛業のための道具、坩堝・鞴・羽口・炭や原料鉄、回収した古鉄等々を馬車や牛車に大量に積み移動した。牛馬を駆使した長距離移動に長けていること、鋳掛け、鋳金等の特殊技能などから、戦国大名は彼らを、戦時には工兵隊・陣夫として、平時には普請・公共事業の専門技術者として動員した。前述の天正八年（一五八〇）の「松田氏判物」Cから、他国鋳物師たちが「遠夫・陣夫」に動員されたことがわかる。笹本正治[54]は、家康が元亀元年（一五七〇）遠江引馬（浜松）築城の際、普請方惣奉行を勤めた木原吉次につき、「木原氏以下の大工たちは、工兵隊としての意義も大きかった。いざ戦争というときには、陣小屋はもちろんのこと、敵の城に攻め入るための井廊や柵を作る役割なども負った。このため戦国大名以来、近世大名に至るまで、各大名は大工をはじめとする職人集団を組織し、動員できるようにしていた」と述べた。この番匠と同じことが鋳物師にもあてはまろう。大名が彼らを普請事業・公共事業に動員する言葉が「門次」だろう。

「門次」は「門並」と同じで、「かどなみ」と読み、「郷次」「国次」等と同様に「門毎に」とか、「門に対して一斉に」の意味で、公共性に訴えて彼らを動員したことと思われる。「門次」のこの意味から、「門次」の形容詞的な用例[55]はいくつもあげることができる。それゆえこの場合は、「所質」を形容する「門並所質(56)」か、それとも両者は別々か、形容詞か、独立した名詞かが問題となる。鋳物師関連文書を見ると、戦国期の鋳物師に与えられた免除特権には次のものがある。(一)天文十二年、今川義元文書(57)「諸役門次棟別并諸関駒口諸商売役等」、(二)天正三年、(織田信雄カ)安堵状写(58)、「一津料駒口伝馬　一糠葉《マヽ》追立　門次……一諸商買役銭米」、(三)分国中鋳物師所宛て掟書案(59)「諸役免除之儀、可為如往古事、付陣夫・門次・伝馬等之事」。「門次」と「伝馬・追立・陣夫・駒口」等々の言葉が並ぶことから、「門次」とは、前述した有光友学の言う(ロ)「人夫役」の「諸役」に近く、「門次」は形容詞でなく、独立した名詞と考えられるので、「門次」を形容詞と捉えるべきで、「門次所質」とする先学の理解は誤りだろう。一方、戦国期鋳物師の世界も、中世鋳物師と同様「大工鋳物師－小工－下人・売子」と考えると、これら免除特権のかなりの部分は、遍歴する「小工－下人・売子」に対する恩恵となる。

つまり「門次」には、住民税的性格と共に、遍歴職人宛て「人夫役」の側面がある。これは「大工鋳物師」を通じてしか遍歴職人たちを把握できない当時の権力の質と関係する。同様なことは、前述の今川氏のF「友野座」定書第三条で、連雀商人たちに「伝馬役」を課すため、今川氏が商人頭友野氏の組織「友野座」を利用したことからも確認できる。それゆえこの場合の「門次」は、住民としての鋳物師に特別に免除された特権でなく、商人司・太郎左衛門に与えられた他国の「小工－売子」に対する動員権だろう。笹本正治は、近世に水野氏が尾張鋳物師たちに対して持った支配権について次のように述べた。「水野家の配下の鋳物師や鋳掛は、自家あるいは水野家の代替わり毎に継目の祝儀として、扇あるいは酒肴などを水野家に差し出し、改めて職業の許可を得た。また彼等は鍋一吹毎にえびす鍋として鍋一枚を水野家へ進上しなければならず、加えて太郎左衛門の召集には何をおいても応ぜねばならなかった(60)」と。以上から、「門次免許」は最後の「招集権」と対応する。すでに見たように、「諸役免許」とは他国から鍋釜を売りに尾張に入る他国「売子」に対し、「商人司」水野太郎左衛門が「過書・短冊」等の通行許可証を発給したことである。この場合の「門次免許」もまた、自国・他国の「売子」たちに対する普請事業・公共事業への課役賦課権である。

「所質」

信長文書で質取文言のある史料は次の四点である。㈠永禄六年、瀬戸宛て制札[61]第三条、「新儀諸役・郷質・所質不可取之事」、㈡元亀二年、苻中府宮宛て定書[62]第二条、「郷質・所質不可押執」、㈢元亀三年、金森楽市場令[63]第一条、「国質、郷質不可押□〔執〕」、㈣天正五年、安土山下町中宛て定書[64]第十条、「喧嘩、口論、并国質、所質、押買、押売、宿之押借以下、一切停止事」。「免許」＝「免除」の立場から「所質免許」を解釈すると、信長が太郎左衛門の関係者を「所質」から保護することで、「所質を取るべからず」の意味となる。しかし「所質を免許する」とか「所質を免除する」の表現は、信長文書にも他の文書にも登場しない。「所質を取るべからず」の意味なら、次に「不可取」とか「一切停止」の言葉が続くのが一般である。それゆえ「所質免許」を「所質を取るべからず」の意とするのは強引な解釈で、先学の解釈は成り立たないと思う。また豊田武は、上野村の住民としての水野太郎左衛門に対する信長の恩恵として、「所質免許」を捉えたが、住民税としての「所質」は本来ありえないと思う。

なぜなら、質取の行なわれる場所は地域住民の生活の場ではなく、市・路地・津・泊など公共の場だからであり、住宅などへの質取の場合は「譴責使」の入部で、上野村の住人太郎左衛門に対する特別な免除なら、「理不尽の使い入るべからず」等の方が、より適切と思われるからである。「上野鋳物師」と「熱田鉄屋」が互いに対立した段階では、それぞれの支配下の「売子」たちが互いに縄張り、営業圏「売場」を守るため、縄張りの違犯者に対して商品の没収や身柄の拘束を行ない、〈「質取」を行なうぞ〉と互いに恫喝しあい[65]、実際に「質取」行為を繰り返していたと思われる。しかし、今や信長の力を背景とし、上野の鋳物師・水野太郎左衛門が尾張一国内の「売場」を統一したのだから、太郎左衛門配下の「売子」たちは、国内での「質取」の恐怖から解放された。他国から尾張に入り鍋釜を販売する「売子」たちの販売圏は、他の鋳物師たちの販売圏と重複したので、質取の危険性は存続した。それゆえ、この場合の「所質免許」とは、自国・他国の売子に対する取締権・支配権を握った水野氏が、彼らに質取がなされた場合、商人司と同様な権限に基づき、彼らの保護者として、〈質取の解決にあたる権限を認められたこと〉と解釈できよう。

つまり「所質免許」とは、〈彼らが質取に遭った場合の取扱権〉と思われる。「諸役免許」が〈他国の鍋釜販売者への自由通行の許可と、その反対給付としての「諸役」徴収〉を、「門次免許」が〈他国の売子に対する夫役の賦課権、公共事業への動員権〉を意味するとすれば、「所質免許」とは、それに付随したものとなろう。太郎左衛門が住民として「諸役・門次・所質等」を免除されたとするより、「他国より鍋釜が入ること」について管理を命ぜられた太郎左衛門が独自な裁量権を要求し、それが認められたとする方が、文書理解としては自然だろう。それゆえ「諸役・門次・所質等」とは、上野村の住人としての水野太郎左衛門に対してではなく、むしろ鍋釜など鋳物販売にかかわる人々に関係していた。これらに対する独自な裁量権や主体性を水野氏は要求し、信長は承認したと理解すべきだろう。

五　むすび

信長から水野太郎左衛門に出されたこの折紙は、基本的には水野氏の要求に対する信長の承認であり、aは「鐘を鋳ること」をシンボルとする鋳物師「大工職」の安堵で、具体的には「鐘・鰐口」など鋳銅製造権の独占承認だった。bは熱田鉄屋の営業活動の禁止で、a・bを通じ、尾張一国規模での鋳銅・鋳鉄業の営業権の独占＝「大工職」の承認である。信長の尾張統一と対応し、国内鋳物師も一元化した(66)。当時の尾張国内には、鍋屋上野村の水野氏配下の鋳物師、熱田鉄屋のほか、津島にも鋳物師がいた。津島鋳物師は全国的な商品流通に深くかかわり、集団の組織原理も下人の解放が進んでいた。それゆえ他国鍋釜の国内流入禁止は不可能だった。これに対し、水野氏配下の鋳物師集団は下人組織に依存し、武装した族縁集団の性格を強く持っていた。信長はそうした集団を必要とし、特権を与えたのである。cの「他国から鍋釜入ること、中付くべし」とは、信長が制御できない他国鍋釜を、水野氏に対し〈管理せよ〉〈取り締まれ〉と命令したことを意味した。

「大工職」には鋳物の製造と販売の二つの独占権があった。販売独占権は、他国鍋釜の国内流入は禁止できないので、鍋釜を尾張国内で販売する際は、水野氏の許可を要するとした。これに対し、水野氏が信長の命令に従う際の条件・要求としたのがdである。これについて、従来は「諸役・門次・所質等、令免許之」の部分を「諸役・門次所質等」と読んだが、「諸役・門次・所質等」と分けて読むべきで、「免許」の意味も通説のような「諸役の免除」でなく、「安堵」「権利付与」の意味である。「諸役免許」とは、「卸問屋」としての水野太郎左衛門の支配外に置かれた他国鍋釜商人に対する通行許可証の発行、それに対応する諸役徴収を意味した。これは、今川の商人司・友野氏や越前の商人司・橘氏と同じものを意味した。「門次免許」とは、他国の鋳物師たちを普請・公共事業などに動員する権限を太郎左衛門に認めることだった。信長は、太郎左衛門を通じ普請事業への動員体制を整備した。「所質免許」とは、他国の鍋釜商人に対する質取行為からの保護である。以上から太郎左衛門は商人司と同じ権限を得たことになる。全体を通じて、この折紙の中に、差出人側と受取人側との間の対話・交渉の内容が埋め込まれていると理解すべきである。

第四章　瀬戸宛て制札——相対立する商人団の統合

一　史料と登場人物

ここでは、織田信長が永禄六年（一五六三）十二月付けで、尾張の瀬戸に宛てた制札三カ条（これをAとする）を取り上げて論じたい。A文書は、奥野高廣著『織田信長文書の研究　上巻』[1]、佐藤進一・百瀬今朝雄編『中世法制史料集　第五巻　武家家法Ⅲ』[2]、『愛知県史　資料編11　織豊1』[3]などに収められている。文字の翻刻について三者間に多少の相違がある。文書の最初の部分を、奥野が「制札　瀬戸」としたのに、佐藤は「『制』の偏が書かれているのみで旁はみえず、また、その下に文字も墨痕もみられない」とした。また、第一条で奥野が「諸郷商人」と読んだものを、佐藤は「諸口商人」とした。一方、『愛知県史』では、この文書に「十二月、織田信長、尾張国瀬戸に、瀬戸物商人の国内通行権を認めるなどの制札を与える」との綱文を掲げ、この文書を加藤春夫氏所蔵文書とし、「欠損部は同氏所蔵の天保八年の写によって補う」として次のように翻刻した。ここでは、この最新の翻刻を採用する。

[A]

制□〔札〕　□□〔瀬戸〕

一瀬戸物之事、諸口商人国中往□〔反〕不可有違乱之事

一当□〔郷〕出合之白俵物并□〔塩〕あい物以下、出入不可有違乱、次当日横道商馬停止之事

一新儀諸役・郷質・所質不可取之事

右条々、違犯之輩在之者、速可加成敗者也、仍下知如件、

永禄六年十二月日　（織田信長）（花押）

ところで奥野高廣は、この文書の大意・説明をそれぞれ次のように述べた。

［大意］　瀬戸市（もと東春日井郡品野町）の加藤新右衛門氏所蔵の制札で、縦二八・八糎、横四二・九糎。

一、瀬戸物商売の諸郷の商人に尾張国中の往来を自由にした。

一、瀬戸物を交換する市日に米穀（白俵物は木炭の黒俵にたいしていう）や海産物などの出入は差支えない。その当日市場に向わない横道に商品積荷の馬の通行を禁止する。

一、新しい課税・郷質・所質をとってはならない。

［説明］　商品として漸く発展してきた瀬戸物（陶器）の売買を保護した政策であり、商業税は徴収しているであろう。

この制札については、とかくの批判もあるというが、写真を見る限り疑点はないと思われる。

『愛知県史』の綱文「瀬戸物商人の国内通行権を認める」や、奥野の［説明］、「商品として漸く発展してきた瀬戸物（陶器）の売買を保護した政策」は第一条に基づく。同じく「商業税は徴収している」は第三条の「新儀諸役……不可取之事」による。また奥野の言う「とかくの批判」は、『中世法制史料集』、『愛知県史』から知られる。制札三カ条が問題とするのは、瀬戸で長時間かけて生産された瀬戸物が、一度に大量販売される「瀬戸物市」、年数度、大勢の人々が集まる瀬戸物「大市」のことである。それゆえこの制札は、「瀬戸物大市」の高札場に掲げられ、市場に出入りするすべての人々への周知を目的としていた。

A文書発給より二〇年ほど前、徳川家康の祖父、松平清康は戦国大名として三河を統一し、猿投山塊を越えて尾張に侵出した。享禄二年（一五二九）には瀬戸品野城や岩崎城（現日進町）を落とし、守護所のある清須に迫ったが、守山崩れであえなく一生を終えた。しかし品野城はその後三〇年間以上、松平・今川方の支配下にあり、織田信長がこ

の城を奪回したのは、桶狭間の戦いの直前、永禄三年（一五六〇）だった。その間、瀬戸は織田・松平両氏の争奪地となり、人々は離散した。これを「瀬戸山離散」と言う。信長は永禄三年に品野城を落とし、永禄五年（一五六二）には三河松平氏との間で清須同盟を結び、尾張・三河の国境は確定した。瀬戸への軍事的圧力はなくなり、瀬戸は信長支配地として安定した。翌永禄六年にこの制札が発布された。それゆえ永禄六年の瀬戸は、信長の新たな征服地だった。一方この年、信長は清須から小牧山に居城を移し、美濃斎藤氏との対決を鮮明にした。この小牧山城移動の直接の目的は、木曽川沿いに勢力を築き、黒田・小口の二城を配下に置く犬山の従兄弟織田信清との軍事対決だった。この当時、北尾張は信清の働きで龍興の配下に入り、信長と対立していた。それゆえこの時信長は、尾張を完全には統一できていなかったが、統一を視野に入れ、ここでは尾張一国の「国中往反の自由」を述べたのである。

瀬戸品野は、尾張と美濃の国境近く、「瀬戸街道」から分かれた「水野街道」上にあり、庄内川の支流、矢田川の上流にある。内津峠を越え庄内川を遡る「下街道・善光寺街道」とは美濃多治見で合流する。さらに進むと、土岐・恵那・中津川で「東山道・中山道」に合流する。一方、瀬戸赤津からは、戸越峠を越えて三河の藤岡などに出て、矢作川上流へ進む。さらに瀬戸から日進まで下れば、三峰峠を越える「飯田街道」に出て、足助から信州に向かう「足助街道・伊那街道」となる。また矢田川・庄内川を下れば、尾張を横断する「鎌倉街道」に出て、伊勢湾世界の物資の集散地、熱田と連絡した。A文書第一条に登場する「諸口商人」は、奥野の言うとおり「瀬戸物売買」をした。彼らは、〈瀬戸物〉を買い付け、尾張・三河・美濃三国国境近くの交通の要地品野から、馬の口を執り、瀬戸と各地の間の諸出入口＝諸道を、熱田・京・三河・伊那・善光寺等々に向かった。瀬戸山復興のためには陶工のみならず、彼らの安全保障も必要だった。彼らは、伊那街道、善光寺街道、塩付街道と、街道毎に販売特権を持ち、京都や熱田などに向かう街道毎に、織田氏に対し「国中往反の自由」を要求した。織田氏はそれに応え「国内往反違乱あるべからず」と保証した。瀬戸の特産品は〈瀬戸物〉だから、瀬戸には「諸口商人」に瀬戸物を卸す窯元や卸問屋、「瀬戸物大市」があった。一方、窯焼きの原材料には、〈陶土〉や大量の〈薪〉が必要だった。「諸口商人」は、瀬戸への〈薪〉

の搬入と、〈瀬戸物〉の搬出とを同時に行なったと思われる。

文書所蔵者の品野の加藤新右衛門は、江戸時代の常として、代々「新右衛門」を名乗り、家業を引き継ぎ江戸時代を過ごしたが、加藤新右衛門が瀬戸へ登場したのは慶長年間で、文書の受取人との関係は明らかでない。制札Aの受取人は、天正二年（一五七四）の加藤市左衛門景茂宛て信長朱印状(4)との関係から、陶工集団の長・景茂と対立する、もう一方の陶工集団を率いた人物であり、新右衛門以前に品野にいた瀬戸焼の窯元で、当時瀬戸を代表し、A文書を受け取ったものと考えられる。彼は陶工集団の親方であると同時に、瀬戸物の卸問屋、商人宿の経営者、瀬戸物大市の中心人物で、馬の口を執る「諸口商人」たちをも支配下に置いた。第三章「水野太郎左衛門」で明らかにしたように、中世鋳物師の世界は〈大工鋳物師－小工－売子・鋳物師商人〉と定式化でき、「売子・鋳物師商人」は「大工鋳物師」や「小工」に隷属する「下人」だった。これに倣うと、「諸口商人」は窯元支配下の「下人」で、瀬戸の世界は〈窯元の「大工」－彼の下で瀬戸物製作に当たる小窯元の「小工」－瀬戸物を商う「諸口商人」〉となろう。

他方、第二条には「白俵物」「塩あい物以下」が登場する。次節で述べる、熱田や津島など伊勢湾沿岸出身者の「白俵物・塩相物」商人だろう。彼らは古くから織田氏の保護下にあり、「国中往反の自由」はすでに認められていた。彼らは馬の口を執り、伊勢湾沿岸部から信州への途中で、瀬戸にやってきた。第二条の「次」には「当日横道商馬停止事」とあり、大市の日の「横道商馬」は禁止された。ここから「白俵物・塩相物」商人が大市の「当日」、馬で「大市」以外の「横道」で、瀬戸物大市を通さず、隠れて〈瀬戸物〉を買い付けたことが想像される。それゆえ「諸口商人」を瀬戸物を商う正規の〈本座商人〉とすると、「白俵物・塩相物」商人は〈新儀商人〉となろう。ここから「白俵物・塩相物」商人の実体が問題となる。その答えは彼らが商った「白俵物・塩相物」は何か、にある。

二　「白俵物」とは何か

奥野高廣は、信長文書に登場するすべての「俵子」「俵物」を〈米〉俵とした。A第二条の「白俵物」も〈木炭の黒俵に対して、米穀〉とし、天文十八年（一五四九）十一月の尾張熱田八カ村宛て制札第五条の「俵物留」も〈米俵のことで……戦国大名は作戦上の目的で米穀の移動を禁止した〉とし、永禄七年（一五六四）十月付け水野郷定光寺宛て禁制第四条「俵物相留事」も〈寺内に米俵の搬入を禁止した意味である。俵物の移動を禁止すること〉の政策的実施とした。一方永原慶二は、「兵糧米の確保・輸送」について、「戦国期の物流の不安定性要因の中でとりわけ大きいものは、合戦に伴う兵糧米の確保・輸送」とし、「緊急の大量調達・輸送はどのように行われていたのか」を問題とし、「一定の兵糧は通常本城・支城・郷村などの蔵に備蓄されているが、合戦の場合、武将・軍役衆は地元の市で追加調達したり、沿道や戦場で農民・商人が売り込むものを買い付けるのが普通であった」とした。

第一章「熱田八カ村宛て制札」で述べたように、当時熱田は〈環伊勢湾世界〉の物流の中心で、「俵物留」「俵物質」の「俵物」は〈米〉に限らず、海産物を中心に〈俵に入れて運ぶもの〉〈運送中の商品一般〉を指したので、この場合の「俵物」も〈俵に入れて運ぶもの〉一般だろう。奥野は「俵物」に「米・木炭」を挙げたが、俵物の中身は「穀類・芋類・苧・塩」や「海産物」等で、特に近世長崎貿易では「干しアワビ・鱶のヒレ・煎り海鼠」の俵物三品が有名である。また辞書には「白」は「塩の別称」とあり、後述するように、当時愛知郡の「白塩」は有名だった。網野善彦が明らかにしたように、古代の木簡から中世の史料にかけて、塩の単位表記は順に「果」「籠」「俵」と変わり、戦国期には「俵」で計算し、表記された。それは塩が「俵」の形態で船積みされ、陸揚げ後、陸路を馬の背で運ばれたからだろう。それゆえ、この場合の「白俵物」は〈塩〉と考えるのが最も自然である。

民俗学の宮本常一は、当時自家製豆腐のため、塩俵から苦塩を抽出したとした。塩は「俵」単位で売買された。奈良「したみ座」のように、塩の振売商人もいたが、俵による大量買いもあった。小野晃嗣が「卸売市場としての淀魚市の発達」で明らかにしたように、〈塩〉と「塩相物」は共に海産物として同じ魚市場や卸問屋で取り扱われた。中世では大消費地京都を目指し、西国から淀川を遡った「淀」には「淀魚市」があった。伊勢湾世界では、熱田の「魚市場」が「淀」に対応する卸売市場・集散市場で、ここで「塩相物」「塩」等一切の海産物は取り扱われたのである。一方、考古学の森浩一は、現在の「愛知県」の名前の起源となった郡名「愛知郡」は、古い地名「年魚市潟《あゆちがた》」に由来し、「潟」のほとりに「港」があり、「市」が立つ地形が想定され、古来ここに「魚市場」があったとした⑬。

また『延喜式』では、東寺講堂の仏像に毎日お供えする塩を「生道の塩」と規定し、今も知多半島の付け根、大府市南隣の東浦町「生路」に「伊久智神社」があることから、この「生道」を古代知多半島の塩の集散地とした⑭。「生道の塩」が戦国期にまで生き延びたのなら、半島に強い発言権を持つ緒川の水野氏がこれを支配した可能性がある。しかし古代の「年魚市」の市場や「生道の塩」は、むしろ戦国期には環伊勢湾世界の物流センターである熱田「魚市場」に引き継がれたと思われる。それゆえ「白俵物」の中身は〈塩〉で、「白俵物幷塩あい物以下」とは「塩と塩相物」で、〈塩〉〈魚〉を指し、熱田の「魚市場」が出荷元となろう。これまで先学は第一条にのみ注目して、A文書を「瀬戸物商人の国内通行権を認め」たものとしたが、第二条に注目すると、A文書は同時に、「塩と塩相物」の瀬戸物市場への「出入り」をもテーマとしたことになる。

「塩・塩相物」の流通について、豊田武⑮は次のように述べた。「中世の商業は、自給自足的経済通有の現象として一般的には市場を通じて行われたが、その出場品の圧倒的大多数は、農民の剰余生産物たる穀類・野菜か、農業の余暇丹念に製作された織物の類に過ぎず、日常の生活必需品はすべて封鎖的領域を踰えずして準備するを常としていた。ただ一つ、特定の地方にしか生産されない特殊な生活資料たる塩・鉄の類、わけても海浜に産する塩・塩合物の類は、食物の調味料・保存用として、当時の農民にとって必要欠くべからざるものであったため、かかる重厚なる障壁を乗り越え、僅かな間隙を縫うて、山間僻地の市場にまで姿を現した。この意味において、塩・塩合物は中世商品の大宗たるの地位を占め、その取引は中世商業の核心をなすものといっても過言ではあるまい」と。つまり、文書Aが「塩と塩相物」の市場への「出入り」をテーマとしたとなると、われわれは〈日本中世商業の核心をなす〉「塩・塩相物」取引を考察する糸口をつかんだことになる。

一方、フロイス『日本史』[16]には、信長が美濃を征服し、引き続き将軍足利義昭を奉じて畿内を征服した後の永禄十二年（一五六九）の都市岐阜の様子が次のように記されている。「私たちは岐阜の市に至りましたが、人々が語るところによれば、八千ないし一万の人口を数えるとのことでした。私たちは和田殿の指定した家に宿泊しました。同所では取引や用務で往来する人がおびただしく、バビロンの雑踏を思わせるほどで、塩を積んだ馬や反物その他の品物を携えた商人たちが諸国から集まっていました。このような有様で、営業や雑踏のために家の中では誰でも自分の声が聞こえぬほどで、昼夜、ある者は賭博をし、飲食し、あるいは売買し、または荷造りをしてたえずやむ時がありませんでした。同家ではとうてい落ち着いておられず、私たち一同は二階で雑居していました」と。これは加納の楽市場のことと思われるが、何よりも興味深いものは、塩が馬に積まれて運ばれたことである。

社会主義社会のように国家権力が社会を一元的に管理下に置く社会では、多くの国民が必要とするにもかかわらず、自給不能な〈塩〉や〈鉄〉などの非自給的商品は、国家が管理し、国家が専売した。伝統的な中国王朝がそうである。明治の日本国家も塩の専売を行なった。神社等を本所とする「座」の神人らが塩を販売し、武家政権が社会を完全には統制・管理下に置くことができなかった日本中世の在り方は、人類史全体の中ではむしろ例外的なものだろう。伊勢湾を臨む戦国期尾張において「塩・塩相物」の流通はいかにあったか。これが次の課題である。

三　瀬戸と白塩

山国信濃から伊勢湾に向け、北から順に木曾川、庄内川、矢作川の三川が南西方向に流れている。宮本常一が明らかにしたように[17]、これらの川に沿い「塩の道」があった。日本列島に人々が住みついて以来、伊勢湾産の塩はこの道を通り、遠く信州伊那谷等々に運ばれた。船で川を遡り、船が進めない先は馬の背や人力で運んだ。この「塩の道」での遠隔地商業の担い手は、大化前代では伊勢湾北岸に根拠地を持つ海部の民[18]だった。一方、「伊勢国風土記逸文[19]」には、国神の「伊勢津彦」が伊勢国を去り、天神の「天の日別」に国譲りをした際、「吾は今夜、八風を起こして海の水を吹き、波浪に乗りて東に入るらむ。これすなはち、吾が却る由なり」と述べ、信濃国に移り住んだとある。この話は、長期にわたり、伊勢湾と甲信地方の間に「塩の道」を媒介とした交流があり、それを背景に、環伊勢湾世界で、天神系と国神系の人々との対立があったことを伝えている。制札A発布二年後の永禄八年（一五六五）には、織田氏と甲州の武田氏の間に婚儀が結ばれ、織田・武田両氏は同盟関係となった。その年信長は、津島神社の御師天王右馬大夫に宛てて次の判物(20)（これをBとする）を出した。

［B］　遠山之事、天王右馬大夫諸檀那之上者、雖為敵方可令出入、并野方已下不可有違乱者也、仍状如件、

　永禄八

　　十二月廿八日　（信長）（花押）

　　　天王右馬大夫

この「遠山之事」について、小島広次は人名ではなく地名で、信州伊那の遠山(21)とした。「塩の道」による古くからの〈塩〉〈塩木〉交換を基本とする尾張と伊那との結びつき、南朝の皇子、宗良親王・尹良親王をめぐる津島神社と伊那との結合など(22)が、ここでは津島神社の信仰圏として表現されている。御師と檀那の結合の背後には、古くからの〈塩・魚〉の流通が想定できよう。この時代、尾張から伊那に「白俵物・塩相物」を運んだのは、古代「海部の民」の後裔、津島の御師たちと思われる。江戸時代、この世界で活躍した塩売りたちは「中馬」と呼ばれた。宿から宿へ荷物を伝送する「伝馬」とは異なり、生産地と消費地を直接結ぶ「産地直送方式」の流通業者である。これは師檀関係の近世的な変形だと私は思う。中馬宿には三河の足助が有名である(23)。なおBの「雖為敵方可令出入」とは、武田との同盟関係成立を踏まえたものだが、網野善彦の言うように、師檀関係が本来大名間の敵・味方関係と無縁なことを

前提とし、〈たとえ敵方でも、出入りすべし〉と、領国を越えての交易を命じた。しかしこのような師檀関係も、戦国時代には大名が統制したという。また「野方」とは、伊那街道に面した現在の日進町野方だろう。「野方」には白山神社があり、「野方已下での違乱」とは、津島の御師と白山神人との対立を問題にしたものと思われる。

伊勢湾を抱える濃尾地方は日本列島の中で最もくびれた部分で、西北には琵琶湖・若狭湾がある。古代伊勢湾の海岸線は津島・甚目寺の線上で、今より一〇キロ以上も北上していた。養老山地に沿い大垣周辺までは、赤塚次郎が「味蜂間の海」(24)と名づけた大きな入江が入り込み、伊勢湾は現在よりもっと琵琶湖に近づいていた。伊勢湾・「味蜂間の海」・木曾三川・庄内川・矢作川等々からなる世界を、網野善彦は「河海の世界」(25)と名づけた。古代尾張国には海部郡が置かれ、ここに安曇・住吉系海人族は発展した。一方、伊勢には猿田彦大神を祀る椿神社があり、伊勢神宮の地主神も猿田彦と言う。この猿田彦大神を隼人系の神とするなら、伊勢地方には紀伊半島にネットワークを持つ隼人・宗像系の海人族が、安曇族に先立ち発展していたと思われる。

北アルプスの穂高連峰は、今では日本のアルピニストのあこがれの山だが、「穂高」は安曇族の祖先神の名前で、麓の松本平の郡名も「安曇郡」と言い、ここに穂高神社・住吉神社がある。また穂高神社の祭礼は船祭りで、海人族の安曇族が姫川より南下し、この地に移り住んだと言われている。現在ではこの姫川より松本平への道が「塩の道」として有名だが、宮本常一の言うように、伊勢湾から信濃へも「塩の道」は通じていた。信濃国から都に向かう人々が越える神坂峠には、安曇族と関係の深い住吉三神を祀る神坂神社があり、海人族はこの峠を越えて移動したと考えられる。彼らは伊勢湾の東側から北側にかけて定着し、ここから信州安曇郡から日本海に向けて日本列島を横断し発展したとも考えられる。この安曇族の活躍の跡は、伊勢湾沿岸で作られた塩が信濃の国々に運ばれる「塩の道」と重なる。彼らの活躍は大化前代の大和朝廷の東国経営とも重なろう。

それゆえ、瀬戸は信濃に向かう〈塩・魚〉の通過地点で、瀬戸のこの立地条件から、たとえここに「瀬戸物市」が立たなくても、「白俵物・塩相物」の登場はきわめて自然だった。豊田は、「塩・塩相物」は「中世商品の大宗」で、「僅かな間隙を縫うて、山間僻地の市場にまで姿を現した」と言い、「塩・塩相物」の流通網が、日本社会の隅々に、「毛細血管」のように張り巡らされたとした。その点で言えば、瀬戸には「塩宿」の一つもあれば充分だろう。しかし瀬戸には大きな「動脈」が通り、「塩・塩相物」商人たちが「塩の道」を馬を引いて山国の信州に向かう通り道だった。制札A第二条には「当郷出合之白俵物并塩あい物以下、出入不可有違乱」とある。この表現からは「白俵物・塩あい物以下」が、「当郷」では意図しないのに「出会」ってしまう、〈塩・魚〉の通過地点になり「瀬戸物市」の攪乱要因となり〈困った〉とのニュアンスが感じられる。これは遠隔地商人の「塩・塩相物」商人たちが、瀬戸物を取り扱う「諸口商人」たちと同じ街道上を歩むという、瀬戸の立地条件から来ている。

一方、遠浅の海「年魚市潟」では、波打ち際は干潮時と満潮時で大きく変わり、干潮時の浜辺は満潮時には海の底だった。鳥の楽園でもあるこの世界を「前浜」といい、塩田が作られた。今でも名古屋市瑞穂区から南区にかけての地域には「塩入」「汐田」「塩屋」など「塩」の付く地名が多く[26]、かつて塩田だった姿を偲ばせる。「千竈」も千の塩竈から付いた地名だろう。当時熱田の東、星崎辺りから山崎川に沿い「塩付街道」が北上していた。『愛知県の地名』[27]の「塩付街道」には、「現南区から緑区にかけての旧愛知郡の海浜は星崎七ヵ村とよばれる海塩の産地で、古くから北方へ供給した」とあり、藩の大代官樋口好古の『税賦参定指南』を引用し、「愛知郡之内、南野・荒井・牛毛・戸部・山崎・笠寺・本地を星崎七ケ村といふ。昔、此七ケ村に塩浜百町及びもありて夥しき塩を焼出せり。されば戸部村より桜村・新屋敷村・山崎村・中根村・井戸田村・石仏村・古井村を経歴して北へ通ずる道を塩ツケ街道と云、即ち是古へ塩を馬に駄して北国へ運送する街道之由、云伝へり。星崎の塩は本州前浜塩と称し、白塩にして名産なり」とある。この「星崎の塩」が「白塩」だったので、Aの「白俵物」は〈塩〉と考えられよう。

「鋳物と塩の交流」をテーマにした網野善彦・森浩一の対談[28]では、江戸時代、能登穴水の中居港では、鋳物師が製塩業者に塩釜を貸し、塩の売り上げの分け前をもらう貸し釜制度があったという。塩釜は消耗が激しく、鋳物師が塩釜の配給と古釜の回収を行なうことは中世に遡るとある。その点で、この塩付街道を北上した先に、鋳物師水野太郎左衛門の根拠地、鍋屋上野村があることは大変興味深い。さらに北上すると、矢田川に出て瀬戸に抜けた。当時熱田「魚市場」では、「塩相物」「塩」など一切の海産物が取り扱われた。以上三点から、「瀬戸物市場」に登場した〈塩〉には、生産地星崎から直接塩付街道を通るルートと、各生産地から一旦熱田「魚市場」に集められた〈塩〉が、熱田から来るルートの二つが考えられる。しかし、星崎の直接生産者が塩を販売するのは矢田川以南の塩付街道周辺で、瀬戸以遠の信州までの山道は遠隔地商人の縄張りだったのではなかろうか。

私は第二章「知多郡・篠島商人宛て自由通行令」で、信長が天文二十一年（一五五二）十月十二日に知多郡・篠島商人に宛てた折紙を分析した際、「智多郡・篠島商人」の取り扱い商品は「塩・相物」で、自分の生産した塩を船で萱津から庄内川・矢田川を遡り、那古野―守山間を川船に乗り、振売したと論じた。特に〈塩〉は、冬場は焼くことができないので、仕事が暇な折に、直接生産者の知多郡の塩焼きたちが、守山と瀬戸の境の大森宿を根拠地とし、那古野―守山間を縄張りに振売・小売をしたと考えた。〈塩〉の販売については直接生産者が振売・小売をする世界と、遠隔地商人の縄張りの世界の区別がおのずから存在し、二種類の塩商人たちの世界に棲み分けがあり、なかでも遠隔地商人は〈塩〉の卸売センター熱田に強く縛られていた。

制札Aの日付が十二月なので、この場合も直接生産者による振売・小売の可能性はあるが、文書Aに登場する「俵物・塩相物」商人は振売・小売商人でなく、津島の御師や、熱田を中心に川船や馬の背に大量の商品を持ち込む遠隔地商人で、熱田「魚市場」などから信州へ向かう途中、たまたま瀬戸に立ち寄ったのだろう。それゆえ「白俵物并塩あい物以下」の輸送ルートは全体として津島―熱田ルートで、帰り荷もまた、物流の中心地、津島や熱田に向かったと思われる。以上をまとめると、信長領国内の塩の流通として、那古野―守山間は直接生産者の「智多郡・篠島商人」の塩売りの縄張り、塩付街道の周辺も直接生産者星崎商人たちの縄張りの可能性がある。他方、塩付街道を媒介として鍋屋上野村の鋳物師水野太郎左衛門は星崎の製塩業者たちに強い支配権を持った。熱田の魚市場は塩・相物の流通センターで、「白俵物并塩あい物以下」を取り扱う遠隔地商人に強い発言権があった。また、津島の御師たちが信仰

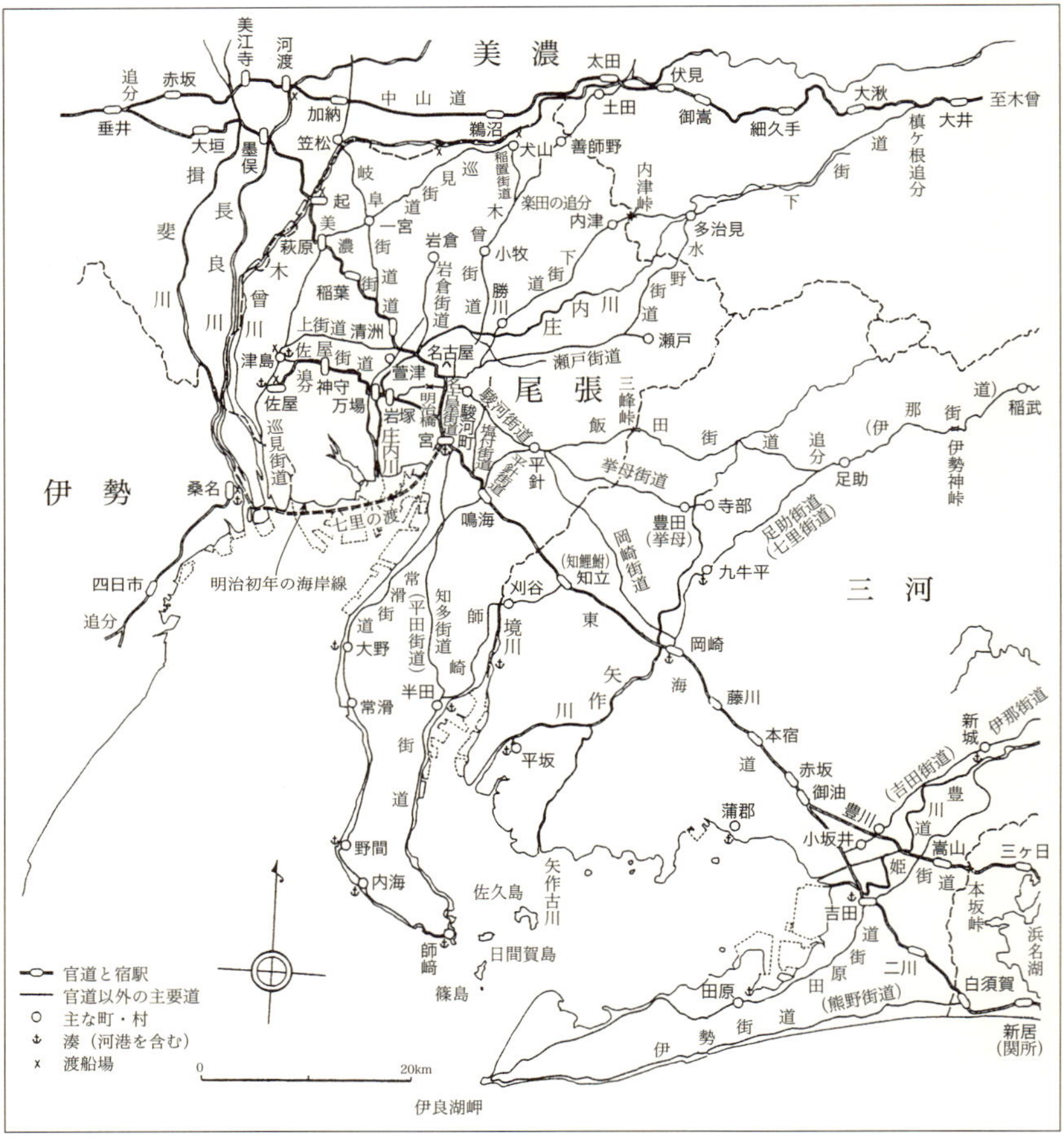

「近世交通図」（『角川日本地名大辞典　愛知県』水野時二・作図，部分）

の傍ら、信州への塩を運んでいた、となろう。

今われわれは塩・相物商人の世界の棲み分けを考えたが、かつてここにも「塩座」「魚座」等々があったとすると、その「座」は近江の場合のように〈流通路独占権〉まで主張しただろうか。この地には塩の動脈が通っており、ある特定の「座」が動脈を独占できただろうか。棲み分けはあっても、種々雑多な塩商人が通っただろう。それゆえ塩の中継基地・瀬戸では、津島の御師や熱田の遠隔地商人、塩付街道を通る星崎商人、「知多郡・篠島商人」たちがそれぞれ特権を主張し互いに対立し、市場・流通路から相手の排除等々を試みた姿を想像する方が自然だろう。これが第三条「郷質・所質」の背景となった。以上から信長領国内の塩流通の在り方が新たに問題となる。はたして織田氏による塩・相物の流通統制はあったのか。第三章で明らかにしたように、信長は鋳物師大工の水野氏に鍋・釜など〈鉄〉の尾張一国の販売権を与えた。〈塩・塩相物〉の場合も、水野太郎左衛門に対応する人物が尾張を管理したのだろうか。

信長の父信秀が愛知郡に勢力を築く際、「古渡」に築城し、次に「末盛」城に移った。古渡は三河から尾張・美濃に抜ける鎌倉街道上にあり、南は伊勢湾と「年魚市潟」で囲まれた半島状の熱田台地で、ここには熱田神宮や伊勢湾水上交通の中心地、熱田港があった。古渡はこの熱田半島の根本にある。一方「末盛城」は、尾張名古屋から三河足助に向かう飯田街道と塩付街道の交差点近くで、どちらも塩の流通と関わっていた。天文二十一年（一五五二）の熱田八カ村宛て制札(29)第五条や、永禄七年（一五六四）の尾張水野郷定光寺宛て禁制(30)第四条に「俵物相留事」がある。これが「塩留」の意味なら、信長は国内の塩の流通に対し一定の支配権を持ったと想像される。

永原慶二は、長谷部備前守宛て北条氏邦朱印状を取り上げ、氏邦は鉢形領内の土豪長谷部備前守に塩役銭の賦課権行使の範囲を指定したが、「氏邦としては長谷部に徴収させたそれらの役銭の一定部分を上納させ(31)」たとし、北条氏が塩流通に対し役銭収取体制を整えたとした。これは、大名による塩専売の一歩手前の在り方である。そこで参考となるのが「今井宗久書札留」の次の文書(32)（これをCとする）である。奥野は、これを永禄十二年（一五六九）のものとし、『織田信長文書の研究　上巻』に収録した。次に文書Cと、これに対する奥野の説明と佐々木銀弥のコメント(33)を掲げる。

［C］　塩并塩魚過料之事、前十河殿（民部大夫）存知之分従信長我等被仰付候、可被得其意候、若於不相届儀者、各可為御越度候、尚両使可申入候、恐々

八月十二日

塩御座衆中

又塩魚ノ座へも同前
又淀塩座中へも同前

［説明］ 塩座・塩魚座・淀（京都市内）魚市の塩、塩相物（塩魚）座の座役徴収権は、十河民部大夫（一存の子存保か）が知行していたが、信長から今井宗久に与えられた。淀の魚市とか塩・塩相物の座は、公家衆の東坊城家・三条西家・西園寺家などを本所（所有権者）として、これに座役を納めていた。

［コメント］ 信長は親信長派の堺豪商今井宗久の手を通じ、中継卸売市場の問屋的機能をもっていた淀魚市塩座以下、京都近辺あるいは堺周辺の塩座を支配掌握することによって、首都経済の心臓部の一部を抑えることができた……。

文書Cの理解は、以上で充分だろう。瀬戸に制札を下した永禄六年（一五六三）から永禄十二年（一五六九）までの六年間に、信長はいわば登竜門をくぐり、尾張の鯉から天下の竜に変身した。永禄十年には稲葉山城を攻略し、井之口を岐阜と改め、美濃を征服した後、翌永禄十一年には足利義昭を擁して上洛し、畿内を平定した。永禄十二年とはこの翌年である。畿内では、塩の流通は堺豪商今井宗久の手を通じて一元化したと見ることができよう。尾張における今井宗久に対応する人物は今のところ不明だが、同様な統一的支配機構を構想したと思われる。谷口克広が「異色の馬廻たち」として紹介した、岐阜城下で塩屋を営みながらも信長の馬廻を務めた大脇伝内(34)という人物がこの問題の鍵を握ると思われるが、今後の研究を待ちたい。

四　制札の分析

本座商人と新儀商人の対立抗争

制札Aには、「不可有違乱」文言が二度登場する。最初は第一条「国中往反不可有違乱」で、二度目は第二条「出入不可有違乱」である。第一条は信長が瀬戸物を取り扱う「諸口商人」に対し「国中往反の自由」を命じたもの。第二条は「白俵物・塩相物以下」に対する「瀬戸物大市」への「出入」自由の命令である。両者ともに〈自由の命令〉の点では共通するが、自由の内容が「国中往反」と、「大市」への「出入」と異なる。このことは逆に、「諸口商人」は最初から「大市」への「出入」特権を持ち、「白俵物・塩相物」商人も「国中往反の自由」特権は持っていたことを示している。瀬戸物を特産品として生活する山村・工村の瀬戸では、「瀬戸物大市」は特産品の外界への販売機会で、逆に自分たちの生活維持に必要な物資を外界から入手する機会だった。その意味からすれば、非自給的生活必需品「塩・塩相物」の「瀬戸物大市」での入手はごく自然な営みだった。

瀬戸は「白俵物・塩相物」商人たちの通り道だったので、彼らが「当郷」で「出合」い、「瀬戸物大市」に「出入」するのは当然だった。それにもかかわらず、「出入違乱あるべからず」の言葉からは「白俵物并塩あい物以下」の「出入」に対して、現地での反対が想定される。瀬戸物の購入特権を持つ「諸口商人」が〈本座商人〉として、「白俵物・塩相物」商人を〈新儀商人〉として排除を目論んだからだろう。つまり、「諸口商人」は〈新儀商人〉に対し、市場への出入りの禁止、荷物の差し押さえ、本座側への座役銭の要求等々をした。これが第三条の「新儀諸役・郷質・所質取るべからざるの事」と関わっている。それゆえ制札Aの背後には、織田氏と松平・今川両氏との対立を背景とし、織田側〈新儀商人〉と松平・今川側〈本座商人〉という、歴史を異にする二大勢力の対立抗争が想定され、当該制札Aは〈本座商人〉、〈新儀商人〉、商人宿、信長の四者関係として考察すべきだということになる。

座役銭徴収や質取の仕組み

天正五年（一五七七）の信長の安土山下町中宛て楽市令(35)を〈母法〉とすると、〈娘法〉には天正十四年（一五八六）の八幡山下町中宛て豊臣秀次楽市令(36)、文禄三年（一五九四）の八幡町中宛て京極次高楽市令(37)、蒲生氏郷の天正十年（一五八二）日野町中宛て楽売楽買令(38)、天正十六年の松坂町宛て十楽令(39)、文禄四年の会津若松宛て浅野長吉掟条々十三カ条(40)などがある。注目すべきは天正十一年（一五八三）の坂本町中宛て浅野長吉定書(41)である。第一条には「楽市」文言はなく、代わりに第六条に「諸商人売物之儀、其宿ニテ可有売買事」とある。売買の場が「市場」の場合と、駿河の江尻宿(42)やこの坂本町のように、「商人宿」の中に「市場」が組み込まれた場合の二つがあったことになる。

この「瀬戸物大市」は瀬戸物売買が「商人宿」で行なわれる後者の場合で、卸問屋・商人宿の建物の中で非自給商品の「白俵物・塩あい物以下」も売買された。これまでの瀬戸大市では、「商人宿」の卸問屋が瀬戸物商人の「諸口商人」を「下人」として支配し、彼らから座役銭を徴収し、「白俵物・塩あい物以下」の商品に対しても、法外な「諸役」を課した可能性はある。少なくとも、松平氏・今川氏の支配下の三〇年間は、窯元への隷属度の強い〈本座商人〉が織田側の〈新儀商人〉を閉め出そうとし、「白俵物・塩あい物以下」の商いに対しても、質取を行なったと思われる。しかし、信長による「出入り違乱有るべからず」の制札A公布を契機に、〈新儀商人〉の瀬戸物大市への参入が公的に認められた。薪の搬入や生産物の搬出を行なう「諸口商人」も、法的に身分が確定したことから、「窯元」の「下人」という関係からは解放され、座役銭を納めるだけの「卸問屋」と「諸口商人」の関係へと変化したと思われる。

新秩序の制定

第一条で信長は「諸口商人」に「国中往反の自由」を認めた。具体的には尾張国内での関銭免除や、関所自由通過のための鑑札給付だろう。この〈関銭免除特権〉は当時の座が持つ〈流通路独占権〉と対応し、奥野の言う〈瀬戸物売買の保護政策〉となる。長いこと松平氏・今川氏の支配下にあった「諸口商人」たちを、信長の支配下に新たに組織し直すために、特別な恩恵として「国中往反の自由」の公認が必要だった。征服地商人に対する通行の自由保証は、その後天下一統に向けて繰り返される信長の占領政策だった。信長の支配領域拡大は、土地・人民の支配のみならず、流通組織の再編を伴った。美濃征服後の永禄十年（一五六七）、加納楽市場宛て制札(43)第一条では「分国往反の自由」

を明記し、永禄十三年（一五七〇）の伊勢征服[44]、天正三年（一五七五）の越前征服[45]、天正十年（一五八二）の信濃・甲斐征服[46]では、国内関所廃止を宣言した。『信長公記』の関所廃止の記事は、元亀二年[47]（一五七一）、天正二年[48]（一五七四）とある。往反の自由と、関所・役所の廃止は、流通に関わる商人たちには同じものだった。

第二条では「塩の道」や「塩付街道」等々を通り、伊勢湾沿岸各地から瀬戸にやってきた「白俵物・塩相物」商人を正規の瀬戸物商人に格上げし、瀬戸物市への出入りを自由とし、これまでの「横道商馬」を禁止した。彼らにとって「出入不可有違乱」とは、瀬戸物を取り扱う「諸口商人」との間では、〈新儀商人〉としての営業の保証を意味したが、他方「白俵物・塩相物」商人相互間では、「瀬戸物市」での「市座特権」の否定、〈楽市〉の宣言となった。かつてこの世界にも「塩座」「魚座」等々があったと仮定すると、津島・熱田の遠隔地商人や「塩付街道」を通る星崎商人、「知多郡・篠島商人」たちがそれぞれ特権を主張し互いに対立し、市場からの排除を互いに主張したと想像されるが、ここでは「座」の特権はすべて否定され、すべての《塩・魚》商人に営業の自由が命じられ、〈瀬戸物市はすべての人に開かれた市〉と宣言された。第二条は、「白俵物・塩相物」商人から見れば、楽市令となる。

しかし、当制札を受け取った瀬戸物卸問屋から見れば、第二条の「横道商馬」の禁止は、彼を通さない小窯元の活動を統制・禁止したもので、彼の持つ「瀬戸物大市」での〈特権〉の安堵・再確認となる。〈新儀商人〉の「白俵物・塩相物」商人たちはこれまで「横道商馬」の形で、隠れて瀬戸物を取引したが、これからは彼らもまた、「諸口商人」と同様、卸問屋の保護・監督下に組み込まれる。それゆえ第二条は全体として、瀬戸物卸問屋による「白俵物・塩相物」商人に対する保護・統制で、彼らは卸問屋を通じて瀬戸物市のルールに従うよう命じられたことになる。こうして信長は卸問屋を通じ、二種類の商人を同時に自分の保護下に置くことに成功した。

これまで卸問屋の支配下にあった「諸口商人」には、〈流通路独占権〉〈関銭徴収の免除特権〉が与えられた。これに対して「白俵物・塩相物」商人たちの「塩座」や「魚座」に対しては、〈市場での販売特権〉や〈座役銭徴収権〉が否定され〈楽市〉が命じられた。ここで注目すべきは、行きの荷が「白俵物・塩相物」で、帰りの荷が「瀬戸物」

という在り方である。これを「鋸商法」と言い、一商品一座という中世的な「座」の原理とは相容れないが、こうした営業方法はすでに保内商人に見られ、近世近江商人の発展の原因になったと言う。ここでこの商法が認められたことは、「白俵物・塩相物」商人に対する信長の強い保護によろう。

第三条の「新儀諸役不可取之事」を奥野は、〈瀬戸物売買については旧来どおり課税する〉の意で、〈旧来のものは徴収した〉「商業税は徴収している」とした。この「諸役」徴収は、「国中往反の自由」、関所自由通過のための鑑札公布に対応しているだろう。それゆえ「白俵物・塩相物」商人も瀬戸物購入の際には「諸役」を支払ったと思われる。一方、「白俵物・塩あい物以下」の商品に対しては、「新儀諸役」は徴収しないとした。「郷質・所質取るべからざるの事」の背後には、種々雑多な塩商人たちが塩の動脈上に登場したことから起こる質取がある。商人宿への平和令だが、検断権を持つ瀬戸物卸問屋に対する命令だろう。少なくとも「白俵物・塩あい物以下」の商品については〈楽市〉が成立した。

五　むすび

これまでこの制札は第一条を中心に紹介されてきた。しかし第二条に注目すると、瀬戸物市場で、瀬戸物商人の「諸口商人」と、「塩・塩相物商人」が互いに対立していたことがわかる。瀬戸は、「塩・塩相物商人」が伊勢湾沿岸から山国の信州に向かう「塩の道」が通っていた。伊勢湾産の塩と山国信濃の薪との交換は、日本列島に人々が住んで以来、欠かすことなく続けられた地域間交易で、これがこの制札Aに関わっていた。この制札は、相対立するこの二大勢力の対立を背景とし、第三者権力の信長によって発給された。一方の「諸口商人」には尾張国内の通行の自由が、他方の「塩・塩相物商人」には、上り荷を「塩・塩相物」、下り荷は「瀬戸物」という在り方が公認され、大局的には「塩・塩相物商人」の側に大きな利益が約束されたのである。

II 美濃併合へ

――楽市令の登場

第五章　尾張二宮宛て定書――信清と弓矢徳政

一　史料と研究史

本章は、永禄七年（一五六四）に尾張国の「二の宮」「大県神社」に宛てて出された制札（これをAとする）についての考察である。この定書は発見されてから間もないからだろうか、管見による限り、これを取り上げて論じた考察は未だない。A文書が問題とする世界は、犬山山系と愛岐丘陵の中間の谷間で、現在では入鹿池の底に沈み、人々の視界から消えている。それで、A文書への関心も低いと思われる。近世初頭の寛永五年（一六二八）、灌漑用に入鹿池が築かれた際、入鹿村の住民は強制移動させられた。古い歴史を持つ村高五〇〇余石の入鹿村は消滅し、代わりに丹羽・春日井両郡の畑地・荒地は石高六八三〇余石の水田となり、各地に入鹿新田が造られ、入鹿池からの灌漑を受けた水田は、合計して一万五三一〇余石になったという。これは尾張藩初期の注目すべき開拓事業である。日本の近世初頭は、このような大規模新田開発が行なわれた時代である。本章の目的は、制札Aの分析を通じ、制札Aが作成された歴史的な場面を再構築することにある。A文書第二条には加納・金森の楽市令に先駆け「借銭・借米返弁すべからず」との徳政文言がある。この条文の分析が本章の考察の中心となる。

制札Aは次の三者に収録されるが、それぞれ異なる文書名を付けている。㈠奥野高廣著『増訂　織田信長文書の研究　補遺・索引』(2)、「尾張大県社宛判物写」、㈡佐藤進一・百瀬今朝雄編『中世法制史料集　第五巻　武家家法Ⅲ』(3)、「織田氏尾張二宮社家百姓中定書案」、㈢『愛知県史　資料編11　織豊1』(4)、「織田信長制札写」。㈢では「綱文」に「十月、織田信長、尾張国二宮野田社家百姓中に、新儀諸役の免除、借銭・借米返済免除などを認める」とある。㈠・㈢が明快にこれを〈信長文書〉と断定したのに対し、㈡では慎重に、「差出人は信長か信清かのいずれか」とした。また㈠が「依下知」、日下に「花押」、文書典拠を『大県神社由緒書』としたのに、㈡・㈢では共に「仍下知」とし、日下「花押」を欠き、出典も「大県神社文書」とある。三者に共通するのは、正文が未発見で、現存するのは「写」「案」ということである。ここでは㈢に従い、文書Aの翻刻文を掲げる。花押は除いた。

［A］

定　　二之宮（丹羽郡）
　　　野田社家百性〔姓〕中

一新儀諸役・門並令免許事
一借銭・借米不可返弁事
一郷質不可取之、理不尽使不可入事
右条々、相違犯之輩者、可処厳科者也、仍下知如件、
　永禄七年十月　日

A文書の研究史を述べる。研究史が問題としたことは、この文書が信長文書か否かの問いに収斂する。㈠と㈡[5]は、それぞれの補注で、文書Aの研究を記した。奥野は文書に続く補注で、次のように述べた。「この史料を教示した太田正弘氏の文言によると、『大県神社由緒書』は、カーボン紙かペン書きであり、信用の埒外にあるけれども、本文は信長の判物として通用する。現本か古写の出現を待望して採録する。横山住雄は「史料紹介　織田信長文書―清須在城時代を中心として」（名古屋郷土文化会『郷土文化』第三十巻第一号　昭和五十年九月）において本史料を紹介し、「板三枚に分離しており、黒ずんでいるため判読が困難である。不明個所は禁制写によって補った。花押の形状は瀬戸市

定光寺の永禄七年十月日付制札と同じ」とする。しかし定光寺宛禁制も異様な形状の花押を除けば通用するので、大県社の分も姑く存疑とする。大県神社は、愛知県丹羽郡楽田村字宮山（いま犬山市内）に鎮座。旧国幣中社である。延喜の制で名神大社。なお同社には、元亀四年七月日付織田信重の定書を襲蔵する」と。

横山住雄によれば、原物の制札らしきものが「判読困難」とはいえ「板三枚に分離し」た状態で存在したという。奥野は横山の議論を紹介した上で、太田正弘に従い、この文書を㈠に納めた。一方、ここで取り上げる文書Aと同じ永禄七年十月日付け、現瀬戸市にある定光寺宛て制札（これをBとする）は、横山の紹介したとおり、木札に書かれており、㈢の本の扉[6]に「図版九」として写真が掲載されている。今後の議論のため㈢より引用する。

［B］

禁制　　水野郷（春日井郡）
　　　　　定光寺

一当手軍勢・甲乙人等、濫妨・狼藉・陣取・放火之事
一於境内殺生、況伐採山林竹木事
一準総寺庵、棟別・人夫等相懸、并門前東西尾呂小家等入鑓〔譴〕責使事
一祠堂米寄進田地、徳政并俵物相留事
一於方丈并諸寮舎要脚事
右条々、当寺依為無縁所、課役等末代令免許畢、縦前後制札雖為棄破之、不混余寺、不可有相違者也、仍
下知如件、

永禄七年十月　日　　（花押）（織田信長）

奥野はこの「尾張定光寺宛禁制写」Bを㈠の「補遺七[7]」で取り上げ、その補注に「奇妙な花押以外当時の作と認め

られる。恐らく禁制の下付をうけ寺家で禁制札に書いたとき、信長の花押は憚って省略してあったのであろう」と説明した。奥野の「奇妙な花押」の表現から、〈この花押は信長のものとは認めがたい〉との判断が推測される。問題なのは、横井が「板三枚に分離」した制札Aにも、Bと同じ花押があるとした点である。横山の発見した「板三枚」は現在不明で、断定はできないが、この花押は当時信長と対立した〈信清の花押〉と考えるのが素直だろう。信長花押の研究者、佐藤進一も、これを〈信長花押〉とは見なしていない。信長は花押を次々と変えた人物で、当時の花押は「短線と点を以て組み立てられた、偽造防止を主眼として作成されたと覚しい、第四型[8]」だが、この花押は曲線の多い一筆書きで、「蝸牛」の形をし、「福」字の崩し字に見える。

つまり、これは単線と点からなる第四型とは発想を大きく異にしている。ここから奥野は、制札B記載のこの花押を〈別人が仮に書いたもの〉とした。しかし横山が言うように、制札Aにもこの花押があるなら、〈別人が仮に書いた〉とする解釈には無理があろう。また第四型と有名な「麒麟」花押の中間に、この花押が介在するとの仮説も、一応は成立するが、今後の研究を待ちたい。むしろ私は、これを前述したように〈信清の花押〉と考えたい。一方佐藤は、㈡の「補注」で、この定書Aの発給者が信清である可能性を次のように論じた。「発給者は織田信清か信長のいずれかであろう。信清は尾張二宮に近い犬山を居城としていたが、武功雑記[9]に拠ると、永禄七年五月信長により犬山を陥されたという（『織田信長家臣人名辞典』[10]「織田信清」の項）。従って、信長発令の可能性が高いのであるが、犬山落城の年次確定が武功雑記を典拠とするに過ぎないという点、些少の不安が残る。書写した人が花押所在をも記さず、発給者名を注記しなかったことに意味ありとすれば、信清を発給者とするケースも想定しえよう」と。佐藤はこれに続けて、「信長の子信重（信忠）の定を左に掲げる」として次の文書[11]（これをCとする）を紹介した。

［C］　（折紙）

二宮
野田社家百性〔姓〕中

定

一新儀諸役門並令二免許一事

一社頭社家、従二前之〔ゝ〕一在来可レ為レ如二法意一事

一郷質、不レ可レ取レ之、理不尽之使不レ可レ入之事

右条々、於二違犯之輩一者、可レ処二厳科一者（マヽ）、仍下知如レ件、

元亀〆〔四〕

七月　日　　　信重（織田）（花押）

（大県神社文書）

奥野・佐藤は共に「補注」で、元亀四年（一五七三）七月付け織田信重定書の折紙Cを掲げた。われわれが問題とする定書Aと、信重折紙Cを比較すると、第二条が異なり、特に問題の「借銭・借米」条項がない。とはいえ、全体に強い連続性が認められる。しかもC第二条の「前々より在り来る法意の如くたるべき事」は、〈これまでの在り方を継承すべし〉の意味で、先行A文書の継承宣言である。ここから、定書Aは定書Cに先行したもので、Aは信重の父織田信長が発布したとなる。しかし、先行定書Aとの連続性を強く主張したのは受給者の二宮側で、〈信重はその要求に応えただけ〉とすると、信清の可能性も一概には否定できない。一方佐藤の議論は、犬山城落城の時期は何時か、その根拠は何かに関わり、最近偽書説(12)の出た『武功夜話』への疑念を強く主張したものである。他方、批判を受けた『織田信長家臣人名辞典』の著者谷口克広は、その後の著書(13)で、『歴代古案』所収の年付きを欠いた上杉方の直江景綱宛て信長書簡(14)を根拠に、犬山城落城を永禄七年の〈五月から八月頃へ〉と変更した。

そうであれば、この文書は犬山城落城後に信長によって発布されたものとなる。一方(三)では、この直江宛て書簡を永禄八年（一五六五）とし、さらに永禄八年八月初五日付けの「快川紹喜書状写」(15)を掲げ、犬山の瑞泉寺がこの年の戦火で焼けたことから、犬山落城を〈永禄八年八月五日以前の出来事〉とした。ここからは、この定書Aの発給は犬

山落城以前となる。以上から、㈢ではこの文書Aを「織田信長制札写」と断定したが、その根拠は薄弱で、文書Aの〈発給者は信清〉である可能性は高いと考えられる。われわれは歴史の結果を知っている。信長が尾張を統一したこと、美濃をも併合し天下統一に向かい突き進んだことを。それらを前提とすれば、強い政治的な威信を持つ人物は信長のみで、永禄七年の定書Aや禁制Bも共に信長のもので、信清は〈敗北すべく存在していた〉となる。

だがしかし、織田信清が歴史の屑籠に入れられる以前に、なんらかの政治的な主張を行ない、勝者となった信長もまた、その主張に強く規定されて生きて行かなければならなかったことも一概には否定できないはずで、本章のもう一つの目的は、このような隠された歴史の可能性を探ることにある。それゆえここでは、この定書Aを㈠、㈡のごとく「大県社宛判物」とか「信長制札」と名づけることはやめ、信清判物の可能性を常に考慮に入れて置くため、㈢のように「尾張二宮宛て定書」と呼びたい。

二　二宮、信長・信清

二宮

ここで問題とする「二宮」は、愛知県丹羽郡楽田村宮山（現犬山市内）に鎮座する「大県神社」[16]で、楽田の東方、「本宮山」の麓にある。本宮山は犬山山系に連なり、北には「尾張富士」が聳えている。この「尾張富士」から遙か東方に駿河の富士山が見えるので、富士信仰とつながりを持ち、現在でも富士講が存在する。この犬山山系のさらに東は愛岐丘陵である。本宮山・尾張富士のある山々と愛岐丘陵との中間は低地で、今は「入鹿池」が広がっている。濃尾平野平坦部の大規模開拓は、江戸時代に入り「入鹿池」が築かれ、宮田・木津用水が引かれて以降のことで、古代・中世の水田は山寄りの谷田にあった。それゆえ、山々で囲まれた今の「入鹿池」の辺りや犬山山系の麓などが耕地の中心だった。この付近が古代の先進地域だったことは、「入鹿池」の地に「入鹿の屯倉」[17]があったこと、「大県神社」

や南の「田県神社」の名前が天皇家の直轄地「県」と関係することからわかる。

本宮山は神体山で、国神「国狭槌尊」降臨の山である。天神でなく国神が天下ったとの神話は、津軽の岩木山に〈出雲の大国主が天下った〉とある津軽神話とも相通じ、興味深い。これらは律令国家が編纂し、文字で書いた「記紀神話」で体系化された「天孫降臨神話」の影響下に二次的に作られたものではなく、日本神話に先立つ地域神話に基づいていよう。現在の「本宮山」は無惨にも山砂取りが行なわれ、神体山の面影はなくなろうとしている。国道四一号線で名古屋から犬山方面に北上し、小牧インターチェンジを越え大口町に入り、大県神社方面に右折直後に「青塚古墳」がある。この古墳は愛知県下では熱田の「断夫山古墳」に次ぐ五世紀の大規模前方後円墳で、現在は歴史公園となり、美しく往時の姿に再現され、古墳周囲は赤い埴輪の壺をめぐらしている。中島郡の真澄田神社が尾張国「一宮」、これが「二宮」、三種神器の一つを収めた熱田神宮が「三宮」なのは、国衙からの距離によったという。

「楽田村青塚」に、かつては大県神社の「一の鳥居」があり、ここまでが神社境内だった。境内は広大で、西楽田をも含んでいた。名古屋から小牧を経て善師野《ぜんじの》、土田から「中山道」に合流する近世の「木曾街道」は、楽田追分で犬山に向かう「稲置街道」と分岐する。現在は名鉄犬山線がこの木曾街道・稲置街道に伴走し、名古屋・小牧・楽田・羽黒・犬山の町々を結んでいる。国道四一号線はこの木曾街道のバイパスである。南北に走る木曾街道・稲置街道を〈社会経済の道〉とすると、東西には〈参道〉が青塚から楽田・大県神社へと通い、「楽田」は東西・南北の道の交差点で、「楽田」や「楽田の追分」は交通の要衝となる。尾張国丹羽郡や美濃国可児郡を流れるいくつもの川は盆地の入鹿村に流れ込み、本宮山と尾張富士の間から一本の五条川となって流れ出た。この自然の地形を利用したのが灌漑用の入鹿池で、楽田の北の羽黒は入鹿村への出入口である。

「楽田村青塚」から「大県神社」へ至る参道の延長線上、鳥居をくぐった先には朱塗りの柱が見え、「国狭槌尊の娘」を祀る「玉姫の宮」がある。この神社は本来はこの社殿が中心だった。参道は神社の手前で二手に分かれ、分岐道を南へ進むと、道はさらに南北に分かれ、北の道は今の「入鹿池」から可児市、中山道へと出た。それゆえ、入鹿村のもう一つの出入口は大県神社だった。南の分岐道をさらに南に進むと、道は東方「内津峠」へと抜けた。ここを通る街道は古くは、日本武尊が吾妻から熱田に帰る際通った古東山道で、近世には「善光寺街道・下街道」と呼ばれた中山道のバイパスである。一方、楽田・羽黒を通る木曾街道は、郷瀬川に沿い入鹿村の北側を善師野・土田に通う。木曾川に面した兼山には信清側の城があった。今われわれが問題とするA・B二文書が、永禄七（一五六四）年に同じ信清により同時に発布されたと仮定すると、特にB第一条で「当手軍勢・甲乙人等、濫妨・狼藉・陣取・放火之事」を問題としているので、信清の軍隊はこの「内津峠」への道を移動したことになる。

今の羽黒は「明治村」の入口である。現在の五条川は、郷瀬川・新郷瀬川・合瀬川などで木曾川と結ばれるが、これは入鹿池から引いた灌漑用水のお陰で、本来水系としては無関係と思われる。五条川は岩倉の近くを流れ、下津で青木川と合流し、清須を経て伊勢湾に注いだ。一方、木曾川は飛騨川との合流地点から犬山の手前、郷瀬川との合流地点までが「日本ライン」で、犬山を越えると「木曾八筋の分流」で、扇状地と三角州を形成する。「木曾八筋の分流」とはいっても、近世の大土木工事「御囲堤」で、木曾川の水が尾張国内に流れ込まなくなり、その後灌漑用水として、新たに「宮田・木津用水」が引かれたため、近世以前の在り方の想定は難しい。ともあれ、青木川も三宅川も黒田川もかつては木曾川の支流だった。濃尾平野の内陸水上交通を考えると、犬山は「木曾八筋の分流」の扇の要に当たり、その北には東山道が通い、犬山は信濃と京都を結ぶ交通の要衝で、都市的な場だった。

つまり織田信清は、尾張国内の水陸交通の要衝の地「犬山」を根拠地とし、木曾川の支流、黒田川と岐阜街道との交差点「黒田」にも支城を持っていた。当然この水路は、美濃の斎藤龍興とも繋がっていた。一方、木曾街道の西には小牧山城があり、ここから北方の犬山城へ向かい直線を引き、その中間地点で五条川との交差地点の「於久地（＝小口）」にも、信清はもう一つの支城を持っていた。五条川が信長・信清両者の軍事境界線だった。後述するように、『甫庵太閤記』(18)では、信長は永禄三、四年（一五六〇、六一）の頃、馬に乗り犬山城近辺を「焼働」したとある。楽田・羽黒を中心とした木曾街道・稲置街道周辺やその西側一面が、戦国期には馬での焼討ちの対象となる原野や畑地だったとすれば、山々に囲まれた「隠れ里」のような世界が、この文書の名宛人である「二之宮」の「野田社家百姓中」や入鹿村の世界となる。制札Aは楽田の四つ辻より、むしろ神社の鳥居前に掲げられたと思われる。

大県神社社領の荘園化については、小嶋鉦作の研究(19)がある。小嶋によれば、同社の大宮司は源平の抗争時代、巧みに源平両氏に接触して友好関係を結び、治承四年いち早く関東に下り、源氏のために忠勤を尽くしていた。頼朝はその功に対して所領を安堵し、御家人の列に加わらせた。その後政子によって九条家に寄せられ、大宮司が在地領主で、九条家が本家職という体制は、戦国末期、荘園制度の全面的崩壊の時期まで存続した、という。『愛知県史(20)』には「九条殿御家領之内目録事」を収録しているが、この「目録」は応仁・文明の乱以降もここが九条家所領だとの主張であろう。また定書Aの「百姓中」は、「地下請」や「自検断」を行なう自治村落を示している。それゆえ、永禄六年(一五六三)に信長が小牧山に築城し、犬山城の信清と対立した時、二宮側は守護不入を主張し、両者に対して局外中立を主張したと思われる。そうした主張は、二宮のこの自然環境によっても補強されたであろう。

信長と信清

両者の戦場となった地点を地図上に辿ると、楽田・羽黒・小口・犬山・兼山等々と、いずれも木曽街道・稲置街道上で、「大県神社」や入鹿村は空白となる。これは、二宮が自検断の村「自力の村(21)」として、入鹿村と共に、信長軍の侵入を阻止したからだろう。二宮は外界の戦いを後目に、独自な世界を築いていた。しかしここにも信長・信清の対立は持ち込まれ、守護による一国平均の役＝「反銭・棟別銭」の賦課が及んだ。それへの対応が、この文書の基本性格を形作っている。定書A第一条の「新儀諸役」とは、守護役としての「反銭・棟別銭」が「諸役」で、〈それ以外の新儀の諸役は〉の意味だろう。定書第二条では「借銭借米」が問題だが、債権者・銭主は犬山側で、自治村落の二宮側は債務者・借主と思われる。第三条の「郷質」「理不尽使」も、「地下請」「自検断」の村として、この世界の独立性と深く関わっている。今われわれが問題とする定書Aと関係する「信長の犬山攻め」、小牧山勢力と犬山勢力の戦いは、二〇年後の天正十二年（一五八四）に再現された。「小牧・長久手の戦い」がそれである。犬山城を落城させた秀吉軍が楽田に陣取り、家康・信雄は小牧山に陣を張り、対峙した。このことは犬山・楽田・小牧山が濃尾平野に対して持つ地政学上の重要さを示している。

信長と信清は従兄弟である。信秀・信長親子が勝幡から東方の愛知郡方面に発展したのに対し、信康・信清親子は木曾川を遡り犬山・兼山方面に発展し、信清は犬山に根拠地を据えた。信長と美濃の斎藤道三が聖徳寺で会見したことから、聖徳寺のある刈安賀の辺りが織田弾正家と美濃斎藤氏の勢力均衡する中立地帯とすると、尾張上四郡を支配した岩倉城の守護代織田信安や犬山城の信清は、美濃斎藤氏と信長の勢力均衡する中立地帯にいたことになる。永禄元年（一五五八）に岩倉の織田信安は美濃の斎藤義龍と結び、信長に敵対したので、信長と信清は共同して信安と戦った。信長・信清の連合軍は「浮野（現一宮市）合戦」[22]で勝利した。しかしその後両者は、信安の遺産相続をめぐり対立した。信清は立場を変え、信安の子信賢を匿った。その最大の理由は、二宮と接する「入鹿・羽黒・今枝」が室町幕府の料所[23]として、本来守護、守護代の支配下にあったからだろう。

信長は桶狭間の戦いで今川義元を破り、尾張統一に向け動き始めた。一方信清は、美濃の斎藤氏を頼り、信長と対立した。『信長記』[24]によると、信清の弟、織田勘解由左衛門広良は信長に従い、墨俣城と並ぶ美濃「九条の要害」を守ったが、永禄五年（一五六二）軽海合戦で討死にとある。信長に対して兄弟間で対立したのである。織田広良は永禄四（一五六一）年三月に、葉栗郡（現一宮市木曾川町）の剣光寺・黒田明神・法光寺白山宮の三寺社に、それぞれ五カ条の禁制を発給した[25]。ここは犬山の家老、和田新介の守る「黒田城」に近く、この辺りが彼の根拠地なのだろう。信長の尾張統一・美濃攻め、天下統一という大きな物語の中で、信長・信清の戦いは見えなくなっているが、それなりの意味はあった。犬山に守護代がいる以上、上四郡の領主たちは犬山に従うのが筋で、一方信長は、永禄四年（一五六一）に尾張の守護斯波義銀の追放後、尾張一国の統一や尾張の実質的な支配を正当化すべく、将軍足利義輝や正親町天皇に近づいた。

ここに、下剋上する信長と、筋目を重んずる信清という対立が成立した。前述したように、われわれはすでに歴史の結果を知っており、信長が尾張を統一したこと、美濃を併合し天下統一に向かい突き進んだことを知っている。さらに重大なことは、残された記録のすべてが、勝者信長の下剋上を正当化していることである。敗者信清の言い分は、何一つ記録には残っていない。しかし信長と信清の両者が、ほぼ互角に渡り合った時代もあったはずである。信清が頼った斎藤氏では、弘治二年（一五五六）に父道三を敗死させた義龍が永禄元年（一五五八）に治部大輔、翌年に相伴衆に列せられたが、永禄四年（一五六一）に病死した。斎藤氏の家督は龍興に代わるが、龍興の母は浅井久政の娘で、斎藤氏は東山道を介し近江の浅井氏と同盟関係にあった。また木曽川下流の長島願証寺とは、共に信長と敵対していた。一方信長は、永禄五年に清須会議で家康と同盟し、永禄六年（一五六三）には「お市の方」を浅井長政に嫁がせ、浅井氏との同盟関係を構築し、斎藤氏を逆に包囲した。

『甫庵太閤記』[26]には、永禄元年（一五五八）九月朔日、秀吉は信長に直訴して仕え、その後「一両年」後、「或時同国犬山城之近辺焼働として、信長公未明に打出給ふに、馬に乗りいさめる者有。誰ぞと宣へば、木下藤吉郎秀吉とぞ名乗りける」とあるので、永禄元年「浮野の戦」後の永禄三年、四年（一五六〇、六一）頃、信長・信清両者が軍事的に対立し、信長は犬山近辺を焼討ちしたことが知られる。このことは次の(イ)・(ロ)・(ハ)三史料からも確かめられる。

(イ)三重県・神宮文庫「古文書集」にある次の佐久間信盛の判物の写し[27]（これをDとする）。

［D］　犬山《（丹羽郡）》・楽田《（丹羽郡）》存分於申付候ハ、末代三十六貫以領中可進置者也、仍如件、

永禄参
十月廿四日　　　　　佐久間半羽介
　　　　　　　　　　信盛御書判
福井弥七郎殿
御宿所

当時の佐久間信盛の課題は「犬山・楽田」の征服だった。福井弥七郎は伊勢神宮の御師だろう。佐久間信盛と伊勢の御師の関係は、桶狭間の戦い後の判物(28)からも知ることができる。

(ロ)『信長公記(29)』の次の二記録。第一は、翌永禄四年（一五六一）六月下旬の信長の「小口城」攻めの「お久地惣構へ破りの事」である。なお「お久地」＝小口である。「一、六月下旬於久地《おくじ》へ御手遣はし、御小姓衆先懸にて、惣構へをもみ破り、推し入つて、散〳〵に数刻相戦ひ、十人計り手負ひこれあり。上総介殿御若衆にまいられ候。若室長門かうかみをつかれて討死なり。隠れなき器用の仁なり。信長御惜しみ大方ならず」とある。第二は、年不詳の「犬山両おとな御忠節の事」である。「一、或る時犬山の家老　和田新介　是れは黒田の城主なり。中島豊後守、是れはお久地の城主なり。此の両人御忠節として、丹羽五郎左衛門を以て申し上げ、引き入れ、生か城《はだかじろ》になし、四方鹿垣《ししがき》二重三重、丈夫に結ひまはし、犬山取り籠め、丹羽五郎左衛門警固にて候なり」とある。この「黒田」は、現在の一宮市木曾川町にあり、木曾川の支流黒田川に接し、清須・一宮と笠松・加納・岐阜とを結ぶ交通の要衝である。和田と中島の調略は丹羽秀長によるが、想定される信清の勢力圏に接して、犬山と黒田を結ぶ木曾川流域の美濃松倉城（現在の岐阜県各務原市川島松倉町）の坪内利定を、美濃の斎藤氏から寝返らせたのは秀吉である。坪内利定に対する添状が、現在発見される秀吉文書の最初で、秀吉はこのころから確実な史料上に登場する。

(ハ)『道家祖看記(30)』。これは永禄七年（一五六四）に内裏御倉職立入宗継が正親町天皇の勅使として尾張にやってきたときの記録で、次のようにある。「霜月〔十二月カ〕朔日かる〴〵と岩倉へ足軽をかけられ、何時もの如く、岩倉よりも足軽を出し申し、先手五人衆足軽、弱々とかけ申すを見て、勝つにのつれ（ママ）、岩倉より城を打捨て出でらる。信長御覧じ、脇道より岩倉へ、無体に乗込み申され候。先手の五人衆、我れ劣らじと先手を押立《おつた》て、信長と一所になる。岩倉殿は高城なり。御詫事申され、其の日、夜に入り候て、犬山〔織田十郎左衛門尉信清居城〕へ遁れ候。於久地、羽黒、楽田、御詫事降参申し、前々如く立て置かれ、信長二日三日岩倉の城に御座候て、悉く破却の御奉行仰せらる。犬山一城取籠め置かれ候て、同四日に清須へ御帰り御満足なり」と。

この記録は永禄七年（一五六四）の記録に続く。ここから、最初の「霜月朔日」は永禄七年十二月一日のことと思われる。それゆえ一見すると、それから四日間の短期間の記録とも思われるが、この記録の後に「其の年は余日御座なき故、清須にて御年を取り、正月末より小真木山御普請仰せられ、春中に小真木へ御移り、犬山開け進上申す間、池田勝三郎に仰せらる」とある。小牧山への移動を永禄六年（一五六三）とすると、永禄七年でなく、永禄五年の記録となる。現在の通説では、岩倉城の落城は永禄二年（一五五九）という。それゆえ、岩倉の守護代が犬山に逃れたのが永禄二年とすると、Dにあるように、永禄三年（一五六〇）には信長の「田楽・犬山攻め」が始まり、信清側も黒田・小口の支城で対抗する体制を築いたと思われる。『信長公記』の黒田・小口の調略はその後の出来事だろう。『道家祖看記』には「於久地、羽黒、楽田、御詫事降参申し」とあり、〈城割がなされた〉とあるが、これは黒田・小口の調略と対応しよう。

ここにある「小口・羽黒・楽田」の政治的な帰趨が、二宮の上級領主権の変化と関係し、二宮の領主権は織田信賢→織田信清→信長へと変化したと思われる。特に『信長公記』にある黒田・小口調略の際、二宮も信清から信長へと変化したと思われる。この変化の前に定書Aが出されたのだろう。もちろん一旦「小口・羽黒・楽田」等は信長に従ったが、その後犬山の信清・信賢側に再び寝返ったと考えることも可能だが、現在のところ、考察する史料がない。『信長公記』と『道家祖看記』は共に、信長が犬山城を取り囲んだことを強調するが、信清が最初から最後まで籠城していたとするのはいかにも不自然で、信清が攻勢に出て、定書Aや定光寺宛て制札Bを発布する事態も充分にありえたと思う。信長側が守勢に立ったコンプレックスが、このような「犬山城取り籠め」の強調となったのではあるまいか。ともあれ、信長と信清が互角に渡り合った可能性は否定できないと思う。

しかし犬山落城寸前は、『信長公記』のとおり「四方鹿垣二重三重、丈夫に結ひまわし、犬山取り籠め」の状態だった。『信長公記』にあるように、信長は犬山城攻撃に先立ち、清須から小牧山城に根拠地を移し、小口・黒田の両支城を調略し、味方に付けた。永禄八年（一五六五）の犬山城の落城は、永禄三年、四年（一五六〇、六一）以来の軍事対立の総決算で、信長はこれで文字どおり尾張統一を果たした。以上から、信清権力の経済的な基盤は室町幕府料所の「入鹿・羽黒・今枝」で、これと隣接する二の宮は、料所支配と密接に関わっていたこととなろう。この料所をめぐる対立が信長・信清の根本的な対立だと思われる。一方信清は、犬山落城後は甲斐の武田氏に身を寄せた。また永禄八年（一五六五）十一月に信長は、美濃苗木の城主遠山友勝の娘で信長の姪を養女とし、武田勝頼に嫁入りさせ、甲尾同盟が成立した。犬山は東山道を介して信州や甲州と繋がり、犬山の支配は東山道の支配とも関連したのである。前述した直江宛て信長書簡には犬山落城と同時に木曾川上流の兼山城も落城とある。その後信長は、木曾川を渡り、東美濃の鵜沼・猿喰から堂洞城へと軍を進めた。以上は犬山の持つ戦略上の価値の高さを示していよう。

信長と二宮

犬山落城後の永禄八年（一五六五）九月、信長は現犬山市善師野の継鹿尾《つがお》寂光院に寺領安堵・諸役免許の判物を出したが、㈢[31]によれば、この時の花押が「和平一統の願いという政治理念をこめた」[32]「麒麟」花押の初出という。また翌永禄九年（一五六六）八月に、信長は新たに征服した土地の犬山と黒田の中間地点の現江南市に、信清から信長への「代替わり」の徳政令を発給した。[33]以上は、犬山攻めの政治的影響力の大きさを示している。以上から、定書Aは犬山落城以前に、おそらくは信清によって発布されたこととなる。一方横山住雄によれば、同時期に同一人物により、瀬戸市定光寺宛てに永禄七年（一五六四）十月日付け禁制Bが出されたとある。制札Bは㈠・㈢では信長のものとあるが、花押から信清と考えられよう。

次に五カ条の禁制Bを分析したい。これを理解するために、尾張の守護・斯波義統が尾張一宮の妙興寺に宛てた禁制[34]（これをEとする）を比較のために掲げたい。

［E］　　　禁制　　　（尾張）妙興寺

一当手軍勢甲乙人等、濫妨狼藉、陳〔陣〕取、放火之事
一於二境内一殺生、況伐二採山林竹木一事
一寺領名主百姓、号二他被官一、年貢、諸公事等令二無沙汰一事
一祠堂米、寄進田地徳政并俵物相留事
一於二方丈并諸寮舎一要脚事
右條々、当寺依レ為二古跡霊地一、課役等末代令二免許一畢、縦前後制札雖レ為レ弃二破之一、不レ混二余寺一不レ可レ有二
相違一者也、仍下知如レ件

天文十三年九月　日　　左兵衛左（斯波義統）
御判

第三条を除き、両者はよく似ており、同じ右筆の手によるとさえ思われる。しかし一般に制札・禁制は寺院側の要望で発給されるので、文案は妙興寺の禁制を意識した定光寺側にあったとすれば、文言の近似は当然となる。奥野はこの文書Bに対し「永禄七年は信長にとっても大きな比重をもっている。美濃方面に対する作戦は八月に終結し、九月二十八日に宮廷からの勅使を迎えた。そして十月の禁制は、伊勢国に対する作戦を示すものであろう」[35]とした。禁制B第一条には「当手軍勢甲乙人等、濫妨狼藉、陣取、放火之事」、第二条には「於境内殺生、況伐採山林竹木事」とあり、これらは明らかに軍隊の移動・駐屯が前提である。東美濃の国境近くの作戦と関係するなら禁制の意味は明快だが、伊勢国への作戦に際しての禁制では、説明は不自然である。それゆえこの制札の発給者は信清で、彼は、黒田・小口の両城を失う以前の一時期、「内津峠」以東に強い影響力を及ぼしていたと思われる。

信長が清須から小牧に本拠を移す際、彼の政治的手腕を示すエピソードとして『信長公記（首巻）』[36]には次のようにある。「上総介信長奇特なる御巧みこれあり。清洲と云ふ所は国中、真中にて、富貴の地なり。或る時、御内衆悉

く召し列ねられ、山中・高山、二の宮山へ御あがりなされ、此の山にて御要害仰せ付けられ候はんと上意にて、皆々、家宅引き越し候へと御諚候て、爰《ここ》の嶺、かしこの谷合を、誰々こしらへ候へと、御屋敷下され、其の日御帰り、又、急ぎ御出であつて、弥《いよいよ》、右の趣御諚候。此の山中へ清洲の家宅引き越すべき事、難儀の仕合せなりと、上下迷惑大形ならず。左候ところ、後に小牧山へ御越し候はんと仰せ出だされ候。小真木山へは、ふもとまで川つゞきにて、資財雑具取り候に自由の地にて候なり。噇《どう》と悦んで罷り越し候ひしなり。是れも始めより仰せ出だされ候はゞ、爰も迷惑同前たるべし。小真木山、並びに、御敵城お久地と申し候て、廿町計り隔てこれある御要害、ひた〳〵と出来《しゅったい》候を、見申し候て、御城下の事に候へば、拘《かか》へ難く存知、渡し進上候て、御敵城犬山へ一城に楯籠もり候なり」と。

この「二の宮山」を「本宮山」とすると、この記事から、信長は永禄六年（一五六三）段階で「本宮山」を支配下に置いたことになる。しかしこの記録の主眼は、信長の「奇特なる御巧み」にあり、「二の宮山」は交通不便な「山中高山」であればどこでもよく、「本宮山の二宮」が信長の支配下にあったか否かを直接問題としていない。また、「本宮山」の東南方向の「尾張部神社」[37]には、次のような伝統行事「総詣り」がある。「瀬戸市水野、春日井市方面、長久手町など東谷山山麓近くの村民たちは、田植えのあと「総詣り」と称して、東谷山へ登り、飲食を共にしたあと山頂の檜の枝を持ち帰り、村の入り口の道の両側へ立てたり、各家の戸口に挿して魔除けとする」と。「本宮山」でも、同様な伝統行事の「御山詣り」が行なわれ、それにかこつけて、信長が登山をしたとも考えられる。

宗教行事だから、「大県神社」やその奥の院の「本宮山」全体が、神社の境内、聖域・アジールとして敵味方の対立から離れ、超然としていたと思われる。「本宮山」への「御山詣り」の記録と小牧山築城の記録が混同されたとすれば、『信長公記（首巻）』の記録から、当時信長が「大県神社」を支配下に置いたとの断定は困難だろう。以上から、『信長公記（首巻）』を信ずるなら、〈この定書Aは信長のもの〉となるが、『信長公記』に対して、多少の疑念を抱くことは許されよう。他方、花押を考慮に入れると、〈この定書Aは信清の発給〉と考えられる。以上から、ここでは〈定書Aの発給者は信清〉との仮説に立ち議論を進めてゆきたい。

三　安堵状か徳政令か

われわれが問題とする文書Aは、全体として何を目的とした文書なのかを、語句の内部構造を中心に分析しよう。

安堵状か

まず最初、文書Aと信重折紙Cに共通する項目中で、第一条の「新儀諸役」と第三条後半の「理不尽使入るべからず」の二つを取り上げたい。そのため、これら二つを持つ文書を信長文書中に探し、それらとの比較を試みたい。文書Aの発給者を信清としたのに、信長文書との比較を行なうことに疑問を持つかも知れないが、現在までのところ、信清文書はこのA・B両文書以外は未発見で、同じ尾張国という地域性、同時代性を考慮に入れると、この比較は許されよう。「新儀諸役」と「理不尽使不可入」の二つの語句を持つ信長文書には、次の㈠・㈡・㈢・㈣の四文書がある。

㈠　永禄六年十二月、「熱田亀井覚阿弥」宛て「買徳地安堵状(38)」の折紙。
「其方諸買徳〔得〕田畠・屋敷以下、仮雖為何之闕所地類、令免許上者、於末代不可〔有脱〕相違、次引得之内弟子譲之事、右任判形、新儀諸役、理不尽使不可入者也、仍牒〔状〕如件」。

㈡　永禄九年十一月、「服部小藤太殿　宝桑村」宛て「織田信長判物写(39)」の折紙。
「新儀諸役并理不尽之使不可入之、雇夫、大蔵棟別外諸棟別令免許上、不可有相違者也、仍状如件」。

㈢　摂州西宮宛て禁制(40)。

㈣　摂州湯山宛て禁制写(41)。㈢㈣は共に天正八年三月の朱印状で、「禁制」の下の宛所と一カ所違うのみで、ほぼ同文。
「一、軍勢・甲乙人等、乱妨・狼藉事、／一、新儀課役事、／一、理不尽入譴責使事、／右如先規令停止訖、若於違犯之輩者（㈢は「若有違背之族者」）、速可被処厳科者也、仍下知如件」。

これら四文書の「新儀諸役」「理不尽使」の語句は、〈新たな諸役賦課の禁止〉、〈譴責使・催促使の入部禁止〉の意味で、四文書はすべて信長の〈所領安堵状〉である。一方、二宮は九条家領だったので、守護使不入の特権を持ち、「使入部禁止」は当然だった。それゆえ、文書A・C第一条の「新儀諸役・免許」、第三条の「理不尽使不可入」は、二宮の所領安堵を目的としたもので、文書受給者側の要求に基づいた既成秩序の安堵・再確認となる。特に文書C第二条には、「社頭・社家、従前々在来可為如法意事」とある。これは二宮の「社頭・社家」に対し〈これまでの在り方を継承する〉と謳ったものである。それゆえC第二条は、文書Cが〈安堵状〉だとの再確認を強く主張している。ここから〈文書Aも所領安堵状〉となるだろうか。次にこれまで取り上げなかった文書A第二条の「借銭・借米不可返弁」と第三条の「郷質不可取、理不尽使不可入」の語句を検討したい。

定書Aとほぼ同時期に出された信長文書で、「理不尽使不可入」の他に、この「借銭・借米」の文言のある「美濃丸毛不心斎」宛て「禁制」(42)（これをFとする）を取り上げ、定書Aと比較・考察を試みたい。

［F］

禁制　　　　　　　　多芸
　　　　　　　　　　丸毛不心斎

一　買得之田畑并年記(期)・当作・借銭・借米・質物等違乱事、
一　非分要脚等申懸事、
一　理不尽之使不可入事、
右条々不可有相違、然上者徳政等申事候共、令免許上、若此旨於違背之輩者、可加成敗者也、仍状如件、

永禄十年十一月日　(信長)(朱印)

F第二条「非分の要脚等を申し懸ける事」はA第一条の「新儀諸役」と重なり、文書Fと文書Aは共通点が多い。しかし定書A第二条は「借銭・借米」「返弁すべからず」とした〈徳政令〉なのに、Fは、文末の語句「徳政等申す

こと候とも、免許せしむる上は」から明らかなように、在地における「買得田畑」や「年期・当作・借銭・借米・質物」などの取り戻し要求を「違乱」とし、これらの徳政要求を禁止した〈所領安堵状〉である。この安堵状Fと定書Aの「借銭・借米返弁すべからず」とでは、徳政に対する対応が正反対である。それゆえ〈定書Aは安堵状Fと同一ではない〉。一方、定書Aの継承を謳った信重定書Cは明らかに安堵状で、第一条と第三条はそのまま継承したのに、第二条は継承していない。以上から、文書A第二条の「借銭・借米返済免除」項目は、文書Aを特徴付ける特異な存在で、文書A解明の鍵となろう。

徳政令か

文書Aの第三条前半の「郷質取るべからず」を考察したい。直接本人から債権取り立てができない場合、同郷の第三者を人質に取るのが「郷質」である。天正五年（一五七七）の織田信長洛中五条馬市場宛て定書(43)第三条には、「馬の代、或借銭・借米、或うりかけ・かいかけ雖在之、於此市、国しち・所しちとかうして違乱煩なすへからす」とあり、「借銭・借米」は「質取」に発展することが知られる。それゆえ、文書A第二条「借銭・借米」と第三条「郷質」は互いに内在的に関連し合っていた。一方、金森楽市令(44)第一条には、「①楽市楽座たる上ハ、諸役令免許畢、并②国質・郷質不可押□、付、③理不尽之催促使停止之事」とある。この「①、并②、付③」から、①・②は並列で、③は①・②の付則となる。この②・③の関係は、文書Aの第三条の前半と後半にも見られる。「郷質」取り立てに公権力が関係すると「催促使入部」となるので、「郷質」と「理不尽使」は互いに関連があったのである。それゆえ、Aの第二条と第三条とは相互に内在的に関連し合っていたことになる。

つまり第二条の「借銭・借米」を中核とすれば、第三条の「郷質」「理不尽使」は第二条からの派生物となる。先にわれわれは、第一条「新儀諸役」と第三条「理不尽使」から、この文書Aは〈安堵状〉である可能性を考えたが、以上第二条・第三条の分析からは、この文書が〈徳政令〉である可能性も生まれてくるのである。徳政令は一般に「借銭・借米」以外の多くの項目を含む[45]のに、文書Aは「借銭・借米」のみからなり、Aを〈徳政令〉とは断言できないが、〈徳政令の要素がある〉ことだけは明白である。「借銭・借米」をはじめとして、広く徳政令についての研究は、笠松宏至の業績以来、深化した分野だが、戦国期・近世初頭となると、始まったばかりで、この時期の信長領国内の徳政令や「借銭・借米」についての研究は乏しい。

次に、A文書の特徴をなす第二条の「借銭・借米返弁すべからず」を考察する。まず、この語句を「借銭・借米」と「返弁すべからず」に分ける。「借銭・借米」は、銭主・借主相互間の信用・信頼関係を背景にした債権・債務関係、社会関係の上に存在する。次いで「返弁すべからず」とは、この個人間の信頼関係、社会関係に第三者権力が介入し、債務破棄を命じることで、「返済免除」命令、「徳政令」である。中世では、この個人間の債権・債務関係を覆すことが「徳のある政治」の実現として、一般に承認され、債務破棄が命じられた。「徳政令」が支配者の代替わりや戦争、流星や日蝕などの天変地異等の際に出されたことが示すように、「徳政令」は日常的に積み上げられた社会関係を破壊し、一挙に理想世界を実現しようとする行為で、〈非日常性〉にこそ、その特徴がある。伝統主義の横溢する中世では、どんな臨時立法も前例化・日常化したが、「徳政令」はこのような伝統主義との対決を基本としていた。

前川裕一郎の研究[46]によれば、室町期の徳政令公布形式には「壁書」と「高札」の二つがあり、前者は公権力の判断が必要だが、後者は両当事者間で解決され、〈質物を昼間、女が取り戻しに行く〉ルールさえあったという。徳政令が「高札」形式で公布された場合は、掲示期間のみ有効な時限立法だった。この〈非日常性〉の特徴から、幕府権力による「徳政令」発布の形式をとりながら、実力で借書を破る「私徳政」が広く存在し、債務者側の「徳政」要求は「徳政一揆」という暴力的形態をとったのである。このことから、永続的な効力を問題とする売券や所領安堵状・買得安堵状などでは、たとえ「天下一同の徳政」があっても、これとは無関係だと明記することが通例となった。例えば、定光寺宛て定書Bでも「徳政」は禁止の対象だった。

次に信長の徳政令を考察したい[47]。「借銭」文言を含む信長文書には、天文二十二年（一五五三）の津島社禰宜九郎大夫宛て判物[48]や神主兵部小輔宛て判物[49]がある。これらは徳政令を踏まえた借書点検の結果、発給されたものである。「借銭・借米」文言のある文書には、前述の禁制Fの他、永禄九年（一五六六）の青山新七宛て徳政令[50]や天正三年（一五七五）の明智光秀徳政令[51]がある。両徳政令には「はくち銭・年期」条項がある。これらは前川裕一郎[52]の言う「壁書」形式のもので、ここでは信長権力による判断やその効果の永続性、分一銭の徴収[53]等々が考えられる。一方、「借銭・借米」文言のある永禄十年（一五六七）の岐阜上加納楽市場宛て定書[54]（これをGとする。第七章参照）と、元亀三年（一五七二）の金森楽市令[55]（これをHとする。第九章参照）は、文書Aと同様「高札」形式で公布された。

「高札」形式の徳政令では、銭主・借主の両当事者間で自主的に解決したとされるが、その前提には借主側が地下請け・自検断の自治村落を形成していた歴史がある。当時徳政に際し、惣が代表者となり、人々の借状を一括して預かり、複数の土倉と交渉する「惣借り[56]」が行なわれ、郷村内部の「徳政衆[57]」が在地徳政を決定した。永禄十一年（一五六八）の遠江井伊谷[58]では、今川氏と徳川氏の対立を背景に、祝田禰宜を中心とした祝田郷の人々が徳政を勝ち取った。それゆえ、定書Aも「二宮の百姓中」が「野田社家」を中心に結束し、「借銭・借米」の破棄を勝ち取ったものだろう。定書Aは自力の村・自治の村が、信清権力から実力で勝ち取ったものだから、「借銭・借米返弁すべからず」は、この制札が掲げられた期間だけ有効で、永続的効力はなく、信清権力による借書の点検もなく、この法令の恩恵を得ようと思う者は、その場で「百姓中」に申し出なければ、効力はすぐにもなくなったと思われる。

文書Aの書出には「定　二之宮　野田社家百性中」とあり、A第二条では「借銭・借米の破棄」を「二の宮」の住人に命じている。上加納楽市令G第一条の「借銭・借米・地子・諸役」の「免許」は、「地子」が都市住民宛て賦課だから、「借銭・借米の免許」も都市住民宛て免除命令だろう。金森楽市令H第三条[59]は住人宛ての「年貢の古未進や借銭借米」の破棄命令だろう。以上から、上加納・金森両楽市令G・HとAは共に時限立法で、これら三者の「借銭・借米」文言は同じ社会的な文脈上にあったこととなろう。

弓矢徳政

永禄十年（一五六七）の岐阜上加納の楽市場宛て信長定書G第一条と、元亀二年（一五七一）の信長の金森楽市令H第三条との比較の中で定書Aの「借銭・借米」を考察したい。Gには「当市場越居之者、分国往還不可有煩、并借銭・借米・地子・諸役令免許訖、雖為譜代相伝之者、不可有違乱之事」とあり、Hには「年貢之古未進并旧借米銭已下、不可納所之事」とある。両者共に売買・質入等の文言はなく、「借銭・借米」だけを問題としている。Gでは「借銭・借米」は「地子・諸役」と共に「免許」され、Hでは「旧借銭米」は「年貢の古未進」と一緒である。同様に、Aでは第一条「新儀諸役・門並」に続き、第二条に「借銭・借米」がある。Aの「新儀諸役・門並」の「免許」は、守護の課す一国平均の役としての「反銭・棟別銭」＝「諸役」を前提とし、〈それ以外のものと門並は免除する〉の意で、「門並」は「門並諸役」だろう。「新儀諸役・門並」も「諸役」も共に〈住民税〉である。それゆえGの「地子・諸役」「諸役」も、Hの「年貢之古未進」も共に守護役の「反銭・棟別銭」で、〈住民税〉である。

以上からA・G・Hの「借銭・借米」は、「反銭・棟別銭」の徴収と関係していることになる。当時守護役が未進になると、徴収に当たった代官は徴税請負人と化し、未進年貢は領主貸付米・銭、「借銭・借米」となった。Gに「年貢之古未進、并旧借米銭已下」とあるように、「年貢之古未進」は「借銭・借米」だった。それゆえ、A・G・Hの「借銭・借米」は、借金、貸借や、債権・債務関係一般ではなく、未進年貢に関わる特殊なものである。以上から、定書Aが問題とした事柄は、信清の未進年貢に関わる「借銭・借米」で、信清の領主貸付米・銭を徳政の対象とすることだった。こう考えると、Aの第二条と第一条は互いに守護役の「反銭・棟別銭」徴収に関連しているとなる。住民側は「反銭・棟別銭」については、従来どおりの課役負担を承認し、代わりに「新儀諸役」と「門並」の免除、さらには、「借銭・借米」の破棄、「徳政」をも要求し、領主側はこれを呑んだのである。

百姓中が惣として対決した相手は、領主信清や年貢の徴収を請負った代官たちで、「二之宮・野田社家百姓中」は彼らと交渉し、この制札を勝ち取ったのだから、Aの第二条は一般的な徳政令でなく「借銭・借米」のみの破棄だった。Aと同時期に、家康が三河に出した「徳政令」は、当時家康が三河の一向一揆[60]と対峙したことと関係がある。しかし、犬山周辺には一向一揆の記録はなく、政治的緊張はあっても、三河との共通性は見あたらない。それゆえ定書Aは、信清側が自力の村二宮に対し「弓矢徳政[61]」として軍事動員を要請した可能性もある。一方、後北条氏の「百姓還住令」では、戦火にあった農村の復興を課題とし、「借銭・借米」の免除、身引きされた人々の下人身分からの解放を条件に、還住を命じている。前述したように、信長は犬山近郊を焼働したが、それが二宮にまで及んだと仮定すると、定書Aは被災村落の救済目的の時限立法で、「弓矢徳政」の可能性も出てくる。ともあれ、文書Aを信清の発給と考える以上、これは「代替わりの徳政令」でなく、戦場の村二の宮に対する撫民政策で、藤木久志の言う「村の世直し[62]」原則が適応された「徳政令」となろう。

すでに述べたように、「借銭・借米」は「郷質」へと発展した。一方、第三条の「郷質」と「理不尽使」は債権の取り立てに関連し、債務者からの取り立てを禁止したものである。この場合の債務者は「二の宮　野田社家百姓中」の惣村で、債権者は犬山側だろう。それゆえ第二条の「借銭・借米」も「村の世直し」の際に見られた貸借関係と同様、未進年貢の破棄を中心とし、種籾の貸付を中心としたお城米は破棄の対象には入らなかったと思われる。一方、後北条氏が天正十三年（一五八五）に荻野の六斎市に宛てた楽市令[63]にも、「借銭・借米」の取り立てを禁じた項目があるが、これは市にやってきた一般人や外来商人を相手とした「市の平和令[64]」である。つまり、同じ「借銭・借米」の言葉が、東国の楽市令では「外来商人」に宛てた「市の平和令」に用いられ、尾張・美濃では「都市住民」宛ての「徳政令」に用いられている。両者共に楽市令とはいえ、社会的な文脈を異にしている。

ところで、A・G・H三者が同じ文脈上にあることから、信長は定書Aの影響下に、楽市令G・Hの「借銭・借米」条項を作成したと考えられる。一方、天正五年（一五七七）の安土楽市令第八条には「分国中徳政行なわれると雖も、当所中は免除の事[65]」とあり、一般の安堵状と同様、徳政は禁止されている。これは永禄三年（一五六〇）の富田林道場宛て安見美作守定書[66]第二条の「徳政不可行事」など寺内町特権との関連で考えるべきだろう。この原則は安土楽市令を〈母法〉とすると、その影響下にある〈娘法〉にも貫かれており、天正十五年（一五八七）の博多宛て秀吉定書(67)第七条にも「徳政之儀雖有之、当津可令免許事」とある。同じ信長の楽市令なのに、「高札」のG・Hでは「借銭・借米の破棄」が謳われ、「壁書」形式の安土楽市令では、徳政は禁止されている。一方、六斎市を対象とした後北条氏・今川氏・徳川氏など東国大名の発布した「高札」形式の楽市令には徳政令の要素は見当たらない。

それゆえ、「借銭・借米の破棄」条項を含む信長楽市令のG・Hは、楽市令全体の中では例外となろう。もちろん楽市令自身、畿内や西国には存在せず、寺内町との関連は指摘されているが、現在のところ、十分に解明されていない。戦国大名領国にはそれぞれ特有な政治文化があり、法律用語の使用にもそれぞれ特有な文脈があった。それゆえ信長楽市令分析のため、後北条氏楽市令との安易な比較は慎むべきだろう。一方、G・Hに対する通説的解釈は、脇田晴子(68)の〈旧領主の貸付けた米・銭に対する破棄〉命令で、G・Hは共に戦争直後の徳政令、戦争により疲弊した民衆への撫民政策で、「代替わりの徳政」「弓矢徳政」となる。文書Aも犬山落城後に信長が発給したのなら、「代替わり徳政令」で、問題はない。しかし文書Aの背後に、信長と信清との政治的・軍事的対立があり、その緊張の中で信清が発給した「弓矢徳政」なのである。

以上から、定書Aの「借銭・借米」条項は〈戦争に際し発布された「弓矢徳政」〉で、定書Aは全体として掲示期間のみ有効な時限立法で、信長楽市令のG・Hと近く〈楽市令〉と共通面を持つが、〈楽市令〉とは言えないこととなろう。しかし、A文書の継承を宣言したC文書は永続的効力を主張する安堵状であった。

四　制札の解釈

第一条――「新儀諸役・門並令免許事」

第一条分析のポイントは「新儀諸役」にある。「新儀」を問題とするのだから、「旧来からの」「恒例の」諸役があつたはずである。つまり「新儀諸役・門並」の「免許」とは、守護の課す「反銭・棟別銭」＝「諸役」の徴収が前提で、「門並」は「門並諸役」だろう。「新儀諸役」「門並」「諸役」はいずれも多義的で、何の意味か慎重でなければならないが、この場合はいずれも〈住民税〉で、「諸役」は、守護役としての一国平均の「反銭」「棟別銭」だろう。それゆえ文書表面上には登場しないが、信清と「二之宮・野田社家百姓中」間の交渉の中心テーマは、一国平均の役である「守護反銭」「棟別銭」、つまり「諸役」徴収にあり、それとの関係でこの項目が設定されたと考えられる。「免許」の意味を、これまで私が主張したように、両者間で交渉があり、信清が住民側の要求を承認した結果だとすると、住民側は従来どおりの「諸役」負担は承認したが、「新儀諸役」と「門並」は「免除」されたこととなり、「野田社家百姓中」は「地下請」の主体で、交渉の過程で「新儀諸役」と「門並」の「免除」を勝ち取ったこととなる。逆に言えば、信清側は「新儀諸役」「門並」は免許しても、ここで「反銭」「棟別銭」の納入を約束させたことが大切で、戦時下で収入をとりあえず確保したのである。信清と二宮との交渉はすべてこれに関係すると思われる。

第二条――「借銭・借米不可返弁事」

阿部浩一が明らかにしたように、[69]「反銭」「棟別銭」の収納には「蔵」が関わり、「蔵」に集められた銭を元手に大名は貸付を行なった。「金森楽市令」H第三条に「年貢の古未進ならびに旧借米銭已下、納所すべからざるの事」とあるが、当時一般に「年貢之古未進」は「借銭・借米」に数えられた。それゆえ、ここで言う「借銭・借米」は、未進年貢に関わる領主貸付米・銭である。ここから第一条と第二条の「借銭・借米」条項は内的に強く結びついている。住民側は従来どおりの課役負担を認める条件に、「新儀諸役」と「門並」の他、領主貸付による「借銭・借米」の破棄、徳政を要求し、領主側はこれを呑んだ。今年度分の「諸役」の納入に大きなウェイトが置かれたため、多くの譲歩がなされたのである。この徳政は、住民にとっては経済的負担の軽減だった。住民側は債権破棄を勝ち取り、領主側は犬山の銭主・債権者の犠牲において、領民に対する撫民政策を貫徹した。

第三条――「郷質不可取之、理不尽使不可入事」

第三条の「理不尽使」項目は、所領安堵状によく出てくる。「郷質」を二宮住人宛てで、第二条の「借銭・借米」が対象だと仮定すると、二宮の住人の債務はすでに帳消しなのだから、返済を要求されたり、質取の対象にはならなかったはずで、この第三条は、債務無効を命じた第二条を言い直したものとなる。このように第三条の背後に、第二条との関連は想定できるが、一般的な貸借関係をも含んでいたか否かが問題である。しかし第一条、第二条が共に、狭く信清と二宮の関係のみを問題としていたのに、第三条で新たに第三者をも問題にしたとするのは不自然である。借金一般とした場合、二宮の住人には大きな特権が認められたことにはなるが、それではこの特権を保証する検断権の問題がうまく説明できない。それゆえ第三条もまた、領主貸付米・銭のみを問題とした項目で、第二条と重複した法令で、第二条を一層緻密化した補足と考えるのが自然だろう。

五　むすび

この文書Aは信清と信長との軍事的対立を背景とし、おそらく信清により出されたものだろう。この文書の書き留めには「仍って下知件の如し」とある。下知状だから、「高札・制札」として、人々への周知を目的とし、人々の目に付きやすい、二宮の鳥居前の高札場などに掲げられたと思われる。書き出しには「定　二之宮　野田社家百性中」とあり、この文書は「二宮」の「野田社家百姓中」が対象だった。信清は「野田社家百姓中」に対し三カ条の命令を定め、命令違犯者に対しては「厳科処すべき者也」と宣言した。三カ条の違犯者が、(i)信清側の人物か、(ii)二の宮側か、(iii)第三者か、(iv)以上の複数を含むか、で、この下知状の性格は大きく変わる。(i)の場合は、二の宮側への特別な保護の約束、(ii)は二宮側が守るべき規則・法令、(iii)は信清側の力が第三者にまで及ぶことの誇示で、第三者からの二宮保護を謳ったものとなる。(iv)はもっと複雑である。

第一条の「免許」は住民側要求に対する信清の承認の意味で、住民側は「新儀諸役」と「門並」の支払いを「免除」された。それゆえ「新儀諸役・門並、令免許事」の違犯者は信清側の徴税吏だった。第二条に「借銭・借米不可返弁」とあり、住民側は返さなくてもよいのが特権で、違犯者は返済を要求する信清側蔵元だろう。第三条に「郷質不可取之、理不尽使不可入事」とあるが、「理不尽使」は信清側役人で、「郷質」を取るのも信清側蔵元だろう。つまりこの定書は、信清側の権利の行使を抑え、二宮側に特別な保護を約束した(i)のケースとなる。信清は「野田社家百姓中」側の権利を認めた点では、相手側に譲歩したが、当然この制札には「制札銭」の支払い[70]が伴ったので、譲歩は収入と見合っていた。文書発布の背後には、信清側の切羽詰まった事情があり、信清側は一銭でも多くの臨時収入の獲得を目指し、二宮側は恒常的な課役軽減を求め、互いにしのぎを削ったのである。

制札の発布者信清は臨戦体制下の領主として、戦時の軍事費を賄うため、さまざまな形での増税を試みたが、逆に二宮側は、信長・信清の対立に関しては局外中立を守り、さまざまな条件を出して自己に有利な状態を作り出そうとした。文書表面には登場しないが、住民側がこれまでどおりの「諸役」負担を承認したことが、信清の最大の収穫だった。それゆえ定書Aは、信清の支配の貫徹を示す文書で、他方、「野田社家百姓中」側には、領主より勝ち取った権利書だった。一般に支配の貫徹には、相手側の同意・参加が必要である。この場合の信清の支配も、相手側の賛同を引き出しつつ行なわれた。一方信長は、「犬山攻め」で信清との対立を克服し、文字どおり尾張を統一し、時を移さず美濃征服を成し遂げた。信長は、信清との戦いを経過して、民衆掌握としての「借銭・借米」「徳政令」を自己の政策中に取り入れることとなった。それだけ、信清と二の宮側との強固な結びつきに信長は手を焼いたのだろう。

第六章　富士大宮楽市令——今川権力の排除

一　史料と研究史

富士大宮楽市令として、有名な今川朱印状がある。今川氏真が永禄九年（一五六六）富士大宮の富士兵部少輔に宛てた折紙（これをAとする）で、「旧大宮司富士家文書」として伝来する。文書右肩には「如律令」の今川朱印が押されている。折紙の本文、事実書き部分は全部で八五文字、一一行で、一行には六〜九字が記されている。この史料を紹介した『静岡県史料　第二輯　駿州古文書』[1]は、行替えの段落（引用では省略）と共に、句点を次のように付けた。

［A］　（「如律令」朱印）

（朱印）
富士大宮毎月六度市之事。押買狼藉非分等有レ之旨申條。自今已後之儀者。一圓停二止諸役一為二楽市一可レ申二付之一。并神田橋関之事。為二新役一之間。是又可レ令レ停二止其役一。若於二違背之輩一者急度注進之上。可レ加二下知一者也。仍如レ件。

永禄九年丙寅
四月三日

富士（信忠）兵部少輔殿

折紙なので、「永禄九年」の年号は異筆で、後に書き加えられた。研究文献には豊田武(2)、佐々木銀弥(3)、久保田昌希(4)の三者がある。次に掲げる。

[豊田説]　永禄九年、今川氏が楽市条令を出したこの大宮は、紛れもなく浅間神社の門前町であり、この意味からいえば、城下町でないが、この地には武田氏に対する備えとしての大宮城が築かれている。武田氏と今川氏との関係の悪化した永禄九年、この地の六斎市が楽市となったのも城下興隆の意味を有するのではなかろうか。しかしまたこの地が駿甲の国境に近い街道の要地にあたることを思えば、その地に楽市が施行され、同時にこの町の入口神田橋の関所が撤廃されたのは、甲州領内の商人を自領に呼び寄せ、以て領内の富強をはからんとする武田氏との対抗上の意味もあったのではなかろうか。

永禄九年の政治史理解がこれでよいか。「神田橋の関所」の位置が門前町の入口に当たるとあるのも問題である。

[佐々木説]　この楽市令が発布された永禄九年のころは、かねてからの上洛の宿願を果たすため進撃に移った今川義元が例の桶狭間の合戦で敗死し、その跡を子の氏真が継いだが、長年友好関係にあった甲斐の武田氏との間は急速に冷却していた時代であった。そのため浅間神社の門前町であった富士大宮の市は、武田の進撃を阻むべくきずかれた大宮城の城下町、甲州に通じる軍事的要衝の地として、にわかにその軍事的重要性がクローズアップされていた。／戦略的・経済的に重要な富士大宮市のより一層の発展振興策として六斎市の治安維持とならんで商人に対する諸役賦課、さらには神田橋の関銭徴収も新役とみなしてともに停止したものであることは、すでに豊田武氏の指摘された通りであると思う。

大宮城が富士大宮を武田氏より防衛すべく築かれたか否か問題である。次節「歴史の舞台」でこれらに対する批判を試みるが、結論を先に言うと、二人の議論は現地を無視した観念論である。

[久保田説]　楽市化を通して、富士氏に対する今川氏の政治的優位性が確認され、おそらく富士大宮が楽市化することにより、今川氏権力が当地に貫徹していった、と考えられよう。

三人はいずれも戦国大名今川氏の城下町政策としたが、この点が問題である。この文書を読む上で最大の問題点は、「停止諸役」「停止其役」の部分である。『静岡県史料』は上に引いたように句点を付け、名詞「諸役」や「其役」が、動詞「停止」にかかる言葉としたにもかかわらず、「諸役一圓停止」「是又其役可令停止」の意味として読み、「動詞」+「目的語」という、英語にも似た漢文調の語順としたのである。しかし日本語の語順では、「諸役」や「其役」が「停止」にかかる場合は、「目的語」+「動詞」が一般的である。和風漢文でも、この語順に従うことが多い。このことと関連してか、または行替えに重点を置いたからか、佐藤進一・百瀬今朝雄編『中世法制史料集　第五巻　武家家法III』では、「今川氏富士大宮市・関定書」(5)として、上記文書後半の「其役」を次のように読んでいる。

　富士大宮毎月六度市之事、押買狼藉非分等有レ之旨申条、自今已後之儀者、一圓停二止諸役一、為二楽市一可レ申二付之一、并神田橋関之事、為二新役一之間、是又可レ令二停止一、其役若於二違背之輩一者、急度注進之上、可レ加二下知一者也、仍如レ件、

もし以上の読みが可能なら、当然、前半の「諸役」も、「自今已後之儀者一圓停止。諸役為楽市可申付之」と読めないか、との疑問が出てくる。この「一圓停止」の「一圓」は、「押買狼藉非分等」という「市場検断権に係わるさまざまな問題」を承け、「これらすべては」の意味で、これで前後の文意は通り、問題はない。しかし問題なのは、「諸役為楽市可申付之」では、楽市とは「無税の場」であるとの通説的理解が否定され、「楽市楽座」をめぐる議論への新しい可能性、新しい楽市像成立の芽が存在することになると思われる点である。しかし、今川氏発給文書をいくつも読む(6)と、「停止」に限っては、この場合と同様、「動詞」+「目的語」という事例が数多く存在し、「停止諸役」は今川氏の右筆の〈書き癖〉と理解できる。それゆえ、楽市論の新展開は残念ながら期待できない。しかし、この部分の読みが通説どおりでよいとしても、さらに厄介な問題がある。

それは「富士大宮毎月六度市」での「押買狼藉非分等」の事実と、「諸役」が「一圓停止」された「楽市」の内的関連は何か、〈そもそも「楽市」とは何か〉である。富士宮市の観光案内をインターネットで調べると、「神田市神社」

は「祠の中に自然石を祭った神社で、市神さんと呼ばれる商いの神様です。今川氏の時代には、すでに浅間神社の門前と思われる地で月六回開く六斎市が開かれていたようです」とあり、続けて「永禄九年四月三日、今川氏が浅間神社大宮司家の富士兵部少輔信忠に宛てた朱印状に、『富士大宮において開かれる毎月六度の市（六斎市）について、とかく市日には押買・狼藉などの非分があるので、以後そうした押買・狼藉の非分は禁止するとともに、市日の押買・狼藉は、この市に参加できる商人衆の資格にもかかわることであるから、以後はだれでも参加できる楽市にするように』というような指示がされています」（傍点は引用者）とある。この文章は地元の歴史家の手により、われわれが問題とする史料の前段部分の説明は、誰にでも理解できるよう、やさしく解説されており、優れている。

しかし、よく読むと「富士大宮毎月六度市之事、押買狼藉非分等有之旨申条、自今已後之儀者、一圓停止」までの所はよく現代語に翻訳されているが、次の「諸役」以下には何の説明もなく、句読点の置き方も、われわれが問題としたのと同様、「諸役」の前で切っている。この説明文では、市場における「押買狼藉非分等」の事実と「楽市」の内的な関連を説明すべき所に、傍点部の文章を挿入したが、この部分は、史料の表面から離れて、「楽市とは本座の特権を否定したもので、新儀商人の市場での自由を保証したもの」との「楽市」についての通説である。つまり、楽市一般の説明で、六度市の「押買狼藉非分等」の事実と「楽市」の内的な関連を説明しようとしたのである。少なくとも、このインターネットの文章作成者には、「諸役」以下がよく理解できていなかったことは明らかだろう。このことはこの作者の欠点ではなく、むしろ逆に、両者の関係が未だ充分に解明されないという学問上の問題点を示している。インターネットの説明には、学問上の未解決な問題点が示されている。

二　歴史の舞台

富士大宮の二元性

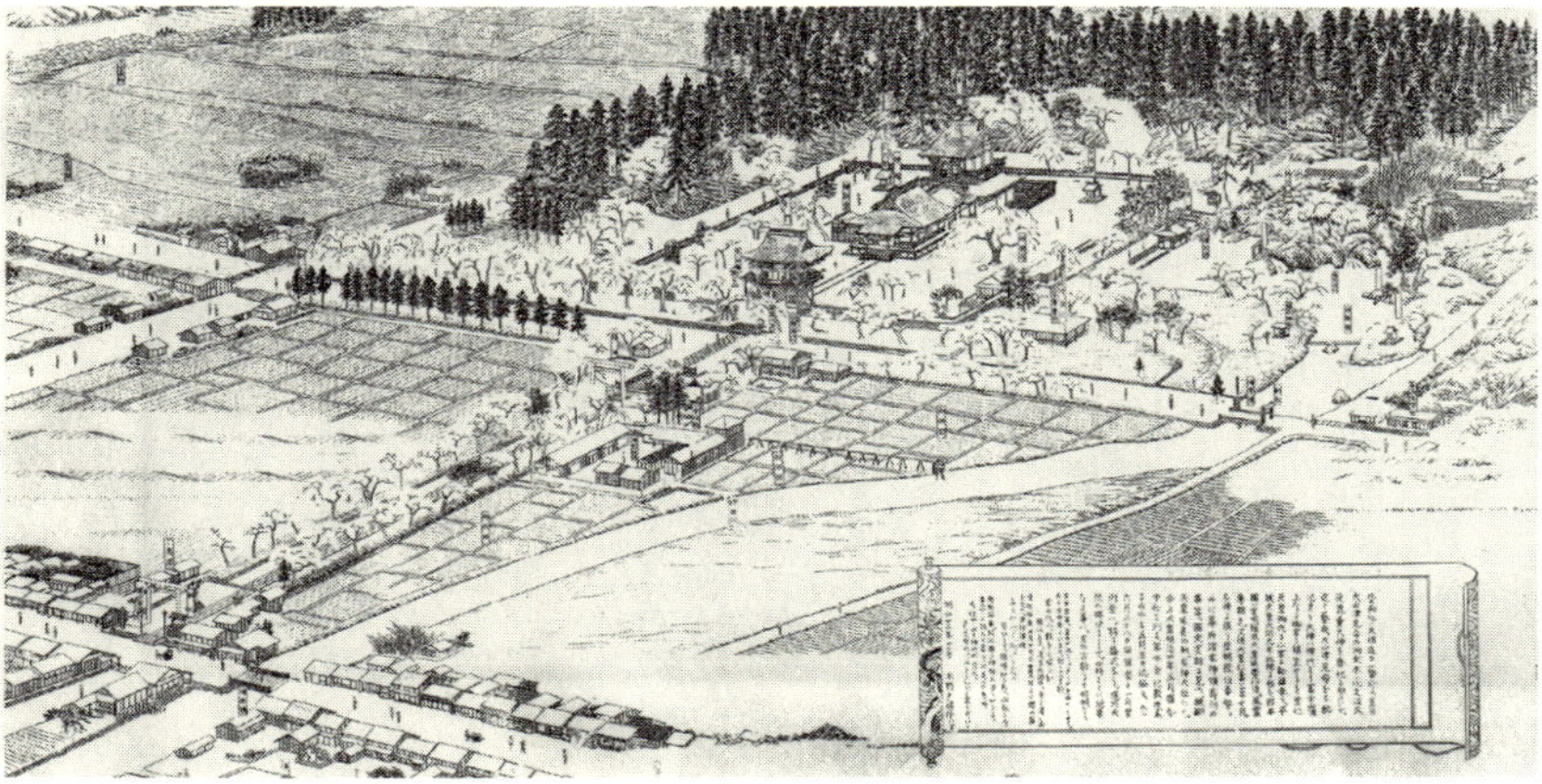

「富士大宮」（土方雲外画「官幣大社富士山本宮浅間神社境内全図」，銅版画，1890年，富士宮市教育委員会蔵．部分）

「富士大宮」（現在は埼玉県の「大宮」に対し「富士大宮」という）は、富士山本宮浅間大社の門前町だが、同時に、海沿いの国、伊豆・駿河と山国の甲斐・信濃を結ぶ「駿州中道往還（甲州街道）」の宿場町でもある。富士浅間神社が火山の神「浅間大神」を祭る以前は、水の神を祭る「富知」（＝淵）神社だったとの説[7]があり、神社右手に富士伏流水が湧き出す「湧玉池」がある。この湧き水は「神田川」となり、南南西に流れて「潤井川」に合流する。この神田川と駿州中道往還の交点に「神田橋」が架かる。この橋の西側から街道に垂直、北向きに富士浅間神社の参道が始まる。浅間神社の神事に「お田植え祭り」があり、神田橋南東にはその神事に関係する「神田宮神社」がある。現在もその境内には小さな水田があり、往事を伝えている。神田橋から東方向に、江戸時代の町名を街道上に辿ると[8]、「神田橋・神田町・仲宿・連雀・青柳・新宿・東新町」となり、「青柳」の南は「伝馬町」だった。

　東海道と富士大宮を結ぶ駿州中道往還は、基本的には潤井川に平行する道で、古くは富士川を遡り、岩本松岡の舟場から潤井川西側を通り、高原・山本・黒田を経て潤井川を渡り、田中から伝馬町、青柳と大宮の宿場町へ入ったが、天和二年（一六八二）以降は潤井川の東側に変わり、吉原町から始まり今泉・伝法・厚原・久沢・天間を通り、小泉から弓沢川を渡り欠畑から宿場町へ入った。伝馬町から青柳への道は、現在は丁字路だが、古くはここに「桝形」があった。それゆえ「新宿」「東新町」は、天和二年以降に富士大宮に新たに付け加わった町である。一方、神田橋西には「新西町」があり、神田橋近くを「下宿」と呼んだとある。戦後ここは「西町」の元となった古くからの町として、「新西町」の「新」の文字を嫌い、町名を「元町」に変えた。一方、天正八年（一五八〇）には、新たな支配者武田氏は富士大宮に次の市場掟書[9]（これをBとする）を出した。ここにある「西町新市」は新西町辺りと考えられる。

［B］

（朱印）◯ 定

富士大宮西町新市事

一日限　朔日　六日　十一日　十六日」廿一日　廿六日　たるべき事。

一押買狼藉すべからざる事。

一喧嘩口論いたすべからざる」事。

右具在」前。

天正八年庚辰　十二月十三日　曾禰下野守（昌世）奉之

駿州中道往還は、この新西町の先で東西から南北に直角に折れ曲がる。この角が「桝形」で、この辺りが宿場町の終わりである。桝形の先、街道に沿って縦に、南北方向に開けた町並みを「立宿」と言った。つまり江戸時代初期の宿場町は「新西町・神田橋・神田・仲宿・連雀・青柳」までで、左右に桝形があり、その先にそれぞれ「立宿」と「伝馬町」があった。甲州と駿河を結ぶ駿州中道往還が基本的に〈南北の道〉なのに、富士大宮の門前部分のみが〈東西

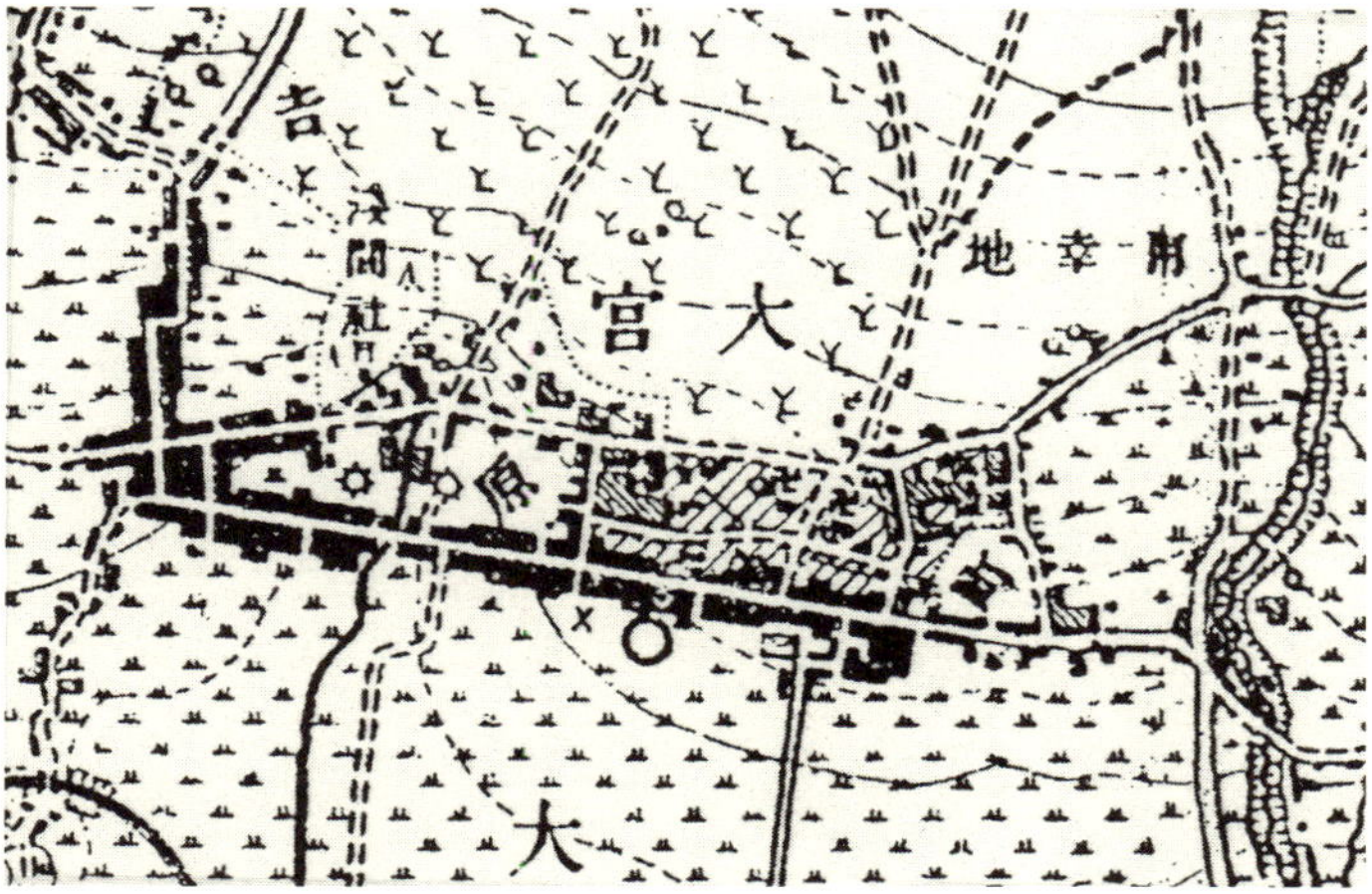

富士大宮
（明治32年発行5万分の1地形図『なつかしの町名をたずねて　富士宮市の今昔』富士宮市教育委員会，平成4年より）

の道〉で、神社参道に直交する。実は私は、富士浅間神社の地図を見たとき、神社参道、神社から山宮への道、さらには富士山頂への道という「信仰の道」が、基本的に〈南北の道〉なのに、浅間神社の門前町、駿州中道往還の〈社会経済の道〉が〈東西の道〉で、両者が直交することに大変興味を持った。これは建築学の神代雄一郎[10]が述べる「奥宮・神社・御旅所を結ぶ信仰の道と、紐状にならぶ人家を数珠つなぎにするように走る社会経済の道が直交する」の定式そのものだからである。

富士浅間神社の最も古い源は、湧玉池の水源の神立山と思われる。神社が今の敷地内に営まれたのは、ここが四神相応の地だったからだろう。東の川〈青龍〉は湧玉池から流れ出す神田川である。西の大道〈白虎〉は駿州中道往還で、古くは甲州から立宿に来て、桝形からそのまま直進し潤川に出て、黒田、山本、高原と駿州中道往還を下ったと思われる。北の〈玄武〉の山は当然富士山で、南の〈朱雀〉は今の駐車場辺りや神田川の中州などだろう。それゆえ、この地に社殿を建設した次の課題が、神田橋を基点とし神社参道に対して垂直な東西の道を建設することだった。こうして駿州中道往還の自然な南北の道に対し、富士大宮の門前の部分は、鍵型に折れ曲がる東西の道となり、富士大宮の町割りプランは、神社との関係で出来上がった。中世の富士大宮は門前町でもあり、宿場町でもあった。江戸時代の宿場町の多くに桝形が見られるが、すでに中世の富士大宮には結界性があった。

中世の富士大宮は、神田川を境に、西側を「社人町」、東側を「雑色町」と呼んだ[11]。「社人」「雑色」の言葉には「貴賎」の身分格差が感じられ、神田川を挟んで、浅間神社の構成員たちが古くから棲み分けていた事実が想像される。浅間神社に奉仕する「社人」たちは、富士浅間神社と新西町・桝形・立宿で三方を囲まれた「社人町」に屋敷を構えた。彼らの住宅は、他の神社の「御師」に似て、富士登山をする道者たちの宿坊「道者宿」であり、彼らは、登山道や山頂にも小屋を経営した。富士山への登山道は、神社西門から始まる。道者たちが湧玉池で禊ぎをし、水垢離をとり、西門から登山すると、道者たちの動線は駿州中道往還と一度も交差しない。富士大宮の町は、湧玉池、富士浅間神社、「道者宿」からなる「社人町」、富士登山口という富士信仰の核心部分を、東側から駿州中道往還に沿い商人たちの宿場町が包み込む形で出来上がり、宿場町の中心は「仲宿」にあった。

神田橋には関所があった。須走に「道者関[12]」があったように、当時は「商人関」と「道者関」を区別していた。神田橋の関所は「道者関」でなく、駿州中道往還の「商人関」「経済関」だった。この「神田橋関」は、本来は橋修理のための勧進として作られたが、駿州中道往還という公道に対して、守護が支配権を持つことから、関所は街道維持のため守護今川氏の管理下に置かれた。神田川東側の「雑色町」には、その名前からも、商人や手工業者たちの「座」があり、戦国期には駿州中道往還の宿場町として、街道を上下する商人たちの「商人宿」中心の「商都」だった。これに対し「社人町」は、富士登山を中心とする浅間神社への信仰を軸に形成された「道者宿」中心の「信仰の町」だった。つまり、神田川を挟んで、〈商業・経済の町〉と〈信仰・宗教の町〉とが相対立していたのである。

神田市場と大宮城

「富士大宮毎月六度市」の「神田市」について考えたい。その前に、中世の市場のあり方一般を振り返りたい。私は勝俣鎮夫の言う、市とは「神の示現する聖地」で、「古代中世の市立て」は「神仏事興行」と意識されたとの議論[13]に賛成である。市の立たない常々の日の街道は、旅人や富士道者たちが歩み、また背に荷物を付けた馬や荷車等々が上下するだけで、市場は宿場町の目立たない一部だったが、市の立つ日には景色は反転[14]し、常々の日にはない〈輝きの場所〉となった。景色の反転した市の日の在り方を列挙すれば、次のようになろう。

㈠街道を通る人や物の流れが、すべて市を目指す、㈡商人たちはいつもは背負って通り過ぎるだけだった千駄櫃などの商品を市に広げる、㈢これらの商品は「神からの授かり物[15]」という付加価値を持って販売される、㈣いつもは余所者の商人たちが浅間神社の「神人[16]」、市場の住人の顔に変わる、㈤宿場町や近隣の住民の方が、むしろ客＝異邦人として市を訪れる、㈥反転した世界は、夜明けから日暮れまでの間のみに成立し、過ぎてしまうと蜃気楼のように消えてしまう、[17]㈦市祭りがその反転した世界の始まりの合図となる、㈧この反転した世界には、日常の借金取り、譴責使、領主などの侵入は拒まれる、[18]㈨この世界には、固有の秩序、固有の検断権が成立する。

ところで、現在の富士宮市内には、旧「神田町」のほぼ中央に小さな「神田市神社」の社がある。この祠は大正十一年に神田町内有志が資金を出し合い建てたという。「神田市神社の由来」書には、今私たちが問題としている〈「富士大宮毎月六度市」とは「神田市場」のことだ〉として、次のような説明文がある。「大宮町は浅間神社の門前町として発達したものでありますが、永禄九年今川氏真の命により、神田市を開き、駿甲物産の集積地としての商都に発達し、商家の人々がお祭りを行ったのがこの神田市神社であります。古い記録によれば、室町時代すでに旧六月二十八日神田の宿のことが見え、信州地方に『神田の市に帯買いに』という子守唄があった事によっても、当時の賑やかさを窺い知ることができます。昭和五八年七月十五日　再確」と。

「富士大宮毎月六度市」とは〈「駿甲物産の集積地」「神田市場」のこと〉の部分は、人々の伝承に基づき問題ないが、われわれが今問題とする折紙を根拠として神田市が〈今川氏真の命により永禄九年に開かれた〉とする説明には従えない。神田市は「神田の宿」に近接して、この折紙以前からすでにあったはずである。永禄九年三月十三日付富士兵部少輔宛て今川氏「定書」五カ条[19]（後掲C）中の第三条には、「一社中掃除。并宿中爾不浄不可出置事」とあり、「社中」は浅間神社の境内を、「宿中」は「神田の宿」を指している。富士大宮の地字名では「神田・青柳」が古く、「神田の宿」が近世に「仲宿」になった。戦国期の宿場町富士大宮の中心は「上下商人の宿」からなる「神田の宿」で、ここに伝馬問屋があり、西側は「神田市場」が、東側は連雀商人向けの問屋が並んでいたと思われる[20]。

東海道に沿った宿場町には伝馬制度の存在が確認され、駿東郡の御殿場から富士吉田に至る街道沿いにも、伝馬問屋の存在が明らかなので[21]、史料の発見がないとはいえ、駿州中道往還にも伝馬制度は存在したと考えられる。町はずれに伝馬町ができる以前は、「仲宿」に伝馬問屋はあったと思われる。興味深いのは、明治に鉄道が敷かれ、駅ができた時、「富士大宮駅」が「伝馬町」のすぐ近くに造られた事実である。汽車はまさに鉄の馬だった。一方、われわれの問題とする時代には、「神田町」の北方、現在の「城山公園」から「元城町」にかけての広大な地域に「大宮城」があった。これは、藤木久志が言う[22]、富士大宮地域に住む人々の〈避難所としての城〉と考えられる。「神田市場」はその「大宮城」の城下東南にある。政治・軍事の中心地「城郭」と、経済の中心地「市場」とが一元的に把握されると、近世の城下町となるのだが、この時代の神田市場はまだ城とは一体化していなかった。

「楽市令」を〈城下町振興策〉とするのが通説だが、この富士大宮楽市令を近世城下町の先行形態と捉えることはできない。その最大の理由は、次節で述べるように、この今川楽市令が戦国大名今川氏の意図よりも、むしろ現地の要求に従い発布されたからである。市の日が常々の日にはない〈輝きの場所〉だったことから、前述した(八)や(九)の特徴、網野善彦の言う「無縁の原理」が問題となるからでもある。他方、大宮城の西南に接して「蔵屋敷」があった。市場を商品交換の中心とすれば、「蔵屋敷」は領主経済の中心で、領民からの年貢徴収と、家臣への扶持米給付などの再分配を行なった。また、年貢収納・扶持米換金のためには、近くに市場の存在することが望ましかった。ともあれ「大宮城」は政治・軍事の中心だった。それゆえ戦国期富士大宮は、二元性というよりも、むしろ三センターから構成されていたと言うべきかも知れない。

明治時代以降のこの地の地場産業には、養蚕業、製糸業、製紙業などがある。この地方の養蚕業は、古く『日本書紀』皇極三年（六四四）七月条に、東国の不尽河（富士川）のほとりの人、大生部多という者が、蚕に似た虫を、常世の神と称して村里の人々に祀らせ、富と長寿が得られるといって民衆を惑わしたのを秦河勝が打ちこらした、とあるのが思い起こされる。「常世の神」の背後に、この地方の養蚕業の展開が考えられる。また「神田の市に帯買いに」の子守唄が伝える世界が近世後期だとしても、近世には、絹布がこの地方の特産品だった可能性は高い。一方『延喜式神名帳』には、富士郡星山に倭文《しどり》神社（星山浅間社）という古代綾織りの一種倭文《しず》織りの神を祭る神社があり、富士大宮司がこれを祭ったことから、この地方が、古代より織物の産地だったことが知られる。こう考えると、戦国期も、絹布がこの地方の特産品で、これを商う連雀商人が考えられる。駿府友野座の在り方からすれば、連雀商人たちは商人頭の問屋から米を対価に絹布を卸して貰い、地方に行商し、一方、問屋はその米を市場で販売したと考えられる。以上明らかにした神田橋の位置、大宮城の位置から、最初に紹介した豊田・佐々木両説には従えない。(23)

富士大宮と富士氏

浅間神社大宮司の富士氏は、大化前代にまで遡れば、「国造」に連なる存在で、古くは富士郡の「君」だった。この地方が律令国家の支配下に置かれたとき、「君」は富士浅間神社の神官となった。中世になると多くの神官系武士と同様、国人領主として活躍を開始し、南北朝期には富士大宮司家も南朝方として活躍した。(24)戦国時代にも富士氏は国人領主として活躍した。これは山梨県富士吉田の浅間神社の社人たちが当時武士化していたことと対応する。(25)室町期に入り守護今川氏は駿河を領国化するが、駿東郡の国人領主葛山氏は、(26)富士郡にまで勢力を伸ばし、富士大宮の南「山本・久日・小泉」を領する吉野氏を自己の配下に収めた。おそらくこのことと関連してだろう、葛山氏は大宮城の城代に任ぜられ、神田川以東は葛山氏の支配下に置かれた。つまり富士大宮は、「社人町」を含む西側が浅間神社の支配地域だったのに対して、東側の「雑色町」は葛山氏の支配下となったのである。

一方、今川義元の時代に、今川・武田・後北条間で三国同盟が結ばれ、国境が確定した。このことは富士川以東の土地支配の確定をも意味し、国人領主葛山氏は今川氏の統制下に入った。今川氏による駿河一国の領国化の一環として、富士氏は馬廻りへと取り立てられた[27]。永禄四年（一五六一）七月、大宮城代葛山甚左衛門尉頼秀は改易され、「大宮城」城主は葛山氏から国人領主富士氏に替えられた[28]。今川氏が没落する中で、富士氏は後北条氏、武田氏、徳川氏の支配下へと次々に入り、神官として明治維新を迎えた。幕末には赤心隊を組織し、官軍としても活躍した[29]。特に武田氏の支配下に入った時、国人領主としての在り方をやめ、大宮司に復帰した。おそらくその時から、富士氏が富士大宮の西「社人町」のみを所領とする近世的な秩序ができたのだろう。江戸時代に見られる、神田川を挟んで西側は神社領、東側は幕府領という対立[30]は、鎌倉期の下地中分の歴史を背景としていたと考えられよう。

国人領主としての富士氏が神田川を挟む東西二つの町を共に支配したとき、問題の折紙が出された。富士氏が「社人町」と「雑色町」の両者を共に支配したのは、今川の朱印文「如律令」にあるとおり、一面においては確かに古代の復活である。しかし、国造としての神政政治の復活ではなく、神官と城代という二つの機能を、富士氏が共に司ったのである。富士氏と今川氏がこのような古代の復活に共同の利益を感じたところに、折紙Aの存在が考えられよう。折紙Aが出される二〇日ほど前に、今川氏は富士氏に対し次の定書[31]（これをCとする）を発給した。

［C］

（「如律令」朱印）□　定

一宮中花之枝。并雑木等。不レ可二截取一之事。

一於二御手洗水一不レ可二物洗一。并於下自二上之橋一上上不レ可二殺生一。同汚穢不浄人上之橋不レ可二通行一事。

一社中掃除。并宿中爾不浄不レ可二出置一事。

一供僧社人。以二円衣一社壇江不レ可レ上之事。

一浅間昼夜之番。如二前々一堅可二申付一事。

右。條々若於二違背之輩一者。依二注進一可レ加二下知一者也。仍如レ件。

永禄九年
三月十三日
富士兵部少輔殿（信忠）

天正六年（一五七八）五月に武田氏が発給した同様の定書三カ条[32]、「一社中諸法度之事／一供僧社人神役之事／一宮中造営掃除等事」と比べ、この五カ条は非常に具体的である。ここから久保田昌希[33]は、「国人領主富士氏がその拠点とした富士大宮において生じた矛盾を自己の政治力により調停しえず、その解決を上級領主今川氏に要請し」、今川氏の政治力により、富士浅間社本宮の秩序と治安維持を図ったとした。つまり、この定書は国人領主富士氏の弱さを示すとしたのである。C第一条の「宮中」、第二条の「上之橋より上」、第三条の「社中」は、範囲に多少違いがあっても、いずれも浅間神社境内を指している。先にわれわれは富士大宮を信仰・宗教と商業・経済と軍事・政治の三構成としたが、この定書で今川氏は、大宮司や供僧社人の在り方を再確認し、宗教と軍事、信仰と政治の融合を戒め、宗教はあくまで宗教として存在せよと命じている。第一条は、大宮司の立場からは当然だが、「城代」の立場からは竹木伐採はやりたかったと思われる。

第二条の「殺生」も、武士としては当然でも、神官としては慎むべきタブーだったが、両者の境目が曖昧になったのだろう。なお、湧玉池から流れ出す神田川には、神田橋より上流に、現在では「御手洗橋」と「湧玉橋」の二つが架かっている。明治の地図[34]を見ると、「上之橋」の池は「鏡池」、今「湧玉橋」と呼ぶ橋は「神幸橋」、その上流の池を「御手洗川」と呼んでいる。ともあれ、物を洗うことができるのは、現在の「御手洗橋」以北である。定書の表面はすべて、浅間神社の大宮司が同時に「大宮城」の「城代」となり、「供僧社人」たちが武士化したことに関係している。この定書は、富士氏が大宮司と「城代」を兼任しても、二つの立場を分離せよと命じている。それゆえこれは、国人領主としての富士氏の弱さではなく、むしろ富士氏の〈主体性〉を示すものだろう。

三　折紙の分析

史料Aの事実書き部分全体を、大きくⅠ・Ⅱ・Ⅲと三つに分けよう。最初は「富士大宮毎月六度市之事」について記したⅠ、次は「神田橋関之事」について記したⅡである。最後のⅢは、今川氏の保証を記したものである。次に今後の議論のために、①・②・③と番号を付けると、①はⅠ・Ⅱ共に〈主題〉を、②は両方共に主題に係わる事柄の〈問題点の指摘〉を、③は今川氏の提案する〈問題の解決策〉を、それぞれ表わしており、事実書きは次のように表示できる。つまり今川氏はこの折紙で、富士氏に対して二つの〈提案〉をしたのである。

Ⅰ　①　富士大宮毎月六度市之事、
　　②　押買狼藉非分等有之旨申条、
　　③　自今已後之儀者、一圓停止諸役、為楽市可申付之、
Ⅱ　①　并神田橋関之事、
　　②　為新役之間、
　　③　是又可令停止其役、
Ⅲ　　若於違背之輩者、急度注進之上、可加下知者也、仍如件、

今川氏が富士氏にこの折紙を発給した背後に、大名権力の領国経営に対する〈意図〉を考えるか、文書受取手側の〈主体性〉を考えるか、意見が分かれる。研究史を辿れば、前者は豊田武、久保田昌希など伝統的なもので、後者は峰岸純夫[35]、池上裕子[36]で、最近のものである。ここでは後者に倣い考察を進めたい。つまり今川氏の〈提案〉は、基本的には富士氏側の〈要求〉に応えたものとして分析したいのである。Ⅰ②には「……等有之旨申条」とあり、富士氏が「申」した事実が考えられることから、今川側の二提案Ⅰ・Ⅱの背後には富士氏側の要求があり、今川側はその要

求に応え、この折紙を出したと考える。今川氏の提案の中心部分がI③の「停止諸役」や、II③の「停止其役」とすると、この文書を理解する鍵は後段IIの「是又可令停止其役」の「是又」となる。なぜなら、この言葉は前段のI全体を受けており、Iの「一圓停止諸役」の「諸役」が「神田橋関」の「新役」と同じだからである。

つまり、神田市場にも神田橋関の関所と同様な機能があり、市場に出入りする商品に税を課したと考えられる。IIIには「若於違背之輩者、急度注進之上、可加下知者也」とあり、今川の提案に背く者がいた場合、富士氏の役割は犯人を今川氏に「注進」することである。市場や関所の「役」徴収者へは、今川氏側が「下知」するとある。つまりこれまで神田市場や神田橋関での「役」の徴収者は今川氏配下の者で、彼らに命令できるのは今川氏だけとなる。ここからも今川氏の富士氏に対する譲歩、富士氏側の要求の存在を確認できよう。次に、後者の問題II「神田橋関」を考えてゆきたい。この史料を最初に取り上げた豊田武[37]は、「神田橋関」を富士大宮町の入口としたが、すでに述べたように、神田橋が宿場町富士大宮のほぼ中央、浅間神社の参道に接していることから、これは当たらない。

小和田哲男[38]は、「今川氏および今川領に組み込まれたと考えられる葛山氏の発給文書から、その存在が明かとなった関所」として、「河合関・興津関（清見寺関）・上野関・厚原関・根原関・須走関・神田橋関・江尻関・蒲原関」の九カ所を挙げ、これらがすべて駿河に属し遠州にないことから『今川仮名目録』の歴史的な意義を論じた。このうち「駿州中道往還」に沿った関所は、北の甲斐側から「根原関・上野関・神田橋関・厚原関」となる。大事なことは、今川氏がこれらの関所を家臣に「知行」として分与していた事実である。それゆえ「神田橋関」も、今川氏は誰かに知行として与えたと思われる。神田橋が富士氏・葛山氏両勢力の境界だった時、ここに関所があることは不都合でなかったが、富士氏が国人領主として大宮城城代となり、大宮町東西を一元的に支配する段階で、浅間神社の大鳥居の鼻先、神田橋に関所があることは、所領経営上からも不都合となった。

一方、有光友学[39]は、葛山氏が須走や富士の関所に「役所」を、神山宿に「政所」という現地機関を設置し、「但役所へ者、自此方可指副人者也」とあるように、その出先機関を葛山氏側が掌握する体制をとっていたとした。それゆえ富士大宮でも、大宮城代葛山氏の罷免後も、神田橋関の「役所」は今川氏が掌握し、通行税等を徴収していたと考えられる。この折紙の出る直前に、今川氏が浅間神社に出した定書Cの第五条には「浅間昼夜之番、如前々堅可申付事」とあり、神社に「昼夜之番」を置くとある。それが置かれた「番所」は、神社の大鳥居前の可能性が高く、「神田橋関」の傍に「昼夜之番」の「番所」があったことになる。現在、ここには交番がある。その前身がどこまで遡るかの問題だが、「神田橋関」は「経済関」としては廃止されても、軍事・警察上の「関所」として存続したと考えられる。

なお小和田は前述論文で、「新関」について「「新関」という以上、それに対する「古関」があったはず」とし、「「古関」を廃し、「新関」を設置したということは、旧来のその地の在地領主なり荘園領主のもっていた関銭徴収権を今川氏がいったん否認し、あらためて今川権力のもとで、関所が設置されたという形をとったことが推測される」とした。私も「旧来」以下の部分はそのとおりと思うが、「新関」は「古関」に対応するとの説には同意できない。伝統主義的な社会では、〈古いもの〉こそが〈良いもの〉で、〈新しい〉は〈悪〉を意味した。それゆえ、〈「経済関」は悪いものだからやめよう〉の意味だと思う。つまりⅡの「神田橋関」について、これまで今川側人物の徴収した「其役」を今川氏は「停止」に同意したが、それはこの折紙全体が富士氏側の「要求」に基づいていたからである。

四　文言の解釈

「富士大宮毎月六度市」

すでに述べてきたように、この折紙による楽市令に先立ち、神田市場はすでに存在し、物資の集散所として繁栄していた。この神田市場が月六度の六斎市だったことは、水陸交通の要衝と思われる現在の清水市にある「江尻宿」に、毎月三度の市が立ったことから、商都富士大宮が「江尻宿」に倍する規模だったと考えられる。

「押買・狼藉・非分」

佐々木銀弥[40]が明らかにしたように、中世の市場法でまず最初にクローズアップされる問題は「押買・狼藉」である。日本中世の市場法はこの問題への対応として成立した。押買関係が史料に登場する際、「押買」のほか「抑買」「迎買」もあったが、時間と共に「押買狼藉」に統一された。「押買」とは、一般的に買い手側が暴力や権力に訴え、売り手の意向を無視して買い取る行為と考えられる。徳川家康が三河小山新市に宛てた永禄十三年（一五七〇）の楽市令[41]第二条には「公方人令二押買一者」とあり、「押買」の主体は「公方人」だったことがわかる。佐々木は、十三世紀の「押買」の主体が商人・悪党のほか、「荘官」であることを明らかにした。市場本来の機能としては売り手・買い手双方の合意が原則だが、「押買」はそれへの敵対物で、市においては民事事件ではなく、刑事事件つまり「検断沙汰」として取り扱われた。これを取り締まるため、市場には「市の検断」が置かれた。

今川氏の発給した文書には、享禄五年の清水の江尻宿彦左衛門[42]、天文三年の沼津の大岡庄の山中源三郎[43]、天文二十二年の駿府今宿の友野二郎兵衛[44]、天文二十三年の吉原の矢部孫三郎[45]など、宿屋と運送業を兼業した「問屋[46]」に宛てたものがある。彼らは伝馬業者を配下に収め、伝馬問屋に発展したり、地方市場を往来する行商人たちに対して、卸問屋として支配権を強め、商人頭になるなどの発展の可能性があった。彼らのポストを「競望」する者がいたとあるように、彼らは今川氏に対しては、収入に対し定額を謝礼として上納する徴税請負人[47]でもあった。今川領の場合、市検断権がこのような徴税請負人に委ねられたのが特徴だった。例えば江尻宿には、今川氏は「毎月三度市・上下商人宿」を江尻宿彦左衛門に保証し、彦左衛門が徴税請負人だが、ここは同時に商人頭友野氏の率いる友野座の商圏でもあった。こうした彼ら徴税請負人相互間の矛盾は、一方では市場における「押買・狼藉・非分」の横行となって現われ、他方では彼らの一層の御用商人化、商人司への一元化[48]という方向をとったと思われる。

永禄六年（一五六三）、今川氏真が肥後守に出した「諸商売定書[49]」がある。この文書の分析は別の機会に譲るが、友野文書として伝来したことから、商人司宛て判物と思われる。その第四条に、「号レ任レ例、於二所々一月迫非分之押買停止之事」とある。ここから商人司・小領主たちが「主人権」に訴え、「月迫」に「慣例だから」との理由で、ほしいままに「押買」をしていた事実が窺えよう。前述徳川楽市令の「公方人」も、徳川氏の任命した商人司・小領主と考えられる。それゆえ富士大宮の「神田市」でも、神山宿における「政所」と同様な現地機関が存在し、今川氏の認めた複数の小領主たちが、宿や市場の徴税請負人や、伝馬問屋、連雀商人たちの商人頭として、公権力を笠に着て、市場に介入したと思われる。これが「神田市」における「押買・狼藉・非分」の背景だろう。

「諸役」

前述したように、I③の「一圓停止諸役」の「諸役」とは、付加された何かがあるとしても、あくまでもII「神田橋関」の③「新役」、つまり通行税が中心だと考えられる。ところで有光友学[50]は、戦国期今川氏が領国内の寺社・給人宛てに発給した史料に登場する「諸役」を次の五つに分類した。(い)守護役——棟別・反銭・国役・郡役、(ろ)人夫役——四分一・点役(天役・転役・伝役)・押立・飛脚・用脚・伝馬役・普請人足、(は)軍役——陣夫・陣僧・陣参・陣取之人数、(に)地下役——所役・地下次諸役・惣郷次之諸役、(ほ)その他——職人役・商売役・山手役・船役・社役・井堤之普請。ここから、一口に「諸役」と言っても、多義的で何を意味するのか一義的に明確化できないことがわかる。寺社や給人に対しては、地域住民として家屋敷や田畑に、(い)「守護役」、(ろ)「人夫役」、(は)「軍役」、(に)「地下役」などが課せられ、またその負担免除が今川氏側からする特別な恩恵だった。

一方、今われわれが問題とする市場や関所での「諸役」とは、定住者の住民に対してではなく、行商人たちが市場や関所を通過する際に課せられた。それゆえ、この折紙にある「諸役」や「其役」は、寺社や給人宛ての文書のものとは明らかに次元を異にしており、有光が類型化した、(い)「守護役」、(ろ)「人夫役」、(は)「軍役」、(に)「地下役」の四つのいずれにも当てはまらない。あえて言えば、(ほ)「その他」の「商売役」に近く、天文二十三年(一五五四)の祖父江五郎左衛門宛て信長文書[51]には「俵子船壱艘之事、諸役等令免許上者、無異儀可往反者也、仍如件」とあるが、この交通税としての「諸役」に対応しよう。小和田は前述論文[52]で、「海老江文書」天文十三年（一五四四）九月二十八日付け海老江弥三郎宛て今川義元判物に「一、奥津中宿并関壱ヶ所但鈴木中務丞在世中」という興味深い部分があることを紹介した。「奥津」とは現在の「興津」で、今川義元は期限付きではあるが、興津の「中宿」と「関」一カ所を知行として海老江氏に与えたのである。われわれが問題とする「神田市」の「諸役」は、興津の「中宿」から海老江氏が徴収した知行分に近いものだろう。

「停止諸役」

小和田哲男[53]は、「今川氏の発給文書において、棟別という言葉はかなりみられるが、そのほとんどは、棟別免除文言である。棟別免除の特権を寺社給人に付与するに際し、棟別の文言が出てくるわけで、そのことは逆に、特別な免除特権付与がなければ納入義務が当然のことであったことを意味し、棟別役が国次の諸役、すなわち国役の一つであったことを物語っている」と述べて、棟別免除文言を次の六つの型に整理した。(イ)「棟別之事……不可取者也」、(ロ)「棟別之事、指置候」、(ハ)「棟別之事……被免除畢」、(ニ)「棟別等之事為新寄進不可準自余者也」、(ホ)「棟別諸役等不可有地頭代官綺」、(ヘ)「むねへち……きうおんとしてふちせしむ」。

Ｉ③の「諸役」「停止」が小和田の「棟別免除」と同様なら、徴税請負人の小領主の持つ徴収権は、富士氏や次に述べる「楽市」に移動したことになる。「楽市」なら、結果として最初われわれが問題とした「諸役為楽市可申付」と同様な事態となる。この考えが成立すると、「神田橋関」の「役」も、富士氏などが徴収したとなる。しかし、この場合は〈「諸役」徴収を一切やめる〉ことだった。これまで神田市場では、今川氏の任命した小領主たちが「政所」代官、奏者、または伝馬問屋、連雀商人たちの商人頭等々の資格で「市場検断権」という公権力を笠に、市場に介入し、「諸役」徴収をしたが、これからはそうした〈現地機関そのものを廃止する〉というのである。つまり、市場から徴税請負人の小領主たちを排除したのである。このことは直ちに「市場の検断権」の在り方の問題となった。新たな検断権の受け皿には神田宿の年寄衆が考えられる。前者が今川氏の任命なのに、後者は富士大宮の「神田市場」に関わる地域住民の代表者だった。このように、領主権力による市場介入を排除し、地域住民の代表者が「市場の検断権」を掌握する市場の在り方が「楽市」だった。

「楽市」

今私たちは「楽市」や「楽市楽座」についていろいろなことを知っており、この時代の著名な出来事と思うが、永禄九年（一五六六）のこの折紙以前で、現在知られる「楽市」とは、わずかに天文十八年（一五四九）に六角氏法令の石寺新市の場合と、「十楽の津」と言われた伊勢桑名の場合の二つのみである。それゆえ、この折紙をやりとりした当事者たちにとって「楽市」とは何だったのか、改めて問題とすべきだろう。今川氏楽市令が、先行の二者と著しく異なるのは、両者が「楽市」「十楽の津」である事実を述べたのに対し、今川氏朱印状は「楽市として申し付くべし」とあり、今川氏の意図・政策として楽市化すると明言している点である。この永禄九年の今川朱印状以降、翌年の織田氏、永禄十三年（一五七〇）の徳川氏、さらに後北条氏等々と、次々に大名の政策としての「楽市令」が出たので、この折紙は後続大名たちに大きなインパクトを与えたと思われる。

「楽」とは、「娑婆」の世界と対比される「極楽」の意と言われる。先に反転する世界としての「市場」を、㈠〜㈨の九つの特徴として述べたが、今川領のように小領主たちが「政所」等々の施設を通じ市場に介入することは、市場を「神仏事興行」から遠ざけ、限りなく「娑婆」の世界に近づけた。それゆえ、市場本来の在り方を求める人々からすれば、権力介入の排除は当然で、「楽市令」は網野の言う「無縁論」の展開として位置づけられよう。しかし、「楽市令」がなぜ今川氏の法令として出されたのか。人々の要求を今川権力がかすめ取ったからでなく、この時代に固有な歴史的前提があった、と私は思う。前述した楽市の特徴の㈢・㈣にかかわり、網野が言うように、中世の職人たちは「神人・供御人・寄人」として存在していた。これはM・ウェーバーが言う(54)、異邦人として法共同体の外部に立ち、異習俗集団の内部で特別な保護を必要とした外来商人たちが「神々の保護下」にある形態でもある。

戦国時代になると、「国質・郷質・所質」などの形で、彼ら外来商人相互間で「復仇」による秩序を追求すると同時に、今川氏の例のように、外来商人たちは「宿」や「問」の「主人権」的な保護・支配の下に置かれ、大名はこの支配を通じて徴税をしたのである。このような中で「楽市」とは何かと言えば、外来商人たちを定住商人の市場住人の「法の保護下」に置くこと、定住商人と外来商人を一つの法共同体の下にある状態にすることだった。武田氏は駿府を支配した元亀四年（一五七三）、商人司の友野氏に次の定書[55]を出した。「如二舊規一連雀役。木綿之役等。御代官被二仰付一候之條、対二自他国之商人一無二非分一様。以二寛宥一役銭可二請執一之旨被二仰出一者也。仍如レ件」。ここにある「無二非分一様」や「寛宥」は、連雀役や木綿役を取られる「自他国之商人」側からの「公平」要求に、武田氏が応えたものである。他方、大名権力を笠に徴税請負業を行なった商人司たちは権力志向的で、このような「公平」には本来縁がなかった。

このような要求をなぜ商人たちが持つに至ったのかを考えたとき、この時代、伊勢神道を中心として「正直の頭に神宿る」とか「神は正直」の考えが喧伝され[56]、多くの人々、特に商人たちの心をつかんだことが考えられる。この時代の商人たちに内面道徳として「正直」が考えられるとすれば、当然「押買・狼藉」はその反対物となる。「神の示現する場」、この世の「極楽」としての「楽市」は、また同時に「正直」の実現する場でもあった。「十楽の津」桑名の桑名衆四人の背後に「正直」の道徳を見いだすことは可能だろう[57]。神田宿の年寄衆もまた、この「正直」の道徳の担い手と考えられよう。「富士大宮毎月六度市」つまり「神田市」の支配の在り方として、権力者から任命された小領主から地域住民の代表者への変化の中で、市場を貫く道徳の変化が起こり、市場を本来の在り方に戻し、ありうべき正しい秩序としての古代を再建しようとしたところに、富士氏と今川氏の合意点があったのだろう。

五　むすび

今川氏の発布した「富士大宮楽市令」の「楽市」とは、市場から今川氏の任命した小領主たちを排除することと、彼らが徴収する「諸役」の停止を意味した。小領主たちを排除することによって「富士大宮六度市」は「押買・狼藉・非分」から自由になり「市の平和」を手に入れることができたのである。戦国大名今川氏に関する先人の研究を踏まえ、この法令上の文言の分析を行なうと、神田橋関には「役所」が、神田宿には「商人宿」「問屋」「政所」等の施設があり、これらの機関を通じて今川氏は流通経済から諸税を徴収した。しかしながら今川氏は、この折紙で、これらの施設の廃止を宣言した。これは、現地神田宿の年寄衆たちの要求を富士氏が代弁し、今川氏に譲歩を迫った結果、生み出されたものだろう。「楽市」は今川権力の撤退であっても、一般的な権力の空白ではなく、新しい秩序が存在したと思われる。

第七章　上加納楽市令——寺内町から楽市場へ

一　史料と研究史

永禄十年（一五六七）九月、織田信長は隣国美濃の国主斎藤龍興の立て籠もる稲葉山城を攻略し、美濃を征服した。次いで城下「井之口」を「岐阜」と改称し、ここを居城と定めた。翌十月には城下の「楽市場」宛てに制札Ⅰを出した(1)。岐阜駅からほど近い岐阜市神田町の浄土真宗寺院円徳寺には、この時の木札のほか、同じ信長が翌年「加納」に宛てた楽市楽座令の木札Ⅱと(2)、天正十一年（一五八三）に池田元助の出した木札Ⅲ等々があり(3)、Ⅰ・Ⅱ・Ⅲ三者は一連のものとして円徳寺に伝来した。今、円徳寺には「楽市場発祥の地」の看板が立っている。一方、市のメインストリートの神田町を北上し、繁華街の「柳瀬」を左手に見て、少し進んで右折すると、金華山に続く瑞龍寺山の麓に欅森神社がある。その門前の「御園町」にも、岐阜市教育委員会の名前で、〈榎の木の下に楽市が開かれた〉として看板「楽市場発祥の地」の看板が立っている。この方が有力だが、両者互いに競い合っている。また岐阜公園内の岐阜市歴史博物館には等身大の楽市場が復元され、市民の楽市楽座への関心は高い。

ここでは、永禄十年十月の信長制札Ⅰを分析したい。議論は当然「楽市場発祥の地」は〈円徳寺か御園町か〉に関係する。ところで、円徳寺は織田氏と縁のある寺で、両者の結びつきを示すものに、次の五つがある。(一)すでに述べた信長制札Ⅰ・Ⅱの存在、(二)信長の寄進した梵鐘（後に取り上げる）の存在、(三)信長の嫡孫織田秀信が関ヶ原の合戦(4)の前哨戦として西軍に味方し岐阜城に籠城したが、東軍の福島正則・池田輝政らに攻められ、二の丸を落とされ降伏

・開城した。その後、円徳寺で剃髪し、高野山に送られたこと、㈣秀信降参の儀式が円徳寺で行なわれ、秀信画像が円徳寺に現存すること、(5)㈤小さな五輪塔群からなる「織田塚」(6)の存在。父織田信秀以来、織田の軍勢は何度も美濃に攻め入ったが、「織田塚」(7)は、この地で戦死した織田方の死者を弔ったものという。

本章の課題は、この楽市場宛て制札Iが発給された歴史の現場に下り立つことである。「楽市場」「楽市楽座」の言葉が、今のわれわれに喚起するイメージが〈規制のない自由な世界〉だからか、研究史を辿ると、原始以来の自由が「縁切りの原理」となり、「楽市場」に及んだとか、(8)住民の誰もいないところに新たに建設された市等々と、(9)歴史と断絶したり、歴史から超然とした牧歌的な姿で語られるが、はたしてそうだろうか。われわれの課題は制札Iの解明だが、ここでは史料として木札I・II・IIIの三者を掲げる。研究史の検討は勝俣鎮夫説と小島道裕説に限った。

制札Iは駒形の高札で、檜の正目板二枚を向かって右側でつなぎ墨書して作られた。木札の上には雨を防ぐための屋根が付いた。釘穴の跡があり、日焼けし茶色に変色したことから、柱に打ち付けられ、風雨にかなりの時間さらされたことがわかる。(10)制札I・II・IIIのレプリカは岐阜城天守閣にも千葉県佐倉市の歴史民俗博物館にもあり、特にIの写真は小学館『クロニック戦国全史』(11)に掲載されるなど、現在では制札Iが有名だが、「楽市楽座」の文言があるのは制札IIの方で、これまでは、史料としては、制札IIの方が有名だった。IとIIのどちらに注目するかについても、次に述べるような研究史上の問題がある。ともあれ、制札I・IIの第一条は特によく似ており、制札Iを理解するためには、制札II・IIIとの比較が必要となろう。次に制札I・II・IIIを順に掲げる。

［I］

定　　　楽市場

一、当市場越居之者、分国往還不可有煩、并借銭・借米・地子・諸役令免許訖、雖為譜代相伝之者、不可有違乱之事、

一、不可押買・狼藉・喧嘩・口論事、

一、不可理不尽之使入、執宿非分不可懸申事、
右条々、於違犯之輩者、速可処厳科者也、仍下知如件、
永禄十年十月日　(信長)(花押)

[II]
定　加納

一、当市場越居之輩、分国往還煩有へからす、并借銭・借米・さかり銭・敷地年貢、門なみ諸役免許せしめ訖、譜代相伝の者たりといふとも違乱すへからさる事、
一、楽市・楽座之上、諸商買すへき事、
一、をしかひ・狼藉・喧嘩・口論・使入へからす、并宿をとり、非分申かくへからさる事、
右条々、於違背之族者、可加成敗者也、仍下知如件、
永禄十一年九月日　(信長)(花押)

[III]
掟　加納

一　当市場越居之輩、国中往還煩有へからす、并町中門並諸役免許せしむる事
一　楽市楽座之上、諸商売すへき事
一　おしかひ・狼藉・喧嘩・口論・理不尽之使不可入、付陣取、放火停止之事
右条々、於違犯之族、可加成敗者也、仍下知如件
天正十一年六月　日　(池田元助)(花押)

「楽市楽座令」については長い研究史がある。戦前の小野晃嗣[12]の〈城下町振興策〉が長いこと定説だった。これを

覆したのは勝俣鎮夫(13)である。勝俣は、制札Iの「定」の下の宛所に「楽市場」とあり、制札Iは信長が「楽市場」宛てに出したものだから、信長の政策としての〈城下町振興策〉に先立ち、すでに「楽市場」は存在したとして、〈楽市場の自生的存在〉を主張したのである。商人たちが自生的に「権力から無縁な秩序」を形成したとの議論は、網野善彦の『無縁・公界・楽(14)』の主張と密接に関わっていた。勝俣説は今日では教科書にも採用され、平凡社『世界大百科事典』など多くの辞・事典にも収められ、現在の定説である。しかし日本史学界では、勝俣説をめぐり多くの論争があり、その論争を制したのは小島道裕(15)だった。小島の議論は、一方では旧説の小野〈城下町振興策〉を再評価し、他方で勝俣説の「縁切りの原理」を、歴史地理学的に城と市場の二元性として捉え返したことにあった。それゆえ制札Iについては、小島の歴史地理学的な議論が現在の学界の通説である。

勝俣が「この制札は、永禄十年織田信長が斎藤龍興の稲葉山城を攻略した直後、現岐阜市域の寺院に多く出した禁制類と同性格のもので……基本的には旧来から存在していた円徳寺寺内楽市場の保持していた諸権利の安堵により、楽市場の復興を保証したもの」としたのに対し、小島は、円徳寺が「上加納」にあるにもかかわらず、「楽市場」は「御園町」にあったとし、制札Iを保管する円徳寺と「楽市場」の間には、なんら本質的な関係はないとし、両者の関係を切断した。「楽市場」が「御園町」にあったとする小島説の根拠は次の三点である。(一)地誌には「岐阜惣構えの内は内町……外は外町」とあり、外町の「御園・岩倉町・中川原」三カ所に市が立ったとあること、(二)歴史地理学上、戦国期城下町の一般的な在り方として、市場が惣構えからやや離れて存在する、城と市場の二元性の問題、(三)小野晃嗣の言う〈城下建設策〉説を再確認すべきこと。

しかし、たとえ小島説が成り立つとしても、次の疑問が残る。(一)「御園」は清須の御園町の商人が作った町である可能性が強い、(二)「御園」と「加納」の地名の違いを無視している、(三)小島説が成立するなら、「岩倉」や「中川原」にも楽市場があったとなるが、その点の論証がない、(四)制札Iが美濃征服直後の軍事的緊張下に出されたことへの説明がない、(五)地誌の世界は山城の岐阜が廃城となり、城が平地の加納に移った近世のことで、地誌がそのまま戦国期の状態を示すと考えられない、等々。以上により、岐阜の惣構えの外に外町「御園町」があっても、そのさらに外側の「上加納」円徳寺に「楽市場」があってもよいと私は思う。勝俣の議論が古文書学上の研究の深化を感じさせたのに、小島説では楽市令たる所以は「諸役免許」、すなわち〈市場での営業税などの諸役は一切かからないこと〉とした。しかし、次節で述べるように、「諸役」も「免許」も多義的で、かかる一義的な断定はできないと思う。

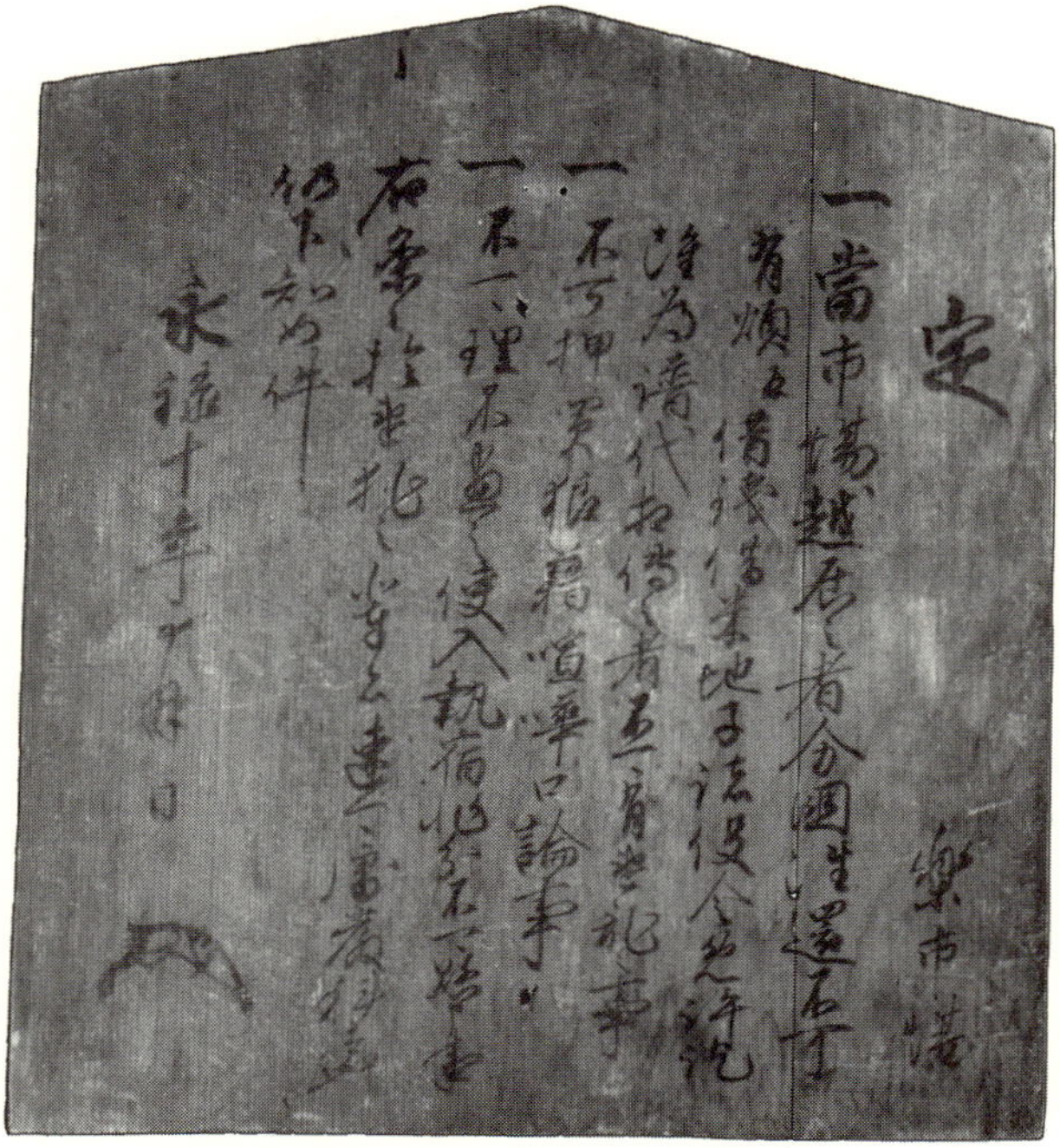

永禄十年織田信長楽市場制札
（岐阜市円徳寺蔵．写真提供：岐阜市立歴史博物館）

小島は「諸役免許」の意味を単純化し、個々の楽市令を歴史の個別の在り方に即して、特殊具体的に理解する道を閉ざしてしまった。勝俣の議論が原始以来の「縁切りの原理」で基礎づけられたことから、楽市場の発生は悠久の太古にまで遡ることとなり、逆に「楽市場は大名権力に把握されることにより、その存在が歴史上に姿をあらわすとともに、同時に本来的意味での楽市場の消滅であった」としたのに対し、小島説では楽市場成立は斎藤道三の稲葉山城築城時へと早まった。それゆえ制札Ｉの解明には、制札Ｉに先立ち、円徳寺寺内に存在した「楽市場」の歴史的復元がどうしても必要なのである。しかしその前に、通説に対する二、三の疑問を述べておきたい。

二　通説への疑問

「諸役」「免許」とは何か

制札Ⅰを分析する際の最大の問題点は「諸役・免許」にある。「諸役」が何を意味するかは、場合場合に即して理解すべきで、一義的に〈商売に関わる「営業税」〉とは断定できないと私は思う。「諸役」の本来の意味は、「役」の複数形で、「諸々の役」だろう。有光友学[16]が明らかにしたように、今川文書中の「諸役」は、「反銭・棟別銭」を中心とした〈守護役〉をはじめ、〈人夫役〉〈軍役〉〈地下役〉などさまざまで、多義的だった。「免許」の意味もまた、相手の要求に対する「特別な許可」で、「免許」の中身は、相手の要求に応える点では共通するものの、ある時は「営業権」や「徴収権」の「許可」を意味し、またある時は「免除特権」を意味するなど、多義的である。それゆえ、文書表面上から「免許」が「免除」の意味か、「特権の許可」の意味かは一義的には決定できず、要求者側と許可権力側との具体的な利害状況を復元し、考察しないと、意味確定には辿り着かないのである。

この場合の「借銭・借米・地子・諸役免許せしめ訖」も、単に「借銭・借米・地子・諸役」の四テーマを掲げるにすぎず、これら四つをどうするのかの述語部分は、両当事者間には充分明快だったので、暗黙の了解として省略された。しかし省略された述語部分は、両当事者間では当然でも、歴史的・社会的文脈のわからない者には難題で、その解明には、信長と「楽市場」との具体的なやりとりや、「楽市場」側の要求の歴史具体的な解明が必要となる。一般に日本の古文書は、俳句と同様、「最小メッセージ型コミニュケーション」である。「最小メッセージ」の背後にある両当事者間の具体的な利害状況が、コミニュケーション理解には決定的に重要である。

Ⅰが漢文なのに、Ⅱは漢字仮名混じり文である。文体に違いがあり、信長右筆の違いが想定される。Ⅲになると、法令の中身が少し変化する。Ⅱとよく似た漢字仮名混じり文の信長文書には、㈠永禄十二年（一五六九）近江堅田中宛て条規案[17]、㈡同年摂津天王寺宛て精選条規案[18]、㈢同年京都上京等宛て精撰追加条々[19]、㈣元亀二年（一五七一）尾張府中市場宛て禁制[20]等々があり、これらに共通する性格は〈流通関係〉である。つまりⅡは、経済官僚とも言うべき右筆の手による可能性がある。一方、Ⅰ・Ⅱ・Ⅲの第一条の最初の語句a「当市場越居の者、分国往還煩あるべからず」は、文体の違いを除けば、三者に共通する。このことは前述したように、Ⅰ・Ⅱ・Ⅲが一連のもので、三者がそれぞれ独立して別個に作成されたのでなく、ⅡはⅠの、ⅢはⅠ・Ⅱの継承を示している。このようにⅠとⅡとが、互いに関連したとすると、Ⅰが発給されて丸一年未満に、〈なぜⅡが再び発給されたのか〉の疑問が生まれる。

　これは本来制札が〈時限立法〉で、その効力は短く、掲示期間のみだったからだろう。このことは、「借銭・借米の免許」があるので〈楽市場では債権・債務契約が無効となったのでは？〉との心配は無用だとなる。Ⅰの「楽市場」とⅡの「加納」が場所的に連続していれば、制札Ⅰが円徳寺寺内町の「楽市場」に掲示されたのは、長くて一年で、楽市場が上加納の円徳寺境内を越え、加納方面に拡大したので、あるいは加納に上加納と同じ恩恵を施そうとして、改めて「加納」宛て制札Ⅱが出されたこととなろう。このようにⅠ・Ⅱが対応すると仮定すると、Ⅰの第二条・第三条がⅡでは第三条の一つにまとめられ、逆に、Ⅱの宛名「加納」とⅡで新たに加わった第二条「楽市楽座之上、諸商売すへき事」の二つが、Ⅰの宛名「楽市場」に対応するとなる。ここからⅡの第二条「楽市楽座之上、諸商売すへき事」は「楽市場」の説明と考えられる。Ⅰの「楽市場」とⅡの「加納」の場所が異なる場合でも、Ⅰ・Ⅱが共に円徳寺に伝来したので、両者の管理者が共通するなど、両者の連続性が考えられよう。以上からⅡを「加納楽市令」と命名したい。これと区別するためにⅠを「上加納楽市令」と呼びたい。

　ところで、第一条の二番目の語句bに注目すると、Ⅰの「借銭・借米・地子・諸役令免許訖」が、Ⅱでは「借銭・借米・さかり銭・敷地年貢、門なみ諸役免許せしめ訖」、Ⅲでは「町中門並諸役免許せしむる事」となる。Ⅰの「諸役免許」に限れば、Ⅱでは「門なみ諸役免許」、Ⅲでは「町中門並諸役免許」となる。ここから、「諸役」は「町中の門なみ」に課せられる〈住民税〉で、「守護役」としての「反銭・棟別銭」か、あるいは「地下役」の意味となる。

また制札Ⅰでは、信長の「下知」の内容が、第一条aでは「分国往還不可有煩」、cでは「不可有違乱之事」、第二条では「不可押買・狼藉・喧嘩・口論事」、第三条では「不可理不尽之使入、執宿非分不可懸申事」と、いずれも「不可」で統一されている。それゆえbの「借銭・借米・地子・諸役」の「免許」も、「……をしなくてもよい」という否定形、つまり「免除」の意味である可能性が高い（第一条をa・b・cに分けることは、後述「三カ条か五カ条か」参照）。それゆえ、この場合の「諸役免許」は〈住民税の免除〉の意味で、「諸役」は「守護役」か「地下役」で、外から市場にやってくる外来商人への〈営業税〉ではないことになる。それゆえ、この「諸役免許」文言から、通説の〈「営業税」を免除されたのが楽市場〉であるという主張は導き出せない。

通説の根拠は、㈠Ⅰの「楽市場」がⅡの「加納」と「楽市楽座之上、諸商売すへき事」に対応すること、㈡天文十八年（一五四九）に近江守護六角氏が観音寺城下の石寺新市を楽市としたこと、からの類推だろう。石寺新市における座特権と楽市場との対抗関係から、「楽市場」とは〈「座役銭」の徴収が禁じられた市場〉となる。それゆえ、この場合の「諸役免許」が「座役銭」「営業税」の免除なら、上加納の「楽市場」は石寺新市の「楽市場」と共通することになる。しかし、この場合の「諸役」は〈住民税〉で、両者間に共通性は確認できない。勝俣は「縁切りの原理」を前提に、「市座や問の禁止されたところ」とさえ述べたが、制札Ⅰにそれを証明する根拠は存在していない。「楽市場」とは何かは、われわれ研究者にとっては大問題だとしても、制札Ⅰでは、関係者全員の暗黙の了解に委ねられ、制札表面の重点は、全体としてむしろもっと別なところにあった。それゆえ、われわれは今後、制札Ⅰの文面・表層構造にもっとこだわるべきだろう。

「楽市場」とは何か

㈠Ⅰの第一条の「諸役」が住民税で、後に「町中門並諸役」と説明されたこと、㈡第三条の「宿を執る」ことが禁止されたこと、の二点から、この「楽市場」は、市の立つときだけ賑やかな〈六斎市〉などの「定期市」でなく、宿泊施設のある町屋が、街道に軒を連ねた〈町場〉だったことになる。それゆえ、小島道裕の[22]〈楽市場には住民もいないし、制札を受け取る主体もないので、信長はこの制札を住民の「いない」都市の場に立てた〉という考えは成立しない。フロイス『日本史』[23]は、信長が美濃征服後、将軍足利義昭を奉じ畿内を征服した後の、永禄十二年（一五六九）の都市岐阜のこととして、加納楽市場の有様を次のように述べた。「私たちは岐阜の市に至りましたが、人々が語るところによれば、八千ないし一万の人口を数えるとのことでした。私たちは和田殿の指定した家に宿泊しました。同所では取引や用務で往来する人がおびただしく、バビロンの雑踏を思わせるほどで、塩を積んだ馬や反物その他の品物を携えた商人たちが諸国から集まっていました。このような有様で、営業や雑踏のために家の中では誰でも自分の声が聞こえぬほどで、昼夜、ある者は賭博をし、飲食し、あるいは売買し、または荷造りをしてたえずやむ時がありませんでした。同家ではとうてい落ち着いておられず、私たち一同は二階で雑居していました」と。

ここからは「岐阜の市」と言われた「楽市場」が、バビロンを思わせる人口一万の都市で、「取引や用務で往来する人」や塩や反物などさまざまな商品を携え「諸国から集まった商人たち」のセンターで、住民は、一階が「賭博・飲食・売買・荷造り」の場で、二階が宿泊施設からなる二階屋の屋敷の持ち主で、諸国の商人や旅行者たちに宿泊やその他さまざまなサービスを提供していたことがわかる。フロイスたちが訪れた二年前でも、「楽市場」は焼け野原でなく、家屋敷の立ち並ぶ町並だったと思われる。岐阜市歴史博物館での楽市楽座の展示では、越前一乗谷の復元模型から、平屋の町場が作られているが、岐阜の楽市場は江戸時代の宿場町と同様、二階建ての家々が軒を連ねていたと思われる。木造建築からなる日本の家屋は、火災による焼失の危険は大きいが、復興も早かった。しかし後述する小島説のように、永禄十年（一五六七）九月の稲葉山城落城の際、焼き討ちに遭った「御園町」が、翌十月の段階で、宿泊施設のある「楽市場」だったとするのは無理だろう。

それゆえ、十月に定書の出された「楽市場」は、焼討ちされた「御園町」よりさらに南に展開する「上加納」の円徳寺寺内にあった（この点については第三節第三項「信長の美濃攻略」を参照）と考える方が自然で、小島[24]が主張する〈楽市場＝御園町説〉は成立しないと思われる。つまり、上加納の円徳寺に寺内町があり、そこに「楽市場」もあったとなる。そうなると、なぜ制札Ⅰの宛名が、「円徳寺」ではなく「楽市場」なのかが問題となる。これとよく似た事例に、永禄四年（一五六一）「平野の神戸市場」宛て信長禁制[25]がある。これは形式上は市場宛て禁制だが、その中身は〈市場法令〉でなく、東山道の美江寺と垂井の中間地点・神戸の〈日枝神社宛て禁制〉で、信長が大垣を越えて侵攻した事実を示している。ここからは、織田氏、斎藤氏、日枝神社、神戸市場四者の微妙な関係が考えられる。

制札Ⅰは、信長と円徳寺側の交渉の結果出されたものである。信長が「円徳寺」でなく、あえて「楽市場」を相手に選んだ背景には、信長の政策的意図があり、「楽市場」としたことで、寺内町に対する領主円徳寺の支配を否定する意図があった。ここに石山戦争後の本願寺の〈宗教と政治の分離〉が先取りされている。それゆえ、この時点での「楽市場」は、〈自生的存在〉でなく、前章で述べたように、今川氏の富士大宮の前例はあっても、信長の発明だった。当時、千駄櫃を背負い行商した連雀商人たちは、武装した「商人頭・商人司」に率いられていた。「商人司」は特権商人として戦国大名の家臣に加えられた。こうした在り方の空間的表現は、中世末期の城下大手門前の広場に市場があり、その傍らに連雀町がある城下町の景観となろう[26]。しかし、このような城下町は東海・甲信・関東に限られ、われわれが今問題とする円徳寺境内の「楽市場」を、この「連雀町」と対比・比較することは無理だろう。

織田氏の「商人司」に伊藤惣十郎[27]がいることは有名だが、伊藤氏が尾張・美濃両国の呉服商たちの「商人司」になるのは元亀・天正年間である。彼に先立つ「商人司」的存在として、鋳物師水野太郎左衛門[28]が挙げられる。しかし「楽市場」の主体は、〈人〉ではなく〈場所〉として捉えられ、連雀商人たちを率いた、武装した商人頭よりはむしろ、複数の人物で構成された、惣的結合による自治組織の「年寄中」が想定される。そうした実例として、次のものが挙げられる。㈠「十楽の津[29]」といわれた伊勢桑名に「丹羽善兵衛定満・水谷藤右衛門尉常信・丹羽甚兵衛定金・枝木源衛門尉明朝」からなる「桑名衆」が存在したこと、㈡摂津の長遠寺文書に、荒木村重が「たつみ（巽）いちにわ（市庭）年寄中」に宛てた折紙[30]があること、㈢近江の金森に対しても、信長朱印状「楽市令」が出されたのと同じ元亀三年（一五七二）に「守山美濃屋小宮山兵介」宛てに、金森市場を「守山年寄衆」に復興させる旨の折紙[31]が出された。そこには次のようにある。「金森市場之事、守山年寄衆令相談、急度相立様可有馳走、可為楽市楽座□□□□□恐々謹言、／七月十八日　佐久間伊織／（守山　美濃屋小宮山兵介殿）」。

以上より、制札Ｉの宛名「楽市場」とは、人格的には「楽市場」の根本住人の代表である複数の「年寄衆」で構成されていた。彼らは円徳寺に代わり、信長との交渉主体として登場し、制札Ｉを獲得した。制札の最後、書止部分には「於違犯之輩者、速可処厳科者也」とある。違反者に対し信長権力が処罰に乗り出すとの明記である。これは、「年寄中」で手に負えない問題が起これば、すぐにも信長権力が保護に乗り出すとの約束である。その前提には「年寄中」の〈市場検断権〉掌握があった。岐阜市歴史博物館の「楽市楽座」の展示では、「市司」として塩屋大脇伝助を想定していたが、信長の任命による「市司」でなく、現地側の人々である「惣町」の代表者「年寄中」によって「楽市場」は運営されていた、と私は思う。「富士大宮楽市令[32]」でも述べたように、中世的な「市司」を否定したところに「楽市場」があったのである。このことは「平和な市場秩序」の形成主体は誰かという問題と密接に関わってくる（都市領主円徳寺の検断権と市場検断権との関係については後述）。

「五カ条」か「三カ条」か

制札Ｉを瞥見してまず気がつくのは、第一条の肥大化である。これが、三カ条からなる制札Ｉの特徴である。制札や禁制が一般に三カ条からなるのは、漢の高祖の治世三カ条の故事によるとされる。確かに制札には三カ条が多いが、五カ条のものもあり、必ずしも三カ条に限らないことも事実である。ともあれ、この第一条は文意から次のａ・ｂ・ｃに三分割できよう。「ａ当市場越居之者、分国往還不可有煩、并ｂ借銭・借米・地子・諸役令免許訖、ｃ雖為譜代相伝之者、不可有違乱之事」。このように三分割した時、まず問題となるのが、第一条のａ・ｂ・ｃと第二条・第三条の関係である。ａ・ｂ・ｃをそれぞれ独立したものと見なし、制札Ｉは実質全体で〈五カ条〉と見なすか、それとも、a・b・cをそれなりに一つのまとまりと理解するかである。

第一条の対象を「当市場越居之者」と仮定したとき、第二条の「押買・狼藉・喧嘩・口論」の禁止は、「市場の平和」を命じたもので、その対象は第一条よりももっと広くなる。なぜなら、本来「市場」とは、第一条に登場する「当市場越居之者」などの市場定住者のほか、市場にやってくる外来商人など、さまざまな人々の〈出合の場〉だからである。事実フロイスは、「取引や用務で往来する人」や、塩や反物などさまざまな商品を携え「諸国から集まった商人たち」の存在を述べていた。第三条の「理不尽の使入るべからず、宿を執り非分懸け申すべからざる事」は「楽市場」の「不入権」に関わっている。「理不尽の使」にしろ「宿を執り」「非分を懸け申す」人にしろ、この法令の対象は、一般には多様な人々が考えられるが、一番問題としたのは、軍勢の濫妨・狼藉を禁止した多くの禁令と同様、〈信長の家臣〉だろう。事実、信長没後の天正十一年（一五八三）に池田元助の出したⅢでは、「宿を執る」が「陣取り」に、「非分を懸け申す」が「放火」に置き換えられ、軍勢の狼藉禁止令となっている。

第一条の対象を「楽市場」の〈都市住人〉とすると、第二条、第三条の対象は〈外来者〉と一括可能で、だからこそ、Ⅰの第二条、第三条は、Ⅱ・Ⅲでは第三条の一つにまとめられたのである。以上から、第二条・第三条の対象が〈外来者〉なのに、第一条は都市の根本住人と新住人からなる「当市場越居之者」を対象とし、a「分国往還不可有煩」、b「借銭・借米・地子・諸役令免許訖」、c「雖為譜代相伝之者、不可有違乱之事」という三つの述語が付いたことになる。〈「楽市場」も市場だ〉と考えたときに、制札Ⅰでは、第二条の「市場の平和」も第三条の「不入権」もそれなりに大事な項目となる。しかし第二条、第三条の文字数を適量と仮定すると、「当市場越居之者」を対象とした第一条の肥大化は明白である。つまり制札Ⅰでは、市場住人に対する特権がクローズアップされ、市場の構成メンバーのうち、〈外来者〉よりも〈都市住人〉の方を重視していることになる。この点が制札Ⅰの特徴なのである。

三　舞台と背景

円徳寺・聖徳寺・願証寺

峰岸純夫[33]は、大坂湾岸・淀川筋・大和川筋など大坂湾岸地帯では、石山本願寺を中心とした本願寺教団が発展したが、その「教線の発展は、河川・海上の流通路と密接に関連して」おり、「（水運に）関連する水運業者・労働者（船頭）・商人・手工業者などが、その所々に集住し、彼らの間に真宗が広まり、門徒組織が形成されていった」とした。これと同じことが濃尾の境界世界、木曾三川（木曾川・長良川・揖斐川）の水郷地帯でも言えよう。ここに登場する浄土真宗の寺院には、美濃厚見郡の円徳寺、尾張中島郡の聖徳寺、尾張海西郡長島の願証寺等々がある。特に願証寺は、木曾川河口の桑名–津島間にあり、長島一揆の拠点となった寺である。これら三寺は互いに木曾三川の水運で結合し、彼らは共に三河の浄土真宗の教線の発展によったという。このことは、この木曾川水運の世界が、大きく見れば大湊・桑名・津島・熱田、さらには知多半島・三河に至る〈環伊勢湾流通圏〉と結合していた事実を示していよう。

特に旧木曾川の支流、境川・墨俣川・黒田川流域は河野十八門徒の世界で、そこに円徳寺の美濃厚見郡九門徒も含まれていた。高牧実[34]は、彼らを「木曾川の船乗り、渡り」と言い、勝俣[35]も「美濃山間部の山の民、木曾川・長良川の川の民」からなると言う。しかしながら、この三寺が結合し、一向一揆として決起した歴史的事実はなく、石山合戦に際し石山本願寺からの決起要請に応じたのは願証寺のみで、円徳寺・聖徳寺は信長と対決した形跡はない。北陸などでは、浄土真宗門徒の「神祇不拝」の影響からか、浄土真宗以外の寺社はほとんど見当たらないというが、真宗門徒の多い輪中地帯は、現在でも親鸞の命日の「報恩講」は盛んだが、人々は同時に地域住民として、地域の神社祭礼にも参加し[36]、ただひたすら阿弥陀如来だけを信仰する「一向宗」とは多少趣を異にしている。このことと、この地域が一向一揆に立ち上がらなかったことの間にはなんらかの関係があろう。

「黒田川」は、日光川の上流で、鹿子島―宮田村―尾関村―大日比野村―島村―杉山村―大毛村―黒田村―荻原村―勝幡―津島と、現行の木曾川にほぼ並行して尾張の内側を流れ、当時は水運の中心だった。勝幡・津島は信秀・信長の根拠地だった。信長が代官の祖父江五郎右衛門に、堤の構築を命じたことから明らかなように(37)、黒田川流域は当時の開拓前線だった。それゆえ黒田川流域では、一向宗勢力圏と信長勢力圏は互いに重なり合っていた。織田信長の父信秀と斎藤道三、信長と義龍・龍興は、それぞれ木曾川を挟み何度も合戦した。一般に戦国大名は一向宗の武力に期待をかけ、戦いに際し、彼らを味方に付けるべくさまざまな働きかけを行なったという。それゆえ、織田・斎藤両氏の戦いでも、木曾川流域の一向宗徒に対し、両氏から誘いがかかったはずである。その中で、河野十八門徒たちは両勢力の間で、半ば独立し、独自の武力を誇り、緩衝地帯・中立地帯を形成していたと思われる。

聖徳寺は信長と斎藤道三の会見場となった。『信長公記(38)』には、道三からの会見要求に対し、「上総介公、御用捨なく御請けなされ、木曾川・飛驒川、大河の舟渡し打ち越え、御出で候」とあり、当時の信長の根拠地から「富田の寺内聖徳寺」へ行くには「大河の舟渡し打ち越え」たとある。重松明久の言うように(39)、富田の聖徳寺は木曾川の船着き場「起」の南方、今の「富田」でなく、黒田川下流「荻原川」を越えた刈安賀にあった。『信長公記(40)』には、「富田と申す所は、在家七百軒もこれある富貴の所なり。大坂より代坊主を入れ置き、美濃・尾張の判形を取り候て、免許の地なり」とあり、富田が織田・斎藤両氏の中立地帯だったことがわかる。天正十七年（一五八九）の秀吉掟書(41)には「当寺内市日出入輩、近国他国何之在所之者たりといふ共、不撰権門高家、違乱煩不可申懸事」とあり、富田寺内は「在家七百軒」からなる「富貴の所」で、市が立ち、美濃・尾張両国の人々が出入りしていた。

海西郡長島については、『信長公記(42)』に「上総介信長、尾張国半国は御進退なすべき事に候へども、河内一郡は、二の江の坊主服部左京進押領して、御手に属せず」とある。長島が下剋上の結果、国を追われた吉良殿・武衛殿など名士の陰謀の拠点となったこと、美濃を追われた斎藤龍興も長島に落ちのび、ここから三好三人衆と共に足利義昭に対抗したことの背後には、石山本願寺の作戦の他に、本来長島が願証寺の「横領」した土地で、中立地点・アジールの地だったからだろう。桶狭間の戦いの折にも、長島勢は今川の別働隊として信長に敵対した。『信長公記』「今川義元討死の事」(43)には「爰《ここ》に河内二の江の坊主、うぐゐらの服部左京助、義元へ手合せとして、武者舟千艘計り、海上は蛛の子をちらすが如く、大高の下、黒末川口まで乗り入れ候へども、別の働きなく、乗り帰し、もどりざまに熱田の湊へ舟を寄せ、遠浅の所より下り立て、町口へ火を懸け候はんと仕り候を、町人どもよせ付けて、嚔《どう》と懸け出で、数十人討ち取る間、曲なく川内へ引き取り候ひき」とある。このような木曾川沿いに広がる冨田聖徳寺や長島願証寺を中心とした真宗門徒の緩衝地帯・中立地帯の存在を前提とすると、円徳寺もまた、この中立地帯に連なっていたとなる。戦国時代において、敵対する二大勢力に挟まれた人々や村の在り方として、「半手」という、対立する両方の領主に年貢を半分ずつ納める「両属」状態(44)が明らかにされたが、濃尾の境のように、両者の勢力から半ば独立した第三者勢力が中立地帯を形成することもあった。

加納・上加納・岐阜

制札Ⅰは美濃国厚見郡加納の浄土真宗円徳寺に伝来した。加納は、関ヶ原・垂井・美江寺から信州・東国に至る東山道沿いの宿場町で、現在は長良川と木曾川に挟まれた「加納輪中」の中にある。しかしこの「輪中」は、近世尾張藩が「御囲堤」を構築し、木曾川・飛騨川の溢れ水が美濃側に押し寄せて以降新たに造られたもので、信長時代にはなかったという。われわれの問題とする円徳寺は、東山道の宿場町加納の北方「上加納」にある。「東山道」は美濃の国を東西に貫いている。「関ヶ原・垂井・美江寺」を経て、「郷戸」で長良川を渡り、「加納・革手・新加納」を経て「各務原」に出る。ここまで木曾川の北を走る「東山道」は、鵜沼で木曾川とぶつかり、それ以東は木曾川沿いに進む。一方尾張の国では、木曾川の支流、青木川の西側に自然堤防が南北に連なり、尾張国を貫くこの自然堤防上を、清須―一宮―黒田を結ぶ街道が通った。これが近世の「岐阜街道」や、今のＪＲ東海道本線となる。
「加納」は東西南北の道が交差する十字路にある。「岐阜街道」に沿い、尾張の清須・一宮・黒田から、美濃の笠松

・加納・上加納へと町場が並び、北方稲葉山の麓で長良川にぶつかる所が「井之口」である。つまり岐阜は、美濃国の中央、濃尾平野を一望におさめる稲葉山を背負い、長良川の水運を押さえ、東山道に睨みの利く地にあった。一方、長く守護所のあった「革手」は木曾川の支流「境川」の川岸で、水陸交通の要衝だった。戦国期に美濃の政治の中心地は「革手」から「井之口」へ移った。東辺を金華山・瑞龍寺山、北から西辺を長良川、南辺を東山道とする三角形を考えると、「井之口」は北の頂点で、東の山地と西の河川は天然の要害だが、南には何も障害物はなく、東の山地も瑞龍寺山で途切れ、その裾開きに「上加納」がある。それゆえ「井之口」に拠点を築く斎藤氏は、南方の敵・織田氏に対し、南に備えればよく、一方信長は、防御の手薄な東の瑞龍寺山金華山から稲葉山城を攻略した。

信長が「井之口」を「岐阜」と改めた段階では、岐阜は新たに信長の領国となった尾張・美濃両国の新首都で、両国を結ぶ「岐阜街道」の意味は大きかった。また、日本全体の陸上交通を考えると、京都と信州・東国とを結ぶ「東山道」の意味も否定できない。それゆえ、両者の交差点「加納」が、織田分国の交通・経済の新たな中心地となったはずである。以上から「楽市場」の場所も、稲葉山の麓の「岐阜」より「加納」に引きつけて考えてよいだろう。稲葉山城の名前が「岐阜城」と改まって以来の城主は、織田信長・織田信忠（信長嫡男）・織田信孝（信長三男）・池田元助・池田輝政・羽柴秀勝・織田秀信(45)（信長嫡孫）で、元助・輝政兄弟の父池田恒興は、信長の乳母養徳院の実子で、秀勝は信長の子で秀吉の養子だった。ここから岐阜城は〈信長の城〉と了解されていたことがわかる。

一方、関ヶ原の合戦に勝利した家康は、翌慶長六年（一六〇一）に岐阜城を廃し、代わりに東山道・中山道を臨む宿場町近くの加納に築城し、西国の押さえとした。中山道では宿場町に城がある例は少ないという。ともあれ、岐阜城から加納城への変化は〈山城から平城へ〉という近世城下町への移行・展開を示す典型例となる。このようにして加納城が築かれて以来、幕末に至ったことは、加納の地が東西南北の道路の交差する交通の要衝として、地政学上重要な位置にあった事実を示している。小野晃嗣の研究以来、信長の出した楽市令は〈城下町と関係している〉とされるが、三つの楽市令の中で「安土山下町中」を宛所とした安土楽市令は城下町令だとしても、金森楽市令の金森を〈城下町〉とするのは無理で、志那街道の〈宿場町〉である。ここから、加納の楽市場も〈城下町〉と考えなければならない必然性はないと思われる。三者に共通しているのは〈交通の要衝〉という要素だろう。

信長の美濃攻略

中世の鎌倉街道は近世には美濃街道と呼ばれた。尾張側から「起」で木曾川を渡った。「清須」から「荻原」を経て「起」に至り、ここから「墨俣」「大垣」を経て「垂井」で東山道と合流した。信長の父信秀は、この街道に沿い大垣に拠点を築き、美濃を攻略した。信長もこの道を進み、永禄四年（一五六一）の森部・軽海の合戦などで美濃を攻略した。これに対する当時の龍興側の防衛ラインは、むしろ信長の従兄弟・織田信清のいる北尾張の犬山城を中心に、現大口町の「於久地（＝小口）」と現木曾川町の「黒田」だった。この時点で龍興は、北尾張の木曾川・黒田川を押さえていた。永禄六年（一五六三）には、信長は居城を清須から小牧山に移した。『信長公記』「犬山両おとな御忠節の事」(46)は、黒田城主・和田新介、於久地城主・中島豊後守の寝返りを伝えている。永禄七年（一五六四）、信長は木曾川対岸の宇留摩城・猿喰城を攻略し、宇留摩城を勢力下に置き、木曾川渡河地点を確保した。永禄八年（一五六五）には織田信清の立て籠もる犬山城を落とし、美濃加茂市の「加治田」の佐藤親子を味方に付け、状況は一変した。

こうして東美濃「加治田」の攻防戦が始まった。守勢の斎藤氏は加治田の佐藤親子に対し、「堂洞」に付城を築き対抗した。大垣城の長井隼人正が「関」に陣取り、ここを「詰めの陣」としたが、信長は松明の投入れ焼討ちで奇襲し、堂洞砦を攻略した。この後詰め戦の勝利で、信長は美濃加茂市から関市までの犬山北方の東美濃を支配下に置いた。『歴代古案』(47)所収の九月九日付け直江景綱宛て信長書簡で、信長は当時の戦況を越後上杉氏に報告した。「其後絶音問候、本意外候、仍先月濃州相働、井口近所取出城所々申付候、然者犬山令落居候、其刻金山落居候、其外数ヶ所降参候条、令宥免候」とあり、斎藤氏の居城井之口の近所にいくつもの「取出」＝砦、「城」＝付城を築いたとある。当然、加納付近にも信長の付城はあった。東山道は、鵜沼以東は木曾川に沿うが、木曾川南岸の犬山から金山までを信長は支配した。翌永禄九年（一五六六）には、秀吉の「墨俣一夜城」でお馴染みの墨俣に攻略拠点を築いた。

もしも信長が加納円徳寺の厚見門徒を味方に引き入れることができたなら、信長は宇留摩城・猿喰城を支配したことで、稲葉山城攻略を待たずに、木曽川から東山道までを掌握したことになる。そうなると、斎藤龍興の生命線は長良川にまで後退する。東山道の各務原に出陣した信長軍を防ぐため、永禄十年（一五六七）四月、斎藤氏は東山道を進み、加納の東「新加納」に出陣した[48]。こうして永禄七年（一五六四）以降、加納の攻防が織田・斎藤両氏の焦眉の課題となった。円徳寺のある「上加納」のさらに北、瑞龍寺山の麓に、「御園町」（小島や市教育委員会はここに「楽市場」があったとする）がある。現在、円徳寺のある「金宝町」の北に「徹明町」の交差点があり、名鉄岐阜市内線が通る国道一五六号線がメインストリートの神田町と交差する。この道が瑞龍寺山の南を東西に走り、新加納へ抜ける最初の道である。この南方に円徳寺や「織田塚」がある。この道が当時の織田・斎藤両氏の〈軍事境界線〉と思われる。

「御園町」は惣構えの先の〈防衛ライン〉上にあり、斎藤氏側の防御用の砦が築かれていたと思われる。ここに市場の立つ可能性はある。しかしそれが問題の「楽市場」なのだろうか。小島説では、問題の楽市場は〈これだ〉という。小島説は小野晃嗣の旧定説に忠実であろうとして、あくまでも「城下町」の形式にこだわった結果、このような結論に至った。ところで、『信長公記[49]』には「稲葉山御取り候事」と題して次のようにある。「八月朔日、美濃三人衆稲葉伊予守、氏家卜全、安東伊賀守申し合せ候て、信長公へ御身方に参ずべく候間、人質を御請取り候へと、申し越し候。……未だ人質も参らず候に、俄かに御人数出だされ、井口山のつゞき瑞龍寺山へ懸け上られ候。是は如何に。敵か味方かと申すところに、早、町に火をかけ、即時に生《はだ》か城《じろ》になされ候」と。惣構の外側の〈防衛ライン〉の焼失情況が「生か城」なのだから、瑞龍寺山の麓の「御園町」は戦火で焼失したはずである。

しかし「楽市場」は戦後焼け跡の「闇市」でなく、前述したように、制札Ⅰの字面から明らかなように、しっかりとした施設で構成されていた。つまり「楽市場」はこの時の戦火には遭ってないと思われる。以上から、織田・斎藤両氏が軍事的に対立した時代の、南北に走る「岐阜街道」を北から順に図式的に色分けすると次のようになる。

(一)　稲葉山城とその麓の「井之口」が斎藤氏の〈根拠地〉。
(二)　「御園町」が〈防衛ライン〉で、砦の場所。ここには市場があった可能性がある。
(三)　「上加納」から「新加納」に抜ける現在の国道一五六号線が両者の〈軍事境界線〉。
(四)　それ以南は、円徳寺の「寺内町」や市場、「織田塚」や信長の砦のある、斎藤氏にとって〈異界の場〉。

緩衝地帯・中立地帯と織田氏の砦とは時間的には区別されるが、空間的には区別しにくかったと思われる。(四)の〈異界の場〉＝境界領域[50]こそが合戦の場、「墓所」の場、「市」の立つ場所だった。市場ではよく合戦があった[51]。小島が指摘するように、「御園町」に市場があった可能性はあるが、〈軍事境界線〉となった道路を挟んで南側にもまた、市場のあった可能性は強い。ここに円徳寺があったとすれば、その境内に市場や寺内町の存在を考えてよいはずである。以上から制札Ⅰの宛所となった「楽市場」は、「御園町」ではなく、その南の「円徳寺」寺内と思われる。確かに現在では「円徳寺」周辺に寺内町の遺構・遺跡を見いだすことはできないが、そのことをもって円徳寺寺内に「楽市場」があったことまで否定することはできないだろう。一方『信長公記』[52]には、斎藤龍興の長島退散について次のようにある。「八月十五日、色々降参候て飛騨川のつゞきにて候間、舟にて川内長島へ、龍興退散。さて、美濃国一篇に仰せ付けられ、尾張国小真木《こまき》山より、濃州稲葉山へ御越しなり。井口と申すを、今度改めて、岐阜と名付けさせられ、明くる年の事」と。ここから、八月十五日に降参に関してなんらかのセレモニーが行なわれ、その結果、龍興の命の保証、長島への退散と引き換えに、美濃国の統治権が公的に譲渡されたと思われる。

織田信長と斎藤龍興の間に立って、降参のセレモニーを仲介したのは、これまでのわれわれの考え方が正しいなら、両者の間にあり、両者の争いに無縁で、しかも現地においてそれなりの実力を持った第三者の円徳寺であろう。だからこそ、龍興は「川内長島」へ退散したのだろう。その後、信長は伊奈波神社へ参拝し、神主の手から、一国の政治の象徴である国印とその国印の櫃の鍵である「鑰《やく》」からなる「印鑰[53]」が手渡されたと想像される。美濃国の統治権譲渡は、支配の基になる土地台帳、特に「反銭・棟別銭」の賦課台帳の引き継ぎなどを中心とし、稲葉山城やその麓の

「井之口」にあった支配機構を織田氏は斎藤氏から引き継いだと思われる。斎藤氏から信長への美濃国の統治権移譲を人格的に表現した人物に、右筆の武井夕庵を挙げることができるかもしれない。谷口克広[54]は、道三から義龍・龍興と美濃斎藤氏三代に仕え、[55]添え状を発給した斎藤氏の家臣で右筆の武井夕庵が、斎藤氏の滅ぼされる前後で信長に転任したとしている。[56]

信長と円徳寺

織田信長と斎藤龍興との争いに対し、円徳寺は中立を保ったとしても、信長と円徳寺との具体的な関係が問題となる。このように問題を立てた時初めて、現在円徳寺の鐘楼に下がる梵鐘の銘文[57]が問題となってくる。ここには信長が、永禄七年（一五六四）十一月十一日に当時「浄泉坊」といった円徳寺に施入したとある。永禄七年の年と、信長と円徳寺との直接的な関係を示すこの史料は、奥野高廣が『増訂　織田信長文書の研究　補遺・索引』に収録したにもかかわらず、研究者たちは注目してこなかった。梵鐘には「大日本国美濃州厚見郡加納郷浄泉坊者、寂円律師所創之也、平公給陣蹟、廃長旌旧房、転営於是地、不易為梵宮」とあり、信長は浄泉坊に陣地の跡を寄進したので、浄泉坊は長旌の地から現在の金宝町の地に移ったとある。陣地の跡地寄進後、さらに信長はこの梵鐘を施入した。ここで信長は、自らを「上総介平信長」と名乗った。これは源平交代思想に基づき、将軍から「義」の一字をもらい、幕府相伴衆に列せられた斎藤義龍など、足利将軍と結ぶ既成体制への対抗意識が見られる。

神田千里[58]が明らかにしたように、本願寺や一向一揆が足利幕府体制ときわめて密接な関係にあったことを考慮に入れると、信長はこの寄進で、円徳寺のこれまでの在り方にくさびを打ち込み、新たに自己の味方に引き入れようとしたと考えられる。永禄七年は竹中重治が稲葉山城を占領した年で、この占領を期に信長が再び美濃に出撃し、十一月の時点で信長勢力がこの辺に及んだのは確実だろう。織田氏の美濃攻めは何度も繰り返され、付城や砦も何度も造られ、放棄された。この付城をめぐる両者の攻防で、斎藤氏側の圧力が強まれば、〈後詰め戦〉か〈放棄〉かを迫られた。

〈後詰め戦〉は一挙に雌雄を決する決戦にまで発展する可能性があり、リスクが大きかった。そこで第三番目の選択肢として、信長は浄泉坊に陣地の跡を〈寄進〉したのである。この梵鐘銘から信長と円徳寺の強い結びつきが確かめられる。信長は浄泉坊に対し〈敵対しないこと〉〈中立〉、ないしは〈味方になること〉を求めたと思われる。

信長が浅井・朝倉と戦い、彼らが比叡山に逃げ込んだ際に、信長は比叡山に、次の三要求を突きつけた。㈠味方するなら「山門領元の如く還付」、㈡「出家の道理」で味方できないなら、中立を守れ、㈢両条違背なら焼き討ちする、と。『信長公記』[59]には、その結果「比叡山焼き討ち」となったとある。㈠で注目すべきは、「今度、信長公へ対して御忠節仕るに付きては、御分国中にこれある山門領、元の如く還附せらるべきの旨御金打《きんちょう》なされ、其の上、御朱印をなし遣はされ……」である。信長は、仏前で鉦を打ち誓うと同時に、朱印状を用意したのである。現実とはならなかったが、比叡山との交渉の際「朱印状」を用意したのだから、円徳寺との密約の際も、同様な契約文書の準備が考えられる。この密約が事後的に文字化されて公表されたのが、今われわれが問題とする制札Ⅰだろう。

制札Ⅰは公開のものである。一方、永禄十年（一五六七）以前では、密約の公開は政治情勢が許さなかった。信長の施入した鐘の音は、美濃の国主斎藤氏の耳には、龍興からの一向宗寺院の〈独立〉宣言と響いただろう。しかし円徳寺は、斎藤氏の膝元で旗幟鮮明にできず、表向きはあくまでも「中立」を装ったと思われる。浄泉坊はここを聖徳寺と同様に「美濃・尾張の判形を取り候て、免許の地」にしようとしただろう。この場合の「免許」は「公事免許」のことで、守護不入の地として「楽市場」に対しては円徳寺が裁判権を持ったと思われる。また、信長の築いた付城、砦の跡「陣蹟」の表現から、浄泉坊は他の寺内町と同様な防御施設を持ち、「楽市場」はその寺内町にあった。以上から、永禄七年の段階で「楽市場」の原形は円徳寺寺内にでき、戦乱の最中ではあるが、大坂並体制はここにまで及んでいたと思われる。これに対し信長は、永禄十年の岐阜占領に際し、裁判権を円徳寺から奪い、これを新たに「年寄中」に与えたと考えられよう。以上が、制札Ⅰが円徳寺ではなく「楽市場」に宛てられた理由である。

四　制札の解釈

峰岸純夫が明らかにしたように、禁制は一般に軍勢の濫妨狼藉を防ぎ、平和確保のため、被給付者側が積極的に活動した結果作成された[60]。それゆえこの制札も、勝俣が言うように、「稲葉山城を攻略した直後、現岐阜市域の寺院に多く出した禁制類と同性格のもので」、大名側の一方的な城下町振興策などの政策実現を目的としてはいないと思う。しかし受給側の要求のみを反映し、発給者側は受け身で、政策実現の側面はまったくないとするのも、政治一般を否定した極論だろう。勝俣説に従えば、この制札Ⅰは既存の「楽市場」の戦災からの復興を目指したもので、楽市場側の〈既得権安堵〉要求の反映となる。それゆえ制札の表面は、楽市場機能の個別の提示だが、このような受給側の要求の反映との見方については、五「むすび」で再度取り上げる。私は信長・円徳寺間に密約があり、制札Ⅰはそれが日の目を見たものと考えるが、両者の交渉の中身の解明が、制札理解の上では何よりも大切となる。

第一条のａ――「当市場越居之者、分国往還不可有煩」

ａは「当市場越居之者」に対し分国往還の自由を保証したものである。当時、信長の分国中には多くの関所があった。「分国往還不可有煩」とは、関所の自由通行を意味し、具体的には「過書」「短冊」「道中手形」等の交付を意味した。信長は行商人や「六拾六部」など、旅を「すみか」とするものに対し、早くから交通の自由を保証した。制札Ⅰに先立ち、信長が出した「往還」＝通行の自由に関する法令には次のものがある。

㈠　天文二十一年（一五五二）尾張大森平右衛門尉宛て信長折紙[61]、「智多郡幷篠島諸商人当所守山往反事、……不可有違乱候」。

㈡　永禄五年（一五六二）熱田社の神宮寺「座主御坊」宛て信長判物[62]、「六拾六部之経聖当国往反事、如前々、不可有相違者也、仍状如件」。

㈢　永禄六年（一五六三）瀬戸宛て制札第一条、「瀬戸物之事、諸口商人国中往〔反〕□不可有違乱之事」。

㈠の「智多郡・篠島」商人に対しては商人頭の大森平右衛門が、㈡の「六拾六部之経聖」には座主御坊が、㈢の「諸口商人」には瀬戸の商人宿がそれぞれ支配権を持ち、彼らに「過書」「短冊」「道中手形」等を交付し、交通の自由を保証した。鋳物師の水野太郎左衛門[64]も、配下の「売子」たちや他国の「鍋・釜売り」たちに同様な権限を持った。これらの延長線上に、制札Ⅰaの「当市場越居之者」に対する「分国往還の自由」が考えられよう。ここにおける「年寄中」と「当市場越居之者」の関係は、前述の商人頭の大森平右衛門と「智多郡・篠島」商人、座主御坊と「六拾六部之経聖」等々の関係と似ており、要求は当然「楽市場」側からなされた。寺内町では、都市領主の本願寺派寺院は、商人たちの保護者として、住人たちに通行の自由を保証するため在地領主たちに礼銭を贈るなど、さまざまな努力を続けていた。それゆえ「分国往還不可有煩」は、円徳寺側の前々からの要求に基づいていると思われる。

制札Ⅰの表面上の文言、制札の表層構造にこだわる限り、この通行の自由は「当市場越居之者」にのみ与えられた〈楽市場住民の特権〉で、一方、市場や都市にとって不可欠な構成要素である、取引や用務で往来する人たちや、さまざまな商品を携え諸国から集まる商人たち、つまり遠隔地商人・外来商人・旅行者たちには関係がないのである。これは、「楽市場」の構成者全員に開かれた特権ではない点で、信長の関所廃止とは法の精神を異にしている。制札Ⅰの文面にこだわる限り、この制札は円徳寺寺内の住民を味方に付けるべく、彼らだけに特別に与えられた特権となろう。ここから、先に考えた密約説の可能性が生まれてくるのである。

第一条のb――「借銭・借米・地子・諸役令免許訖」

bの「借銭・借米・地子・諸役令免許訖」は「年寄中」の要求に基づき、信長が「当市場越居之者」に対して免除したものである。永禄七年（一五六四）の尾張二宮宛て定書で分析したように[65]、「借銭・借米」は「守護役」等の年貢未進に関わり、これが領主貸付米・銭の債務となったことから、新住民が「楽市場」に移住する際には、こうした債務を破棄し、「地子・諸役」も免除するの意だろう。この場合の「諸役」は住民税としての「守護役」、「棟別銭」だろう。Ⅰの「地子」はⅡの「敷地年貢」に対応するので、「地子」も都市住民としての負担だろう。少なくともⅠの場合、信長がこの楽市場の土地を寄進したのだから、本来「地子」徴収権は信長にあり、信長が地子を免除したのは、信長による寄進の再確認となる。「借銭・借米」は移住に際しての、これまでの債務に関わり、時限立法として一回限りの債務破棄命令だったのに対し、「地子・諸役」は、今後も永続的に免除したと思われる。

それゆえbの「借銭・借米・地子・諸役令免許訖」は、純粋に「楽市場」の住民のみの特権で、「楽市場」にやってくる外来商人たちは、この特権の外に置かれた。以上から、これは「代替わりの徳政」として「楽市場」の住人に対し、旧領主斎藤氏の下での未進年貢に関わる債務破棄を目指したものと解釈できよう。以上第一条のa、b二つの語句からは、この制札は〈楽市場の住民宛ての特権を書き出したもの〉との性格が強く印象づけられる。すでに密約があったので、公布されたのだろう。われわれが問題とする制札Ⅰに先立ち、信長は永禄十（一五六七）年九月に北加納の百姓宛てに「還住」を命じる制札[66]や折紙[67]を出した。これは円徳寺を含む北加納が本来信長側に属していたのに、龍興が「新加納を抱え」たことで、斎藤氏側に占領され「濫妨・狼藉」の対象となったからか、あるいは、稲葉山城落城に至る信長の奇襲攻撃等による戦火を避けて、北加納の百姓たちが避難していたかのいずれかである。上加納円徳寺寺内の「楽市場」に対する制札Ⅰも、これと同じ事情があろう。

以上から、「当市場」への「越居」自体が大きな特権で、この法令は「楽市場」への「還住」命令のみならず、「楽市場」にくる外来商人たちに「楽市場」の新住人となるよう強く要請したものと思われる。それゆえ、多数の商人たちが「楽市場」に押し掛けたと想像される。第一条の「当市場越居之者」とは、現に「楽市場」の住人である根本住人に加えて、これから住人になろうとする人々もあった。根本住人たちは〈町の振興〉〈住民の増加〉を望んだ。以上の結果、第一条のa、bは、小野晃嗣が指摘したように、町の繁栄策として人口集中を計ったものとなる。

第一条のc――「雖為譜代相伝之者、不可有違乱之事」

宮島敬一[68]や伊藤正敏[69]が明らかにしたように、中世では本来都市の住人となるべき商人・職人たちは、寺社に所属し、境内都市、権門都市の住民だった。これに対して、制札Iでは「楽市場」への集住を強く促した。以上を踏まえて、第一条の第三番目の語句c「雖為譜代相伝之者、不可有違乱之事」が存在する。たとえかつて「譜代相伝の下人」でも、一度「楽市場」の住人となれば、旧主による取り戻し・人返しは無効だとして、新しい身分を保証した。例えば鋳物師の水野太郎左衛門とその配下の「売子」たちの場合を考えると、鍋釜の販売を行なった「売子」たちは、大工太郎左衛門の「譜代下人」と考えられる。このような人々が一度「楽市場」の都市住人になると、身分は解放され、旧主の支配から解放された。つまり「当市場越居之者」は、古い社会関係から切れ、通行自由の保証、これまでの債務の無効、住民税としての「地子・諸役」の免除などを中心とする新しい法の保護下に置かれた。

永原慶二は、戦国期の商人を次の四つのタイプに類型化した[70]。①中央的商人――京下りの商人、堺・伊勢商人、大名と結ぶ海賊商人、②政商（商人司）タイプ――城下や領内の中心的港津に定住し、大名権力と密着して、領外・領内に広く営業活動を繰り広げるもの。蔵田（越後）、友野・松木（駿河）、宇野・賀藤（小田原）、組屋（小浜）など、③六斎市巡回商人――支城下・市町に本拠を持ち、年貢米の換金や輸送に関わるとともに、大名から領国内での営業活動について「一ヶ月馬何匹諸役免許」のような形での特権を受けているもの。甲斐の末木氏など、④小規模商人――連雀役の対象となる小規模巡回商人、市町の小規模店舗商人。当時の信長の領国内にこの四類型を求めると、鋳物師の水野太郎左衛門は②、生駒八右衛門[71]は③のタイプになろう。

これまでの楽市楽座のイメージでは、楽市場とは特権を持つ本座商人から〈新儀商人たちを保護した場所〉とされ、楽市場とは新企画の企業が保護されるベンチャービジネスの場とか、貧しい商人たちへの活動の場として一般には理解されるが、分国往還の自由の特権を入手した人たちは、貧しいタイプ③や④の商人たちではなく、むしろタイプ①や②の大商人たちで、彼らは競ってこの「楽市場」に営業の拠点を開いたと思われる。梵鐘を施入した永禄七年（一五六四）十一月には、すでにこの「楽市場」の前身になる円徳寺の寺内町は形成されたが、永禄十年（一五六七）十月のこの制札により、「楽市場」は信長権力を後ろ盾に大々的に再建された。つまり第一条は、北加納の百姓に「還住」が命じられたのと同様、楽市場の旧住民に還住を命じたものとなる。「楽市場」の「年寄中」は信長に対し、「当市場越居之者」についてのa・b・c三つを要求し、信長はそれに応えた。

第二条――「不可押買・狼藉・喧嘩・口論事」

第二条で禁止された「押買・狼藉・喧嘩・口論」は、市場で起こる最も一般的なトラブルであり、暴力行為である。これらの禁止は市場の平和な秩序を維持するため、どうしても必要だった。しかし多くの市場法と比較すると、ここには「国質・郷質」という質取行為の禁止が欠けていることに気づく。本座側が市場で彼らの固有の権利「座の特権」を主張すると、本座側は当然、「本座役の徴収」や座外商人に対する「質取行為」を行なったはずである。質取とは、トラブル解決のため、「座」の自力救済にすべてを委ねるシステムである。これが結果的に市場の平和を破壊したことから、市場法ではこれへの禁止が出されたのである。本書で取り扱った信長の流通経済法令中、質取関係を挙げると次のようになる。

㈠ 天文二十一年（一五五二）の「智多郡・篠島商人宛て自由通行令」[72]、「国質・郷質・所質」。
㈡ 永禄五年（一五六二）の「鋳物師水野太郎左衛門」[73]宛て折紙、「諸役・門次・所質等令免許之」。
㈢ 永禄六年（一五六三）の「瀬戸宛て制札」[74]第三条、「新儀諸役・郷質・所質不可取之事」。
㈣ 永禄七年（一五六四）の「尾張二宮宛て定書」[75]第三条、「郷質不可取之、理不尽使不可入事」。
㈤ 元亀二年（一五七一）の「苻中府宮宛て定書」[76]第二条、「郷質・所質不可執之」。
㈥ 元亀三年（一五七二）の「金森楽市令」[77]第一条の部分、「国質・郷質不可押執」。
㈦ 天正五年（一五七七）の「安土楽市令」[78]第十条、「喧嘩・口論、并国質・所質・押買・押売・宿之押借以下、一切停止事」。

ここから、本章の「上加納楽市令」に質取条項がないことが、いかに異常かがよくわかろう。逆に言えば、質取条項のないことがこの制札の特徴なのである。しかし「当市場」は「楽市場」なのだから、〈座外商人に対する本座の質取行為は一切認めない〉とする「楽市場」側の主張が当然あったはずである。それにもかかわらず、なぜこの制札には質取条項がないのか。「楽市場」だから当然〈本座の質取行為は認めない〉とし、省略したのか。商売をする個々の商人に対し、人身の自由を保証するには、質取を禁止し、「座」相互間の自力救済に代わり、市場「年寄中」による裁判という新しい問題解決方法の提示が必要だった。市場内部での「平和」維持には、市場側に最小限の武力、検断権が必要だった。「押買・狼藉・喧嘩・口論」を禁じた第二条は、「楽市場」の〈市場検断権〉を「年寄中」が持ち、これを信長権力が保証するという「楽市場」側の主張・要求を信長が承認したことを示している。

この「押買・狼藉・喧嘩・口論」は、市場における一般的暴力行為で、ここに本座権の行使の跡は読みとれない。「大坂並」を謳う寺内町では、都市領主が「諸商人座公事」を主張し、「質取」を禁止し、本座に代わり座役銭を徴収し、「座」に関する裁判を執り行ない、トラブルを解決した。すでに円徳寺は「大坂並」体制を目指す権門領主として、「座公事」の支配と「質取」禁止の体制を築いていたと思われる。円徳寺寺内町を「楽市場」へと換骨奪胎した際、「年寄中」による裁判の問題が発生した。ここには円徳寺と信長の対立があったと思われる。〈寺内町＝楽市場〉との見解もあるが、私は座の否定の仕方に相違があったと思う。円徳寺寺内町を「楽市場」へと換骨奪胎した際、裁判権の在処が大きく変化した。この制札の宛所を「楽市場」とすることで、信長は言外に「年寄中」の裁判を支持したと思われるが、ここに「質取」条項がないので、信長はむしろ「楽市場」の住民全体に特権を与えることに重点を置き、円徳寺の都市領主裁判権の存否の問題を先送りしたと考えられよう。

第三条――「不可理不尽之使入、執宿非分不可懸申事」

この第三条は第二条と同様、「楽市場」側の要求に基づいている。「理不尽の使入るべからず」は、「楽市場」の〈不入権〉の承認である。一方「宿を執り」、「非分」を「懸け申す」主体は〈信長の家臣〉で、彼らからの保護をここでは約束している。書き留めの「違犯の輩においては、速やかに厳科に処すべきもの也」は、この不入権の前提とし、「楽市場」「年寄中」が〈市場検断権〉を持ち、それを上級権力の信長が保証するよう「楽市場」側が要求し、信長がそれを承認したことを示している。信長の任命した「市司」による「楽市場」の秩序維持でなく、地域住民の代表者「年寄中」による〈市場検断権〉が、都市領主円徳寺の持つ検断権に対抗しつつ、形成されたと考えられよう。

五　むすび

勝俣鎮夫は「楽市令」の説明[79]の中で、加納の楽市令を「すでに楽市場として存在していた市場に、その楽市の機能を保証した、いわば保証型楽市令」とした。この「保証型楽市令」には、金森楽市令、後北条氏の相模荻野宛て楽市令などがあるとし、もう一つ別タイプの「政策型楽市令」とセットであるとした。〈すでに存在するものの機能を保証した〉との考えから、この制札から読み取れるものはすべて「楽市場」の機能を一般的に示すとされた。これまで私の行なった考察の結果を述べれば、すでに「楽市場」は存在していたとの面では勝俣説に同意するが、〈すでに存在するものを保証した〉とは考えられず、換骨奪胎されたと考える。ともあれ勝俣は、「楽市場」の機能を次の七つにまとめた。

㈠大名権力などの介入を許さない不入権の保持、㈡市場の平和を保つためあらゆる暴力行為の禁止、㈢楽市場の住人の交通安全の保証、通行税の免除、㈣完全な免税地としての存在、㈤独占的な販売を行う市場の座（市座）や問屋などの存在を認めない楽座であること、㈥領主の年貢滞納者も、他人の債務を負う者も、それらの関係が消滅し、追求されない場であること、(七)奴隷も市場住人になることで、身分が解放される。
(一)は第三条に、(二)は第二条に、(三)は第一条aに、(四)はb「地子・諸役」に、(六)はb「借銭・借米」に、(七)はcに、それぞれ対応する。しかし(五)に対応するものは制札Iには存在しない。(六)は「領主年貢の滞納者」に限られ、ここの「借銭・借米」は、一般的な債務までには広がらない。(四)も、完全な免税は「楽市場の住人」に対してのみで、楽市場への一時的滞在者には関係しない。つまり、これまでの分析の結果を勝俣のまとめと対応させると、勝俣説のように広く一般化できず、いくつもの限定が付くことになる。勝俣説は「縁切りの原理」「無縁の原理」をまずアプリオリな前提とし、そこからcの「楽市場」が「主従の縁」を切る「縁切り」の場を導き出し、第三条の「不入権」も「縁切り」の場で説明した。また「免許」=「免除」説を前提とし、bの「借銭・借米」の債権・債務関係も「楽市場」では一般的に切れるとした。しかし、これらは「縁切りの原理」でなく、円徳寺が織田・斎藤両氏の間に立ち、半ば独立した第三者勢力として中立地帯・緩衝地帯を形成していたことが、歴史的前提なのである。
この「楽市場」の前身には、信長が円徳寺に寄進した陣地跡の寺内町を挙げることができる。その際、信長と円徳寺間になんらかの密約があった。この制札はその密約を基礎に成立した。永禄十年(一五六七)信長は、岐阜を支配下に置いたことを背景として、円徳寺に対し〈寺内町の楽市化〉を要求した。円徳寺に代わり、楽市場の年寄中が交渉相手に登場した。年寄中はかつての密約の履行を迫り、第一条では交通の自由特権や、未進年貢に関わる債務破棄と住民税の破棄を約束させ、特権的な住民身分の確定を約束させた。この文面による限り、これらの特権は楽市場全体ではなく、むしろそこの住民だけに与えられた。さらに楽市場の年寄中は信長から、第二条では市場検断権を、第三条では楽市場の不入特権を承認させた。豊田武により楽市場と通行自由の関係は一般によく知られるが、この場合の通行の自由は、楽市場全体ではなく、むしろそこの住民にのみ与えられた。もし楽市場の一時的滞在者にも通行の自由特権が与えられたとしても、それは宿泊人を監督する商人宿という秩序の中でのみ可能だったので、宿の「主人権」の中に宿泊者が包括されたからと考えるべきだろう。

Ⅲ　上洛から石山合戦へ

――市場強制・道路強制

第八章　苻中府宮宛て定書――通行の自由から強制へ

一　史料と解明の鍵

ここでは元亀二年（一五七一）九月付け「苻中府宮」宛ての信長定書三カ条（これを定書Aとする）を取り上げ、「苻中府宮の市場」について論じたい。この定書Aは、奥野高廣著『織田信長文書の研究　上巻』[1]、佐藤進一・百瀬今朝雄編『中世法制史料集　第五巻　武家家法Ⅲ』[2]、『愛知県史　資料編11　織豊1』[3]などに収録されている。文書の保存状態は良好で、翻刻について三者間に異同はない。この朱印状Aの形式上の宛名は「苻中府宮」だが、第一条はもとより、他の二カ条の対象も「当市場」であることから、この定書の実質上の対象を「当市場」とし、文書Aは「尾張府中市場宛禁制」「織田信長尾張苻中府宮市場定書」などと名づけられている。『愛知県史』の綱文には「織田信長、尾張国大国霊社に、市場の諸役免除などの定書を出す」とあり、「尾張大国霊神社文書」とある。最新の『愛知県史』に従い、文書Aの全文と奥野高廣の「説明」[4]を次に掲げる。

［A］

定　　苻（府）中（中島郡）・府宮

一当市場諸役免許之事

一郷質・所質不可執之、押買・狼藉すへからさる事

一俵子・しほあひもの《塩合物》可出入事

右条々、違背之輩あらは、速可処厳科者也、仍所定如件、

元亀弐年九月日　（織田信長朱印、印文「天下布武」）

［説明］　苻（府）中府宮は、尾張（愛知県）の国府宮《こうのみや》のことで、愛知県稲沢市国府宮に鎮座。大国霊《おおくにたま》神社で、総社明神・御玉明神・角玉《つのたま》神社ともいった。尾張国の総社として崇敬のあつい神社である。自然と市場も早くから開設されていたのであろう。信長はこの市場のすべての負担を免除し、郷質（郷で抵当権を執行する）や所質（場所をえらばず抵当権を執行する）をとること、不法に買入れることや狼藉をしてはならないとし、俵子（白米の俵）・塩相物（塩魚）を出入さすことを認めた。

この説明から、奥野が第一条の「当市場諸役免許の事」を〈市場のすべての負担の免除〉と解釈したことは明らかである。この理解は『愛知県史』の綱文「市場の諸役免除」とも共通する。しかし、はたしてそうだろうか。この通説的理解に対する疑問の解明が本章の中心テーマである。第二条の「郷質・所質」について、現在では研究が進み、奥野説への異論もあろう。第三条の「俵子」を〈白米の俵〉とするのは、奥野の一貫した捉え方である。ところで、文書Aを分析する鍵は、第三条の「俵子・しほあひもの可出入事」、特に「俵子」「出入すべし」にあると思われる。まず、「俵子」から考察をはじめよう。

奥野の〈俵物＝白米〉説に対し、私は第一章「熱田八カ村宛て制札」で、「俵物」を〈俵に入れて運ぶ商品一般〉とし、第四章「瀬戸宛て制札」では、「白俵物」を〈塩〉とした。一方豊田武は、「塩と塩相物」について、「中世商品の大宗たるの地位を占め……僅かの隙間を縫うて、山間僻地の市場まで姿を現し……その取引は中世商業の核心をな」[5]したとした。ここから、この「俵子」は〈塩〉で、「俵子・しほあひもの」を〈塩・魚〉と考えたい誘惑に駆られる。しかし、この当時の信長領国では、尾張・美濃は「貫高制」の世界で、近江は「石高制」の世界だった[6]。貫高

制の前提には「代銭納」や市場での「米の換金」があった。それゆえ、「苻中府宮の市場」が濃尾平野中心部の農村地帯にあるからこそ、むしろ奥野の〈俵子＝米〉説が成立すると思われる。「俵子船」という語を含む天文二十三年（一五五四）十一月十六日付けの祖父江五郎右衛門宛て信長判物[7]（これをBとする）には次のようにある。

［B］

俵子船壱艘之事、諸役等令免許上者、無異儀〔議〕可往反者也、仍状如件、

天文廿三
十一月十六日　　上総守
　　　　　　　　信長（花押）

祖父江五郎右衛門殿

祖父江氏は木曾川に面した中島郡祖父江の土豪で、信秀の時代から織田氏の「蔵入地の代官[8]」だった。それゆえこの「俵子船」は、〈塩船〉よりも、年貢米の輸送に当たった〈米船〉とする方が自然だろう。一方、天正二年（一五七四）の織田信忠判物[9]（これをCとする）にも、河舟について次のようにある。

［C］

質・酒為商売、従津島太田迄、河舟壱艘・俵物已下往還事、不可有相違、郷質・所質・諸役等不可有之者也、仍状如件、

天正二
壬十一月廿八日　信忠（花押）

服部

木曾川の津島（愛知県津島市）－太田（岐阜県美濃加茂市）間を航行した服部の舟は、「酒商売のため」に「俵物」を

積んだとある。この「俵物」は、酒の原料だから〈米〉だろう。津島五カ村には「米之座」「今市場」[10]があり、御師たちの集めた初穂の〈米〉はここで販売された。他方「質のための俵物」は、〈俵に入れて運ぶもの〉一般で、上り荷は「塩を含む海産物」で、下り荷は「米などの農産物」「内陸部の生産物」と考えられる。以上から「俵物」は〈俵に入れて運ぶもの〉、特に「塩を含む海産物」なのに対し、「俵子」は〈米〉と、それぞれ別なものと考えられよう。

奥野は「出入すべき事」を〈出入さすことを認めた〉とし、市場への〈出入りの許可〉の意味とした。こう考えると、定書A第三条は、われわれが第四章「瀬戸宛て制札」で取り上げた制札第二条と、〈法の主旨〉は同一となるが、はたしてそうだろうか。瀬戸の場合は、確かに〈出入りの許可〉で、信長は「当郷出合之白俵物塩あい物以下」の出入りの妨害者に対し、処罰を明言した。しかし定書Aが〈出入りの許可〉では、文書の終わりの「違背の輩」に対する罰則規定が説明できない。それゆえこれは、「俵子・しほあひもの」商人に対し、市場への出入りを強制したもの、「市場強制」と考えるべきだろう。この「苻中府宮の市場」には、漁村の特産品で、非自給的な商品の「しほあひもの」〈塩・魚〉と、農村地帯の代表的な自給作物〈米〉を取り扱う商人が、同時に同一市場に出入りせよと命ぜられたのである。〈塩・魚〉は販売中心で、〈米〉はむしろ買い付け中心である。「塩相物」にしろ〈米〉にしろ、どちらを扱うのも、信長権力の強い保護下にある御用商人・特権商人だった。

次に特権商人と振売商人の別を論じたい。永原慶二は、戦国期の商人を次の四タイプに類型化した[11]。①中央的商人――京下りの商人、堺・伊勢商人、大名と結ぶ海賊商人、②政商（商人司）タイプ――城下や領内の中心的港津に定住し、大名権力と密着して、領外・領内に広く営業活動を繰り広げるもの。蔵田（越後）、友野・松木（駿河）、宇野・賀藤（小田原）、組屋（小浜）など、③六斎市巡回商人――支城下・市町に本拠を持ち、年貢米の換金や輸送に関わるとともに、大名から領国内での営業活動について「一ヶ月馬何匹諸役免許」のような形での特権を受けているもの。甲斐の末木氏など、④小規模商人――連雀役の対象となる小規模巡回商人、市町の小規模店舗商人。

当時の信長の領内にこの四類型を求めると、堺商人で畿内の〈塩〉流通を一手に引き受けた今井宗久は①、熱田の加藤図書助は②、前述Bの祖父江五郎右衛門やCの服部は③となる。

　第四章「瀬戸宛て制札」で取り上げた、熱田から信州に〈塩・魚〉を運んだ遠隔地商人は、信長保護下の特権商人で、②か③に属し、信長を「本所」とし、この制札発布以前に、すでに「諸役免許」の形で、信長より〈国内往還の自由〉が認められていた。しかし、信長の権威をもってしても、彼らの瀬戸物市への出入りは禁止され、「横道商馬」の形態を余儀なくさせられていた。一方、瀬戸物市に出入りする「諸口商人」は、長いこと松平・今川の保護下にあったので、この制札発布以前は、信長領国内での往還の自由は認められていなかった。瀬戸を代表して制札を受け取ったのは、②の〈瀬戸物〉の卸問屋だが、彼の支配下の「諸口商人」は連雀商人と同じ④となろう。この制札は瀬戸における〈塩・魚〉商人と「諸口商人」という二種類の商人集団の対立を前提として発布された。

　同様なことが「苻中府宮の市場」でも認められる。〈米〉を取り扱った特権商人は③である。「塩相物」が〈塩・魚〉で、熱田「魚市場」から搬送されたとすると、五条川を萱津から下津までか、三宅川・大江用水等を国府宮近くまで遡った。これらを取り扱った遠隔地商人は②か③で、信長が彼らからの反発を計算していないのは、彼らが特権商人として、すでに信長の保護下に入り、国内往反の自由、市場での営業特権等が認められていたからだろう。以上から定書Aは、次の二種類の商人相互間の対立を前提として発給されたと考えられる。㈠信長の保護下にあり、信長を「本所」とし、信長より国内往還の自由を認められた〈塩・魚〉や〈米〉を商う商人で、永原の言う②の「政商（商人司）タイプ」や③の「六斎市巡回商人」タイプの商人（ここでは〈遠隔地商人〉〈特権商人〉と呼ぶ）、㈡「苻中府宮の市場」に出入りするタイプ④の連雀商人（ここでは〈小売商人〉〈振売商人〉と呼ぶ）。

　㈠の特権商人たちが信長の保護下にあるのに対し、㈡の〈振売商人〉たちに対しては、一向宗の寺内町と信長側が互いに自己の下に組織化しようと奪い合う関係にあった。信長は彼らの組織化のため、廃れていた旧来の市場再開を苻中府宮に持ちかけ、苻中府宮側も再建の条件を示して交渉に入った。その交渉の結果、苻中府宮側の要求を呑んだのがこの定書Aである。信長の商人に対する保護・支配は「通行の自由」を保証した段階より強化された。以上から、われわれが問題とする苻中府宮宛て定書Aと瀬戸宛て制札は、出入り商品の点でも、法の主旨の点でも対立的で、むしろ次に取り上げる金森楽市令（これをDとする）との共通性の方が大きいことになる。次に定書Aと金森楽市令D(12)とを比較したい。Dには次のようにある。なお、佐藤進一はDの第一条を「国質・郷質不可押執」と読んだ(13)。

〔D〕

定　　条々　　金森

一、楽市・楽座たる上ハ、諸役令免許畢、并国質・郷質不可押□、付、理不尽之催促使停止之事、

一、往還之荷物当町江可着之事、

一、年貢之古未進并旧借米銭已下、不可納所之事、

右於違背之輩者、可処罪科之状如件、

元亀三年九月日（信長）（朱印）

表1　苻中府宮令と金森楽市令との比較

	苻中府宮令A	金森楽市令D
諸役・免許	第一条	第一条
質取	第二条	第一条
市場強制	第三条	第二条

Aでは「郷質・所質」、Dでは「国質・郷質」とレベルは異なるが、共に「質取」である。A第三条「俵子・しほあひもの可出入事」と、D第二条「往還の荷物、当町へ着くべきの事」は、文言に多少の違いはあるが、共に〈市場強制〉である。Dは、「往還之荷物」が通し馬・中馬などの形態で金森を通過することに対して、「当町」に着くよう強制したもので、坂本に面した港町「志那」と「金森」間の輸送体制を整備し、金森の問屋に荷物の伝送を命じる伝馬制度の確立(14)を目指したものである。苻中府宮令Aと金森楽市令Dとを比較すると上表のようになる。

この表から、苻中府宮令A三カ条は全体として翌年の金森楽市令Dの第一条、第二条に含まれることになる。ここから〈文書Aは「楽市令」では？〉との疑問が生まれる。一方、後北条

氏[15]や徳川氏[16]の楽市令などには「諸役」「質取」「押買狼藉」の三項目があり、問題の定書Aにも、同じ三項目がある。ここから再度、「苻中府宮の市場」も東国の〈六斎市〉の楽市場と同じではないかとの疑問が生まれる。これまでの楽市楽座をめぐる議論では、〈「免許」＝「免除」〉とし、信長楽市令の「諸役令免許」と東国の「諸役一切不可」を同一視して、議論は組み立てられた。事実、佐々木銀弥は、このAを楽市楽座令と見なし、楽市楽座の記載を欠く楽市楽座令[17]とした。しかしこの議論が認められると、「諸役免許」文言のある市場令は皆、楽市令となる可能性さえ出てくる。しかし一方、永禄十年の「上加納楽市令」第一条の「諸役免許」は〈守護役〉の住民税[18]を指し、商業税ではない。

さらに、天正十三年（一五八五）の相模国荻野新宿宛て後北条氏「楽市令[19]」は、「押買狼藉」「借銭借米」「喧嘩口論」の三カ条のみで構成され、「諸役不可」項目を欠いている。それゆえ「諸役不可」項目は「楽市令」にとって必要充分条件ではない。しかも織田氏が発布した加納・金森・安土の三楽市令のすべては、市の立つ日だけ人々で賑わう〈六斎市〉でなく、常に人々が蝟集し、巡回商人のみならず、定住商人も多く抱えた〈都市〉が舞台だった。織田氏の上加納楽市令・金森楽市令には「借銭借米」項目があり、どちらも〈徳政令〉である。他方、荻野新宿宛て「楽市令」では債権の取立を禁じている。以上から東国大名の「楽市令」と織田氏「楽市令」を同列に取り扱うには慎重さが必要だろう。まして「諸役免許」文言の存在から、Aを直ちに「楽市令」だとは断言できないのである。なぜなら、「諸役」の意味は多義的で、「免許」も一義的に「免除」とはならず、「許可」の意味もあったからである。

「免許」する権力側と「免許」を受ける側の間でなんらかの交渉があり、権力側がその要求を認めたとき、初めて「免許」の言葉が発せられた[20]。それゆえこの場合も、苻中府宮側が〈「当市場」に何を要求したのか〉が解釈のポイントとなる。苻中府宮側の要求に先立ち、信長側が要求したものは、前節から明らかなように、一向一揆との対決のため、〈経済封鎖を目的とした市場の開催〉だった。以上から第一条の「諸役免許」とは何かがわれわれの課題となる。この問題は四節「定書の解釈」で改めて取り上げる。次に、元亀二年という限られた時間と、苻中府宮という局所的な場所の持つ歴史的な意味について、それぞれ節を立てて、検討したい。

二　潮の変わり目——元亀二年という年

信長の流通関連法令の中で見ると、定書Aが潮の変わり目に当たっていることがわかる。以前なら往反する商人たちには「通行の自由」が与えられた。例えば、永禄六年（一五六三）の「瀬戸宛て制札[21]」では「当郷出合之白俵物并塩あい物以下、出入不可有違乱」とあった。しかしAでは「可出入」となり、この法令以後、信長の政策は〈道路強制〉〈市場強制〉へと変化した。信長の法令中、通行の自由を保証した七文書、八つの事例文言を次に掲げる。

㈠ 天文十八年（一五四九）「熱田八ヶ村宛て制札[22]」第三条付則、「宮中へ出入之者江於路次非儀中懸事」。
㈡ 天文二十一年（一五五二）「知多郡・篠島商人宛て自由通行令[23]」、「当所守山往反事……不可有違乱候」。
㈢ 天文二十三年（一五五四）祖父江五郎右衛門宛て「通行免状[24]」（B）、「諸役等令免許上者、無異儀〔議〕可往反者也」。
㈣ 永禄三年（一五六〇）生駒八右衛門宛て「馬壱疋通行免状[25]」、「国中往還之事、於末代違乱有間敷者也」。
㈤ 永禄五年（一五六二）熱田社座主坊宛て[26]、「六拾六部之経聖当国往反事、……不可有相違者也」。
㈥ 永禄六年（一五六三）「瀬戸宛て制札」第一条、「諸口商人国中往反不可有違乱之事」。
㈦ 同第二条、「当郷出合之白俵物并塩あい物以下、出入不可有違乱」。
㈧ 永禄十年（一五六七）「上加納楽市場令[27]」第一条、「当市場越居之者、分国往還不可有煩」。

これらはいずれも「通行の自由」を命じたものである。以上から、永禄十年の岐阜入城までの信長の流通政策の基調は「自由通行令」である。ところが今問題とする元亀二年の定書Aを境に、信長の流通政策の基調は「自由」から「強制」へと変化する。元亀三年（一五七二）の金森楽市令D[28]と、天正五年（一五七七）の安土楽市令[29]を掲げると、次のようになる。㈠A第三条、「俵子、しほあひもの可出入事」、㈡D第二条、「往還之荷物、当町江可着之事」、㈢安土令第二条、「往還之商人上海道相留之、上下共至当町可寄宿、但、於荷物以下之付下者、荷主次第事」。Dでは「往還之荷物」が、安土令では「往還之商人」が〈必ず当町に着くよう〉命じられている。「自由」と「強制」は正反対で、この変化は何に基づくのだろうか。通説では、楽市令は本源的な「自由」に関わるとされたが、現実にはこのような「強制」があったのである。この点で、加納楽市令と金森・安土の楽市令との間には大きな断層があったことになる。この断層は〈信長にとって元亀二年とはどんな年だったのか〉との問いと、密接に関わっていよう。

元亀二年（一五七二）の考察の前に、戦国期の道路事情を考えたい。近世初頭の俳人松永貞徳は『戴恩記』[30]で、信長が足利義昭を奉じて上洛する直前の京都の有様を次のように述べた。「我等生まれしよりこのかた、度々の兵乱ありし時は、町々の門戸をかため、辻々に堀をほり、或いは新関をすえ、或いは逆茂木を引き、かりそめの往還も自由ならず、まして近国・他国の便宜もきかず、雑説のみ多くて、あけ暮肝をけし、財宝をかくし、逃所を求めて侍りし」と。平和な徳川時代と比べて、戦国期の道路事情・交通障害を伝えている。ここから「戦国時代には交通は途絶え、経済状態は逼迫し、社会不安は募った」とイメージされる。確かに平和な江戸時代とは異なる社会だった。しかし、「門戸・堀・新関・逆茂木」などが一時的な「交通の途絶」だとしても、戦国時代は日本史全体の中では、都市や流通経済の発展した時代で、この時代の流通経済を考えると、信長の「関所の廃止」や「楽市楽座政策」が問題となる。

三浦圭一[31]は、戦国期の交通事情につき、いくつもの事例の検討の後、「全国の幹線道路は『公界』の理念のもと、戦国大名のみならず、在地領主・小領主層の連合勢力によって実質上私的支配下におかれようとする傾向を辿っていた」とまとめた。鍛代敏雄[32]はさらにこれを承けて、戦国期の交通障害が「路次封鎖・路次狼藉・所質・荷留・関所」等々の形をとったと論じ、本願寺が地域領主に対し礼物や礼銭を贈り、交通安全を図った事実を明らかにした。こうした本願寺に対し、信長は「在地領主・小領主層の連合勢力」による幹線道路の「私的支配」を否定し、領内の関所を廃止し、「智多郡・篠島」の商人や「瀬戸」の「諸口商人」、岐阜「楽市場」に「越居之者」等々、さまざまな商人に「分国往還之自由」を与え、道路交通に生活の糧を求める運送業者、商人たちの解放者として立ち現われた。

『信長記』[33]「関役所停止の事」には、「天下万民の為」「万人を安んずる事は国家を保つ者の楽みとする所なり」とある。『信長公記』[34]には「且《かつうは》天下の御為め、且往還の旅人御憐愍の儀をおぼしめされ、御分国中に数多《あまた》これある諸関諸役上げさせられ、都鄙の貴賤、一同に忝しと拝し奉り、満足仕り候らひ訖んぬ」、「当国の諸関、取分け往還の旅人の悩みたる間、末代に於いて御免除の上、向後関銭召し置かるべからざるの旨、堅く仰せ付けらる」とあり、信長は〈全商人階級の解放者〉として描かれている。本願寺が信長のこの道路政策に対抗し、交通安全の保証者として立ち現われるためには、「在地領主・小領主層の連合勢力」を一揆として己の側に組織する必要があり、「一向一揆」の蜂起が必要だった。それゆえ石山合戦の本質は、道路交通を生活の場とする運送業者や商人たちを、信長と本願寺のどちらの側が組織するかだった。信長の支配下に入ることは、俗人として承認されることだった。

一方、本願寺の支配下に入ることは、中世の「神人・供御人・寄人」制の連続線上で、「門徒」という宗教的な外皮をとり、「権門高家」の保護下にあることを意味した。したがってまた、「一向一揆」の蜂起の呼びかけには応える義務があった。それゆえ、道路に対する私的支配を否定する信長の交通路支配政策は、商人たちを中世の「神人・供御人・寄人」制から、近世の城下町の住人、「町人」身分へと変身させ、本願寺を旧勢力側へと追いやった。長島の願証寺は、桶狭間の戦いをピークとする信長と今川氏の対立では、今川側に与し、信長と軍事的に敵対した。美濃の斎藤氏との戦いの際も、稲葉山城を逃げ出した龍興を匿うなど、ことごとく信長と対立した。それゆえ、石山合戦に際し長島一揆が信長と対立したのは、これまでの長い経緯から当然だった。しかし、河野門徒と呼ばれたすべての人々が「門徒」として一揆に立ち上がるか、「商人」として信長の保護下に入るかは、長島一揆とはまた別の問題だった。

元亀元年（一五七〇）に織田軍の主力が近江で浅井・朝倉の連合軍と対峙したとき、長島では一向一揆が蜂起し、信長の弟、小木江城主の織田信興は戦死した。この定書の出た元亀二年五月、信長は長島を攻撃したが、手痛い反撃を受けた。同年九月には、信長は比叡山・坂本を焼討ちした。つまり、この文書Aの出された元亀二年は、信長にとって、「元亀争乱」と呼ばれる本願寺・浅井・朝倉等々の対信長包囲網との死闘の年であり、信長が対信長包囲網に対し、未だ決定的な軍事的優位を築けない時期だった。それゆえこの時から信長は、対石山本願寺戦線を本格的に再構築し、持久戦としての経済戦争・経済封鎖を始めたと考えられよう。定書A第三条では「俵子・しほあひもの」を荷中府宮市場に「出入すべし」と命じた。この命令の裏側に、周辺地域に対する〈荷留〉〈米留・塩留〉があったとすると、第三条の意味がわかってこよう。これは、本願寺と結びつく寺内勢力への経済戦争だった。

豊田武は『中世日本商業史の研究』[35]で、経済封鎖としての〈塩留〉に注目した。「元亀争乱」もまた、持久戦としての経済戦争・経済封鎖の側面があった。同じ元亀二年正月に、信長は北国街道沿いの横山城の城主木下秀吉に「人留令」[36]（これをEとする）を出し、同年十二月十三日には、美濃本巣郡根尾村の土豪に「人留令」[37]（これをFとする）を出した。根尾は北国と美濃との通り道に当たり、本巣郡根尾村は揖斐川の支流・根尾川のほとりで、川沿いの道は温見峠を経て、越前大野に抜けた。E・Fにはそれぞれ次のようにある。

［E］　従北国大坂へ通路之諸商人、其外往還之者之事、姉川より朝妻迄之間、海陸共以堅可相留候、若下々用捨候者有之ハ、聞立可成敗之状如件、

信長（朱印）

正月二日

木下藤吉郎（秀吉）とのへ

［F］　加賀・越前、北国より大坂へ通候商人・同旅人、一切可被相留候。荷物已下押置、其身ハ搦取、可有注進候。少も於用捨者、可為曲事候。為其急与申送候。恐々謹言、

（元亀二年カ）十二月十三日　信長

根尾右京亮殿

根尾市介殿

根尾内膳亮殿

E・Fは明らかに北国と大坂との交通遮断を目的とした命令である。翌元亀三年（一五七二）七月に、信長は山城の勝竜寺城を守る細川藤孝に「人改書下(38)」（これをGとする）を、岐阜市加納町の真宗大谷派の専福寺には「分国内一向宗徒定書(39)」（これをHとする）を出した。これらは共に先のE・Fと同じ政策に基づき、大坂への道路封鎖を狙ったものである。

［G］

大坂へ通路之者、商人ニ相紛往覆（復）之由、其聞候、然者於二其地一堅可レ被二相改一候、於二不審之輩一者搦捕、可レ有二注進一候、無二油断一可レ被二申付一之状如レ件、

元亀参
七月三日　信長（織田）（「天下布武」重郭朱印）

細川（藤孝）兵ア（大）太輔殿

［H］

今度対二天下一本願寺（摂津）企二造意一次第、前代未聞無二是非一候、所詮分国中門下之者、大坂（摂津）へ可レ令レ停二止出入一、然者代坊主之儀、先可二立置一候、脇ゝ寺内来十五日限て可二引□（拂カ）一、□両条共以違背之族在レ之者、可レ為二成敗一之状如レ件、

（元亀三年）七月十三日　信長（織田）（「天下布武」重郭朱印）

（美濃）専福寺

E・F・G・Hはいずれも、直接的には石山との交通を遮断し、敵本願寺の勢力を削ぐことを目的としたが、これ

を通じ、同時に流通世界をも支配しようとする側面があった。ここから元亀三年（一五七二）の金森楽市令Dの第二条もまた、これらと同様な経済封鎖・道路封鎖となろう。この金森楽市令に先立ち、同年三月には、江南の金森・三宅一揆に対抗し、江南の惣郷中に対し「金森・三宅両城出入・内通之事、堅く禁制」の高札が立てられ、村惣代らは「金森・三宅両城出入・内通一切仕るべからざること」「万一当郷より出入り・内通の輩、聞こし召し出さるるにおいては、親類・惣中とも、成敗を加えらるべきのこと」を記した連名誓紙[40]を提出した。ここから、文書Aもまた、尾張国中の一向一揆に敵対し、金森と同様な経済封鎖・道路封鎖を目指したものと考えられる。

三　歴史の舞台――苻中府宮

今ここで問題とする「苻中府宮」は、中世には「府中宮」、信長以降は「高之宮・光之宮」、近世には「国府宮《こうのみや》」と呼ばれた神社で、愛知県稲沢市にあり、旧暦の十二月三日の裸祭りで有名な「尾張大国霊神社」である。古代律令時代、稲沢市には国府が置かれた。国司の重要な政務は国内各神社への参拝だった。この神社はこのことに関わり、尾張各地の神社の神々を国衙近くに勧請してできた「総社」である。「国府宮」は尾張平坦部の中心にあるが、ここは古くは木曾川の氾濫原で、周辺は自然堤防と後背湿地からなっていた。稲沢市は江戸時代以来、自然堤防上に作られたホウレン草、大根などの蔬菜類や苗木・植木で有名で、冬の寒い伊吹おろしで干し上げられた「切り干し大根」が戦前までの特産品だった[41]。冬の寒さと夏の暑さが根を良く張らせることから、この地は苗木作りに適しており、現在では苗木・植木の町として有名で、今、国府宮神社には植木市が立つという。

津田豊彦の「大国霊神社」の説明[42]では、「尾張地方の農民の当社に対する信仰は篤く、田植え終了後の農あがりの折に村落単位の団体で〈国府宮詣り〉をするところが非常に多い。このころになると、かつては境内に農機具を商う店が立ち並び、農民も農具をこの機会に購入した」とある。現在は〈植木市〉だが、近世から明治にかけては〈農具

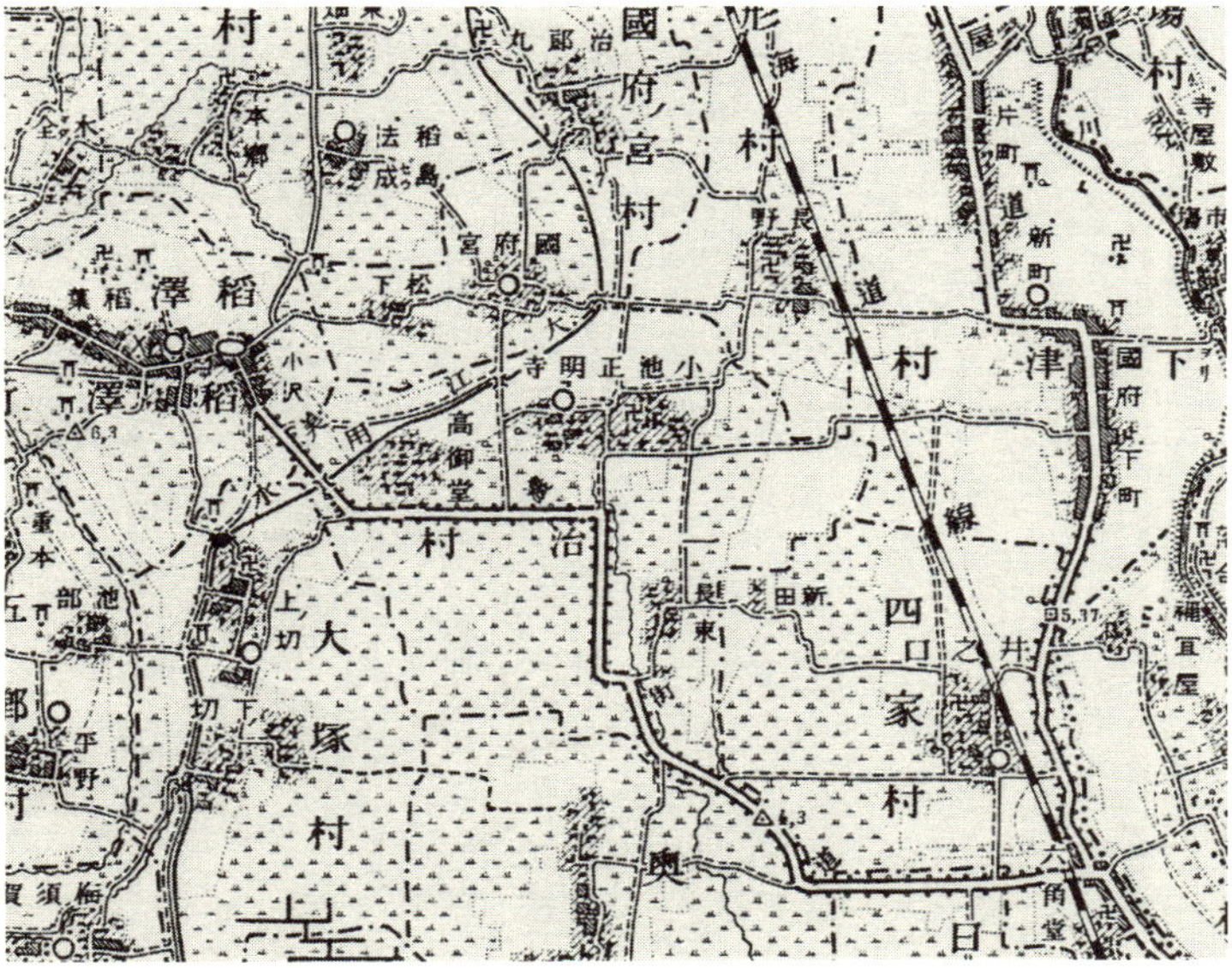

国府宮・美濃街道（明治二十四年陸軍測量部）

市〉だった。問題の戦国期「苻中府宮」の市では、この定書発布以降は「俵子・しほあひもの」が取り扱われた。木曾川と飛騨川との合流点、美濃加茂から犬山までは「日本ライン」の渓谷で、犬山を過ぎると「木曾川八筋」の分流地帯となる。近世の「御囲堤」成立後、木曾川は尾張に流入しなくなり、古い時代の尾張内陸水路の復元は困難だが、ずっと古い昔は「国府宮」のある「中島郡」は文字どおり木曾川の中州の島だった。清須を流れる「青木川」も、信長の出た織田弾正家の根拠地「勝幡」を流れる「黒田川」も、中世以前は木曾川の支流だった。

天文二十二年（一五五三）四月、信長が那古野城にいた頃、国府宮の北西、刈安賀の「聖徳寺」で、斎藤道三と会見した。『信長公記』には、信長が道三からの会見要求に応え、「上総介公、御用捨なく御請けなされ、木曾川・飛騨川、大河の舟渡し打ち越え、御出で候。富田と申す所は、在家七百間《けん》もこれある富貴の所なり」[43]と記されている。「木曾川・飛騨川、大川の舟越し」は、「木曾川八筋」の「三宅川」等々を指し、当時は本流・支流を区別しなかった。三宅川は国府宮辺りからは南南西に流れて勝幡に至り、黒田川と合流して「日光川」となり伊勢湾に注ぐが、三宅川は勝幡への途中で、南北に二度大きく蛇行する。国府宮の西南方向、三宅川の大蛇行部には国分寺があり、近くに国府があったとされている。一方、国府宮の東、青木川と五条川の合流点は「下津」で、ここには「岐阜街道」に沿い「国府下町」があり、室町期には守護所があった。もう一つの国府想定地は、国府宮の西、国府宮と稲沢の中間地点「松下」である（前頁の地図参照）。

国府宮地域は本来、国衙領・公領で、信長は尾張統一の段階で、ここを直轄地とした。近くを「大江用水」や「福田川」が流れる。青木川から水を引き、蟹江に抜ける大江用水は国府宮を中心に東から南へ弧を描いて流れる。これには、古代尾張守大江匡衡が後背湿地の「芦葦卑湿の地」の治水と開田を目的に拓いたとの伝説がある。国府宮から南に少し離れて、墨俣・荻原・稲沢・清須・萱津を中世「鎌倉街道」が東南方向に通る。一方、青木川に並行し、国府宮の東側を「岐阜街道」が南北に走り、清須・下津・妙興寺・一宮を結んでいる。戦国時代には下津の南の六角堂で鎌倉街道と岐阜街道は分岐した。「国府宮」の東西を少し離れて、尾張を縦断する青木川・三宅川が流れている。「三宅川・五条川・青木川は舟運が盛んで、三宅川に面する尾張大国霊神社の別宮に海上神としての宗形神社が、青木川沿いの下津にも住吉神社があり(44)」、ここ「国府宮」は水陸交通の要衝だった。

現在、JR稲沢駅東側は下津で、西に名鉄名古屋本線・国府宮駅がある。この駅の南口と稲沢駅を結ぶ東西の道路と南北の「国府宮」参道の交差点に現在の「一の鳥居」があり、「大江用水」もここで交差する。参道には一の鳥居、二の鳥居、三の鳥居があり、広い歩道となる。その両側に舗装された車道が左右に二本付き、都市鎌倉の「段葛」「若宮大路」と同じ形態である。この参道に市が立つと考えると、その大きさに圧倒される。広い参道とその両脇の道との形態は、東京・浅草の「浅草寺」の大鳥居から入った「仲見世」にもあるが、「仲見世」や「段葛」と異なり、現在の光景としては、商店街はなく(45)、ただ広い道が長く走るだけである。しかし中世には、一の鳥居は現在のさらに二倍半先の、鎌倉街道にぶつかるところにあった。ここで鎌倉街道は東西に向きを変えている。〈社会経済の道〉鎌倉街道に対し、参道は垂直に北に向かっているのである。こうした計画道路の基礎になった条里制との関係などが知りたいところである。

国衙市

「鎌倉街道」は、国府宮の西南方面で「大江用水」を跨ぎ稲沢に達する。一方、明治二十四年（一八九一）の地図では、下津から国府宮、松下、稲沢に至る小道がある。この小道は「大江用水」を国府宮の東で跨ぐ。これら南北に流れる水運と東西に走る〈社会経済の道〉を基盤に「苻中府宮の市場」は成立し、南北の〈参道〉には東国の後北条氏の領国と同様、六斎市が立った。神社と市場の関係は昔からよく取り上げられるテーマだが、国府宮は単なる神社でなく、一国の「総社」で、古代には国衙の構成要素だった。国府は中世には「府中」へと名を変え、古代国府と近世城下町を結ぶものとして注目されている。佐々木銀弥[46]は、鎌倉・南北朝時代の〈国衙市〉の存在を主張し、尾張では「国衙市を中心とする市場網」が下津を中心に、下津五日市・国衙下津市・萱津東宿市・海東上荘市・八瀬市・牛野郷東本地市等々に形成されたとした。

小林健太郎も、尾張における「十六世紀後期の中心村落網[47]」を明らかにし、佐々木説を補強した。今ここで問題とする「苻中府宮の市場」は、これら国衙市の十六世紀的な在り方となる。海東上荘市が甚目寺の門前市で、八瀬市も国分寺の隣の市神社と密接な関係にあった。「苻中府宮の市場」も国府宮の門前市場、鳥居前市場[48]だろう。佐々木の言う〈国衙市〉を大きな視野で捉え返すと、中世の府中・国府や総社等々と流通経済の関係となる。石井進[49]は、鎌倉期、府中・国府の傍には「守護所」が築かれ、守護が在庁官人を指揮したとした。網野善彦[50]は、中世の職人・商人たちには「免田・給田」が与えられ、国衙中心の「職」秩序の中に置かれていたとした。中世における彼らの在り方は「神人・供御人・寄人」制である。畿内有力神社の「神人」の地方版は「総社」「一宮」の「神人」となろう。また「供御人」の在り方の地方版も、府中支配下の商人・職人となろう。

これらの問題は、史料が少ないものの、最近関心が高まり、中世諸国一宮制研究会編『中世諸国一宮制の基礎的研

表2　諸国の苻中と市・町・市場

国名	甲斐	上野	出羽	越後	丹後	備後	筑前
現在の地名	甲府市	前橋市	山形市	上越市 直江津	宮津市 府中	府中市	太宰府市
市など	三日市場 八日市場	八日市場	七日町 十日町	四日町	二日市	三日市 六日市	二日市

（小川信「諸国苻中一覧表」『中世都市「府中」の展開』思文閣出版，2001年より作成）

究[51]』や小川信の著書『中世都市「府中」の展開[52]』、榎原雅治[53]の業績などが生まれた。一方佐々木銀弥は、中世、一国あるいは一地域内の商品交換で中心的・基準的な機能を持つ市を「国市・親市[54]」とし、次のような興味深い事柄を述べた。「鎌倉時代以降、商品貨幣経済の発展につれて全国的に定期市が開かれるようになったが、一国内あるいは一定地域内に成立した多くの定期市は、それぞれの地域の中心的な市の市日を基準として開催日が決められ、市での価格も中心市の価格に準じて決定された。こうした定期市網の中での中心市が国市・親市とよばれ、一の日に開かれた。南北朝時代、近江の愛知郡の長野市は中山道に接し、地理的に国の中心に位置していたためか親市と称され、一日市であった」と。

『日本大地図帳[55]』の索引で、四日市、八日市、十日町など「日市」や「日町」の付く地名を探すと、多くを見いだすことができるが、なぜか「一日市・一日町」は出てこない。「大宮町」などに吸収されたからかも知れないが、「国市・親市」を「一日市」とすると、現在の地名からは中世の「国市・親市」には遡れないのである。中世の「府中」を研究した小川信の「諸国府中一覧表[56]」から「〇日市」「〇日町」を抜き出すと、上表のようになる。

ここから、府中に市場があったことは確かめられ、「国市・親市」の可能性は否定できないが、残念ながら「一日市」は発見できない。他方、網野の言う「職」体制を考慮に入れると、六斎市巡回商人たちが国府、惣社の「国市・親市」を中心に組織されていた可能性は否定できない。総社・一宮と座商人の関係は、榎原雅治が明らかにした備前の「吉備津宮」の例や、小川信や鈴木敦子[57]が明らかにした筑後一宮の「高良社」の事例から知られる。

榎原[58]は、「吉備津宮は国内の商人・猟師・漁民などから商売の免許料として初穂を徴収するとともに、国内の市場からも市場銭として初穂をとっていた」とした。こうした体制は総社・一宮に一般的に存在したと思われる。しかし尾張の国府宮が商人たちを支配下におき、営業税を徴収したとしても、守護所は下津から清須・岩倉へと変化したのだから、戦国期にはとうに廃れたと思われる。それゆえこの定書で問題としたのは、一度廃れた体制の復活だろう。ところで江戸時代になると、巨大な城下町名古屋を前提として、熱田の魚市、枇杷島の青物市などの他にも、尾張には享保年間に六斎市がまた成立したという。なかでも「一宮」には、常設店舗と出店からなる「三八市」(59)が立ち、古着を中心に繊維製品で賑わったという。

尾張の東半分の丘陵地帯を禅宗の地域とすれば、木曾三川に近い尾張西半分の中島郡や葉栗郡等の沖積平野部には一向宗が広まった。本来尾張は真言宗の盛んな地域で、特に中島郡は著しかった。下津の「国府山阿弥陀寺」はもとは真言宗の寺だったが、文明年間に真宗本願寺派に改宗した。信長は永禄五年(一五六二)に、この下津の阿弥陀寺に対して、次の判物(60)(これをIとする)を出した。

[I]　当寺如前々、門家並末寺共申付迄、裁許可在之、猶不可有相違者也、仍状如件、

永禄五
七月廿一日　　信長(花押)
下津
阿弥陀寺

これについて、奥野は「門家並に末寺ども申し付くる迄《ほど》に、裁許あるべし」と読み下し、〈引きつづき門家(寺内)と末寺を支配させた判物である〉と説明した。この〈門家(寺内)〉から、奥野は阿弥陀寺には下津五日市・国衙下津市等を吸収した〈寺内町〉が形成されたと考えたようである。この阿弥陀寺は、天正年間に長島の一向一揆と共に信長によって焼討ちされた(61)。一方、前述の中島郡刈安賀の「聖徳寺」にも六斎市があった。ここの六斎市は、天正十

二年（一五八四）小牧・長久手の戦いの際、秀吉らの出した文書から確かめられるので、この当時すでに存在しただろう。この寺は本願寺派だが、元亀元年（一五七〇）十一月には一向一揆に関与しなかったことで信長から賞賛された。以上から、信長は当時尾張一国を支配したが、尾張の海西郡から中島郡にかけて、一向一揆の勢力は浸透し、対信長包囲網は尾張国内にも浸透していた、とまとめることができよう。[62]

ところで豊田武[63]は、〈楽市は敵側の経済をそぐため国境近くに作られた〉と言う。下津の「阿弥陀寺」寺内町や刈安賀の「聖徳寺」六斎市に対抗し、それらの経済力を削ぐため「苻中府宮市場」の活性化を図ったと考えると、定書Aの意図は明快となる。信長は周辺にある「阿弥陀寺」寺内町や「聖徳寺」六斎市に対し、〈荷留〉〈米留・塩留〉を命じた。〈荷留〉〈人留〉は「入り鉄砲に出女」という近世関所の役割の先取りである。中世の関所を通説のように〈経済関〉と考えると、〈荷留〉〈人留〉は特異な存在となるが、各道路に〈軍事・警察関〉が存在したとすれば、理解は容易となろう。それゆえ「苻中府宮市場」周辺に、軍事・警察機能を持つ関所があったか否かが問題となる。この市場が南北の参道に立つとして、この南北の参道にアクセスする東西の道は、いずれにせよ大江用水を跨がなければならず、この橋に関を設ければ、市への出入り強制は簡単だった。

信長と苻中府宮

織田信長と苻中府宮との関係を示すものに、次に掲げる永禄七年（一五六四）の制札[64]（これをJとする）がある。この制札は国府宮神社の社頭の高札場に掲げられたものである。ここにおいて信長は苻中府宮の修理に責任を負うと宣言した。国府宮は古代には国司の、鎌倉以後は守護の保護・管理下に置かれており、信長が尾張国主としての自覚のもとに発給したのである。もっとも信長が正式に尾張守に補任されたのは、岐阜を攻略した永禄十年（一五六七）のことである。

［J］

定　　　　府宮

一、当所社頭及大破間、毎年舞・猿楽勧進銭を以、可加修理事、
一、於芝居喧嘩・口論令停止事、
一、ねすみ戸、限奉公人可為請銭之事、
右条々、於違犯之輩ハ、速可処厳科者也、仍下知如件、

永禄七年五月　日　　信長公
　　　　　　　　　　御判

第一条には、「舞・猿楽」が「勧進」の対象で、その木戸銭を神社「修理」の財源にするとある。戦国時代に入り、室町幕府の力が衰えると、能楽四座をはじめ弱小の猿楽能座は地方有力者を頼り下向した。猿楽座の「日吉大夫」一座は信長の庇護下に入った[65]。制札Jはこれらの事実と関連しよう。第二条は〈芝居の場での平和〉命令で、第三条の「奉公人に限り請銭たるべきの事」から、見物人には信長の家臣「武家奉公人」が多かったと思われる。この文書は、かつての国衙領で守護直轄地の「国府宮」が、戦国期に入り、依然として尾張武家文化の中心地として、重要な位置を占めたことを示している。しかし近世になると、能舞台を中心とする武家文化の中心地は「国府宮」から熱田神宮へと変わった。現在愛知県では、熱田神社境内の能楽堂が有名で、国府宮神社の正月の翁舞いも、熱田から舞人がやって来て舞うという。おそらく、近世の尾張徳川藩の時代から始まった伝統なのだろう。

第二番目に信長と苻中府宮との関係を示すものに、永禄八年（一五六五）九月に尾張国寂光院蓮台寺の蓮学による苻中惣社への鰐口寄進[66]がある。これは犬山の領主織田信清が信長に攻められ、城を明け渡し、甲斐の武田信玄を頼ったことと関係する。寂光院は丹羽郡継鹿尾《つがお》にあり、これまでは信清の勢力圏だったが、犬山落城後の永禄八年七月十五日に、信長の臣、柴田勝家や丹羽長秀らは寺領安堵状[67]を発給し、同九月に信長は寺領安堵と諸役免許の折紙[68]を発給

した。鰐口寄進はこの領主変化に対応し、信長の寺領安堵や諸役免許に対する〈お礼〉と考えられる。苻中総社がこの当時、信長権力の宗教的なシンボルだったと考えれば、鰐口寄進の意味がはっきりとしよう。

四　定書の解釈

第一条――「当市場諸役免許之事」

「当市場」とは「苻中府宮」門前の参道に立つ〈六斎市〉で、これについては問題ない。問題は「諸役免許」である。「諸役」は〈守護役〉を指す場合もあった。その実例として次のものがある。

㈠　天文十八年（一五四九）熱田八カ村宛て制札第一条、「国次棟別并他所・他国之諸勧進」。

㈡　永禄七年（一五六四）「二之宮野田社家百姓中」宛て定書[69]第一条、「新儀諸役・門並令免許事」。

㈢　永禄十年（一五六七）上加納楽市令第一条、「并借銭・借米・地子・諸役令免許訖」。

㈠は「諸役」の文言こそないが、その内容を具体的に示している。これらはいずれも住民税と理解できる。しかし「苻中府宮」門前に立つ市場は〈六斎市〉で、定住する都市民ではなく、振売商人の巡回する舞台だったことから、この場合の「諸役」は住民税の〈守護役〉ではないと思う。

一方、天文二十三年（一五五四）の祖父江五郎右衛門宛て信長判物Bでは、「諸役を免許」するから「異儀なく往来せよ」とあり、祖父江氏に通行の自由が「特権」として与えられた。この場合の「諸役」は、関所・市場などの〈通行税・商業税〉である。ここでは「諸役」と「交通の自由」が密接な関係にある。同様なものに次のものがある。

㈠　瀬戸宛て「制札」第三条、「新儀諸役・郷質・所質不可取之事」。

㈡　永禄九年（一五六六）今川氏真の富士大宮「楽市令[70]」の「一圓停止諸役」。

㈢　永禄十三年（一五七〇）徳川氏の小山新市宛て「楽市令[71]」の第一条、「為楽市申付之条、一切不可有諸役事」。

四　天正六年（一五七八）後北条氏の世田谷新宿宛て「楽市令[72]」の第四条、「諸役一切不可有之事」。

㈠の「新儀諸役」「不可取」は特権としての〈通行税・商業税〉免除を指す。㈢・㈣の「諸役」も「商業税」である。しかし第二節で述べたように、潮目が変わったのだから、問題の定書A「諸役免許」は、〈通行税・商業税〉の免除「特権」ではなかった。この法令の意図は、一向一揆との対決のための〈道路強制・市場強制〉で、〈小売商人〉や〈振売商人〉の組織化だった。この場合の「諸役免許」は何か。市場は、かつて「国の親市」として諸座の商人から「初穂」を徴収し、そのことで彼らに「営業権」を認可していた。この「初穂」を、ここでは「諸役」と言い、苻中府宮側がその徴収の許可を求めていた。「諸役免許之事」とは、苻中府宮側の要求に対する信長の回答であり、かつての徴収権の再確認である。「初穂」納入には「営業権の許可」として鑑札が交付され、振売商人や六斎市巡回商人に対し、通行の自由、市場への出入り自由の権利が与えられた。第三章「水野太郎左衛門」で明らかにしたように[73]、信長は太郎左衛門宛て折紙で、水野氏に「諸役・免許」を約束したが、この「諸役」も国内外の鍋釜商人からの「初穂」徴収だった。徴収と引き換えに「営業権の許可」、通行の自由、市場への自由な出入りなどの鑑札を交付したのである。ここでは「苻中府宮の神官」が水野太郎左衛門と同じ「商人頭」の役割を演じたと考えられよう。

第二条――「郷質・所質不可執之、押買・狼藉すへからさる事」

中世の多くの市場法令には、「喧嘩・口論」「押買・狼藉」「国質・郷質」の三項目がある。これを「市の平和」令の典型とすると、定書Aは「喧嘩・口論」項目を欠くことになる。「質取」とは、商人集団間のトラブルを自力救済に委ねるシステムである。「質取」されると、予期しない形で自由が拘束されるので、「喧嘩・口論」の原因ともなった。その点でこれは、市場の暴力行為としてポピュラーなものだった。信長は繰り返し、質取禁止令を出した。そのためには、質取のため武装して市場内に侵入する集団の排除が必要で、市場自身が独自な武力を持つ必要があった。また、質取に代わる、問題解決のための制度が必要だった。ここに市場検断という市場の裁判制度が登場する。この当時「自検断の村」は広範囲に存在していた。「苻中府宮の市場」が「自検断の市場」となることで、市における暴力行為「郷質・所質」「押買・狼藉」は禁止されたのである。

信長の出したさまざまな法令を眺めると、「郷質・所質」などの商人集団相互間の自力救済を否定し、「商人頭」と、「市場」の二つが問題解決に当たるケースがある。前者には次のものがある。㈠天文二十一年（一五五二）「知多郡・篠島商人宛て自由通行令」（第二章）の「商人頭」の「大森平右衛門」、㈡永禄五年（一五六二）の「水野太郎左衛門」（第三章）。後者の「市場検断権」のケースには次のものがある。㈠永禄六年（一五六三）の「瀬戸宛て制札」（第四章）、㈡元亀二年（一五七一）のこの定書A、㈢元亀三年（一五七二）の金森楽市令D（第九章）、㈣天正五年（一五七七）の安土楽市令（第十章）。

第一条で「苻中府宮の市場」に出入りするすべての商人たちに鑑札が交付されたのだから、第二条では鑑札を持つ商人に対して〈市場における人身の自由〉が保証され、苻中府宮側には〈市場検断権〉が認められたこととなろう。苻中府宮側は「市の平和」、〈市場に出入りするすべての商人に対する人身の自由〉維持のため、〈市場検断権〉の承認を要求し、信長はこれを許可した。こうして「苻中府宮の市場」は自検断の市場として、不入権を獲得した。潮目の変化として、すでに述べたように、商人たちに対して、道路や市場における「通行の自由」から「道路・市場強制」へと変化した。信長が個々の商人たちを強く管理統制するのではなく、不入権を持つ市場に彼らの管理を任せたのである。その結果、商人たちは自力救済のための「座」などの集団から自由になった。

「苻中府宮の市場」に出入りする商人たちには、他の市場にも巡回可能な営業許可が与えられたので、第二条の「市の平和」は、六斎市巡回商人全体に対する人身の自由・平和令となった。第二章の「知多郡・篠島商人宛て自由通行令」で、大森平右衛門尉保護下の知多郡・篠島商人たちには「郷質・所質」や「喧嘩」等から人身の自由が保護されていた。これと同じことが「苻中府宮」の市場に出入りした商人にも当てはまったのである。

第三条——「俵子・しほあひもの可出入事」

第三条の「俵子・しほあひもの可出入事」は奥野の言う〈出入りの許可〉でなく、米商人や塩・相物商人に対し「苻中府宮の市場」への〈出入りの強制、命令〉である。市の立つ日に、市に多くの商人がやってくるが、近くに別の市場があれば、たとえ交通の要衝でも、通過する商人も出てこよう。それゆえこれは、〈米や塩・相物に限って通過してはいけない、必ず「苻中府宮の市場」に出入りせよ〉と命じた市場への立寄強制令で、〈通過禁止令〉である。通行する米商人や塩・相物商人に対し、市場への出入りを強制できたのは、一つには市場が検断権＝武力を持っていたからである。もう一つは、東西のアクセス道が大江用水を跨ぐ橋に、関が設けられていたからである。米や塩・相物を取り扱う商人は信長から特権を与えられた大商人であるが、彼らは卸商として多くの小売・振売商人たちに大きな影響力を持っていた。彼ら大商人の動向が流通を左右したことから、この出入りの強制は、一向宗寺内町に対する対抗処置の性格もあり、この第三条で「苻中府宮の市場」は「俵子・塩相物」の流通センターとなった。この市場から、多くの小売・振売商人たちが周辺各地に売りに出かけた姿を想像してよいだろう。

五　むすび

信長は苻中府宮に対して、かつてあった国衙市場の再建を要求した。その前提には、対一向一揆戦争という経済戦争の側面があった。苻中府宮市場の再興は、一向宗の寺院が寺内町を中心として商人・職人たちを組織していることに対する、対抗政策だった。これは信長の諸国征服に伴う関所の廃止政策を凌駕する新しい流通政策だった。苻中府宮の側は市場を再建し、やって来た商人たちに鑑札を交付し「営業権」を認めるなど、三つの権限を信長に要求し、信長はそれを認めたのである。このような交渉の結果生まれたのがこの定書で、苻中府宮の側には、第一条では鑑札交付の前提となる「諸役徴収権」が許可され、第二条では市場を中心の検断権も承認され、第三条では「俵子・しほあひもの」の優先的な出入りが認められた。

第一条の「諸役免許」は、市場を仕切る神社側の「諸役」徴収の「許可」だった。この地域にとって非自給的な商品である塩相物の独占的な販売市場、この地の特産物「米」の独占的な購入市場となることは、市場の活性化のためには欠かせない条件だった。第一条では市場側が「当市場」にやってくる振売商人や六斎市巡回商人を「座」とは異なる組織原則で組織し、第二条では彼らに対する人身の自由を保証したとすれば、この「苻中府宮令」は、定住商人のいない六斎市を対象としたものではあるが、第九章で取り上げる「金森楽市令」や第十章の「安土楽市令」と同様な楽市令となる。もちろん以後の章で詳述する「楽市令」の新定義を認めればのことではあるが。

第九章　金森楽市令――寺内町の換骨奪胎

一　史料と研究史・問題点

本章の課題は、織田信長が元亀三年（一五七二）に近江の江南、金森に出した「楽市楽座」令[1]（これをAとする）を分析することにある。現存する信長の「楽市楽座」令には、岐阜「加納」宛て、「安土山下町中」宛てのほかは、この「金森」宛てがあるのみである。戦前に小野晃嗣[2]は、楽市楽座令の目的は〈城下町振興策〉だとし、これが長く定説となった。加納や安土は城下町として説明でき、楽市の主役だが、金森は城下町でないので、脇役に追いやられた。豊田武[3]は、小野の〈城下町振興策〉説を補強する多くの事例を挙げた上で、楽市が領国経済の枢軸をなす宿駅や港湾にも採用されたとし、金森は志那街道上の〈宿駅〉で、金森楽市令の目的は〈宿駅の再興〉であるとした。楽市楽座令が城下町以外の都市にも関係したとして、金森令を説明したのである。しかし志那街道に限れば、宿駅としては金森より東山道との合流点、守山の方がふさわしく、なぜ金森が宿駅だったのか、その理由が今一つ明らかでない。

次に藤木久志[4]は、金森は蓮如のもとで史上最初の「一向一揆[5]」が起きた場所で、ここに「金ヶ森道場」の「寺内町」があったとした。宿駅金森は同時に〈寺内町〉でもあり、織田政権は江南一向一揆の拠点、金森を軍事的に解体した後、一揆の基盤を掘り崩し、新たな流通経済に組み込む目的で、「楽市楽座」令を発布したとした。つまり藤木は、「楽市楽座」令に〈寺内町の解体・再編成を目的としたもの〉という新定義を下したのである。一方神田千里[6]は、金森は浄土真宗善立寺を中核とした集落で、信長朱印状Aが善立寺に伝来したことから、金森寺内町と、町から離れた金森城に立て籠もった一向一揆は別物で、蜂起鎮圧後、金森寺内町はそのまま信長から楽市場として保護された、とした。それゆえ、この法令は〈寺内町解体〉ではなく、むしろ〈寺内町保護を目的としたもの〉だとし、藤木説に反対した。その結果、寺内町金森の在り方や、ここを織田政権が〈焼討ちしたか否か〉が新たな争点となった。

ところで近江は、脇田晴子の村落座研究の舞台である。[7]佐々木銀弥は脇田の研究を踏まえ、戦国期の座特権が主要流通路の独占形態をとる中で楽市楽座とは何か、を考え「通説に対する疑問」[8]とした。この疑問は金森楽市令を考える際、基本に据えるべき重い問題だと私は思う。しかしこの疑問に目を凝らすと、佐々木自身の問いから離れ、後に本章で考察する「諸役免許」とは何か、これを〈どう解釈すべきか〉の問いにつながっていると思われる。しかし楽市楽座をめぐる議論に大変化をもたらしたのは勝俣鎮夫だった。[9]勝俣は、大名の城下町政策に先立ち〈楽市場は自生的に成立していた〉とした。この議論からは当然〈城下町以外の町場にも楽市場はあった〉となる。勝俣の楽市場自生説は、藤木説と合流し、〈寺内町から楽市場へ〉として理解され、通説化した。しかし勝俣説は佐々木説批判として登場したことから、「諸役免許」の解釈では小野の旧説へと回帰し、結果として新しい問いへの道を塞いだ。

小島道裕[10]は、金森一揆鎮圧の際、寺内町も善立寺も焼失し、その後両者は再建されたとした。それゆえ文書の伝来も〈文書の本質的効力に基づくもの〉でないとし、神田説を否定し、さらにまた関連文書を再検討し、〈三つの金森楽市令〉と〈五段階の政治過程〉を確定した。この詳細な研究は金森楽市令をめぐる論争を制し、小島説は通説となった。しかし楽市令全体の評価としては、小野の〈城下町振興策〉説に回帰したため、金森楽市令を脇役の座から動かせなかった。その結果、信長の天下一統を記す概説書では、金森楽市令を説明しないのが現状である。林屋辰三郎[11]『天下一統』では、これを取り上げていない。藤木久志『織田・豊臣政権』[12]だけが唯一の例外で、朝尾直弘『天下一統』[13]では、「南近江の一向一揆」として「三宅・金森の戦い」「惣村と寺内町」は取り上げたが、金森楽市令には触れていない。熱田公『天下一統』[14]も金森楽市令には触れず、講談社『クロニック戦国全史』[15]元亀三年の頁でも説明はない。同書の特集「楽市楽座」でも小さな取り扱いである。以上から、三宅・金森の一向一揆と、この金森宛て楽市楽座令とを、政治史として統一的に把握し直すことが課題であり、第三節「歴史的背景」ではそれを目標とする。

史料

すでに述べたように、小島道裕(16)は、金森楽市令について、『滋賀県史』紹介の「善立寺文書」には本来あった説明文の一部が省略されたとし、既知の史料の他に、数通の関連文書の存在を想定し、それを明治期編纂の『守山村誌』から復元した。小島説を整理(17)すると、近江国野洲郡金森(現滋賀県守山市金森町)には、次のⅠ〜Ⅲの〈三つの楽市令〉と、㈠〜㈤の〈五段階の経緯〉があったことになる。普通われわれが「金森楽市令」と呼ぶのは、Ⅱの元亀三年九月発給の金森宛て信長定書である。それゆえ本章の課題は、このA‐Ⅱの分析となる。まず、小島が明らかにしたA‐Ⅰ〜Ⅲの〈三つの楽市令〉を紹介したい(A‐Ⅱは、奥野の翻刻〈本書一七一頁〉と若干異なる)。

［A‐Ⅰ］　金森市場之事、守山年寄衆令相談、急度相立様可有馳走、可為楽市楽座□□□□□恐々謹言。

七月十八日　　佐久間伊織(18)

（守山　美濃屋小宮山兵介殿）

［A‐Ⅱ］

定　条々　　金森

一　楽市楽座たる上ハ、諸役令免許畢、并国質・郷質不可押□(19)、付、理不尽之催促使停止之事。

一　往還之荷物当町江可着之事。

一　年貢之古未進、并旧借米銭已下、不可納所之事。

右、於違背之輩者、可処罪科之条如件。

元亀三年九月　日　　（朱印）

［A-Ⅲ］

定　　　　金森町

一　為楽市楽雇(20)上者、於何方〻同前之事。
一　諸役令免許之事。
一　当町出入之者、郷質・所質停止之事。
一　上下荷物并京上売買之米荷物、如先々於当町差下有へき事。
一　喧嘩口論在之者、不及理非双方可為成敗事。但、於奉公人与町衆者、奉公人可令成敗事。
右条々、堅令停止訖、若違背之輩在之者、忽可処厳科者也、仍下知如件。
天正二年五月　日　　甚九郎（朱印）

金森の三楽市令

勝俣鎮夫は、Ⅱの第一条の最初の語句「楽市楽座たる上ハ」から、金森にはもともと自生的に発生した楽市場があり、Ⅱはそれに対する「安堵状」だとし、金森楽市令A-Ⅱを加納楽市令と共に〈安堵型楽市令〉とした。しかし小島が明らかにしたとおり、A-Ⅱ第一条のこの語句は、A-Ⅰで信長の重臣佐久間信盛が守山年寄衆に対し「金森市場」を「楽市楽座たるべし」と命じたことを承けたものである。それゆえ、Ⅱの「楽市楽座」はⅠの「金森市場之事」と連続しており、金森楽市令A-Ⅱを〈安堵型楽市令〉とすることはできない。しかし元亀三年七月に出されたⅠの「金森市場の事、守山年寄衆相談せしめ、きっと相立よう馳走有るべし」から、小島が言うように、金森市場のある「金森寺内町」が焼討ちに遭い、その復興・再建がこの時の課題だった、とまでは読み取れないと思う。

A-Ⅱの第二条・第三条が一、二の事柄を定めているのに対し、Ⅱの第一条の内容は大きく膨らみ、「a楽市楽座たる上ハ、b諸役免許せしめ畢、ならびにc国質・郷質押執べからず。付けたり、d理不尽の催促使停止の事」と四主題で構成されている。次にⅡ・Ⅲを比較すると、Ⅱの第一条aは、Ⅲの第一条の「楽市楽座たる上は、何方においても同前の事」と、ｂは第二条「諸役免許せしむるの事」と、ｃは第三条「当町出入の者、郷質・所質停止の事」と、それぞれ対応する。しかしｄの「理不尽の催促使停止の事」に対応する文言はⅢには見いだせない。ｄは金森市場の〈不入権〉を認めたもので、網野善彦の言う「無縁の原理」、勝俣鎮夫の「縁切りの原理」と関係する。一方、Ⅲの第五条は「金森町」での「喧嘩両成敗法」だが、「但書」の「奉公人と町衆とにおいては、奉公人成敗せしむべき事」は、江戸時代風に言えば、武士と町人との喧嘩の場合は、社会的強者の「奉公人」＝武士を罰し、「町衆」＝弱者を保護するとしたもので、信長配下の「奉公人」の金森市場への介入を禁止した「縁切り」法となる。

その限りで、Ⅱ第一条のｄとⅢ第五条の「但書」の間には、対応関係が認められる。喧嘩両成敗法は、最初武士社会内部、特に陣中などで成立し、次第に商人たちの世界や、都市内部に適用され、社会的弱者に対する保護へと進んだことは、次の法令からわかる。

㈠ 天正十年（一五八二）「末盛丸山」の「新市場」宛て北畠信雄定書[21]第二条、「喧嘩口論之族、双方可成敗事」。

㈡ 天正十五年（一五八七）秀吉が「筑前博多津」に宛てた「定書」[22]第四条、「喧嘩口論於仕者、不及理非、双方可成敗事」。

㈢ 天正十九年（一五九一）の「肥前長崎津」宛て秀吉定書[23]第一条、「喧嘩刃傷事、双方日本仁者、不立入理非、両方可加成敗。但南蛮船唐船之儀者、異国仁之条、理非遂糺明、十之物五ツ五ツにおゐては、日本人可処罪科事」。

㈣ 文禄四年（一五九五）の会津若松宛て浅野長政「掟書」[24]第四条、「於喧嘩者双方可成敗、但町人と奉公人喧嘩仕出候はば、糾明をとげ、科により町人あひたすくべき事」。

ここから、天正二年（一五七四）に佐久間信栄が出したＡ-Ⅲは、時代に先駆けたものと言えよう。

次に、Ⅱの第二条「往還の荷物当町へ着くべきの事」に進みたい。これは〈道路強制〉で、Ⅲの第四条「上下荷物ならびに京上売買の米荷物、先々の如く当町において差下し有るべき事」と対応する。金森一揆解体後、人々の出入りを厳しく検問した施設が取り払われ、東日本の基幹交通路〈東山道・東海道－守山－金森－志那街道〉[25]が再開する

表3　金森令Ⅱ・Ⅲの対応関係

	楽市楽座	諸役免許	質取	縁切り	道路強制
Ⅱ	第一条 a	第一条 b	第一条 c	第一条 d	第二条
Ⅲ	第一条	第二条	第三条	第五条の「但」	第四条
対象	外来商人	外来商人	外来商人	外来商人	都市住民

中で、「往還の荷物」に「京上米」が増え、「上下荷物ならびに京上売買の米荷物」へと変化したと考えられる。それゆえⅡの第二条は宿駅金森の復興策であった。一方、Ⅱの第三条「年貢の古未進、ならびに旧借米銭已下、納所すべからざるの事」は、Ⅲに対応する条項がないので、元亀三年（一五七二）のみの時限立法だろう。すでに第五章・第七章で述べたように、これは「借銭米」の無効を宣言した一般的な徳政令でなく、旧領主に関わる「年貢の古未進」や「旧借米銭已下」の棄破を命じた〈弓矢徳政〉〈代替わりの徳政令〉で、都市住人の増加や、都市の発展を計ったものだろう。それゆえ、Ⅱの第二条の道路強制条項も第三条の徳政条項も、共に都市金森の振興策となる。

こう考えると、Ⅱの第二条・第三条で恩恵を受けるこの法令の対象は、共に〈都市住民〉となろう。これに対し、Ⅲの第三条には「当町出入之者」という文言があるので、Ⅱの第一条は明らかに〈外来商人〉が対象である。それゆえ第一条と第二条・第三条とでは、法令の対象が異なっている。逆に、互いに対応関係を持たずⅡ、Ⅲにそれぞれ固有なものは、Ⅱ第三条の「徳政令」、Ⅲ第五条の主文「喧嘩両成敗法」である。以上から、Ⅱ・Ⅲ相互間には上表のような対応関係が認められる。

小島は金森楽市令がⅠ・Ⅱ・Ⅲの三者からなるとした。小島説に従えば、Ⅰの「金森市場の事、守山年寄衆相談せしめ、きっと相立つよう馳走あるべし」が事柄の出発点で、Ⅰの「楽市楽座たるべし」の命令が、Ⅱの信長定書やⅢの佐久間信栄定書に具体化したことになる。Ⅰの「楽市楽座」の言葉は、次々と言葉を変え発展した。しかし言葉が豊富になり、概念も明確化したはずなのに、小島の分析は個別具体的な方向には進まず、抽象化の一途をたどる。小島は、〈第一条の《楽市楽座》という言葉は、「諸役免除に限らず、座特権否定を含めて、その場に与(26)

えられる諸特権を包括的に示す言葉」〉〈「諸役免許、国質・郷質停止、理不尽の催促使停止」は「《楽市楽座》を敷衍したもの」〉と述べた。

〈楽市楽座〉を敷衍すると、「諸役免許、国質・郷質停止、理不尽の催促停止」となる。逆に、これらの諸特権を「包括的に示す言葉」が〈楽市楽座〉だ、との議論は、おそらく間違っていないだろう。しかしながら、小島の議論は一つ一つの文言を個別に解明するのではなく、さまざまな言葉でいろいろに説明しても、〈根本は《楽市楽座》だ〉〈すべてはここから流出する〉との〈流出論〉に陥り、個々の概念を個別具体的に明確化するのではなく、既存の定説や通説の結論に飛びついているのである。それゆえ小島の議論からは、定説や通説へのオマージュしか期待できない。それゆえわれわれに必要なことは、小島とは逆に、個々の文言を歴史的・特殊具体的に把握することだろう。それゆえわれわれのとるべき道は、金森楽市令Ⅱの一つ一つの文言の意味を確定し、個々の文言を個別具体的に理解する方法を探ることとなろう。そのためには、他の文書との比較も大切である。

小島道裕の五段階説

小島の言う「経緯」とは、この地域の〈政治史〉だが、その分析が不十分だったので、前述したように、脇役の状況が突破できないでいるのである。それゆえ、経緯については第三節「歴史的背景」でさらに深く考えることとし、ここではとりあえず小島の述べた㈠〜㈤の〈五段階にわたる経緯〉を紹介しておきたい。㈠永禄十一年（一五六八）上洛に当たり近江を攻略した信長は、金森近くの上街道（中山道）の宿場町守山に三カ条からなる禁制を下し、これを保護下に置いた、㈡一方金森は、元亀元年（一五六九）九月には一向一揆の拠点として信長に対して蜂起するが、元亀三年（一五七二）七月に落城し、軍事的に解体された、㈢金森を知行した佐久間信盛は、文書A‐Ⅰ（折紙）を発給し、金森の復興を守山「年寄衆」に命じた、㈣さらに信長は楽市令の朱印状A‐Ⅱを発給した、㈤二年後、領主の交代によるのか、佐久間信盛の息甚九郎信栄よりさらに掟書A‐Ⅲが金森に発給された。

第二段階は、元亀元年（一五七〇）九月から元亀二年九月までの、大坂より派遣された川那辺秀政を中心とする〈金森一揆〉の一年間と、元亀三年（一五七二）正月から同年七月までの佐々木承禎親子が一向宗の僧侶をかたらい三宅・金森の城に立て籠もった半年強の〈金森再蜂起〉の二つからなっている。ところで金森は、後述のように〈山門領〉で、この体制は永禄十一年の信長上洛以後も変わらなかった。金森一揆に際し川那辺秀政らが〈山門領〉金森を乗っ取り、〈一揆持ち〉となった際も、本願寺と比叡山延暦寺は近しい関係だったので、当時の政治状況からすれば、体制的には大きな変化はなかった。しかし信長は、元亀二年九月に比叡山を焼討ちし、十二月には「金森」その他を佐久間信盛に宛行った(27)。この時〈検地〉が行なわれ、新体制に変わったと思われる。

それゆえ金森の政治史は、元亀元年九月以来まるまる一年間は、大坂より派遣された川那辺秀政らが〈山門領〉金森を乗っ取った①〈一揆持ち〉の時代で、三カ月間の②〈佐久間領〉としての正常化の後、再び半年強の③〈一揆持ち〉時代となる。この再蜂起鎮圧二カ月後に、問題の金森楽市令A-Ⅱが出されたのである。元亀三年の金森再蜂起の際、周辺の村々は佐久間信盛宛てに〈三宅・金森へ出入りしない〉旨の「誓詞」を出した(28)。これは〈差出し検地〉に対応しよう。差出し検地にしろ、起請文の提出にしろ、〈新領主の承認〉の点が共通する。われわれの関心は、ついつい一向一揆と信長の対決に向かい、一揆側か信長側かを問うが、誓詞を出した村々の視点に立てば、一揆側に立つか、信長側かの金森の帰属問題は、比叡山焼討ちによる山門領没収の一環で、従来どおりの山門支配への復帰を願うか、新たな信長支配を承認するかの問題だった。それゆえ、誓詞の提出をもって一揆の敗北は決まった。

二　金森は「寺内町」か

研究史から明らかなように、金森楽市令の理解には、楽市令の舞台となった金森という土地の歴史理解が大切で、金森の歴史地理学的理解も不可欠である。金森についての研究史をまとめると次の三説となる。

㈠　城下町説――小野晃嗣、小島道裕
㈡　宿駅説――豊田武、西川幸治
㈢　寺内町説――藤木久志、神田千里

小島道裕は金森を「準城下町的」存在としたので、㈠の「城下町説」に加えた。これから述べる西川幸治の議論は、㈡の「宿駅説」に入れた。㈢の「寺内町説」では、金森一揆に際して、金森が焼討ちに遭ったか否かも大きな対立点である。神田千里は焼討ちに遭わず寺内町はそのまま楽市場となったとしたが、小島道裕は焼討ち説に立っている。藤木久志も、寺内町と楽市場との間に大きな断層を考えるので、この焼討ち説に立つと思われる。

金森が歴史の舞台へ登場するのは、井上鋭夫が[29]〈日本史上最初の一向一揆〉と命名した「金森一揆」からである。寛正六年（一四六五）、東山大谷本願寺は山門衆徒に襲撃、破却された。蓮如は京都を脱出し、近畿地方を転々としながら布教活動を続けた。琵琶湖南部の堅田本福寺の法住や、金森の道西の道場に身を寄せ、湖西の堅田門徒や湖東の赤野井・金森など東近江衆の世界を布教した。その間に「堅田大責め」や「金森一揆」があった。蓮如と寺内町の関連を研究した都市史の西川幸治は、[30]蓮如を〈すぐれた都市建設者〉とし、寺内町を〈環濠城塞都市〉と定義した。寺内町の歴史は、この南近江の時代が①「寺内町以前」で、蓮如は山門に信仰の自由を認めさせた後、越前吉崎に移った。計画的な都市建設は②「原・寺内町」の吉崎からで、次の山科・石山が③「寺内町」、その後を④「解体・変容期」と、全体を四期に分けた。金森が「寺内町以前」なのは、金森が自生的な都市で計画都市でないからである。

蓮如が金森に布教した理由は、この時すでに金森が〈流通経済の中心地〉で、〈宿駅〉だったからだろう。しかし、この想定を跡づける史料は見つからない。例えば、新行紀一は論文「荘家の一揆と一向一揆」[31]で、堅田一揆を〈荘家の一揆〉とし、社会的背景として、堅田は湖上関の管理権を持ち、「上乗り」と呼ばれた通行税を徴収し、当時すでに惣結合に基づく都市的景観をなしていたのに対し、金森一揆の方は純粋な〈宗教一揆〉とした。堅田大責めも、坂本が堅田の〈上乗り権〉を奪おうとしたものと説明した。金森一揆に際し堅田門徒が応援に駆けつけたことは有名だが、金森の住民がなぜ浄土真宗に帰依し、なぜ山徒と対立したのか。宿駅金森の住民の社会的な在り方は何か、等々、現在あまり明快でない。一方、城郭史研究の小島道裕(32)は、金森を①「道西」＝土豪「川那辺」氏の〈城郭〉と、②その〈城下町〉の二つと捉えたが、関心は城郭史研究という学問の新分野の開拓に向かった。

城下町説

小島は、滋賀県の城郭址の分布調査を行ない、十五世紀の集落再編以前の在地領主の城郭と村落の関係を、次の三パターンに分類した。(イ)在地領主の城館を中心とする集落、(ロ)在地領主と村落の併存、(ハ)惣による環濠集落。江戸時代後期の村絵図に描かれた金森村（後述する）は、(ハ)だとしても、金森の城郭址が一町四方と大規模なことから、金森は(イ)の在地領主化する〈土豪の城〉と〈集村〉の二元論的景観とした。農村共同体としての〈集村〉ではなく、むしろ〈宿駅〉など都市的な世界の可能性が強いのに、小島の関心は城郭の方にだけ向かった。しかしこの城は、〈土豪の屋敷城〉ではなく、藤木久志(33)の言う金森における〈民衆の城〉の可能性も否定できまい。史上初の一向一揆とされる金森での武力衝突において、「敵ハ森山ノ日浄坊大シヤウニテ」攻められたのに、門徒らは金森城に立て籠もり、攻撃を待ち受け、逆襲して勝利を得たが、記録(34)にはこの戦いの前半部分を次のように述べている。

「マツ近江国ノ御門徒多ク迷惑セラル、金ノ森ノ道西ヲハシメテオノ〳〵アツマリ、堅田衆モイオケノ尉ヲハシメ隠密シテトリコモルトコロニ……」。「道西」や「イオケノ尉」が金森城に立て籠もったのは、〈門徒たちの代表者〉としてで、この記録からは道西が〈自分の城〉に立て籠もったとは読めない。この金森の武装蜂起に対し、蓮如より「言語道断ノ事ヲ仕ルモノカナ、大事ニテアルソ、〈シソコナウナ〉トイヒツケシニ、コレハタカ異見ニテカチセン（合戦）ニハオヨヒタルソ、クセ（曲）事ナリ」と叱られ、「イソキテ金ノ森ノ者トモニ〈ミナチレトイヘ〉ト御定下リテ」、「ミナ〳〵自ヤキヲシテ城ヲヒラキケル」（〈 〉、傍点は引用者）とある。〈共同の城〉だから、自分の持ち場を各々が「自ヤキ」したのだろう。この開城・武装放棄の仕方からも、金森城が〈土豪の屋敷城〉でなかったことが確かめられよ

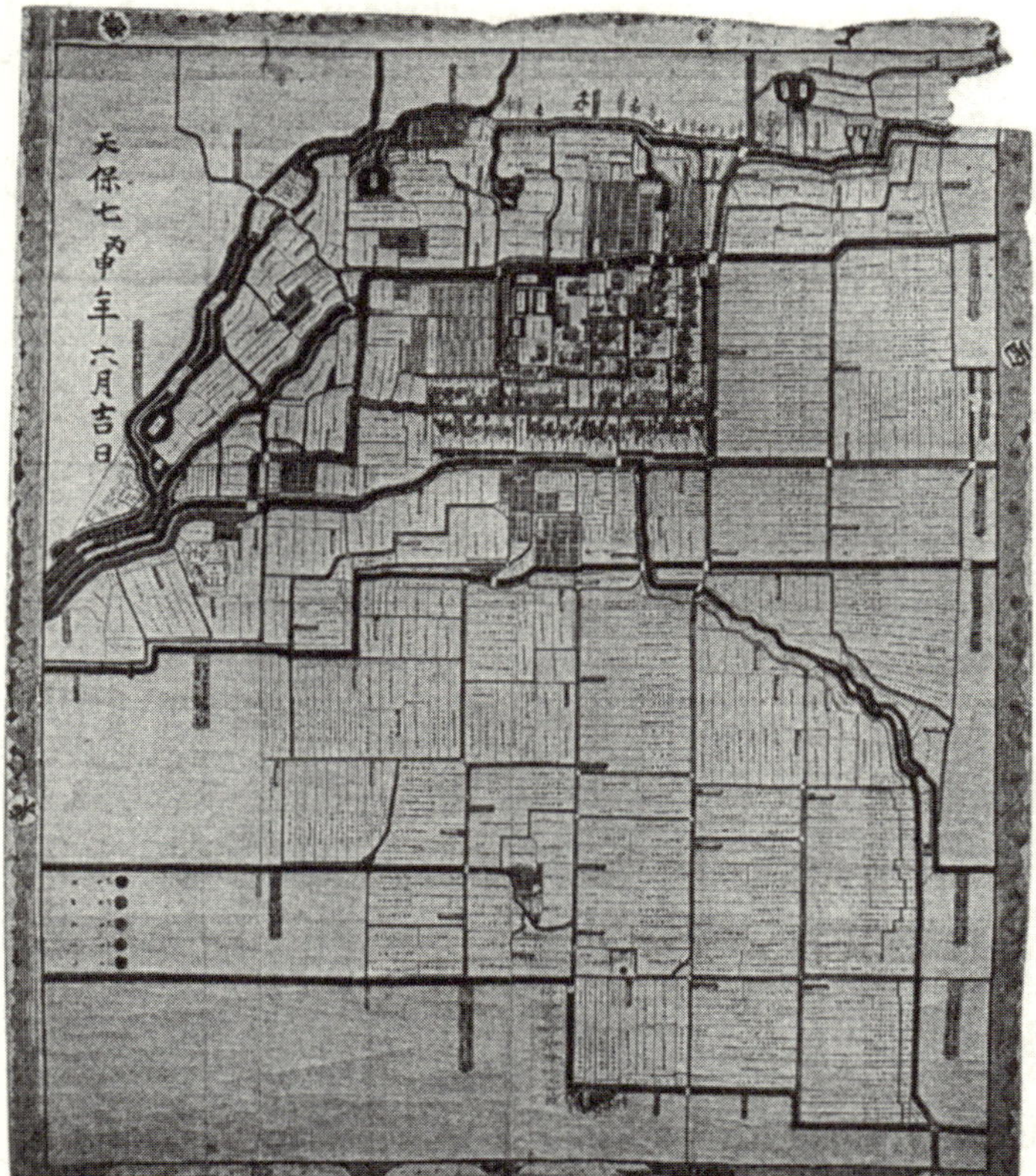

天保七年の金森村絵図（善立寺蔵）

う。問題は、蓮如を援助した道西をどのような人物と理解するかである。

　小島は道西を、彼の敵対者と同じ「山徒」出身で、門徒化は領主化のためのイデオロギーだとした。山徒も、豊田武などが明らかにした金融・流通面の活躍[35]ではなく、在地領主の側面に注目し、「これまで主に金融活動や、『山門使節』など山門の組織の中での問題が取上げられてきている。しかし、……特に近江においては在地に広範に存在し、在地領主の一つの存在形態として重要な位置を占めている」とした。「道西」を地主・土豪・小領主と捉える小島の視角からは、城は当然〈土豪の屋敷城〉と見えてくる。しかし金融・流通面に注目すると、土豪の屋敷城でなく、むしろ〈民衆の城〉の可能性が出てこよう。天保七年（一八三六）の金森村絵図では、金森は〈寺院を中心とした集村〉で、集落の北側には東西二つの「なわしろ」が描かれている。村毎に共同の「なわしろ」があるのは西国村落の特徴(36)である。また信仰中心の集村の景観は、近江の真宗門徒の村一般の在り方で、〈周囲の水田という大海原に浮かぶ島のように霧の中に佇む〉(37)村々の姿は、真宗の言う「仏法領」を地上へ具現化しているという。

この村絵図は江戸後期の近江真宗門徒の集村の姿を伝えている。しかし近世後期の村絵図から、戦国期の金森を「寺内町」とは断定できまい。戦国から近世後期の間に、琵琶湖周辺の流通路は大きく変化し、志那街道はさびれ、金森は宿駅都市から純粋な農村へと転換した。村絵図の集落の姿から、戦国期金森の姿を想像するのは間違いだろう。後述するように、金森集落から離れて「市ノ町」「駒地」などの地字名があるのも、戦国期金森の景観が村絵図とは大きく異なっていた根拠となろう。信仰中心の〈寺院を中心とした集村〉という真宗門徒の集村の景観は、建築史の神代雄一郎(38)が、日本のコミュニティーは「奥宮・神社・御旅所からなる〈信仰の道〉と直交する〈社会経済の道〉に、紐状に形成される」としたのと異なり、むしろ教会堂を中心とする西欧の集村の姿と似ていて興味深い。

宿駅説

一方高橋昌明(39)は、この村絵図から「境川」の渡河地点、「山賀川」との分岐点、「氾濫原」などを読み取り、土豪川那辺氏を渡河地点の管理者とした。現在の「境川」(40)は、栗東市出庭の湧水に発し、守山市の浮気《ふけ》・勝部・今宿・金森を経て、欲賀《ほしか》・森川原を蛇行して琵琶湖に注ぐが、江戸時代には野洲川分流の一つで、旧野洲郡と栗太郡との〈境の川〉だった。この川を境に条理の方向が食い違うので、奈良時代にはこれが野洲川本流だったと推定し、「流路は漸次南から北へ動いて河口部の三角洲を広げていき、日野川三角洲と合さった野洲平野が形成されたとみられる。ただし河道移動の時期や流路などを具体的に追うことは困難」とされる。現在の野洲平野の水上交通は、農民の水田への行き帰り用の「田舟」(41)だが、中世には近江太郎・野洲川の水上交通は盛んで、特に金森下流域の三角州には水路が網の目のように通じ、ここは大坂湾岸の淀川下流域(42)や濃尾の輪中地帯と同様の〈水郷〉で、金森は内陸水路の中心地・

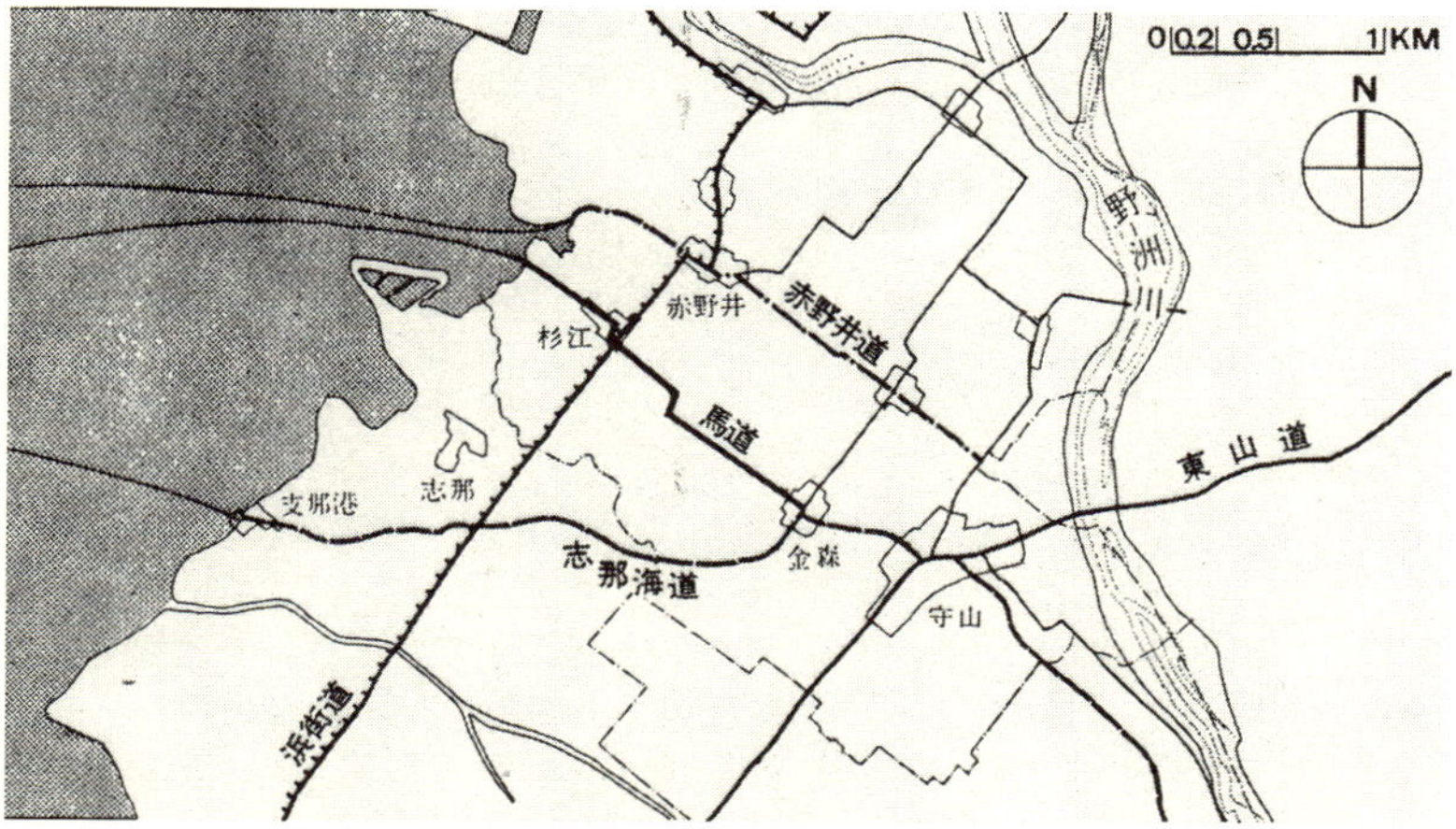

金森・赤野井付近の古道（峰岸純夫・脇田修監修『寺内町の研究　第一巻　戦国社会と寺内町』法蔵館）

地域の物流センターだった。

「境川」は金森で「山賀川」などに幾筋にも枝分かれし、氾濫原となった。金森はその自然堤防上の微高地にある。それゆえ金森で、境界は〈線〉から〈面〉に変化したのである。古代は、ここは両郡のどちらにも属さない〈境界領域〉、網野善彦[43]の言う「無主・無縁」の場所で、蓮如が金森の次に開いた吉崎道場などと同様の「虎狼の住処」だった。金森の河原には墓所や市場、川越人足などの存在が想定される。彼らは河を越すために人を肩に担ぎ、輿や蓮台に乗せ、馬の口を執った。中世を通じてここは次第に、井上鋭夫[44]の言う「山の民・川の民」「ワタリ・タイシ」の世界となり、交通・輸送業者の定住地点となった。

古代近江国では、東国に向かう東海道・東山道・北陸道の三街道が京都・逢坂の関・大津を経て放射状に延びていたが、中世には山門が国一番の荘園領主となり、坂本と京都を結ぶ山越えの道が開拓されると、山門のお膝元で琵琶湖に面した港湾都市坂本が、東国と京都を結ぶ流通の中心となり、それに伴い〈志那街道〉が東海道・東山道のバイパスとして繁栄した。

金森は、野洲郡守山から湖岸の栗太郡志那に通じる〈志那街道〉が、郡境の川「境川」を右側から跨ぐところである。すなわち、京都と東国を結ぶ中世日本の幹線道路に位置し、水陸交通の要衝だったので、流通経済の中心地であった堅田と似た宿駅都市に発展したと思われる。金森にも堅田門徒の「全人衆」と同様の存在を想像したいが、宿駅都市金森の実体を明らかにする史料は未発見である。元禄十六年（一七〇三）七月付けの金森村より奉行宛て言上書「信長公様御朱印頂戴仕候由緒之事」の一節[45]には、「当地其昔ハ志那海道筋ニテ家モ二百余軒ニ及ヒ問屋酒見セモアリ、繁昌繁栄ノ処ナリシト伯父等ノ伝ヘナリ、然ニ信長元亀ノ乱後諸方へ立退者モ多カリシ程ノ難義ニアイシ漸ク信長公赦免ノ後村形モ出来昔ニ立カヘルヤウニ有シニ云々」とあり、江戸後期の金森村絵図の集村と異なり、街道筋に「問屋・酒屋」など二〇〇軒あまりが立ち並ぶ町場、宿駅都市の姿が窺える。

元禄期のこの言上書からは、金森市街地の衰退と復興の事実は窺えるが、小島の主張する焼討ちの事実は断定できない。一方、金森を流通経済の中心と考える西川幸治は、宿駅金森の実体に地理面から迫り、共同研究「蓮如の道」[46]で、蓮如活躍時に琵琶湖に面した金森周辺の港には〈志那〉のほか、〈杉江〉〈赤野井〉があり、陸上交通には〈志那街道〉のほか、金森から杉江に至る伝「蓮如往還之道」の〈馬道〉、金森の東北の播磨田から赤野井に至る〈赤野井道〉の存在を明らかにした。またこの〈馬道〉に沿い、集村金森から少し離れて、「室」「仁願寺」「市ノ町」「駒地」の地字名の存在を明らかにした。それゆえ戦国期の宿駅都市金森は、こちらの方にまで広がっていた可能性がある。〈馬道〉の名前から、当然馬の背に荷物を載せた運送業者・馬借が想定される。彼らの前身は川越人足で、渡河地点の宿駅金森の機能拡大と共に、運送業者・馬借にまで発展したと思われる。

〈馬道〉は山門ではなく、金森の独占下にあったと思われる。金森に馬借が現われると、志那街道に対する坂本馬借の影響力が問題となった。大谷の本願寺破却の際も、山徒・祇園の犬神人や坂本の馬借が関わったのだから、「守山ノ日浄房ト云ハ叡山ノ衆徒ナリケルガ、遺恨ノ輩ヲカタラヒ浅井亦六郎ニ組シテ金森ヲセムルコトアリ」[47]との金森一揆の記録[48]は、金森の馬借に対する周辺山徒の圧力と読み取ることができる。一方、〈赤野井道〉について次のように[49]あり、蓮如は「開山聖人の御木像」を背負いこの道を通った。「上様ハ開山聖人ノ御木像ヲ負セラレテ、赤野井慶乗カ道場ニウツシヌ。白昼ナレトモ人不知ト云々」。蓮如が「開山聖人ノ御木像」を背負った際、「連雀」を用いたと思われる。この蓮如の姿は「連雀商人」や歩行で荷物を運ぶ交通労働者・運送業者の「歩荷」の姿と一致する。坊主としての法体も当時の「連雀商人」や「歩荷」と一致する。つまり蓮如は「人民の海」に隠れて、山徒の監視の目を逃れたのである。だからこそ「白昼ナレトモ人不知」とあるのだろう。

以上から、金森は当時の流通センターで、多くの「連雀商人」や「歩荷」の活動が想定できる。この延長線上に信長配下の金森〈楽市場〉が登場する。金森令A-Iから、金森に「市場」があったことは確実である。すでに述べたとおり、A-IIの第二条「往還の荷物当町へ着くべきの事」は、信長が宿駅としての金森をそのまま安堵・保証したことを示している。A-IIIの第四条「上下荷物ならびに京上売買の米荷物、先々の如く当町おいて差下有るへき事」も、宿駅金森のより一層の繁栄した姿を示している。以上から、金森は野洲・栗太両郡の境を流れる「境川」の氾濫原の作り出す〈境界領域〉で、本来は「無主・無縁の地」だったが、次第に都市化が進み〈宿駅都市〉となった、となる。

〈境界領域〉に都市ができた例には、泉州「堺」や、朝尾直弘[50]の明らかにした湖東平野の「八日市」がある。

朝尾は、「八日市」の「市庭」を次のように説明した。「神埼郡と蒲生郡の郡界にあり、古代は蒲生野の「野」の世界と神埼郡の条理水田農村との接点に、中世は神埼郡柿御園・同郡建部荘・蒲生郡得珍保・同郡小脇郷の四つの郷荘の境界の交点にあり、いずれの郷荘にも属さないような位置に成立した市庭である」と。金森が都市化すると、ここは〈境界領域〉ではなく、地域の物流センターとなり、政治の中心地となり、地域を結合する中核都市となった。その結果できたのが〈山門領金森荘〉である。元亀二年（一五七一）十二月の佐久間信盛宛て信長の「所領宛行い目録[51]」には、「弐百石　金森」とあり、信長に抵抗し没落した六角氏の被官、馬淵・本間・種村・栗田・楢崎・鯰江等々の国人領主の没収地が後に続く。ここから、金森は荘園だったと思われる。〈山門領金森荘〉の存在を多くの研究者[52]は想定している。

蓮如は堅田・金森を中心に各地を転々とした。金森周辺には川那辺氏の屋敷城のほか、数多くの豪族屋敷城が確認できる。その限りで他との区別はつかないのに、なぜここで「金森一揆」が起きたのか、その理由は、金森が山門領金森荘の中心だったからで、地域政治の中心だったからこそ、宗教の中心にもなったのだろう。また〈一揆持ち〉時代には「御坊」が山門領金森荘を乗っ取り、ここを政治的に支配した。神田千里の明らかにした「金森門徒圏」[53]や、元亀三年に起請文を提出した村々は、この山門領金森荘の領域を越えて、遠くまで広がっていた。それゆえ〈一揆持ち〉時代には、金森は荘園の境を超え、広域の「金森門徒圏」にまで影響力を及ぼしただろう。以上から、金森が歴史の舞台に登場した頃、金森は経済的には〈宿駅〉で、政治的には〈山門領金森荘の中心〉だったことになる。

寺内町説

研究史を振り返り、金森は〈寺内町〉だったか否かを再検討したい。寺内町を「環濠城塞都市」と定義した西川幸治は、金森を「寺内町以前」としたが、それは金森が「環濠城塞都市」としての「寺内町」ではなく、本格的な「寺内町」の建設は、蓮如が北陸に赴いてから以降だとの主張による。しかし現在の通説では、蓮如の活動以降、金森は「寺内町」で、元亀年間には一向一揆がここを拠点に信長と対抗したとする[54]。例えば中居均[55]は、「道場を中心とする門徒村落（＝金森）は自衛手段として環濠をめぐらせ、城郭的性格を持つようになる。……周辺の門徒を取り込（む）……宗教的運命共同体『寺内町』の成立である」とした。しかしこの議論には〈政治論〉と〈形態論〉の混同がある。問題は、宿駅都市金森の〈形態〉が「環濠城塞都市」だったか否かである。戦国期金森が「寺内町」か否かは、一揆敗退の際の焼討ちの有無とも関係する。金森を「環濠城塞都市」とすれば、金森城の落城は当然「寺内町」の消滅となるが、〈町場〉と〈城〉の二元性の理解からは、金森城落城は必ずしも金森市街地の焼失を意味しない。

一方、小島道裕は、金森集落から離れた「城の下」に〈川那辺氏の屋敷城[56]〉があったとし、神田千里や朝尾直弘[57]もまた、一揆勢の立て籠もる金森城は「城の下」の川那辺氏屋敷城で、善立寺の集落を「寺内町」とした。神田・朝尾は、信長に抵抗した金森城と金森集落を別物とし、互いの歴史を区別した。金森集落を農村共同体の集村ではなく、町場・都市として捉え、金森全体を中世社会に一般的な〈都市〉と〈城〉との二元論として捉え、宿駅都市金森（＝

「寺内町」）と土豪屋敷城の併存としたのである。西川幸治の定義に従い「寺内町」の形態を「環濠城塞都市」とするなら、神田・朝尾両者は〈金森は「環濠城塞都市」でない〉としたことになる。しかし私は、この〈城〉を〈民衆の城〉と考える。それゆえ神田の言うとおり、金森一揆下の金森「寺内町」・宿駅都市金森は、次の時代の信長支配下の「楽市場」へとつながったのだと思う。以上の形態論とは別に、〈一揆持ち〉時代の金森の政治上の在り方は、「大坂並体制」下の「寺内町」と同じか否か、〈一揆持ち〉時代には「御坊」が〈都市領主〉だったか否かの〈政治論〉の問題がある。この問題は、次の第三節でこの地域の政治史を考察した後「大坂並体制」として再び取り上げたい。(58)

三　歴史的背景

永禄十一年の信長上洛

信長は岐阜攻略前、永禄十年（一五六七）春、同年八月、翌年二月と三度にわたり、家臣滝川一益に伊勢北境を攻略させた。北伊勢八郡の関一族の総領・神戸友盛を下し、三男信孝を養子に入れ、工藤一族の総領・長野氏には弟信包を入れた。こうして関一族は信孝が、工藤一族は信包が、他の諸氏は滝川が支配する体制を築いた。安濃津には織田掃部を置き、南五郡の領主・国司北畠氏に備えた。上洛には東山道を進んでも、近江への連絡路のため、北伊勢の確保が必要だったからである。尾張・美濃・北伊勢を征服した信長は、永禄十一年（一五六八）九月に足利義昭を奉じ京都に進軍したが、それに先立ち上洛のための根回しをした。永禄十年末頃に湖北の浅井氏に、妹お市の方を嫁がせ、同盟関係を作り、大和興福寺の衆徒たちにも朱印状を出した。同年近江守護六角氏の奉行人・野洲郡の永原氏を味方に付け、翌永禄十一年四月には同氏に三カ条の条書を出した。甲賀郡の国人にも積極的に働きかけた。(59)(60)(61)

永禄十一年六月には、志那街道上で金森より志那港近くにある天台宗の名刹で、琵琶湖水運管理権の一部を握る蘆浦観音寺に〈蘆浦三郷の闕所方や知行人のいない土地は、調査の上観音寺に与え、年貢等を納めさせる〉との判物を(62)

出した。ここから、琵琶湖水運掌握の意図がわかる。八月には佐和山に赴き、六角義賢と交渉を試みたが成功しなかった。義賢はむしろ、「堺公方」「阿波公方」を奉じた三好三人衆とつながっていた。九月七日、信長は徳川家康と共に岐阜を発し、上洛の途についた。三河徳川氏と同盟関係の信長勢力を〈環伊勢湾勢力〉と名づけると、敵・三好三人衆の勢力は、「堺公方」「阿波公方」の足利義栄を中心とする〈環大坂湾勢力〉となる。九月十二日に信長は、湖東の箕作城を攻略した。観音寺城の六角義賢親子は、長享元年（一四八七）、将軍足利義尚が六角高頼を攻めた際、観音寺城を棄て甲賀に脱出した故事に倣い、この時も観音寺城から伊賀山中に逃げ込んだ。

六角氏に従った多くの国人は降参し、人質を差し出し、所領を安堵された。現在、永禄十一年（一五六八）九月付け信長禁制[63]は数多く残っている。近江では百済寺・沖島・永源寺等、山城でも上京・吉田郷・八瀬荘・賀茂社境内六郷・若王寺社・大山崎・大徳寺・妙心寺・南禅寺・知恩院・清水寺・東寺・清涼寺・遍照心院・本能寺・妙伝寺・妙顕寺等々、摂津では本興寺、宛てである。これらは皆、信長軍の行動に先立ち発給された。小島が指摘した〈守山〉宛ての禁制も、この時のものである。東山道の宿駅〈守山〉は、早くから信長に「味方」を表明していた。組織的な抵抗が解体したところで、信長は義昭を桑実寺[64]に招いた。この寺は六角氏の居城のあった観音寺山の西麓中腹にあり、近江を流浪した第十二代将軍足利義晴がこの寺に仮の幕府を置いたことがある。『信長公記[65]』には「廿四日、信長守山まで御働き、翌日、志那・勢田の舟さし相ひ、御逗留」とあり、〈守山〉から志那街道を進み、琵琶湖を渡り、三井寺から入京した。

比叡山でなく三井寺に入ったのは、天文五年（一五三六）の「山・国議定」で、山門と六角氏が運命共同体となり、信長の敵だったからである。永禄十一年十月、足利義昭が征夷大将軍に宣下され、その後の論功行賞で、義昭より〈畿内一国〉をと言われたのに、信長は泉州〈堺〉と近江の〈大津・草津の代官職〉を願った。信長は京都への交通路を確保したとはいえ、入手できたものは当時の幹線道路から外れた大津・草津であり、逢坂関から京都に至る東山道の旧道だった。当時の近江のヒト・モノの流通する幹線道路の志那街道や、経済の中心地・港市坂本や「山中越え」には手も触れることはできなかった。同年十月二十六日、岐阜への帰路も信長は〈守山〉に泊まった。(66) 翌永禄十二年（一五六九）正月に信長は、堅田を支配下に組み込み、次のような五カ条からなる「堅田中宛て」条規(67)（これをBとする）を発給した。

［B］

定　　　　堅田中

一、当所前々のことく相違有へからさる事、
一、諸浦課役、前々のことく可令納所事、
一、諸公事免許たるうへハ、借銭・借米并うりかひ（売買）のかけせん（掛銭）、いつれも不可為棄破事、
一、所々にこれある当知行分事、異議有へからさる事、
一、廻船に非分申しかくるやから（族）これあらは、かたく（堅）可申付、并他所にをひて、対当所所質かなふへからさる事、

右条々、於違背之輩者、可加成敗者也、仍状如件、
永禄十二年正月十九日　　　信長 朱印

第一条、第二条、第四条、および第五条の主文は、いずれも当時堅田が持つ権益や、堅田の現状の安堵で、信長の堅田に対する保護を示している。元亀元年（一五七〇）の越前遠征に際し、信長は南坂本の志賀郡宇佐山城に森可成を配置した。この城は坂本から京都白川に抜ける「山中越え」の道を北に見下ろす所にあった。この城の立地からも、当時信長が坂本―京都間の「山中越え」の道を完全には支配下に置けなかったことがわかる。この「堅田中宛て」条規Bには、後述するように、石山本願寺を中心とする「大坂並体制」下の「寺内町」の法と同じものが、第三条の「諸公事免許」条項と〈徳政免除〉条項、第五条後半の〈質取禁止〉条項に見られる。

元亀元年の一揆蜂起

元亀・天正年間、信長は四方の敵と戦った。信長にとって戦いの連続だった。浅井・朝倉の連合軍や本願寺との戦い、将軍義昭との対立と追放、武田氏との戦い等々である。なかでも本願寺との「石山合戦」が中心だった。義昭を戴くだけでは正統性に欠けたからか。永禄十一年（一五六八）破竹の勢いで上洛したことへの反動か、元亀元年（一五七〇）の対朝倉戦を契機に、信長への反発は一挙に強まり、近江は戦乱状態となり、信長は次々と新しい敵と直面した。元亀元年四月、信長は越前遠征のため京都を出陣し、天筒山城・金ヶ崎城を攻略し、木ノ芽峠にさしかかったところで浅井長政の離反を知り、金ヶ崎から退却した。「金ヶ前の退け口」である。敗退を喫した信長は、やっと京都に辿り着いた。浅井氏の離反で美濃との連絡路・東山道は奪われ、信長は浅井氏と愛知川で対峙した。六角義賢も東海道の伊賀・甲賀から所領回復を窺った。六角氏が三好三人衆と結びついたので、当然山門は三好三人衆側だった。『当代記』[68]には「近江国残る所なく一揆蜂起せしむ」とあり、近江は鼎が沸くように国を挙げての動乱の世界に入った。一揆勢は野洲郡〈守山〉を突き、信長は京都から稲葉良通らを「江州路次通りの御警固」として派遣し、一揆側一二〇〇人余りを討ち取り、〈守山〉を確保した。

信長は岐阜への帰路、五月十二日には永原に滞在し、野洲郡永原城には佐久間信盛を、蒲生郡武佐の長光寺城には柴田勝家を、蒲生郡安土城には中川重政をそれぞれ配置した。恩賞以上に、この地域の軍事的確保が重要だったからである。国人領主・永原氏はこの時佐久間氏の与力となった。一方浅井氏は、愛知川の北岸、八風街道沿いの愛知郡鯰江城に軍勢を入れ、市原野の一揆を動かし、信長の退路を塞ごうとした。この当時、信長にとって近江と岐阜の連絡路は北伊勢のみで、近江―濃尾間の通路の確保が勝敗の分かれ目だった。蒲生郡日野城の蒲生賢秀の働きで、信長は八風街道から千種越で五月二十一日に岐阜に帰った。その千種越の途中曲節《つづらぎり》で杉谷善住坊に銃撃されたが、危機を脱した。六月四日には近江駐在の佐久間・柴田軍は、六角軍を野洲川下流の乙窪（現野洲市中主町）で破り、甲賀・伊賀の屈強な侍七百八十人を討ち取り、南に敗走させた。一方浅井の将、坂田郡の堀秀村が信長に投降したので、情勢は好転し、六月十九日に信長は北近江に侵攻した。

永禄十一年（一五六八）、上洛のため進んだ東山道を、元亀元年（一五七〇）には再び軍勢を率いて進み、六月には浅井氏の根拠地・小谷近くの姉川で、浅井・朝倉の連合軍と戦った。この「姉川の戦」は横山城をめぐる「後詰め決戦」(69)で、浅井領国内に限れば、横山城を奪い木下秀吉に預け、佐和山城を包囲し、東山道の支配を取り戻したので、明らかに信長側の勝利である。しかし摂津では、浅井・朝倉に連動し七月二十一日には三好三人衆が蜂起した。九月には石山本願寺が自己の外護者を義昭・信長側にするか、三好三人衆にするかの選択(70)の中から、信長との対決を決意し、各地門徒に挙兵を呼びかけ、「石山合戦」が始まった。三好三人衆中心の〈環大坂湾勢力〉に新たに本願寺が加わり、本願寺中心の対信長新包囲網が形成された。信長は各地に蜂起する一向一揆と対決した。

九月には浅井・朝倉連合軍が北陸道を南下し、南近江に進んだ。これに一揆軍も加わり、京都・東国間の交通の要衝・港湾都市坂本が取り合いとなった。宇佐山城の織田信治・森可成は坂本を守るべく北に戦うが、戦死し、宇佐山城は二の丸までを占領されたが、本丸はどうにか持ちこたえた。浅井・朝倉軍は大津から山城に攻め込み、山城の山科・醍醐を焼討ちし、京都の東部と北部に陣を布いた。信長が摂津から帰京すると、浅井・朝倉軍は比叡山に立て籠もった。信長は摂津の三好三人衆や石山本願寺の戦いから軍の主力を引き抜き、京都東北に迫る浅井・朝倉軍に備え、下坂本に陣を布いた。湖南の金森・三宅も、九月の本願寺蜂起に連動して「諸方の門徒・武士・強勇の坊主衆」が集まり、本願寺からは川那辺左衛門秀政が派遣された。志那街道に沿う坂本・志那・金森は一揆など反信長側の支配領域となった。当時本願寺は、延暦寺に「末寺銭」を支払う関係にあったので、三宅・金森の一向一揆も、浅井・朝倉と同様、延暦寺の力を頼んでいた(71)。

記録(72)には「この近辺の門徒」「農勢を催し」「当所に城をかまえて攻め上る勢を待ち居たり」とある。「近辺の門徒」が一揆軍の中核で、「諸方の門徒・武士・強勇の坊主衆」ら外部勢力がこれを助勢し、周辺農村からは「農勢を催し」たのだろう。地域住民を動員できたのは、臨戦態勢下で「大坂並体制」が志向され、「寺内町」の金融活動が周辺農村にまで及んだからだろう。〈金森門徒圏〉は、神田千里が言うように「高野郷一向一揆」も含んでいたので[73]、「境川」を軸に南北方向に、東山道・守山以南にまで広がり、〈守山〉の取り合いが想定されたが、一揆勢は守山攻略も、甲賀佐々木勢との合流もできなかった。逆に後述する元亀二年正月の信長の「人留令」[74]＝交通遮断令から見て、佐久間は守山―金森間に阻止線を築いたものと思われる。一揆蜂起により、東日本の基幹交通路〈東山道・東海道―守山―志那街道―京都〉は、守山―金森間で途絶えた。この点で一揆蜂起は、宿駅都市金森には大きなダメージだった。

ここに金森一揆の内部矛盾があり、徹底抗戦に至らず、あっけなく降参した原因があると思われる。それでも、江南の金森一揆が一年間存続できたのは、①アジール権を主張する延暦寺の存在。②野洲川上流の六角氏の勢力。③湖中平野で信長に反旗を翻す複数の一揆城の存在等々によった。以上の政治史から確認すべき点は、東山道と志那街道の分岐点〈守山〉が反信長側に回る機会は何度もあったにもかかわらず、常に信長側にあった事実である。これは守山年寄衆の意志の固さによっていよう。このことから、信長は金森一揆崩壊後、A-Iのように守山年寄衆に金森市場の再建を命じたのである。一般に一揆側は、群衆の中からの蜂起戦や奇襲戦には勝利できても、戦いが支配領域を競い合う陣地戦に発展すると、戦いのプロである正規軍と苦戦を強いられた。信長と一向一揆の場合も同様だろう。それゆえ一揆軍は、浅井・朝倉の連合軍や六角軍との合同形態をとった。正規軍同士の遭遇戦では、勝敗は即決しないからである。

愛知川下流域の「新村」「小川」の城では、六角側の国人領主が信長に抵抗を続け、これに一揆勢が合流した。「鯰江城」にも六角の残党と一揆勢が立て籠もった。この両勢力が結べば、東山道は愛知川の線で遮断可能だった。一方信長には、これら一揆勢に構うゆとりはなく、信長軍の主力は浅井・朝倉の連合軍との戦闘と、補給路・東山道の確保に重点を置いた。一方、浅井氏を牽制すべく湖北にいた木下・丹羽の両軍は、浅井の留守を突き、信長本隊への合流を図った。『信長公記』[75]には「江南表の儀、佐々木左京大夫承禎父子、甲賀口、三雲居城、菩提寺と云ふ城まで罷り出でられ候へども、人数これなく候て、手合せの体ならず候。江州にこれある大坂門家の者、一揆をおこし、尾濃の通路止むべき行仕《てだて》り候へども、百姓などの儀に候間、物の数にて員《かず》ならず、木下藤吉郎、丹羽五郎左衛門、在々所々を打ち廻り、一揆ども切り捨て、大方相静まる」とある。織田の第二軍、木下・丹羽の軍はきわめて有効に戦い、湖東・湖南を制圧した。両人が志賀にやってきた後、信長は丹羽に命じて瀬田に船橋を懸けさせ、往還の便利にと警固を置いた。

十一月二十五日には逆に、比叡山に立て籠もる浅井・朝倉の退路を断ち、北陸道を遮断すべく、「堅田合戦」となった。これは一大決戦だったが、かえって敗北し、信長は坂井政尚以下多くの兵を失った。浅井・朝倉と一揆勢からなる連合軍は織田軍に勝利した。その後の堅田は一揆の世界となった。尾張でも長島一揆が蜂起し、小木江城は落城し、弟信興は死亡した。信長の劣勢は相次ぐが、将軍義昭が三井寺まで出張して両者の和睦が成立し、雪の中を浅井・朝倉両軍は帰国し、信長も危機を脱した。しかし和睦がなっても、交通遮断は続き、『尋憲記』(76)元亀元年(一五七〇)十二月六日の条には、〈越州路は信長と将軍の命令で堅く通行止めとなり、坂本から先は通行不能〉とある。翌年正月二日には、信長は秀吉に宛てて姉川－朝妻間の交通遮断令を出した(77)。信長は、ゲリラ鎮圧のため、まず①主要道路を確保し、②道路に検問所を設け、敵の行動の自由を奪い、敵を封じ込め、さらには③小さな地域ごとに治安確保をすすめる作戦をとった。

大坂並体制

戦国期の石山本願寺が、一権門として自己主張したことは有名で、石山本願寺は「公事免許」の特権を獲得した。この「公事」を「諸役」と同じ経済的負担と見なす見解もあるが、私はこれを〈裁判〉の意とし、「免許」も〈免除〉ではなく〈特別な許可〉、「公事免許」は〈裁判の許可〉、つまり〈守護不入〉と考えたい。『信長公記』(78)には、「富田の寺内正徳寺」は「美濃・尾張の判形を取り候て、免許の地なり」とあるが、これも「公事免許」を指し、〈正徳寺＝治外法権の独立国〉と考えたい。石山本願寺は〈独立国家〉として治外法権が認められており、しかもこの特権を

「大坂並体制」(79)として周辺の寺内町にまで拡大したのである。この「大坂並体制」理解のため、次の永禄三年（一五六〇）の富田林道場宛て安見美作守の定書(80)（これをCとする）を取り上げる。堀新(81)は、この文書C自身には、①年次、②差出人の安見宗房と石山本願寺との関係、③伝来状況、の三点に問題はあるが、「大坂並」寺内町特権を網羅している点で、考察の対象としてよいとした。富田林令Cは次のようにある。

［C］

定　　　　富田林（河内）道場

一諸公事免許之事
一徳政不レ可レ行事
一諸商人座公（事脱カ）之事
一国質、所質并ニ付沙汰之事
一寺中之儀何も可レ為二大坂（摂津本願寺）並一事
右之条〻、堅被二定置一畢、若背二此旨一、於二違犯之輩一者、忽可レ被レ処二厳科一者也、仍下知如レ件、
永禄三年三月日　　　　美作守（安見宗房）在判

Cの第一条「諸公事」と第三条「諸商人座公事」の「公事」は、それぞれ〈裁判〉を指し、第一条は富田林道場が在地領主の支配から法的に独立し、治外法権としての〈守護不入権〉を獲得し、〈独立国家〉として承認されたことを意味する。第三条も道場側が〈座の本所権〉を乗っ取り、諸々の商人座の裁判権を獲得し、〈座の本所〉として諸商人から「座役銭」を徴収したと理解したい。「座」によっては、新たな本所・富田林道場と旧来の本所との二重支配もあっただろう。第二条は、「寺内町」は〈徳政の対象外だ〉との宣言で、当時寺社はどこでも金融活動を行なっており、これは「寺内町」の金融活動に対する〈徳政からの保護〉令である。天正十五年（一五八七）のバテレン追

放令前日の「覚」[82]第六条には、「一向宗」が〈その国郡に寺内を立て、給人＝領主に年貢を納めないのは天下のさわり〉とある。ここから領主支配の中心となる「蔵」の機能を「寺内」が乗っ取り、真宗寺院は金融活動を中心に領主支配を行なっていたと思われる。

Cの第四条は第一条・第三条と密接に関わり、「寺内町」が独立国として認められ、すべての「座」が富田林道場の保護下に入ったので、本来は本座の特権だった質取は禁止され、「寺内町」に「平和」が命じられたのである。前節でわれわれは、金森の一揆蜂起に際し、非常時下とはいえ、宿駅金森では「大坂並体制」が目指されていたとした。その根拠は、先に掲げた永禄十二年（一五六九）の堅田中宛て信長定書Bである。次に「堅田中宛て」信長条規Bと富田林令Cを比較したい。前述したように、Bの第一条、第二条、第四条、第五条の主文は、いずれも堅田に対する安堵で、Cには対応する項目はない。しかし、Bの第三条には「a諸公事免許たるうへハ、b借銭・借米并うりかひのかけせん、いつれも不可為棄破事」とあり、aは〈不入権〉条項で、bは〈徳政免除〉条項である。これらはそれぞれCの第一条、第二条と対応し、堅田に対し〈不入権〉と〈徳政免除〉とを承認したものである。

Bの第三条には「aたるうへハ、b」とあって、〈不入権〉を示す「諸公事免許」から〈徳政免除〉が導き出されている。これは〈不入権〉一般が信長政権下では制限され、〈徳政免除〉に限って認められたからだろう。B第五条の「并」以下「他所にをひて対当所所質かなふへからさる事」は、〈質取〉項目でC第四条に対応するが、ここでは堅田に対し質取を禁止した範囲が〈他所〉にまで広がり、むしろ一般的な〈人身の自由〉の保証となっている。B第五条は、堅田中が独立国家として、領土を越えた地域にまで国民を保護する権利ありと主張し、信長はそれを承認したものである。この〈属人法主義〉の原則は堀新[83]が明らかにしたように、〈環大坂湾世界〉の「寺内町」で形成されたものである。自治組織の堅田中は「大坂並体制」の影響下に、新秩序を作り出したのである。以上からBの五カ条中三カ条が、Cの第三条と第五条に対応し、Bには、Cの「大坂並体制」の影響が認められよう。

一方、C第三条の「商人座公事」条項と第五条の「大坂並」条項は両方共に「御坊」に直接関わる法令で、Bには対応するものはない。定書の宛名が、Cでは都市領主「富田林道場」＝〈御坊〉なのに、Bでは地域住民の自治組織「堅田中」である。当時の堅田が「御坊」の直接支配下になかったので、対応しないのは当然だろう。しかし元亀元年（一五六九）以降、堅田が〈一揆持ち〉となると、御坊は領主権を主張し「大坂並体制」は強く及んだと思われる。以上の分析から、永禄十二年（一五六九）の堅田中宛て信長定書Bは、堅田中が「大坂並体制」の影響下に、「寺内町特権」の中心〈徳政〉〈質取〉条項を信長に要求し、信長が承認したものとなる。ところで、元亀三年（一五七二）に摂津の日蓮宗寺院の長遠寺に宛てた信長禁制(84)（これをDとする）にも次のようにある。

［D］

摂州尼崎内市場巽長遠寺法花寺ヽ建立付条々、
一、陣執并対〔帯〕兵具出入停止之事、
一、矢銭・兵糧米不可申懸之事、
一、国質・所質并付沙汰除之事、
一、徳政免許之事、
一、敵方不可撰之事、
一、棟別并臨時之課役免除之叓、
一、不可伐採竹木之事、
右任御下知之旨、不可有相違者也、仍執達如件、
元亀参年三月日　　弾正忠（信長）朱印

Dは、一向宗の寺内町に対抗し、摂津に日蓮宗の寺内町を許可する目的で発給されたものである。Dの第一条、第二条、第六条、第七条は不入権の具体化で、寺社宛て禁制にはよく見られる。一方、Dの第三条、第四条は、C第二

条、第四条にそれぞれ対応している。以上から、C第二条の「徳政不可行事」と第四条「国質郷質并ニ付沙汰之事」は、門徒の発言力の強い堅田にも、本願寺と対立した日蓮宗の尼崎寺内町にも受け継がれたことがわかる。山門領金森荘の時代には、宿駅都市金森は二〇〇軒の「酒屋や問屋」が軒を連ねていた。「楽市楽座」と言うと、いつも「市座」が問題となるが、佐々木銀弥が言うように、当時の湖中平野の保内商人などの「座」特権は〈道路特権〉で、湖南地方の道路に特権を持つ「座」の本所は多く「山門」だった。宿駅都市金森には「問屋」がいくつあっても、座商人の本所や本座は、原則として金森外にあり、町内部では日常的に本座特権に基づく「質取」が行なわれた。

しかし川那辺左衛門秀政をはじめ「諸方の門徒・武士・強勇の坊主衆」が〈一揆持ち〉の世界を築くと、「大坂並体制」、特に「商人座公事」条項が追求され、「座」の本所は「山門」等から金森「御坊」へと変化・集中したと思われる。金森の「問屋」が「本座」となり、町外の「本所」や「本座」は否定されたのである。こうして金森内部の「質取禁止」は確立した。〈一揆持ち〉時代の「金森の平和」は、「御坊」の検断権に支えられた〈「御坊」の平和〉だった。この「寺内町」金森の〈平和〉が、A-II第一条の「国質・郷質」禁止へと繋がっている。元亀三年の信長「楽市楽座」令は、二度の蜂起で成立した金森「寺内町」が歴史的前提だった。〈一揆持ち〉時代の金森の「酒屋」の金融業は、Cの〈徳政免除〉条項に対応し、保護されていたと思われるが、「楽市楽座」令下の金森では、逆に〈徳政〉が行なわれ、「御坊」の検断権でなく、惣町の検断権による〈町人による平和〉が行なわれた。「寺内町」の世界と信長の「楽市楽座」の世界との間には、〈「御坊」による平和〉と問屋などの〈町人による平和〉の違いがあった。

元亀二年の近江制圧

信長にとって元亀二年（一五七一）とは、浅井氏を小谷に封じ込め、近江各地の一揆をローラーを転がすように次々とつぶし、近江を制圧した年である。二月には浅井の将・磯野員昌を誘い、中山道と北国街道の分岐点、彦根の佐和山城を落とし、ここに丹羽長秀を置いた。こうして横山城の木下秀吉、佐和山城の丹羽長秀、安土城の中川重政、武佐長光寺城の柴田勝家、永原城の佐久間信盛と、東山道各地に武将を配置し、信長の東山道支配は盤石となった。九月には、金森では川那辺秀政が人質を出して降参し、金森城は落城した。野洲・栗太両郡は信長の重臣・佐久間氏の支配下に入った[85]。同月、信長は再び坂本に出兵し、比叡山を焼討ちした。これにより権門都市坂本は解体した。この時から、坂本よりも大津を重視する信長政権の政策は始まり、江戸時代には、坂本は五街道の幹線道路から外れた。これと関連し、志那街道も次第に廃れ、江戸時代の金森は小島が言うように[86]、純粋な農村になった。

信長は金森攻略の前に、愛知川下流域の神崎郡の「志村」「小川」両城を攻略した。金森落城について『信長公記』[87]には「九月朔日、信長公、志むらの城攻めさせ御覧じ、取り寄する人数、佐久間右衛門、中川八郎右衛門、柴田修理、丹羽五郎左衛門、四人仰せつけられ、四方より取り寄せ、乗り破り、頸数六百七十討捕る。これによつて、並郷《ならびのごう》、小川の城主小川孫一郎、人質進上候て、降参申すの間、御赦免なさる。／九月三日、常楽寺へ御出であり、御滞留ありて、一揆楯籠もる金ケ森取り詰め、四方の作毛悉く苅田に仰せつけらる。しゝがき結ひまはし、諸口相支へ、取籠めをかせられ候ところ、御侘言《わびごと》申し、人質進上の間、宥免なされ、直ちに南方表へ御働きと仰せ触れらる」とある。

谷口克広[88]は、「小川・志村の両城」を〈共に現神埼郡能登川町〉とし、「小川城主は小川祐忠、志村城主は志村筑後守、いずれも神埼郡の国衆で、六角氏に従っていた者たちである。六角氏没落後も降参せず、浅井氏とも通じて信長に反抗していた」「討ち取った首数六百七十というからほぼ皆殺しだろう」とし、金森城についても「かなわじと見た川那辺は、あっさりと人質を出して降参した」とある。しかし『信長記』[89]には、九月三日以降の金森落城を「九月三日に常楽寺に本陣を移され、金が森の城を攻落すべしとて下知せらるゝ処に、城中より達て侘言申上げ、人質を進らせ置き候ひしかば、先懸の勢に加はり、即ち紀伊国の凶徒等追罰の為、勲功致すべしと宣ひしかば、領掌申しけり」とある。人質を出し、降参すれば許されるのではなく、『信長記』のように、「先懸の勢に加はる」ことが降参の条件だったとすれば、小川城主の場合も、対金森戦の「先駆け」となった可能性は高い。

一方『当代記』[90]には、この問題に関連し次のようにある。「廿二日、着佐和山給、新村の城に相籠一揆共被責落、六百七十余被討捕、小川城令懇望、奉渡金が森城主、則属幕下令参陣」と。傍点部分がよく読めない。「主」の字の位置が違い、「小川城主令懇望、奉渡金が森城」と読むことが許されるなら、「小川」の城主の「調略」により、「金が森城」は降参したとなり、次の「すなわち幕下に属し、参陣せしむ」と素直に連続してくる。小川・志村の攻略から金森の攻略について、『信長公記』『信長記』では関係が記録されていないが、『当代記』を以上のように読むことが許されるなら、将棋倒しのような一連のつながりが認められることになる。『信長公記』では、後の秀吉の高松城の水攻めを思わせる、苅田、出入り口の封鎖・道路の検問、包囲体制の整備等々で、籠城衆の食料補給を断ち、降参させたとあるが、『当代記』では「調略」のみを強調している。

両者に共通するのは、〈力攻め〉をしないことである。「苅田」[91]は、金森城に籠城する周辺農村から動員された地下衆・「農勢」に対し、〈籠城を続ければ今年の収穫はなくなるぞ〉との脅しであり、下城の誘いだった。『信長公記』では、苅田による揺さぶりで、籠城衆は動揺・分裂し、川那辺秀政以下が紀伊国の一向一揆追罰の先駆けとなることで、一揆は終息したとある。信長の金森一揆への基本方針は、内部の分断、宿駅金森の存続・保護で、政治的決着を目指していたと思われる。一方、金森落城と同じ九月に、信長軍は瀬田川を越え三井寺付近に着陣し、近江国の流通・経済の中心地、反信長包囲網の扇の要、坂本・比叡山を焼討ちした。一連の戦いだが、金森とは戦争方法を異にしていた。比叡山焼討ち後、志賀郡宇佐山城の織田信治・森可成の跡に明智光秀を封じ、新たに坂本に築城させた[92]。光秀は政治的には将軍義昭と信長を媒介する役目にあったが、坂本の場所もまた京都と美濃・尾張を結んでいた。

こうして信長は、東国―京都間の幹線道路〈京都―坂本―志那街道―東山道・東海道〉〈京都―坂本―北陸道〉を完全に自己の支配下に置いた。延暦寺王国の崩壊により、南近江の状況は大きく変化したにもかかわらず、本願寺はさらに武田信玄と結び、反信長包囲網を再構築した。しかし扇の要を失った反信長勢はバラバラになり、信長により各個撃破された。二年後の天正元年（一五七三）には朝倉義景が越前一乗谷で、浅井長政が近江小谷城で、それぞれ切腹・自殺し、信長の前に立ちふさがった両氏は滅んだ。

元亀三年の金森再蜂起

である。

翌元亀三年（一五七二）正月には、六角義賢の勢力挽回を目的とし、一向一揆が湖南で再蜂起した。〈金森再蜂起〉である。六角義賢は養女を本願寺の顕如に嫁がせ、本願寺と同盟関係を築いていた。正月から七月まで、金森は再び一揆の拠点となり、六角承禎親子は信長に抗戦した。この時も「寺内町」は復活したと思われる。しかしこの時は堅田一揆の応援はあっても、延暦寺王国のバックを欠き、再蜂起した一揆は大きく見れば近江の中で孤立していた。琵琶湖の西側堅田の勢力をバックに、東の守山を攻めるこの陣形は、寛正六年（一四六五）の大谷破却後の最初の一向一揆と似ている。この時は守山の日浄坊が天台の山徒を率いて攻めて来たのを、堅田衆を中心に金森一揆は武力で反撃した。[93]一方、元亀三年正月に、佐久間信盛は周辺の村々から一揆に加わらない旨の起請文を集めた。前年の元亀二年の戦争では、臨時的に行なった道路の封鎖や検問を、今度は惣村制の自治を用いて行ない、一揆を孤立化させた。

信長の一向一揆に対する皆殺し戦は、志村城をはじめ、長島一揆、越前一揆等々でよく知られている。また坂本・比叡山の焼討ちも有名である。再蜂起した金森一揆終焉の具体的在り方はよくわからないが、金森の二度の蜂起に対し、信長は宿駅都市金森の価値を認め、その機能喪失を恐れたことや、政治工作への自信などから、力攻めではなく、政治的解決の道が探られた。なかでも村々から起請文を集めたことは注目に値する。この起請文の中で特に注目すべきは、三月十六日に蘆浦三郷を代表して蘆浦観音寺が、志那三郷を代表して、六角承禎の被官で志那渡船の掌握者・志那入道と、村の二人が署判したことである。[94]ここから信長の志那街道掌握と、一揆勢力の限界が窺われる。志那街道を通る商人たちに対し、信長側は通行証を発給し、商人一人一人を個別に把握することができた。こうした商人たちの支配をめぐる政治的駆け引きに敗北した結果、金森は七月に落城したと思われる。

商人たちは、①金森「御坊」の保護下に入り、一揆を支えながら〈堅田－金森周辺〉の馬道・赤野井道などを活動範囲とするか、②信長の保護下に入り〈東山道全域－志那街道－坂本－京都〉を活動範囲とするか、が問われた。商人たちにとって、保護者の支配領域の広さは直接利害に関係した。個々の商人にとっては、①信仰を取るか、②利益を取るかの選択だった。金森落城直後、信長の意を承けた佐久間信盛は、守山年寄衆に対し書状A-Iを出し、「金森市場」を「楽市楽座」にと命じた。これは、守山年寄衆が志那街道を通る商人たちに鑑札を交付していたからだろう。この当時、信長の道路封鎖・道路支配が領国全体に及んだことは第八章「苻中府宮宛て信長定書」の「潮の変わり目」で述べたので、ここでは繰り返さない。石山合戦以前の信長の対商人政策は「敵・味方」の縁から切れた「縁切り」「無縁」の人として、商人をそのまま保護するものだった。関所廃止もこれと同じ精神である。例えば「熱田八カ村宛て制札(95)」では「他国・本国、敵・味方」を選ばないとあり、「知多郡・篠島商人宛て自由通行令(96)」には「然者不可致敵味方者也」とある。永禄八年の津島神社御師宛て信長判物の「雖為敵方可令出入(97)」も、これと同じ精神だろう。

しかしここに至り、信長領国内の商人たちは、もはや「敵・味方」から超越した「無縁の人」ではありえなかった(98)。①信長の敵「本願寺」に与するか、②信長の「味方」かが厳しく問われ、商人たちに対する支配は一段と強化された。金森落城の二カ月後の九月に、信長は金森楽市令A-IIを発給した。ここで問題なのは、A-IIの「諸役免許」が何を意味したかである。上加納楽市令の「諸役」は住民税・守護役としての「反銭・棟別銭」などだが、苻中府宮令第一条の「諸役」は、市場にやってくる商人たちに「営業権を許可」し、交通の自由を保証するための「初穂」徴収である。金森楽市令Aと苻中府宮令が対応するなら、金森楽市令Aの「諸役」もまた商人たちからの「初穂」徴収となろう。志那街道を通る商人たちに鑑札を発行し、「営業権の許可」や交通の自由を保証し、「初穂」を徴収したのは守山年寄衆だと思われる。この問題は次節で再度取り上げる。

金森周辺の郷村が各郷村の意志として、三宅・金森への出入りを禁止したのと同様、商人たちが信長の保護下に入るのは、都市守山の自治の問題だった。郷村の自治に基づく出入り禁止と同じことが、商人たちに対しても行なわれた。それゆえ金森再蜂起に対しては守山年寄衆が介入し、彼らによる政治解決が目指された。その結果が金森住人の一揆不参加となった。金森落城直後に佐久間信盛が書簡A-Iを守山年寄衆に出したのは、このことと関係しよう。

四　定書の解釈

特徴――加納楽市令との比較

金森楽市令A（特にことわらない限り、A-IIをここでは金森楽市令Aとする）に先立ち信長が発布した楽市令には、永禄十年（一五六七）に美濃「楽市場」に宛てた制札(99)「上加納楽市令」と、翌永禄十一年（一五六八）九月に出された「楽市楽座」文言のある「加納」宛て制札（加納楽市令）の二つがある。これらは共に岐阜円徳寺に伝来している。ここでは後者の「加納楽市令」(100)（これをEとする）を取り上げ、金森楽市令Aとの比較を試みたい。Eには次のようにある。

［E］

定　　　　　　加納

一、当市場越居之輩、分国往還煩有へからす、并借銭・借米・さかり銭・敷地年貢・門なみ諸役免許せしめ訖、譜代相伝の者たりといふとも違乱すへからさる事、

一、楽市楽座之上、諸商買すへき事、

一、をしかひ・狼藉・喧嘩・口論、使入へからす、并宿をとり、非分申かくへからさる事、

右条々、於違背之族者、可加成敗者也、仍下知如件、

永禄十一年九月日　（花押《信長》）

金森楽市令Aと加納楽市令Eは共に信長の「楽市楽座令」だが、「楽市楽座」文言共有の他に、互いの類似点は見いだせない。Eの一年前に出された上加納楽市令には、この文言さえ存在しない。市場の平和を謳った多くの日本の中世市場法には、「押買・狼藉」「喧嘩・口論」「国質・郷質」の三項目があるが、A第一条には「国質・郷質」項目があるのに、E第三条にあるのは「押買・狼藉」「喧嘩・口論」項目で、互いに相互排他的・対立的である。金森楽

市令A第一条の対象を「当町出入之者」つまり〈外来商人宛て〉とすると、Aの第二条・第三条は〈都市住人宛て〉となる。一方加納楽市令Eでは、第一条が「当市場越居之輩」なので〈都市住人宛て〉で、Eの第三条は〈外来商人など都市住民以外〉に宛てたものである。Aの特徴は〈外来商人宛て〉法令第一条の肥大化だが、Eの特徴は「都市住人」に対する特別保護法令第一条の肥大化となる。都市を捉えるために「都市住人」と、都市へ出入りする「外来商人」の両方を考えるべきだが、二つの楽市令では互いの重点の置き所が異なっている。

その理由に、この両楽市令がそれぞれ前提とした、「寺内町」と信長権力との歴史的な関係の違いがある。加納は友好的だったが、金森は敵対的だった。加納の場合は共通の敵・斎藤氏に共同して対抗する側面もあった。しかし金森の場合は、両者が直接敵対し、むしろ隣町の守山が信長側に加担した。そこで信長は、加納では都市住人に対し特別な保護を打ち出したのに、金森ではA‐Iから明らかなように、守山年寄衆に金森市場の支配を委ねた。Eの第一条には「当市場越居之輩、分国往還煩有へからす」とあり、信長は加納楽市場の住人と新たな来住者に対して、「分国」内での通行の自由・人身の自由を〈属人法主義〉的に保証した。この「市場住人への交通の自由保証」項目は第八章の「潮の変わり目」で述べたように、信長がこれまで出してきた法令との連続性の中で捉えられる。しかし金森楽市令Aには、この〈分国往反の自由〉項目は存在しない。一方堀新[101]は、環大坂湾の「寺内町特権」が〈属人法主義〉であることを明らかにした。〈属人法主義〉の点で「大坂並体制」は岐阜加納にまで及んだことになる。これは加納楽市場の歴史的な前提に円徳寺「寺内町」が存在したことと関係する。つまり商人に対する人身の自由は、信長自身によるものと、「寺内町特権」によるものの二つが競合し、この二つの組織論が互いに争っていたのである。

ここから、石山本願寺は信長の最大の敵となった。金森楽市令Aの発布当時、信長領国では道路封鎖は日常化し、信長は商人たちを石山本願寺や北陸に出入りするか否かで「敵・味方」に区別した。この当時すでに商人たちは、「敵・味方」から超越した「無縁の人」ではありえなかった。信長による道路通行権の付与とは、真宗寺院に代わり、信長が商人たちを保護することを意味し、金森楽市令Aでは人身の自由・通行の自由は当然の前提で、改めて問題にはならなかった。それゆえ、金森楽市令Aには〈分国往反の自由〉項目は存在しないのである。金森楽市令Aと加納楽市令Eとの共通点をあげると、次の三つとなろう。㈠「代替わりの徳政」である〈徳政令〉が、加納楽市令Eでは第一条に「借銭・借米」「免許」とあり、金森楽市令Aでは第三条に「年貢之古未進、并旧借米銭已下、不可納所之事」とあること、㈡〈不入権〉に関わり、加納楽市令Eの第三条には「使入へからす」とあり、金森楽市令Aの第一条には「理不尽之催促使」とあること、㈢両者ともに第一条に「諸役・免許」の文言があること。

㈠・㈡の背後には、次の二つの事実が考えられる。①どちらも楽市令発布直前に、支配者の交代があり、「代替わりの徳政」が求められていたこと、②市場発展のために「無縁の原理」「縁切りの原理」が必要とされ、楽市場の自治が重視されたこと。この①・②については次項で述べる。㈢の「諸役・免許」については、通説ではこの文言の共存をもって、この言葉の意味を〈営業税の免除〉とし、楽市楽座に共通する性格とした。しかし加納楽市令Eの「門なミ諸役・免許」は「敷地年貢・免許」と並んで記載されていることから明らかなように、市場住人を対象とした〈住民税の免除〉である。一方、金森楽市令Aの「諸役・免許」の対象は外来商人なので、文脈は互いに異なっている。この解釈は項を改めて考察する。

第一条の構造と目的

すでに明らかにしたように、第一条は「aたる上ハb并c付d」と四主題で構成されている。四主題相互間にどんな問題があるか。A-Iから明らかなように、信長側は守山年寄衆に金森市場を「楽市楽座」にするよう命じ、そのため互いに「相談」し、いろいろ「馳走」せよと命じた。守山年寄衆が「相談」し「馳走」した結果、金森市場を「楽市楽座」にするための具体策として、「b并c付d」の三項目を信長に要求した。つまり、aの「楽市楽座たる上ハ」は信長側の要求の確認であり、「b并c付d」の三項目は守山年寄衆側の要求である。「免許」という言葉の背後に、「免許」を求める人とそれを許可する人との間の対話・交渉が想定される。この場合は、信長側が金森市場の楽市楽座化aを命じたが、これに対し守山年寄衆が信長に要求したのが〈「諸役」以下を「免許」しなければ、金森市場の「楽市楽座」化は難しい〉とのbの「諸役・免許」以下であり、信長はそれを承認したのである。

金森令Ⅱの第一条「aたる上ハ、b并c付d」は、以上のような政治過程を反映している。それゆえb・c・dは一連のもので、互いに内的関連があった。cは質取の禁止で、宿駅都市金森内部での質取禁止は〈都市検断権〉と関係する。「付則」dの「理不尽の催促使」も〈不入権〉を意味し、〈都市検断権〉と関係する。つまりc・dはいずれも〈都市検断権〉と関係する。金森楽市令の以外にも「諸役・免許」が〈都市検断権〉と関係する例はある。苻中府宮令第一条は「当市場諸役免許の事」で、第二条は「郷質所質執るべからず、押買・狼藉すへからさる事」である。第二条の〈市場の平和〉令の背後には〈市場検断権〉の存在が想定できる。金森楽市令A-Ⅱbの「諸役免許」を、苻中府宮令第一条と同じ「営業許可」のための「初穂」徴収とすれば、鑑札をもらった商人たちには、当然人身の自由は保護され、「質取」は禁止されたとなる。商人への保護は〈都市検断権〉と関わり、bはc・dとつながる。

金森楽市令A-Ⅲ第一条には「楽市楽座たるの上は、いず方に於いても同前の事」とあり、法令の及ぶ範囲は〈属人法主義〉的に拡大した。守山年寄衆の支配下で営業を許可されたすべての人々に対し、〈信長の領国内においては、どこでも人身の自由は保証された〉となった。金森の再々蜂起を避け、金森市場に出入りする人々を信長側に組織するため、信長が守山年寄衆にA-Ⅱcで「国質・郷質」の禁止を約束したとすれば、その法の適応範囲は拡大したのである。この「楽市楽座」令の適用範囲の拡大は、この法が天正二年（一五七四）までの間、時間的にも継続していたからだろう。このように金森楽市令A-Ⅰ・Ⅱ・Ⅲが一貫していたとすると、A-Ⅲで新たに「喧嘩両成敗法」の登場が注目される。これは「楽市楽座」令の中心が〈平和令〉で、A-Ⅱの「国質・郷質」の禁止に続き、Ⅲでは新たに「喧嘩両成敗法」が登場したとなる。以上から小野晃嗣は「楽市楽座」令を〈城下町振興策〉としたが、むしろ〈平和令〉となろう。

第一条

第一条は、「aたる上ハb并c付d」の四主題で構成されている。aは信長側の要求で、「b并c付d」は、それへの守山年寄衆側の返答である。bの「諸役免許」は多義的で、〈負担の軽減〉の場合もあるし、〈何かに対する徴収権の許可〉かも知れない。これまで取り上げた信長法令の「諸役・免許」の意味は次の三つとなる。

㈠「反銭・棟別銭」を内容とする「守護役」や「地下役」の「免除」の場合——天文十八年（一五四九）「熱田八ヶ村宛て制札[102]」の「国次棟別并他所・他国之諸勧進令停止[103]」、永禄七年（一五六四）の「尾張二之宮宛て定書[104]」の「新儀諸役……免許」、永禄十年（一五六七）「上加納楽市令[105]」の「借銭・借米・地子・諸役令免許[106]」。

㈡「市場税」「通行税」の「免除」の場合——天文二十三年（一五五四）祖父江五郎右衛門宛て[107]「俵子船」の「諸役……免許」、永禄六年（一五六三）「瀬戸宛て制札[108]」の「新儀諸役……不可取」、永禄九年（一五六六）の「富士大宮楽市令[109]」の「停止諸役」。

㈢鑑札発行のための「諸役徴収」の場合——永禄五年（一五六二）「鋳物師水野太郎左衛門[110]」宛ての「諸役……免許」、元亀二年（一五七一）「苻中府宮宛て定書[111]」の「諸役免許」。

㈢の「鋳物師水野太郎左衛門」の場合は、「大工」としての権限に基づき、配下の鍋釜商人に対する「諸役免許」とは、「営業許可」の鑑札交付と、それに伴う営業税の徴収である。苻中府宮令の場合も、石山合戦との一環として、道路封鎖・経済封鎖と関係した「営業許可」、鑑札発行に対応する「初穂徴収」としての「諸役徴収の許可」だろう。金森楽市令A-Ⅱの第一条bの「諸役免許」も、これと同様と考えられよう。金森楽市令A-Ⅱと富田林令Cとを比較すると、A-Ⅱbの「諸役免許」はCの第三条「商人座公事」に対応しよう。寺内町における「商人座公事」は、「座」の存在を前提とし、その「本座権」を「御坊」が集中独占する形態である。一方、「営業許可」を内容とする「初穂徴収」とは、金森以外の地にある本座の権限を廃して、金森町の問屋が本座となる形態で、「商人座公事」とほぼ同じものと考えられる。「営業許可」権が本座特権なら、bの「諸役免許」は「商人座公事」である。

信長の保護下に入った人々には、本座の質取は及ばなかった。これが「并c」の「国質・郷質」の禁止で、これはC第四条の質取禁止に対応する。「付d」の「理不尽の催促使停止の事」は金森町に対する「不入権」の承認で、自治の承認でもあるが、これは「寺内町」の治外法権を認めたC第一条の「諸公事免許」に当たっている。商人を「無縁の人」とすることはすでに過去のものだとしても、町支配の点では、網野善彦の言う「無縁の原理」や勝俣鎮夫の「縁切りの原理」が働いていた。宿駅都市金森を自治都市とする点で「無縁の原理」は生きていたことになる。都市検断権の承認であり、都市自治の承認である。藤木久志が言うように、楽市楽座令が寺内町の解体再編成のために出されたもので、御坊支配下の「寺内町」否定に関し、金森の人々に「一揆の都市か信長の都市か」の選択を迫った事実はあるが、信長は野洲・栗太両郡は佐久間信盛の支配だからとして、佐久間氏による金森町への直接支配を避け、守山年寄衆に委ねたのである。こう見ると、一揆蜂起当時の金森には「大坂並体制」が及んだので、多少表現は異なるが、第一条の眼目・目的は富田林令Cの継承であり、「大坂並体制」の継承となる。守山年寄衆は、金森一揆蜂起当時の「寺内町」の法秩序の継承を信長に要求したのである。

第二条

奥野高廣は第二条を「中山道を往復する荷物は、守山宿でなく、金森市に入れることを命令した」としたが、「往還之荷物」は「中山道」でなく、東国と京都を結ぶ当時の幹線道路「志那街道」を往復していた。先にわれわれは金森から〈杉江〉港に至る〈馬道〉の存在から、宿駅都市金森に馬借を想定した。金森は、一揆敗退後も、焼討ちに遭わず、街道筋には問屋や商人宿が建ち並んでいた。この法令は、こうした施設を前提として出された〈交通強制〉である。信長は叡山焼討ち後、琵琶湖南岸へ西から順に、坂本城に明智光秀、永原城に佐久間信盛、長光寺城に柴田勝家、安土城に中川重政、佐和山城に丹羽長秀、横山城（後に長浜城）に木下秀吉と諸将を配置した。永原城、安土城を見ると、東山道よりもより琵琶湖寄りの「下街道」を重視していたと思われる。これらの諸将の城を結ぶ早馬制度

・伝馬制度は未だ明らかでないが、可能性は高いと思う。第二条はこうした琵琶湖南岸の道路政策に関わっている。この第二条の背景には、江戸時代の街道筋の宿場町に置かれた〈問屋場〉の施設が想定できよう。時間が経てば、通過する「往還之荷物」はⅢの「上下荷物ならびに京上売買の米荷物」へと変化し、金森は遠隔地間交易で賑わった。その意味でこの道路強制は、外来商人に対しては強制でも、金森の住人にとっては繁栄をもたらす恩恵だった。この金森楽市令を契機に、一向宗徒は再び金森を拠点に一揆を起こさなくなった。流通政策の成功の結果である。第一条を、金森の住人たちを支配下に収めた守山の年寄衆の要求に応えたもので、「大坂並体制」の継承の承認とすると、第二条はむしろ信長の政策を強く打ち出したものとなろう。

第三条

一般に「年貢之古未進」は「借米銭」＝債務になった。それゆえここにある「年貢の古未進、ならびに旧借米銭已下」は「年貢の古未進」を中心とした〈債務一般〉をテーマとしたものと一般には考えられている。小島道裕は信長の加納令や金森令に登場する「徳政令」の対象を〈債務一般〉とし、楽市令を出したとき、そこには〈人はいなかった〉、この徳政令は〈来住者に対する特権〉だとした[112]。それゆえこの金森楽市令発布当時、金森に住人はいなかったとし、金森のゼロからの出発を主張したのである。まことに理路整然としているが、どこかで歴史離れの印象がある。しかし加納楽市令の「借銭・借米」や金森令の「旧借米銭」は〈債務一般〉でなく、年貢未進に基づく〈領主貸付米・銭〉という特殊限定されたものである[113]。それゆえ金森楽市令の第三条は、「弓矢徳政」として山門領金森荘の時代や〈一揆持ち〉の時代の〈旧領主による《領主貸付米・銭》は、返済しなくてよい〉の意味だろう。加納楽市令の場合と同様、都市住人に保証された特権である。

一方「大坂並体制」下では、たとえ債権債務関係を無効にする「徳政令」が一般社会で行なわれても、「寺内町」には及ばないとし、〈「徳政令」からの自由〉が宣言された。寺内町特権として、寺内町の債権は保護されたのである。

それゆえ金森でも〈一揆持ち〉の時代には、金森寺内町の金融活動は保護されていたと思われる。しかし第三条は、「大坂並体制」とは逆に、「年貢之古未進、并旧借米銭已下」を返済しなくてよいとあり、「徳政令」そのものである。それゆえこの金森「楽市楽座」令は、「大坂並体制」下の寺内町とは明らかに異なる原則に基づいており、信長による新体制の宣言である。金森町の前史が信長権力と対決した一向一揆の「寺内町」で、金森町の軍事占領後の復興策としてこの金森令があると考えると、これは「弓矢徳政令」「代替わりの徳政令」で、新領主による新しい政治、新しい秩序のアピールとなる。

債権者は六角氏と共に滅んだ領主や「寺内町」の川那辺氏と関わる人々だろう。この点からも、第三条には信長の強い主張が窺える。私が小島と見解を異にするのは、金森令で「旧借米銭」とあるのは〈債務一般〉でなく、〈領主貸付米・銭〉という特殊限定的なもので、金森は焼討ちに遭っていないので、小島の言う来住者はもとより、元々の都市住民をも相手にしたと考える点である。元亀二年に大規模な苅田があったとすれば、収穫はなく、未進は多かった可能性がある。

五　むすび

金森楽市令Aは三カ条からなるが、第一条は金森「寺内町」が信長の支配下に入り、「楽市場」になったことを承け、金森に来る「外来商人」に質取を禁止し、「平和」を約束したもので、旧「寺内町」体制を安堵する面が強く、金森に立ち寄る「外来商人」を主な対象とし、守山年寄衆の要求に応えたものである。これに対し〈道路強制〉の第二条や代替わりの徳政令の第三条は、宿駅都市金森の住人宛て法令で、むしろ信長の政策を反映していた。信長は戦国の世を統一しようとした。この信長の天下一統に立ちはだかったのが「一向一揆」である。こうした歴史理解が常識だが、金森一揆から金森楽市令への動きを追ってきたわれわれには、特に第一条からむしろ蜂起しなかった門徒たち、早々と降参した門徒たちの姿が見えてくる。彼らは石山本願寺の決起要請に背いた分だけ、より強く「他力本願」の信仰を純化したと思われる。蜂起しなかったのは裏切りではなく、親鸞や蓮如の教えにより純粋に従ったということではあるまいか。

『御文』(114)には「ただあきなひをもし、奉公をもせよ。猟すなどりをもせよ。かかるあさましき罪業にのみ朝夕まどいぬるあさましき我等ごときのいたづらものをたすけん、とちかひまします弥陀如来の本願にてましますぞ、とふかく信じて、一心にふたごころなく弥陀一仏の悲願にすがりて、たすけましませとおもふこころの一念の信まことなれば、かならず如来の御たすけにあづかるものなり」とある。「各自の生業、生きざまのままで(115)」の、現世での正しい信仰を大切にする考えである。多くの人の指摘どおり、こうした考えに基づく浄土真宗門徒の生きざまは、マックス・ウェーバーの言うプロテスタントの「世俗内禁欲」と似通っていた。信仰が内面化された分だけ、俗人としての社会生活面で真っ当な生き方が問題となった。一向一揆に背を向けた門徒たちの中からエゴイズムの追求ではなく、商取引が当事者双方のみならず、社会をも利することを目指す「三方よし(116)」を言う近江商人が生まれた。近江商人を多く輩出した近江八幡市が金森の近くであることからも、金森一揆のその後をこのように想定したい。

　商人の社会的な在り方を、①中世前期の「境内都市」と「神人・供御人・寄人」の段階、②一向宗の「寺内町」の段階、③信長の「楽市場」の段階と、段階を区切って考えると、①と②の段階は、権門都市の面では共通し、僧侶たちは同時に検断権を握る領主で、商人たちは神仏に関わる「無縁の人」だった。②では門徒たちは信仰と社会生活とを渾然一体として一揆に立ち上がった。しかし③の段階では、僧侶と検断権保持者は分離され、門徒たちも信仰を理由に一揆に参加しなくてよくなった。商人たちは「俗人」となった。その点では「聖なる人」「無縁の人」とする原理は否定されたが、他面、都市の検断権は町人の自治組織・惣町が把握する方向に変わった。信仰は内面化された。その分、俗人としての社会生活の面で信仰者としての生き方が問題となり、自治的なルールが認められた。都市が独立した法主体となった点で「無縁の原理」は深化したと思われる。これらの追究は今後の私の課題となろう。

第十章　安土楽市令――大坂並体制の克服

一　史料と研究史・問題点

史料と奥野の解釈

本章では、天正五年（一五七七）六月に、織田信長が第三番目の楽市令として安土山下町に宛てた「安土山下町中宛て朱印状(1)」十三カ条（この文書をAとする）を考察する。この文書は〈安土楽市令〉としても、信長の築いた安土城下町に対する都市法としても有名である。Aには次のようにある。各条文を特定するため、①～⑬の番号を付けた。本文の割注は（　）で示した。

［A］

定　安土山下町中

①一、当所中為楽市被仰付之上者、諸座・諸役・諸公事等、悉免許事、

②一、往還之商人、上海〔街〕道相留之、上下共至当町可寄宿、但、於荷物以下之付下者、荷主次第事、

③一、普請免除事、（但、御陣・御在京等、御留守難去時者、可致合力事、）

④一、伝馬免許事、

⑤一、火事之儀、於付火者、其亭主不可懸科、至自火者、遂糺明、其身可追放、但依事之体、可有軽重事、

⑥一、咎人之儀、借家并雖為同家、亭主不知其子細、不及口入者、亭主不可有其科、至犯過之輩者、遂糺明、

可処罰過事、

⑦一、諸色買物之儀、縦雖為盗物、買主不知之者、不可有罪科、次彼盗賊人於引付者、任古法、贓物可返付之事、

⑧一、分国中徳政雖行之、当所中免除事、

⑨一、他国并他所之族罷越当所に、有付候者、従先々居住之者同前、雖為誰々家来、不可有旲（異）儀、若号給人、臨時課役停止事、

⑩一、喧嘩・口論、并国質・所質・押買・押売・宿之押借以下、一切停止事、

⑪一、至町中譴責使・同打入等之儀、福富平左衛門尉（秀勝）・木村次郎左衛門尉両人に相届之、以糺明之上、可申付事、

⑫一、於町並居住之輩者、雖為奉公人并諸職人、家並役免除事、付、被仰付、以御扶持居住之輩、並被召仕諸職人等各別之事、

⑬一、博労之儀、国中馬売買、悉於当所可仕之事、

右条々、若有違背之族者、速可被処厳科者也、

天正五年六月　日　（朱印）（信長）（紙背に捺してある）

これらの条文一つ一つの解釈について、さまざまな議論があり、ここでそのすべての紹介はできないが、代表的なものとして次に奥野高廣の解釈を掲げる(2)。文書中の語句などの注釈（　）は、適宜省略した。

①一、安土の城下町は楽市（市場税・商業税の免除と旧来の座商人の特権廃止）とし、なお座は撤廃し、課役・公事はすべて免除する。

②一、往還の商人は中山道（上海道）によらず、西上するもの、東へ下るものともに安土の町に寄宿する。但し荷物以下の逓送の場合は、荷主の都合による。

③一、普請役（建築のほか、土木工事の一切と、それへの徴発をふくむ）は免除。（但し出陣・在京などやむをえず留守の時は合力すべき事）。
④一、伝馬役（逓送用の馬を提供し、それに伴う労役に従う義務）は免許。
⑤一、火災について放火のときは、その亭主の責任を免除する。自火の場合は調査の上、亭主を追放する。、但し事情によって罪状に軽重がある（……）。
⑥一、咎人の場合、借屋や同居であっても亭主に罪はない。犯罪人は審問して罪過に処すべき事。
⑦一、いろいろの品物を買物する場合、たとい盗物であっても買主がこれを知らなければ罪としてはならない。次に彼の盗賊人を逮捕したなら古法に従い贓物（盗品）は返付させるべき事。
⑧一、分国中に徳政を実施しても、安土町では免除。（……）。
⑨一、他国や他所の者が安土町に移住して来て定住すれば、先住者と同じ待遇をうけられる。誰々の家来であっても異儀はない。若し給人（知行人・武士）といい、臨時の課役をかける者があっても停止する事。
⑩一、喧嘩・口論并に国質・所質（……）押買い・押売り以下は停止。
⑪一、町内に譴責使を入れるとか、打入りをする場合は、福富平左衛門尉と木村次郎左衛門尉の両人に届け、その調査を待って許可する。
⑫一、町中に居住の者は、奉公人や職人であっても家並（棟別銭・門口銭などか）を免除する事（付り、仰せによって扶持をうけて居住している者とか、御用の職人等は特別である）。
⑬一、博労について、国中の馬匹の売買は悉く安土で行うべき事。

「楽市」とは何か

奥野は「楽市」を〈市場税・商業税の免除と旧来の座商人の特権の廃止された市場〉と定義した。(3) これは「楽市」

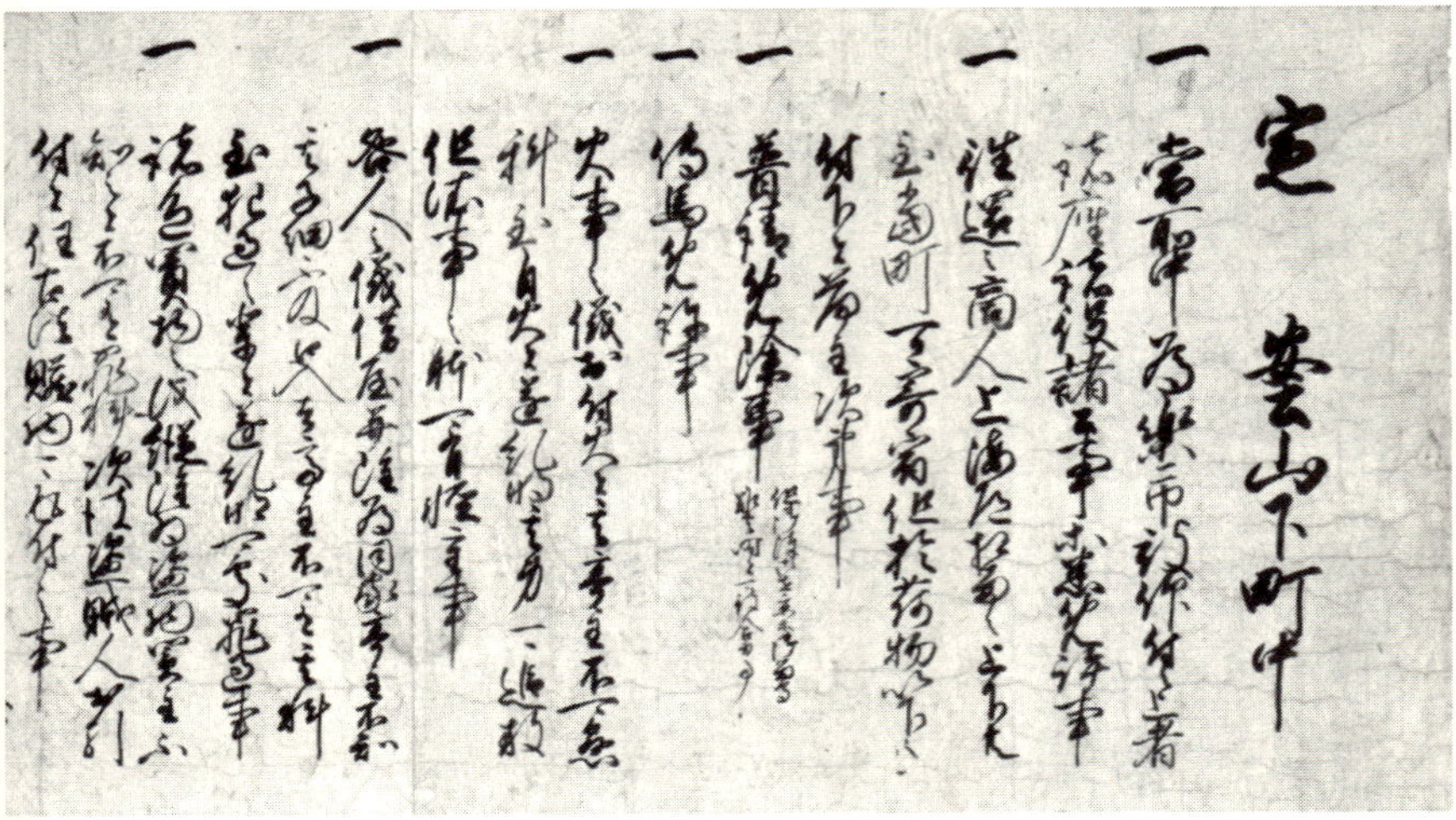

安土山下町中掟書（近江八幡市立資料館蔵）

を〈無税の場〉とした小野晃嗣説[4]と密接に関わり、東国の今川・後北条・徳川諸氏の楽市令の「諸役一切不可」文言との整合性を考慮した結果生み出されたものである。しかし私は、信長の流通政策関連諸法や個々の楽市令の分析を続け、「諸役免許」を〈初穂の徴収許可〉[5]とし、通説とは異なる解釈を主張してきた。東国大名の楽市令と信長の楽市令の両者に「諸役」文言があり、通説のように「免許」＝「免除」とすると、両者は統一的に理解できるのに、あえて異を唱えたのである。その結果私は、両者を統一的に捉えられず、〈「楽市」とは何か〉、「楽市」と「諸役免許」の内的関連は何か、明確に答えられない状態に陥った。しかし「楽市」について新しい定義が見いだせるなら、この難問は解決できよう。網野善彦[6]は、「楽市」の「楽」を〈平和〉の意とし、「楽市」を〈平和領域〉とした。稲葉継陽[7]も、「楽」は自力救済・フェーデに対立するフリーデ・〈平和〉とし、このような意味の中世日本語には「無事」「無為」「安堵」のほか、「楽」があるとした。

網野・稲葉両者ともに、楽市令の解釈も、「楽」についての具体的議論もしていないが、両人の指摘から、通説とは異なる「楽市」の新定義を導き出せよう。それゆえ、ここでは「楽」をフリーデとしての〈平和〉の意味に限定し、「楽市」を自力救済・フェーデの禁止された〈平和の市〉〈市の平和〉の意味だと仮定した上で、定

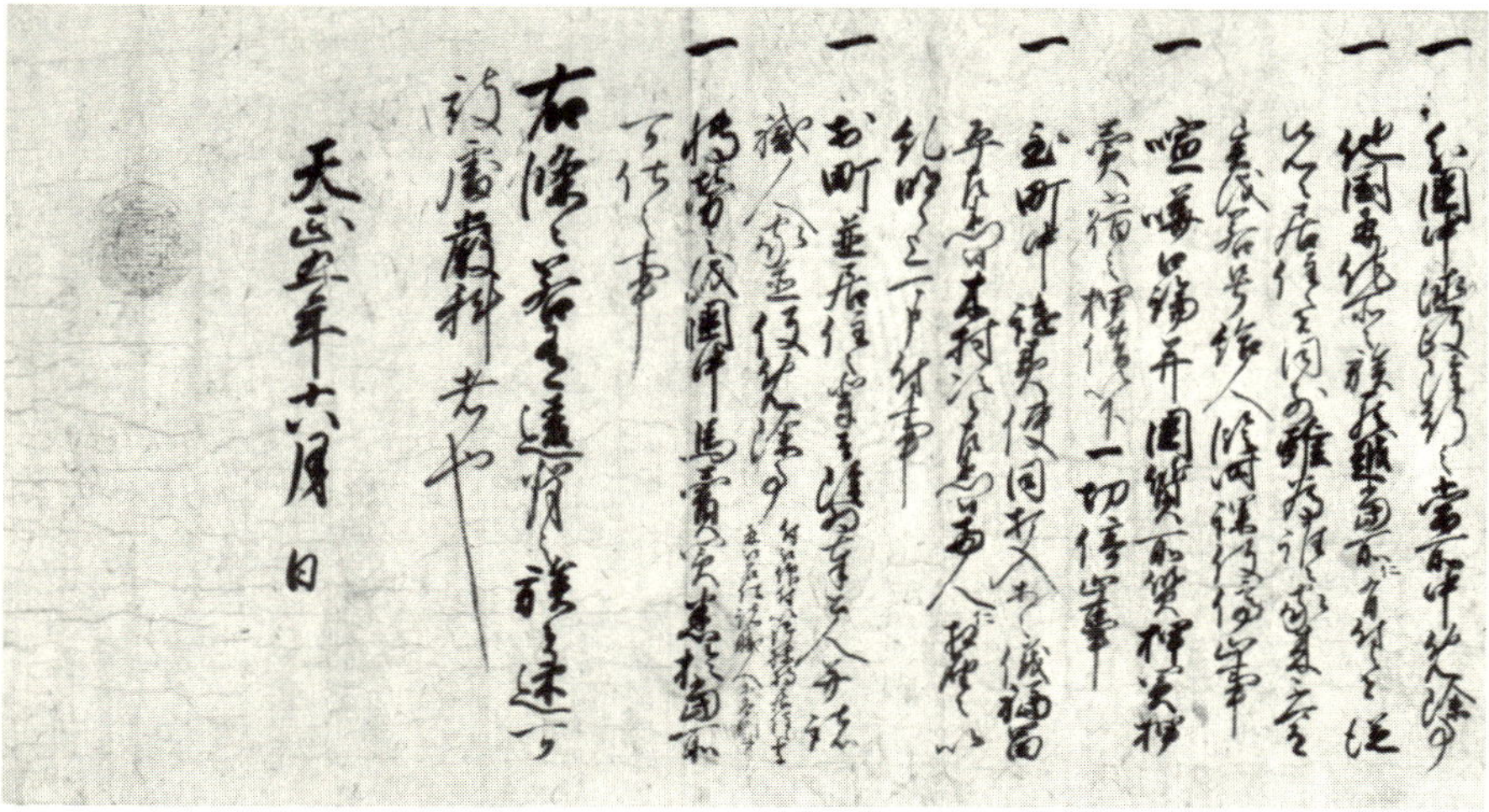

書全体の新解釈を試みたい。もしもこの解釈で、安土楽市令A十三カ条がこれまで以上に豊かに解釈できるならば、旧説〈楽市は無税の場〉ではない、新定義・新解釈の成立をわれわれは確認することができよう。しかしその前に、この新解釈が多くの楽市令を解釈する上で、大変好都合なことを確認しておきたい。A第十条には中世の市場平和令と同様な、「喧嘩・口論、并国質・所質・押買・押売」条項があり、天正六年の世田谷新宿宛て後北条氏楽市令(8)にも「押買狼藉／国質郷質／喧嘩口論」条項がある。永禄十年の上加納楽市令(9)第二条と、天正十三年の荻野楽市令(10)には共に「押買・狼藉・喧嘩・口論」条項があり、元亀三年の金森令(11)には「国質・郷質」条項が、天正二年の佐久間氏金森令(12)には「郷質・所質」のほか、喧嘩両成敗法がある。これらはすべて〈市の平和〉に関わっている。

特に「国質・郷質」は商人集団相互間の自力救済・フェーデだから、質取を禁じた「楽市令」は〈市の平和令〉だと理解でき、具体的な証明は後に譲る(13)が、新定義・新解釈の可能性は高いと予想される。しかし永禄十三年（一五七〇）の小山新市宛て家康楽市令(14)では、フェーデの「押買」「国質・郷質」禁止の前に「諸役一切不可」(15)の文言があり、永禄九年（一五六六）の今川氏真の富士大宮楽市令でも、〈「押買・狼藉・非分等」があるので、「富士大宮六度市」は「諸役を一円停止」して「楽市に申し付ける」〉との論理構成になっている。

世田谷新宿令にも「諸役一切不可」条項がある。つまり、小山新市令・富士大宮令などでは、〈市の平和〉・フェーデの禁止に「諸役禁止」条項が介入し、「諸役」を禁止しないと〈市の平和〉は確立しなかったことが知られる。

通説の破綻と彌縫策

この十三カ条全体を眺めたとき、一番難解で、議論の多いのが第一条①である。①には「当所中為楽市被仰付之上者、諸座諸役諸公事等、悉免許事」とある。今後の分析のため、「当所中……上者」を前半、「諸座諸役……悉免許事」を後半と二分する。前半の「楽市」についてはすでに簡単に触れたので、ここでは後半を問題としたい。定書A①と同じ「諸座諸役諸公事」「免許」文言のある信長文書に、永禄十一年（一五六八）に足利義昭を奉じて上京した信長が、宮中で下働きをする蔵人所の「小舎人・雑色衆」四座に対して出した次の判物[16]（この文書をBとする）がある。定書A①後半の問題点を明らかにするため、まずこの文書Bを解釈し、その上で、A・Bの両文書の比較から明らかになる定書Aの問題点を指摘したい。

［B］　小舎人・雑色衆、南方・北方座中屋地子并諸役・諸公事、如先規御免許之由、任御下知之旨、不可有相違之状如件、

永禄十一
十月日　　信長御判

四座中

文書Bの「御免許」「御下知」の主体は、「御」の敬語から足利義昭である。信長は、ここでは義昭の命を受け、四座中の果たすべき負担「屋地子并諸役・諸公事」の免除を命じている。それゆえBは、義昭・信長と蔵人所四座の三

者が相対する中で、四座側の要求を義昭・信長側が承認した結果出されたものとなる。つまりここでは、〈文書の受取手＝特権の享受者〉という明快な関係が認められる。一方、定書A①の後半部分にも「諸座諸役諸公事等、悉免許事」と、Bと同じ文言があるが、現在の通説的な解釈では、この場合は「諸役諸公事」を〈すべて免除〉するの意だとある。通説に従う限り、定書A①の真の特権享受者は〈市日往来商人〉で、文書の受取手は都市安土の定住者からなる「安土山下町中」となり、彼らと特権享受者との間の接点は見えてこない。ここから佐々木銀弥は、「楽市」を奥野と同様、〈座特権否定・諸役免除〉と解釈した上で、①を第二条②以下の都市法部分と区別し、〈市日往来商人に関する規定〉だとした。[17] ②以下に関して言えば、佐々木がこの文書の受取手を〈都市法の利益享受者〉としたのは、それなりに合理的である。しかし通説を生かすため、①を他から区別して、これだけは〈商人に関する規定〉だと解釈してよいのだろうか。

逆に、Aの受取人側に特権が認められたとすると、「免許」は「諸座の諸役・諸公事」の取り分を、「諸座」に代わり「安土山下町中」側が徴収したとなり、通説は成立しなくなる。このように通説のほころびが目立ったところで、この破綻を取り繕う考えが生まれた。①と②以下とを区別する佐々木説はここに根ざしている。小島道裕は、佐々木説に反対して、①前半の「為楽市被仰付之上者」の文言がなくても文意は変わらないとし、「楽市」の語は限定して解釈すべきでなく、〈その場の特権全体を象徴的に表現したもの〉、〈与えられた諸特権を包括的に示すもの〉とした。[18]小島は、前半部分の「楽市」をアプリオリに〈座特権否定・諸役免除の諸特権を包括的に示すもの〉と定義し、それが後半に及ぶとして、破綻を乗り越えようとしたのである。B・A共に「諸役・諸公事」「免許」の文言が存在し、「免許」＝「免除」の解釈も共通するのに、A①を通説どおり〈楽市は無税の場〉と解釈すべく、通説の破綻を取り繕うために、佐々木は①の対象だけは他とは異なると主張し、小島は「楽市」文言が〈座特権否定・諸役免除の諸特権を包括的に示〉すとしたのである。しかしここで真に問題なのは、A①の前半部分と後半部分の相互関係である。

A①前半部分で、「当所中」に対し「楽市たるべし」と「仰せ付けた」主体は、敬語から当然信長である。通説の補強を試みる小島は、この〈信長の意志が後半部分にも及ぶ〉とした。しかし小島の議論は、「楽市」とは〈座特権の廃止された無税の場所〉というアプリオリな断定の上に築かれており、〈楽市とは何か〉をこの条文解釈から実証的、帰納的に導き出すことはできない。先験的な思い込みから演繹的に解釈を導き出し、満足するよりほかなく、議論は堂々めぐりを繰り返してしまう。それゆえ小島説は、事実上の条文解釈の放棄宣言である。以上から明らかなように、奥野・佐々木・小島の通説的解釈は、他の法令解釈に基づく部分があるとはいえ、基本的には研究史の重みに基づく先験的な思い込みによってできており、少なくとも定書Aに関しては、通説は未だ実証されていないのである。

「諸座・諸役・諸公事」か「諸座諸役・諸公事」か

「楽市楽座」は〈「座」の廃止〉だとの戦前からの学説[19]を承け、また「免許」＝「免除」との通説的解釈に基づき、奥野説では、「諸座諸役諸公事・免許」とは「諸座・諸役・諸公事」三者の「免除」であり、「諸座免除」は「諸座の廃止」だとした。「免許」＝「免除」説への私の異論はここでは述べないしても、「諸座免除」を「諸座の廃止」とするのは大きな飛躍である。「免除」とは本来〈負担に対する言葉〉であり、「廃止」の意味とするのは無理である。脇田修が明らかにしたように[20]、当時の信長領国には「座」は存続し、安土楽市令をもって「座の廃止令」とするのは事実に反する。一方、安土令十三カ条全体の「当所中」文言の在り方に注目すると、⑧では「分国中」と「当所中」が、⑬では「国中」と「当所」が、⑨では「他国・他所」と「当所」がそれぞれ〈対〉になっている。それゆえこの定書Aは信長領国なり近江国において、安土が特別な位置にあることを示しており、文書Aは〈安土の特権を確認するために発布されたもの〉なのである。それゆえ①の「諸座」規定の効力は「当所中」「安土山下町中」に限られ、天正四年（一五七六）に建部の油座が安堵されたように、「他国・他所」や「分国中」「国中」では適用されず、「他所」は安土と異なる状況にあった。こう考えれば、安土楽市令と脇田修の実証との間の矛盾は解消しよう。以上から、「諸座諸役諸公事」とは、三者を並列した「諸座・諸役・諸公事」ではなく、二者を併記した「諸座諸役・諸公事」

か、あるいは「諸座諸役・諸公事」かのいずれかを意味したはずである。以下、この立場で分析を続けたい。

「免許」とは何か

この間私は、「免許」を一義的に〈=「免除」〉とは解釈できず、文書の差出人と受取人の間で交渉があり、その〈交渉の内容いかんによっては「免除」にもなり、「許可」にもなる〉とした。定書Aでは「免許」は①と④に登場する。いずれも信長と「安土山下町中」「木村次郎左衛門尉」[21]との交渉を踏まえ、④は「伝馬の許可」、〈安土山下町に伝馬問屋を許可する〉の意である。①を分析する際、われわれが問題とすべきは、前半部分と後半部分の具体的関係である。前半で信長が「楽市たるべし」と「仰せ付けた」ことは、信長の自治都市側に対する〈安土楽市化〉要求である。これに対し後半部分は、そのための条件としての自治都市側の要求であり、信長は「諸座諸役・諸公事等」を「悉く免許」したのである。つまり前半部分と後半部分の間には、信長と自治都市側との対話・交渉が埋め込まれており、前半部分は文書の受取人「安土山下町中」「木村次郎左衛門尉」が「当所中」と関わる限りで、文書の差出人・信長と受取人との間の〈両当事者間の問題〉だが、後半部分は共通の〈第三者〉「諸座諸役・諸公事等」を問題としている。信長は〈安土の楽市化〉実現のため、〈第三者〉の「諸座」を交渉のテーブルに載せたのである。

先にわれわれは「楽市」を〈平和な市〉〈市の平和〉の意とした。信長が「安土山下町中」「木村次郎左衛門尉」に対し、安土を「平和な市」にするよう要求したとき、なぜ自治都市側は「諸座諸役・諸公事等」を要求したのか。その理由として、当時「座」が〈平和の敵〉だったことが挙げられる。保内商人を中心に近江の村落座商人たちが、一方では質取・フェーデを繰り返し、他方では裁判に働きかけて特権を拡大していたことは、すでに先学が明らかにしてきた。当時「座」は、内部の平和を守るため、外に向かってフェーデや裁判で争いを激化させていた[22]。それゆえ〈平和の敵〉「座」の無害化のため「諸座諸役・諸公事等」の「免許」を求めることは、これまで「諸座」が諸商人たちから徴収していた「諸役」を、これからは「安土山下町中」側が徴収することを意味したのである。「座」が商人たちに対して持つ保護者としての地位を、安土に限り否定し、代わりに「安土山下町中」が彼らの保護者となった。また「諸公事」つまり〈裁判〉も、地下検断権を持つ自治組織「惣町」「安土山下町中」側が執り行なった。信長は受取人側の要求するこれらの事柄を〈悉く許可した〉のである。

東国楽市令では〈市の平和〉のため「諸役」徴収が禁止されていた。「諸役」の徴収権者を「座」とすると、「座」の無力化が志向されており、安土楽市令と一部通底していることになる。一方、蒲生氏郷が天正十年（一五八二）に定めた日野掟第一条(23)では、「楽売楽買」だから「諸座諸役一切不可有之事」とあり、天正十六年（一五八八）の松坂町掟第一条(24)には「十楽」だから「諸座諸役可為免除」とある。ここからは「諸座諸役」は通説どおり「市場税・商業税」を意味し、「楽市令」はその廃止を命じたものと解釈でき、これらをもって、これまで述べてきた私の考えに対する反証となろう。しかし、蒲生楽市令はそれ自身として、信長楽市令とは離れて、別個に捉えるべきだろう。蒲生楽市令は歴史的に見れば、信長楽市令を一層発展させたものである可能性があり、信長の楽市令以来「座」の実質的な意味が薄れたこと、天正十三年（一五八五）に秀吉が座の廃止令(25)を出したことなどが参考となろう。

寺内町法との比較

次に永禄三年の富田林道場宛て定書写(26)（この文書をCとする）を掲げる。

［C］

定　　冨田（河内）林道場

一諸公事免許之事
一徳政不レ可レ行（事脱カ）事
一諸商人座公之事
一国質、所質并ニ付沙汰之事

一寺中之儀何も可レ為二大坂《（摂津本願寺）》並一事
右之条々、堅被二定置一畢、若背二此旨一、於二違犯之輩一者、忽可レ被レ処二厳科一者也、仍下知如レ件、
永禄三年三月日　美作守《（安見宗房）》在判

安土令A①の後半は「諸座諸役免許」と「諸座諸公事免許」か、あるいは「諸座諸役免許」と一般的な「諸公事免許」かのいずれかとなる。いずれにせよ、①には「諸座諸公事免許」条項が含まれていることになる。それゆえ、A①が「諸座諸公事」ならC第三条に、一般的な「公事免許」ならC第一条に、それぞれ対応する。C第一条の「諸公事免許」は、通説では「負担の免除」だが、ここでは権門の一つ本願寺が〈武家の支配から独立したこと〉の意味で、寺内町の「不入権」〈守護不入〉の意味だと思われる。こう解釈すると、C第一条の「諸公事免許」は、Aの①とも⑪とも対応しよう。またC第二条の「徳政」はAの⑧に、C第四条の「国質所質」はAの⑩にそれぞれ対応する。それゆえ富田林令の寺内町特権はすべて安土楽市令の中に取り込まれていることになる。先にわれわれは信長が発布した三楽市令の一つとして安土楽市令を取り上げたが、安土楽市令Aは上加納令、金森令よりも、むしろ「大坂並」体制をいう寺内町特権との関連の方が強く[27]、藤木久志が言うように[28]、寺内町解体を視野に発布されたものとなろう。

Aの出された天正五年には、石山合戦がまだ続いていたが、信長側の優位は確定し、石山本願寺側は籠城戦を続けていた。織田政権内部では本願寺勢力の解体を視野に入れて、寺内町解体策が検討された。それがこのような法令Aとなって現われたのである。藤木は楽市楽座と寺内町の関係を、寺内町解体のため打ち立てられたのが楽市楽座だとしたが、寺内町から楽市楽座へという歴史的な関係は認められよう。

二　歴史の舞台

安土山下町中

この文書の宛名は「安土山下町中」である。「安土山下町」の表現から、これは信長が築いた安土城「山下」に展開した城下町を指している。この城下町の規模を、歴史地理学の小島道裕(29)は安土山以西の「下豊浦」「常楽寺」地区を考えたのに、考古学の秋田裕毅(30)は、このほか、安土山の東、北腰越峠を越えた須田地区などにも信長家臣団の屋敷地は広がっていたとした。秋田説では、町人居住区と家臣団居住地は別々に存在したとなる。「山下町中」の表現から、「安土山下町」が「惣町」の自治組織を持ち、その基礎単位は各地縁団体の「町」となろう。この「惣町」―「町」の組織は、朝尾直弘(31)が言うように、中世村落の歴史的到達点である「惣村」―「村」組織を母胎とし、当時そこから分離し、新たに生み出されたもので、近世社会は「町」と「村」との対立として編成され、整備された。それゆえ「惣町」としての「安土山下町中」には、「惣村」と同様次の特徴があった。(i)惣有地・惣有財産を持ち、(ii)年貢の地下請け（村請け）を行ない、(iii)惣掟（村法）を持つか、または地下検断権を掌握（自検断）していた。後述するように、これら(i)・(ii)・(iii)は、この定書を考える際、大事なヒントになろう。

Aの⑤・⑥・⑦・⑧の各条は(iii)に対応し、③・⑫の背後には(ii)がある。朝尾は「惣村」から「惣町」へと発展した都市の例に、近江の「八日市」と泉州の「堺」を挙げた。どちらも〈境界領域〉、共同体と共同体の隙間、社会的真空地帯に生まれたことになる。一方桜井英治(32)は、網野善彦が都市のできる場所を〈中洲・河原・浜〉等としたことを承け、「惣村」は〈共同体〉、「惣町」は〈共同体の隙間〉との対比を立てて、朝尾の〈惣村一元論〉への批判を試みた。確かに朝尾の議論は、近世の「町」「村」が共に「惣村」から生まれたとする〈惣村一元論〉である。しかし私は、網野説が大変魅力的なので、両者共に網野説に囚われているが、都市のできる場所は〈境界領域〉のみではないと思う。富士大宮や熱田など、神社門前町が古くからの共同体の中心地として都市化することもあったのである。しかしこれもまた、神社発生時の古墳時代に遡れば、海と陸、山と平野などの境界地帯に成立していた。つまり、境界は時代と共に新たな中心へと変化したのである。この安土の地は富士大宮や熱田、苻中府宮等々と同様、古くから共同体の中心地に位置し、「沙沙貴神社」の門前町ならぬ、〈門裏町〉(33)だった。それゆえ安土は、朝尾の言うように「惣村」から「惣町」へ変化したと思われる。

小島道裕(34)は、信長の安土城建設に先立ち、すでに「常楽寺」の地に港を中心とした集落があり、城下町は〈これに隣接して建設された〉とした。「常楽寺」の町割り・地割りと、安土城に隣接する「下豊浦」の地割りの基準線は、三〇度ほど傾いている。これは、城下町建設に際し、それまでの地割りを否定し、街路を新たに作り直したからで、旧来の地割りの残る「常楽寺」にはすでに町場が存在したとした。港の東方には「博労町」があり、陸揚げ商品の輸送に従事した「馬借」が想像される。一方、港の西側には、港の機能を監督すべく領主「木村次郎左衛門尉」の小城があった。それゆえ「安土山下町中」の自治組織の中心は安土のオールドタウン常楽寺にあった。木村氏は国人領主として常楽寺周辺の「惣村」を支配下に置いたが、信長の安土城建設により「惣村」が「安土山下町」の「惣町」へと衣替えした際、自治組織の代表者として信長と対峙した。小島は、国人領主木村氏が「安土山下町」の検断権を持ったので、近世の〈町奉行〉に譬え、木村氏を「安土町奉行」(35)と名づけた。しかしその検断権は、上位権力からの委託でなく、「惣村」の持つ(iii)の「地下検断権」に系譜を引いていた。それゆえこの文書は、「安土山下町中」の宛名にもかかわらず、現実にはその代表者「木村次郎左衛門尉」に宛てられ、木村氏がこの文書の所持者だったと思われる。

安土への道

信長の安土築城の理由の一つに、琵琶湖水運に関わる常楽寺港がある。小島は、この港を近江守護六角氏の居城、観音寺城の〈外港〉とし、陸上交通では、安土山を「北腰越」から東北に進む、江戸時代に朝鮮使節が通った琵琶湖寄りの「朝鮮人街道＝下街道」を考えた。また「上街道＝東山道」へは「南腰越」を利用したとした。しかし秋田は、[36]「下街道」の開通は天正五年より遅れたはずとし、「南腰越」「北腰越」の利用を疑問視した。もちろん信長は、安土築城と共に「下街道」を整備したはずで、『信長公記』[37]には、天正十年の「本能寺の変」後、安土留守番衆が次々に帰国し、蒲生氏が本国日野に御上臈衆、御子様たちを避難させた折のことを次のように記しており、「南腰越」の利用が確認される。「蒲生右兵衛大輔、此の上は、御上臈衆、御子様達、先づ日野谷まで引き退き候はんに、談合を相究め、子息、蒲生忠三郎を、日野より腰越まで御迎へのため、呼び越し、牛馬・人足等、日野よりめしよせ……」。一方秋田は、天正五年の信長の安土築城時の通行は、「下街道」よりも「東山道」建設以前からの自然道「景清道」だったとし、近江における合戦の場所や集落所在地が多くこの道に沿っているとして、その重要性を指摘した。

この道は律令国家による「東山道」建設以後は、裏街道・「間道」となった。壇ノ浦の戦いの後、平家の怨念を一身に受け、頼朝の命を狙った伝説上の人物、平景清が忍んで通った道との命名は面白い。秋田は、現在「景清道」の景観が確認できるのは安土周辺の慈恩寺・桑実寺・鳥打峠・石寺・清水鼻・川並で、その先は塚本・宮荘・愛知川左岸の梁瀬で、近江の〈親市〉長野・肥田を経て鳥居本に至ったとした。つまり、慈恩寺以東は「下街道・景清道・上街道」の三本が彦根・佐和山城のある鳥居本まで通った。他方、慈恩寺以西は「佐々木街道＝下街道」である。これは、西庄黒橋・江頭・永原を経て野洲川手前で東山道に合流し、守山に至る。大切なのは、「景清道」が鳥打峠から観音寺山を巻き六角氏の観音寺城の城下石寺に至るが、石寺の先、柏尾・清水鼻の区間で東山道と重なっている事実である。これは②の分析に大切な論点となる。なお、秋田の議論で私が大変面白く思うのは、「八風街道」が東山道の武佐で終点でなく、その先は「浄厳院道」となり「景清道」の常楽寺まで延びていたとした点である。

この道は当然、琵琶湖に面した常楽寺港にまで連なった。つまり、八風街道・浄厳院道・常楽寺港により、伊勢から琵琶湖まで道は一本に通じていたことになる。古代の東海道・東山道に対して、中世では千種越え・八風峠越えで近江と伊勢を結ぶ八風街道が成立し、物流革命が起こり、「保内商人」など「惣村」を基礎とする商業座が成立したことは有名だが、これまでの研究では、「八風街道」と琵琶湖水運の結合は問題となっていなかった。結合していたとすれば、安土築城以前から常楽寺港の持つ意味は大きかったことになる。湖東平野を二分し、南北に走る浄厳院道・八風街道と、湖南を東西に走る東山道とは、武佐長光寺で交差した。

沙沙貴神社

安土周辺の地理を述べたい。近江は〈回廊の国〉といわれ、都から東国に向かう東海道・東山道・北陸道のいずれもが近江国を通る。一方、一本の水路が、瀬戸内・大坂湾から淀川を溯上し琵琶湖・近江国に達した。東山道が近江から美濃に入る関ヶ原ではよく雪が降り、冬の寒風は伊吹おろしとなり濃尾平野に吹きつけた。近江の北半分は北陸道に連なる〈裏日本型気候〉の豪雪地帯で、南半分は〈瀬戸内気候〉である。観音寺山塊がこの二つの気候帯を分け、この山塊は安土山に連なる。つまり安土は、山と湖の接点で、大きくは二つの気候帯の接点にあった。現在では埋立てが進み、昔の面影はないが、安土には「中の湖・伊庭湖・豊浦湖・常楽寺湖・浅小井湖・白王湖」と呼ばれる琵琶湖最大の内湖群があった。内湖の中に抱えられた安土は、水陸交通の要衝となる可能性を最初から秘めていた。この内湖群は魚の産卵場所で、周囲には多くの縄文遺跡があった。秋田弘毅は、安土城下町の形成された常楽寺・下豊浦・上豊浦の地域は、蒲生郡ではただ一カ所〈条理地割りのない世界〉で、水利の便が悪く、水田ではなく条里制の適応されない〈畑地〉[38]とした。江戸時代にはここに藍や綿、明治時代以降はネギや人参、桑が植えられた。

ここに常楽寺古墳群や全長一六二メートルの瓢簞山古墳がある。これらの古墳の多くは朝鮮半島系やその類似様式のもので、弥生文化とは別系統の、非水田稲作系文化の繁栄を物語っている。この地には「大彦命」の一族で蒲生郡や神埼郡の大領となった古代豪族「狭狭城山君」に由来する「沙沙貴神社」が立つ。秋田は、「狭狭城山君」が若狭の国造「膳臣」と同族なので、古墳の主は海人族の安曇族だとした[39]。対岸の西近江に安曇族の活動拠点「安曇川」があり、彼らがこちらの岸にも上陸したのは自然である。「狭狭城山君」の名前から「山部」「山守部」との関連が考えられる。それゆえ、この地は「海の民・山の民」の活躍する世界だった。小島道裕の作った安土城下町の復元図「安土城下跡要図」[40]には「景清道」の南、沙沙貴神社の境内に接して「鉄砲町」「鍋屋町」があり、少し離れて「青屋」がある。いつまで遡るかわからないが、神社周辺にはこのような職人たちが住みついた。〈山と湖が接する〉〈畑地〉という自然環境を背景に、常楽寺の村は〈非農業的要素の強い村〉として中世以降も存続した。それゆえ、沙沙貴神社の神官出身の国人領主、木村次郎左衛門尉は、古代の安曇族や「海の民・山の民」の系譜を引くと思われる。

小島の復元地図を見ての第一印象は、〈常楽寺集落は沙沙貴神社の門前町ではないか〉、「景清道」や「朝鮮人街道」「下街道」が琵琶湖から神社の参道に直交するので、〈安土の「楽市場」となるべき市場はこの神社の境内や門前にあったのではないか〉ということだった。沙沙貴神社では能も行なわれたとの記録もある。能の行なわれた苻中府宮では〈市立て〉も行なわれたので、ここも同様と想像された。しかし「沙沙貴神社」[41]を調べると、この神社は杉や楠の鬱蒼たる森の中に、琵琶湖に背を向けて南面して立ち、〈常楽寺とは無関係〉とある。そうであれば、市場の場所は通説どおり、下豊浦の琵琶湖寄りの地域でよいことになる。しかし「常楽寺」の名前は、安土城建設当時はただの地名だとしても、元は沙沙貴神社の〈神宮寺〉から取られたという。それゆえ常楽寺地区は、元来沙沙貴神社の境内で、神社は琵琶湖に向かっていたことになる。この神社は、佐々木荘の近江源氏である佐々木氏が近江守護となった折、氏神化したという。沙沙貴神社の西北の「慈恩寺」もまた佐々木氏の〈菩提寺〉という。それゆえ、元々北面していた沙沙貴神社の社殿は、守護佐々木氏の氏神化以来、南面化したと考えられよう。

近江の守護佐々木氏は、東山道を挟んで神社の東南方向の小脇や観音寺城を根拠地とした。佐々木氏がこの神社を氏神化した時、社殿は南面化し、常楽寺港との関係は切れたと考えられよう。上横手雅敬[42]によれば、〈もともと沙沙貴神社近くの佐々木荘に住む宇多源氏系佐々木氏と、狭狭城山公系佐々木氏は境を接し、同化が進んでいた。平治の合戦で宇多源氏系は清和源氏の義朝側に付き、破れ、佐々木荘を奪われ、東国に流浪した。他方、狭狭城山公系は為義に従い、平氏政権下では近江で威を振るった。しかし頼朝による鎌倉幕府成立と共に、宇多源氏系は本領の佐々木荘を安堵され、五人の息子たちは十数カ国の守護に任ぜられた。この時宇多源氏系佐々木氏は頼朝の命で「狭狭貴神社」神主の狭狭城山公系を総領・庶子の秩序に取り込んだ。その一族には、木村氏の他、伊庭氏、愛知氏などがいる〉、とある。一方小島は、[43]永正十一（一五一四）年と天文二十三（一五五四）年の年号のある沙沙貴神社の二つの棟札に「造立奉行」三人、「修理奉行」二人の後に、「惣官・大神主・大工・同棟梁」が並び、この「惣官」に「木村左近太夫吉綱」「木村左近太夫高重」とあることを明らかにした。つまり木村次郎左衛門尉は代々沙沙貴神社の「惣官」だった。「天皇」に対する「院」のように、「惣官」[44]は神官の「大神主」に対して神社全体の支配を司っていた。沙沙貴神社が職能民を抱えていたとすれば、「惣官」が彼らを統轄していたと考えられよう。

三　時代的背景

信長上洛後の湖東平野

永禄十一年（一五六八）、信長は上洛に際し、浅井の勢力圏を愛知川まで、東山道を南下した。一方、六角承禎・義治親子は、愛知川以西の観音寺城・箕作城・和田山城など一八城に阻止線を築き、信長の行く手を遮った。信長が九月十二日に箕作城を襲撃し、落城させると、六角氏は観音寺城を棄てて伊賀に逃亡した。翌日信長は観音寺城に本陣を移し、降参者からは人質を取り、逃散百姓には還住をすすめ、神社仏閣や万民を安堵し、[45]事実上の領主支配を始めた。二十二日には、かつて足利義晴が「景清道」に近い桑実寺を御所とした故事を踏まえ、[46]義昭を安土の桑実寺に招いた。[47]この地は安全な味方の地だった。この後、信長は上洛の途中たびたび常楽寺に立ち寄り、相撲見物などを繰り返した。信長は上洛前に、琵琶湖の水運管理権を握る湖南の蘆浦観音寺に接触を試みたが、[48]同様なことを常楽寺の木村氏にも行なったと思われる。小島が言うように、[49]兄木村重存は六角氏に従い和田山城で信長と対峙したが、弟の次郎左衛門尉はこの時以来ずっと信長に従った。一族存続のため兄弟がそれぞれ敵味方に分かれたのである。信長は、観音寺城をはじめ、六角氏の直轄地を没収し、近江の国を事実上制覇しても、支配の正統性までは入手できなかったのである。

十月畿内を平定し、義昭が将軍になった後、近江で信長が入手したものは大津・草津の代官職のみである。このことは、当時の物流の中心地が琵琶湖と京都を結ぶ坂本だったので、経済的には意味が小さかったが、軍事的には、京都から東山道・東海道・北陸道への出入口を確保した点に意味があった。信長は二年後の永禄十三年（一五七〇）正月[50]に、諸国諸大名に上洛を要請した。その要請文[51]には「北畠大納言殿同北伊勢諸侍中・徳川三河守殿同三河・遠江諸侍衆」から始まり「山名殿父子同分国衆・畠山殿同在国衆」「一色左京大夫殿・同丹後国衆」など一国単位で守護などの大名と指揮下の国人衆の名を挙げた。近江ではこの段階での近江の実情を反映し「京極殿同浅井備前・同尼子・同七佐々木・同木村源五父子・同江州南諸侍衆」とあり、湖北・湖西・湖東・湖南と、順に各地の統率者を書き上げた。近江の半国守護六角氏の没落後、京極氏が守護として近江全体に号令したのである。佐々木京極氏の本拠地は、多賀神社の南、甲良荘だった。「同尼子」とある尼子氏は、佐々木道誉の孫高久が犬上郡尼子郷に住んだことに始まる。二代目持久は、京極氏が出雲守護となった折、守護代となり出雲月山城に入り、以後尼子氏は中国の覇を競った。当時本貫地、犬上郡にも一族は存続したのだろう。

「同七佐々木」を奥野高廣は「六角承禎」としたが、「高島七頭」と称される朽木氏など高島郡の佐々木一族だろう。[52]次の「木村源五父子」はわれわれが問題としている木村次郎左衛門尉父子を指す。木村次郎左衛門尉は京極氏と共に、湖東の蒲生郡・神崎郡などの国人領主たちを統率する立場にあった。沙沙貴神社は六角氏の氏神になったが、この神社は諸国の「一の宮」や「惣社」と同様、守護六角氏が近江の国人領主たちを動員して行なう儀礼の中心地でもあった。ここで「能」が行なわれたとあることも、この神社が近江の武家文化の中心地だったことを示していよう。六角氏の逃亡の後、惣官の木村氏が六角氏に代わり、国中の国人領主たちを神事に動員した。このことが湖東の統率者という立場に結びついたのだろう。木村氏の武将としての活躍は、本能寺の変に際して、安土を守るべく明智軍と戦い、安土山の麓の百々橋で戦死したことが挙げられる。

一揆一斉蜂起後の近江

元亀元年（一五七〇）四月の越前遠征失敗の後、近江全体は鼎が沸く戦乱の時代となり、一揆や反乱が起こった。信長はそれを鎮圧し、やっとのことで千草峠を越えて尾張に帰るが、直前の五月には宿将を近江各地に配置した。越前遠征前の三月に森可成を坂本の南「宇佐山城」（志賀郡、現大津市）に置いたのが初めで、佐久間信盛を東山道と景清道との分岐点近くの「永原城」（野洲郡、現野洲市）に、蒲生郡では柴田勝家を「東山道」と「浄厳院道・八風街道」の交差する武佐「長光寺城」に、中川重政を琵琶湖水運をにらむ「安土城」に置いた。(53)「東山道」を通らず領国と京都を結ぶ道を確保することが信長の至上命令だった。そのため、「八風街道」と琵琶湖への出口常楽寺港の確保が必要だった。この当時、六角氏は伊賀・甲賀を根拠に「東海道」から北上を狙っており、一方、愛知川以北は浅井氏の勢力圏だった。観音寺城のある湖東地域は、永禄十一年の上洛の際、六角氏と戦った場所で、六角氏からの没収地もあり、各地の国人領主から人質を取っていたので、近江では大津・草津を除けば、信長の強固な支配地域だった。それゆえ湖東地域の三城への諸将配置は、京都へのアクセス、港町常楽寺を通じての琵琶湖の水運、伊勢から琵琶湖に通じる「浄厳院道・八風街道」や、両街道以西の「東山道」「景清道」の確保が目的だった。

永原の永原氏は永禄十一年の信長上洛前から信長と連絡のある国人領主で、この時佐久間氏の寄子になった。日野の領主蒲生氏は柴田氏の寄子に、常楽寺の領主木村氏は中川重政の寄子になったと思われる。同年六月に織田軍が野洲川表で六角軍を破り、対浅井戦も有利に展開すると、信長は東山道を確保し、木下秀吉を「横山城」（坂田郡、現長浜市）に、元亀二年二月には丹羽長秀を「佐和山城」（犬上郡、現彦根市）に配置し、琵琶湖南岸一帯への宿将配置を完成した。木下・丹羽両氏の領地は浅井の領国を切り取って形成されたので、これ以降反乱地域を鎮圧・征服すれば、そこは各武将の領地になる〈切り取り自由〉体制となった。信長は浅井・朝倉の連合軍や一向一揆と戦い、荘園領主の比叡山延暦寺と対立した。この近江国内の混乱を制した信長は「惣村」からも人質を出させ、「指出」検地を行ない新体制を築いた。元亀三年（一五七二）に中川重政は、領地をめぐる争いで柴田勝家と対立し、刃傷沙汰を起こし改易となった。[54] 中川・柴田両氏は同じ蒲生郡におり〈切り取り自由〉の原則から、領地争いが避けられなかったからだろう。各地に配置された宿将たちは、信長の天下統一と共にそれぞれ〈方面軍司令官〉へと出世した。他方、各方面軍の再編過程で、「信長の近江掌握構想」[55]は進み、近江衆は信長の直属軍に編成された。

木村氏は、元亀三年、中川氏改易の折に信長の直属の普請奉行になった。近江衆直属化の最初の事例である。『信長公記』[56]では、木村氏は天正三年（一五七五）七月には、山岡美作守と共に勢多橋普請を行ない、同年十一月、信長昇殿の際、禁中に陣座を建立し、天正四年（一五七六）には安土城天守閣の普請奉行になったとある。その背景にはこの地に多くの職人がおり、彼が「惣官」として、彼らを束ねていたからだろう。天正四年（一五七六）十一月に、信長が木村治郎左衛門尉宛てに職人の統轄を命じた朱印状[57]（この文書をDとする）がある。次にこの解釈を試みたい。

［D］

条々

一、杣大鋸引之儀、当年於所役輩者、可為杣大鋸引事相勤、〔事脱カ〕

一、鍛冶事、

一、鍛冶炭、国中諸畑江可相懸事、

一、桶結事、

一、屋葺事、付畳指事、

右輩、近江国中諸郡、甲賀上下棟別・臨時段銭、人夫礼銭・礼米、地下並以下、一切令免許訖、然而為国役、作事可申付候也、

天正四年十一月十一日　　御朱印

木村治郎左衛門尉とのへ

Dでは、木村次郎左衛門尉は「杣大鋸引・鍛冶・桶結・屋葺・畳指」などの職人たちを統轄するよう命ぜられた。通説では、「免許」=「免除」から、これは近江国の湖東平野を指す「国中諸郡」や甲賀上下郡の職人たちに対して、「棟別・臨時段銭、人夫礼銭・礼米、地下並以下」を「免除」するので、その代わりに「国役」を行なうよう命じたものとなる。しかし、そもそも職人たちが「人夫礼銭・礼米」を「免除」してもらうとの解釈は不自然である。この場合の「免許」もまた、信長と木村次郎左衛門尉との間で交渉があり、信長が木村氏の要求を認めたことと解釈したい。木村氏側が「棟別・臨時段銭、人夫礼銭・礼米、地下並以下」の項目の裁量権を要求し、信長がそれを「許可」したとすれば、「棟別・臨時段銭」や「地下並以下」は「免除」でも、「人夫礼銭・礼米」は〈支給〉となろう。「国役」とはいえ、無制限な「作事」は不自然である。この当時、職人たちは決まった日数だけ公用を果たし、超過分は賃金支給が原則(58)だった。木村氏の職人支配は郡単位で「近江国中諸郡甲賀上下」とあるが、この「国中諸郡」は、永禄十三年段階で彼が〈湖東地域の武士を統率すべし〉とされた地域と重なり、沙沙貴神社の氏子圏とも関わっていよう。彼は沙沙貴神社の「惣官職」として、職人たちを氏子に組織していたのだろう。

四　定書の分析

十三カ条の概観

この十三カ条全体は、信長と国人領主で常楽寺城主の木村次郎左衛門との交渉の結果、両者間で取り交わされた安土城下町の在り方をめぐる取り決めである。①はその基本原則、十三カ条全体の総論で、「諸座の商人」についての取り決めである。①の解釈上の問題点はすでに述べたが、すべての解釈を終えた後で、「五　むすび」で改めて論じたい。②は〈強制寄宿〉条項である。信長領国の首都として、安土の経済的繁栄が必要なので、ここを〈「楽市」とし、外来商人を誘致した〉とは昔から言われてきた。①・②はこのことと深く係わっている。②は金森令第二条の〈道路強制〉と似ている。金森令では「往還の荷物」を問題としたのに、Aでは「往還の商人」が対象である。これは金森が当時の物流の中心、坂本に至る志那街道上に位置したのに、安土は伊勢から琵琶湖に至る常楽寺港を擁したとはいえ、当時の物流の中心、幹線道路の「上海道」から離れていたことによる。①・②共に「諸座の商人」「往還の商人」という安土に一時寄寓する「外来商人」を対象とした法令である。これに対し③・④・⑬は「宿」を経営する安土の町人、安土住民＝〈定住商人〉に対する法令である。

③は「普請」、④は「伝馬」、⑬は「博労」・馬市の条項で、⑬では国中の博労市を安土に限るよう命じた。安土を政治・経済の中心とするためには、「下街道」の建設が必要だった。そのため、③の道路普請は周辺の村々には課せられたが、安土は免除された。③は木村次郎左衛門が安土「惣町」の代表と同時に普請奉行であり、「惣町」と「普請」の関係を明確化したものである。普請奉行のお膝元の安土山下町の住人は、原則として「普請免除」とあるが、これは但書にもあるように、〈危機管理対策〉として非常時に備えたものだろう。④の「伝馬の許可」と⑬の博労市法・馬売買の安土独占法は、安土を「下街道」の物流センターとすることの約束だろう。以上から、①・②・③・④・⑬は外来商人を対象とする法①・②と、都市住人を対象にする法③・④・⑬と、対象に違いはあるが、両者ともに城下町安土の〈設計〉に関わる法令で、城下町安土の「グランドデザイン」を述べたもので、ここでは一グループにまとめ、分析したい。

⑤には「科」「糺明」「追放」の文言が、⑥には「科」「犯過之輩」「糺明」「罪過」の文言が、⑦には「盗」「罪科」「盗賊人」の文言が、それぞれあるので、これらは〈検断法〉、刑事事件関連法となる。⑤・⑥・⑦について小野晃嗣は〈連座の否定による町人保護規定〉とした。これらは惣掟の系譜を引く惣町法で、上加納令・金森令とは対応関係がない。⑧の〈徳政〉条項もまた、上加納令第一条・金森令第三条の〈借銭借米〉条項の主旨とは正反対で、むしろ

Cの寺内町特権と共通する。つまり⑤・⑥・⑦は「都市検断法」で、⑧は「徳政禁止令」となる。ここから、⑤・⑥・⑦・⑧は「総町法」として一つにまとめることができる。

ところで⑨は、勝俣鎮夫[61]の言う上加納令第一条と共通した〈縁切り〉条項である。⑩は〈平和〉条項、⑪は〈不入〉条項、⑫は〈家並役〉条項である。信長の出した三楽市令を比較すると、三者に共通する項目は、⑩の〈平和〉条項と⑪の〈不入〉条項のみとなる。前者は上加納令第二条では「押買・狼藉・喧嘩・口論」、金森令第一条では「国質・郷質」とあり、それぞれを〈平和〉条項と名づけても、内容は異なる。むしろAがこれら二法令を総合する関係にある。〈不入〉条項も上加納令・金森令の「理不尽」の「使」「催促使」が、Aでは「譴責使」となり、〈調査を待って許可〉と異なっている。A⑨の中心は「他国ならびに他所の族、当所にまかり越し有付候はば」「誰々家来たりといえども、異儀あるべからず」で、これは上加納令第一条の「当市場越居之者」「譜代相伝の者たりといえども、煩あるべからず」と共通する。⑩の「喧嘩・口論、并国質・所質、押買・押売」は上加納令第二条の「喧嘩・口論、押買・狼藉」と対応する。法令⑫の中心は「町並居住之輩」に対し「家並役免除」を命じたもので、これまた上加納令第一条で「当市場越居之輩」に対し「家並諸役の免許」を命じたことに似ている。⑪も〈不入〉条項とすれば、上加納令の第三条と対応する。⑩・⑪が主に刑事事件に関係する〈都市平和令〉なのに対し、⑨・⑫は「臨時課役」「家並役」と経済的な負担に関係を持ち、都市住民の身分に関する注目すべき法令である。以上から、⑨・⑩・⑪・⑫は上加納楽市令と強く対応したグループとなろう。

以上からこの十三カ条は、Ⅰ＝①・②・③・④・⑬、Ⅱ＝⑤・⑥・⑦・⑧、Ⅲ＝⑨・⑩・⑪・⑫の三グループに分解できよう。Ⅰは安土城下町の〈グランドデザイン〉を定めたもの。Ⅱはⅲの「惣掟」に対応する〈惣町法〉。Ⅲは〈加納楽市令の継承法〉と名づけたい[62]。以下、この三グループについて分析を進める。定書十三カ条の中では「兵工未分離」状況下の木村氏の「奉公人」「給人」たちは、いずれも都市住民の身分として登場しており、「惣村」から「惣町」への過渡期の在り方を示している。

（1）外来商人の法——第一条・第二条

当時商人たちは、自らの安全保障のため「座」や「商人頭」に率いられた集団に属し、それぞれの営業圏内・縄張り内で活動していた。信長領国の首都安土には多くの商人たちが入り込み、縄張りを主張する諸商人集団相互間の自力救済「質取」を放置するか否かが信長の直面した問題だった。ここに①・②が登場する理由がある。安土の町をフエーデ禁止の「平和」な町とするため、外来商人たちを「座」や「商人頭」ではなく「町」が保護することになった。①の前半部分で、信長が安土山下町を平和な「楽市」にするよう自治組織「町中」に要求したとある。その結果、⑩の「市場法」がここでは「都市法」になったのである。「山下町」内部の「市」が問題なのではなく、「町」全体が「楽市」となった。自治組織側は木村次郎左衛門を押し立て、交渉を有利に導くため「諸座諸役・諸公事」を要求し、信長はこれを「悉く免許」すると返答した。「諸座の諸役」とは「市場税・商業税」で、「免許」とは本来「本座」に納めるべき「座役銭」を「宿」「町」が徴収することの承認である。つまり「諸座諸役の免許」とは、「座役銭」の徴収を「座」に代わり「安土山下町」が行ない、「諸役」支払いに対しては、鑑札発行や、上加納令のような「分国往還の自由」を保証したのである。

「諸公事」は、通説では「諸役」と同様「負担」を指すとし、具体的には③の「普請役」や④の「伝馬役」、⑫の「家並役」だとある。戦国期では「平和」享受への反対給付として「陣夫」役を「公事」と言った[63]こともある。しかし「課役・公事はすべて免除」では、法令の対象が安土にやってくる外来商人か、安土の住民か、曖昧である。しかも「諸座諸役免許」の方は安土住民宛てなのだから、こちらの「諸公事免許」もまた、住民宛て法令と考えられる。「公事」は〈住民の負担〉のほか〈裁判〉も言い、この場合の「諸公事免許」は、商人たちの裁判を「座」に代わり「安土山下町」が行なうことである。より正確に言えば、安土に限り「諸座」に関する裁判を自治都市「安土山下町中」に「許可」することだろう。これまで「本座」が持っていた裁判権は、今後安土では禁止された。つまり「諸役免許」とは、負担を示す③・④・⑫ではなく、市場法を定めた⑩や、〈不入〉を定めた⑪、「惣掟」の⑤・⑥・⑦を問題としており、安土山下町の〈自治権の承認〉を意味したのである。先にわれわれは、第一条後半部が一般的「諸公事免許」であるか特殊的「諸座諸公事免許」であるかの判断を保留したが、以上から、この第一条の解釈は、後者の「諸座諸公事免許」がよいと思う。

②では「上海道」=「東山道」を上下する商人に対し「東山道」の通行を禁止し、安土への寄宿を命じた。第二節第二項「安土への道」で述べたように、「南腰越」の道ができるまでは、「上海道」を〈下る〉場合は、長光寺から「浄厳院道」に入り、常楽寺・安土へと向かった。〈上る〉場合は、柏尾から「景清道」に入って桑実寺の傍を通り安土に至った。旧勢力の残る観音寺城の城下町「石寺新市」の通過を嫌ったのである。信長は、六角氏の居城、観音寺城を没収し、家臣団の居住地石寺も接収したが、町人の居住区「石寺新市」には手が着けられず、このような政策で安土城下への吸収を図った。この「景清道」は観音寺山を巻く峠越えの道で、旅人の通行は可能でも、荷物の運搬には不向きだった。街道を上下する商人に対しては、安土山下町への強制寄宿を命じたのに、荷物の方はこれまでの通し馬の慣行を認め、「荷主次第」となった。②の「寄宿」は、通行する商人たちが出身地や職種ごとに定宿を持ち、宿の保護下に入ること、具体的には⑥の「借家」「同家」である。つまり商人集団相互間の自力救済としての「質取」を防ぐため、安土山下町住民の経営する「宿」と山下町の自治組織「惣町」の系列で、外来商人を保護・統制下に置いたのである。外来商人たちは、信長領国の首都安土では彼ら自身の自衛組織「座」を否定され、「寄宿」した安土山下町の「宿」の「亭主」の「主人権」下で活動することとなった。この「主人権」が拡大すると、江戸時代長崎の「唐人屋敷」のように、外来商人たちは売買の現場から排除されるが、この場合そこまでは至らなかったと思われる。

（2）都市住民法——第三条・第四条・第十三条

木村次郎左衛門が安土城の普請奉行だったので、安土住民は〈信長—木村〉系列で、普請に動員される危険性があった。安土築城と同時に「下街道」の建設は始まった。この道路普請への動員の可能性もあった。③では住民に対する保護策や、予想外の出来事に対する〈危機管理策〉として、普請免除が明言された。本能寺の変の後、明智反乱軍に対し、木村次郎左衛門が安土を死守したのはこの約束に基づいている。④は後の「朝鮮人街道」、当時の「下街道」がこの当時まだ未整備だったので、道路整備のため、安土に伝馬を置くことを許可したものである。常楽寺港に馬借がおり、安土建設以前から「博労町」があったので、「下街道」の伝馬制度はこの馬借を中心に構想された。安土に伝馬問屋が置かれると、この年から②の但書とは異なる新しい物流が始まった。信長の天下布武は領国内の道路や橋の整備を伴い、天正二年（一五七四）閏十一月には篠村八右衛門・坂井利貞らを奉行に、領国内の橋や道路を整備させた。道路は幅三間、両側に松や柳を植えさせ、住民には水を打たせ、道路の掃除、維持管理を命じた。翌天正三年三月に東山道の磨針峠を改修し、同年七月に瀬田川に架かる勢田橋を幅四間、長さ一四〇間に改修した。

このような流れの中に④・⑬を置いて考えなければならない。②が現状の追認、現実との妥協策とすれば、④は新制度の創設宣言である。この伝馬制度創設は、町づくりが道路政策と密接に関わる開拓の時代の息吹を伝えてくれる。伝馬の駅がいくつあったか、今明らかにできないが、美濃・安土から京都・坂本に向かう志那街道の金森に、すでにこの制度の前提的仕組みはあったので、金森はその一つだった。一方、豊臣秀次や京極高次が八幡町を城下とする時代には、すでに伝馬制度は整い、人々の関心は専ら「伝馬役」の負担だった。[64] それゆえ、秀次[65]や高次[66]の楽市令から、④の「伝馬免許」を〈伝馬役の免除〉とすることはできまい。一方、安土城と観音寺城を結ぶ線を南に等距離延ばすと、「八風街道」沿いの「保内」となる。安土城・観音寺城・保内は近江国の中央に並ぶ。「保内商人」は、博労市の独占から馬による陸上交通へと進出し、多くの商品の販売特権を獲得した。琵琶湖を抱える盆地の国近江から伊勢湾・若狭湾に至る山越えの道を、彼らは「通し馬」「中馬」で通ったのである。彼らの「座」特権は、道路に対する優先的通行権・交通独占権の形をとり、一商品・一座の在り方に対しては「無座」「楽座」を主張した。

彼らの商業の特徴を「鋸商法」と言い、行きと帰りで別々な商品を商い、往復で利益を上げた。これは「保内商人」が馬による運送業から発展したからだろう。畿内の「座」が一商品・一座を原則とし、商品と「座」が一対一に対応したことの対極をなしている。観音寺城の六角氏は軍馬調達の必要から、彼らに博労市独占権を与えた。定書A④では安土を中心に伝馬制度が整備され、⑬では保内商人が六角氏の支配下で持っていた博労市独占権は奪われ、馬市は保内から安土に移った。それゆえこの法令で、六角保護下の保内商人の特権の基本は失われたのである。信長は近江の商人たちの中世的な特権を否定し、彼らから道路を奪い、自己の直接的な支配下に置いた。こうして商人たちは信長の下に再編成されることとなった。④は安土を物流センターとすべく、町の繁栄策として出されたもので、大きな可能性を示している。

惣町法

(1) 都市検断法――第五条・第六条・第七条

⑤は火事の法令である。町屋では家々が密集し、類焼の可能性は高い。近世の江戸などでは、町ごとに「火の用心」の夜回りがあった。この法令はそうした町の自治としての「火の用心」に関わり、各家の「亭主」の責任を前提に〈出火すれば追放〉と定めている。奥野は「火災について、放火の時は、その亭主の責任を免除する。自火の場合は調査の上、亭主を追放する。但し事情によって罪状に軽重がある」とした。この法令は「付け火」の極悪犯と、その犯人の「亭主」の関係を定めた法ではない。「付け火」の場合でも、「火の用心」をすれば、初期消火は可能だが、責任は問わないとした。

次の⑥は、町の中から咎人が出た場合の法令である。犯罪の実行犯は罪になるが、ここでは一般に「咎人」と「亭主」の関係を定めている。「借家ならびに同家たりといえども」とある。「町」共同体の正式のメンバーは「家主」で、その「亭主」は「借家」を持ち、他人を「同家」に置いていた。すでにわれわれは、安土山下町住民の経営する「宿」と山下町の自治組織「惣町」の系列で、外来商人たちを保護下に置いていたとしたが、この「借家」「同家」は外来商人で、ここでは彼らが犯した犯罪の「子細を知らない場合」「計画に関わらない場合」は「亭主」を無罪としたのである。犯罪予防主義に立てば、犯人との関係が「同家」であれ「借家」であれ、大家＝「亭主」の〈監督責任〉は厳しく追及された。武家法はこの立場で「亭主」の連帯責任・連座を厳しく規定している。しかしここでは「亭主」の監督責任は追及されず、連座制は否定された。「惣村法」では、村民の減少は、村請けなどの負担者の減少、残された者への負担増を意味し、村には好ましくなかったので、村人が罪を犯しても縁者に家を継がせるなど、犯罪の取り扱いは武家法と異なっていた。この場合の連座否定も、町の自治の担い手「家持」の維持を目的とし、共同体メンバーは互いに善意で対応したのだろう。

⑦は贓物法である。ここには盗人＝aと売り主＝b、買い主＝cと盗難にあった被害者＝dの四者が登場する。盗難の被害者dがcの持つ物に言いがかりを付けることが問題の発端である。cが〈bから買った〉と言い、bが〈aの名前を白状〉すれば一件落着である。ここでは「次に」とあって「彼の盗賊人引付においては、古法に任せ、贓物返付くべきの事」とあるのは、この一件落着の場合である。この場合はcがdに品物を返すのが「古法」だという。これらの法令で読みとるべきは、「町」の自治組織が「糺明」を行なっている事実である。dがcに言いがかりを付け、cがdに品物を返すまでの、a・bを「糺明」する全過程に町検断権が関わっている。⑤の但書でも「但し事之体に依り、軽重有るべき事」とあり、「町」が己の権限として原因究明を行なっている。つまり、⑤・⑥・⑦は(iii)の「惣掟」に当たる都市の自治法としての「惣町法」であり、安土山下町は自治都市として独自な検断権、地下検断権を持ち、この⑤・⑥・⑦三カ条はその検断権行使の原則を定めたものとなる。ここから①の「諸公事免許」もまた〈一般的な裁判権の許可〉の意となり、富田林令第一条に対応したものとなろう。

（2）徳政禁止令——第八条

前述したように、⑧の徳政禁止令の法の主旨は加納令・金森令とは正反対である。加納や金森が楽市になる際に、戦争があり、信長の占領・征服の直後にこれらの楽市令が出されたので、両法令には「弓矢徳政」としての「借銭・借米の免許」が記された。一方、安土の場合、戦があったとの記録はなく、永禄十一年の上洛以来、ここは信長にとって常に安全な味方の地域で、「弓矢徳政」は不必要だった。神田千里[67]は、徳政を要求し土一揆を構成する「足軽」や「悪党」と、町・村の日常生活を守るため自治組織に結集する「惣村」はむしろ対立し、同一視できないとした。それゆえこの徳政禁止令は、惣村法・惣町法に数えることができよう。これらの法令は、信長と「惣町」の「安土山下町中」と交渉の結果成立したもので、「惣村法」の系譜をひく「惣町法」を信長に承認させたのである。

加納楽市令の継承法

(1) 都市身分法——第九条・第十二条

⑨には「他国ならびに他所の族、当所にまかり越し有付候はば、先々より居住の者同前、誰々家来たりと雖も、異儀あるべからず、もし給人と号し臨時の課役停止の事」とある。勝俣鎮夫が言うように、傍点部分は加納令第一条の「当市場越居之者」「雖為譜代相伝之者、不可有違乱」に対応する〈縁切り令〉で、その主旨は西欧中世都市の法諺「都市の空気は自由にする」と同じものである。この「家来」とか「譜代相伝之者」の中に「座」の商人も含まれた。②から、旅の商人たちは必ず安土に宿泊しなければならなかった。長期滞在の場合、旅籠は賄い付きの〈下宿〉に近づき、「借家」住まいの人も出てこよう。つまり問題は、「有付候者」に⑥の「亭主」支配下の「借家」「同家」が含まれるか否かである。⑨では「有付候者」を「前々より居住の者」と比較し、また「給人と号し」とある。ここから「有付候者」＝「家来」は武家「奉公人」の〈家持ち〉となろう。それゆえ、「他国・他所の族」で「当所に罷越し有付候者」とは、勝手に主従の縁を切り、安土にやって来て、家屋を買い、新築し、正式な「町」のメンバーになった者で、⑫の「奉公人・諸職人」身分の可能性がある。ここでは旧主人側が「給人」であることを理由に「臨時の課役」をかけた場合、「惣町法」として新住人を保護し、旧「主人」側と対決すると約束している。

当時の「惣村」には、被官百姓や被官商人[68]がおり、「惣村」と摩擦を引き起こしていた。この法令では被官百姓や被官商人に対する、「誰々家来」だ、「給人」だと号しての「臨時課役」が禁止されている。「他国・他所の族」で「当所に罷越し有付候者」であっても、「臨時の課役は停止だ」とする背後には、「先々より居住の者」で、人の被官であるものへの〈縁切り〉が前提となっている。この「たりと雖も」とは、極端なものを例示し、一般的原則を述べたものである。(69)「誰々家来」であっても、「給人」だといわれても「異議」はあってはいけない、〈臨時の課役は停止だ〉と解釈できる。この法⑨の主旨は主従制という最も強い社会規範を例示し、そこからでさえ〈縁が切れ〉、〈「惣町」のメンバーとする〉にある。それゆえこれは、安土の山下町に居住する被官百姓や被官商人、「座」の商人たちに対する「主人」「本所」「本座」からの解放宣言である。⑨の背後には、いろいろな理由で主家を出奔し、安土に住みつき、新住人になった多くの元奉公人の姿が想定される。ここでは「惣村」再編成の際の「村切り」にも対応する〈町人身分の確定〉が目指されているのである。しかし木村氏は、武士身分は棄てず、彼の従者を「給人」「奉公人」としながら、同時に「職人の頭」となり、「兵工未分離」を貫いていた。木村氏の従者たちは、「給人」「奉公人」でありながら、同時に「町人」だった。

一方、法令⑫の中心は、「町並居住之輩」に対する「家並役」の「免除」である。これは(ii)の「惣村」の年貢地下請けに対応し、「安土山下町中」として「家並役免除」を要求し、信長側が許可したことを示している。⑫について朝尾直弘の考察がある。(70)⑫では特に「奉公人・諸職人」を町の住人に数えている。それが誰を指すかが問題で、朝尾はこの「奉公人」を信長の家臣とし、塩屋でかつ馬廻り衆の大脇伝内を取り上げ、「兵商、兵職未分離」な時代を表わすとした。しかしこの「奉公人・諸職人」は、常楽寺城主で普請奉行の木村次郎左衛門配下の人々だろう。木村氏が「惣町」の上に立つ国人領主だったので、家臣は常楽寺内部に住んだ。木村氏が普請奉行として近江国の諸職人に対し強い発言権を持ったので、「諸職人」もまた常楽寺に集住した。彼らは共に「安土山下町」の正式なメンバーだった。一方、⑫の付則で「御扶持を以て仰せ付けらる居住之輩、並に召し仕わるる諸職人等」とあるものこそ、敬語から、信長配下の「奉公人・諸職人」であることは明白である。

⑨と⑫とを関連させると、新住人の「奉公人・諸職人」に対する優遇策が目に付く。朝尾は京都の惣町法では、武

家や火を使う職人たちや差別された芸能民に家を売ることが禁止されていたことを明らかにしたが、この場合は武家に対して寛大である。信長側の木村氏に対する遠慮か、木村氏の要求を信長も認めざるをえなかったのか。加納楽市令に対しては、都市振興策としての都市住民誘致策だとはよく言われるが、これもまた同様なものだろう。

（2）都市平和法——第十条・第十一条

⑩は「喧嘩・口論、国質・所質、押買・押売」禁止令である。この法令は①の〈平和な市〉としての「楽市」に一番強く対応した〈市の平和令〉である。しかしここで注目すべきは、「宿之押借以下、一切停止事」とあり、泊まり客人側の行なう「宿」への「押借り」を不法とし、宿の「亭主」の主体性を保証していることである。ここから⑩は、グランドデザイン（1）で述べたように、安土町の中の「市場」に対する法ではなく、「宿」のある安土山下町全体の法となる。ここから「喧嘩・口論、国質・所質、押買・押売」禁止令が単なる〈市の平和令〉でなく、〈都市の平和令〉でもあったことになる。「宿」のある安土山下町全体に〈市の平和令〉が命じられた。安土における地下検断権が「惣町」のみならず「外来商人」にも及ぶことが、信長により正式に承認され、「宿－町－惣町」系列で、「座」の商人を含むすべての「外来商人」たちを監督する原則が定まったのである。

天正十一年の坂本町中宛て定書[71]の第六条では「諸商人売物之儀、其宿仁而可有売買事」とあり、「宿」での売買が強制されている。これは安土令における「宿」の「亭主」の持つ「主人権」が拡大された形態だろう。安土での売買は、市場のみならず「宿」でも行なわれた。「楽市場」での売買は、基本的には相対売買だろうが、「宿」は外来商人への保護活動として「宿泊」、荷物の「保管・一時預かり」、売買契約への立ち会いなどを行なった。当時「座」などの商人集団の行なう自力救済は「国質・郷質」などの質取だが、⑩ではこのフェーデは禁止された。安土山下町全体が「座」の力を排除した一つの独立法圏となった。これが⑪の「譴責使」問題と関係する。ここでは直接の「打入」を禁止し、その前に信長の吏僚的性格の濃い馬廻り[72]の福富秀勝氏と、国人領主の木村氏への届出が命じられた。このような形での、「座」に対する「都市法」優位の主張が、安土楽市令の眼目なのである。こう理解すると、①の「諸公事」の「免許」は「商人座公事」を「座」に代わり「惣町」が執り行なうことになる。

次に、かつての市場法では「押買・狼藉」とあったものが、ここでは「押買・押売」と表現され、これ以後の都市法に広まることを考察したい。そのためにまず、「結城氏新法度」[73]から「狼藉」の例をいくつか挙げたい。第八条には「神事又市町」にて「やりこ・押買、其外慮外之儀」「うたれ候はんものは不及是非」とある。第十七条には「市町又神事祭礼の場」「脇より切り剝ぎ」とある。第七十七条「高橋の祭其外神事祭礼之場之喧嘩」「酒狂」「死損」「切られ損」とある。祭礼市では常に喧嘩があり、「死損」「切られ損」のような殺伐とした〈荒ぶる場〉で、祭礼市の出来事はその場限りで、「是非」に及ばないとされていた。これが市場法では「狼藉」と表現されたのである。これまでの祭礼市・定期市はカーニバルのような〈荒ぶる場〉で、平和な場所でなかった。しかし、臨時市ではなく、町屋の立ち並ぶ常設の市場町が形成され、定期市から市場町へ時代が変化すると、世界は大きく変化し、市場の平和は強まり、「町」が平和の担い手として登場した。この流れの中で「楽市楽座」は登場し、市場での「狼藉」行為はなくなった。こうした流れの一歩先に、「楽市楽座」に代わり「楽買・楽売」が現われる。天正十年蒲生氏郷の日野掟[74]の「楽買・楽売」は「押買・押売」の反対語だろう。佐久間氏の発布した天正二年の金森楽市令[75]には、楽市場での喧嘩両成敗が記された。一般的な「喧嘩・口論」の禁止令から、喧嘩両成敗法へと変化する背景に、市場での喧嘩が減り、市場の平和が確立したことがあろう。

五　むすび――第一条の解釈

すでにわれわれは、この十三カ条全体を、信長と常楽寺城の城主で国人領主の木村次郎左衛門尉との間の交渉と、その結果、両者間で取り交わされた安土城下町の在り方をめぐる取り決めで、①はその基本原則だ、とした。信長が〈「楽市」にせよ〉と要求し、そのための条件が「諸座・諸役・諸公事」の「免許」だった。「諸座・諸役」の「免許」

とは「宿」─「町」という系列で外来商人を保護する反対給付として、「座役銭」を本座に代わり「宿」が徴収する体制とした。それに付随する法令はこの十三カ条には登場しないが、この考えを否定する積極的な根拠も発見できなかった。「諸公事免許」の「公事」は〈裁判〉を言い、「諸商人座公事免許」であるか、一般的な「諸公事免許」かを問題としたが、⑩が前者に、⑤・⑥・⑦が後者にそれぞれ対応する。一般的な「諸公事免許」の中には、特殊的な「諸座諸公事免許」が含まれるので、この場合は一般的な「諸公事」の「免許」と理解したい。いずれにせよ、木村氏や「惣町」の持つ地下検断権を信長が承認することがすべての基礎で、これがこの法令の発布の際なされたのである。

注

凡　例

一、奥野高廣『織田信長文書の研究』吉川弘文館、初版＝一九六九年、上下二巻。増訂版＝一九八八年、「上巻」「下巻」「補遺・索引」の三巻。注では、それぞれ奥野『上巻』、奥野『下巻』、奥野『補遺』と略す。
二、佐藤進一・百瀬今朝雄編『中世法制史料集　第四巻　武家家法Ⅱ』岩波書店、一九九八年。同じく佐藤進一・百瀬今朝雄編『中世法制史料集　第五巻　武家家法Ⅲ』岩波書店、二〇〇一年を、ここではこれを佐藤他編『Ⅱ』、佐藤他編『Ⅲ』と略す。
三、『愛知県史　資料編11　織豊1』愛知県、二〇〇三年を、『愛知県史』と略す。
四、豊田武『中世日本商業史の研究』岩波書店、初版＝一九四四年、増訂版＝一九五二年を、ここでは豊田『商業史』と略す。
五、小島道裕『城と城下　近江戦国誌』新人物往来社、一九九七年を小島『A』、同じく小島道裕『戦国・豊臣期の都市と地域』青史出版、二〇〇五年を小島『B』とする。

第一章　熱田八カ村宛て制札

（1）奥野『上巻』第一号文書、一四－一五頁。
（2）相田二郎「織田氏并に豊臣氏の古文書」『相田二郎著作集2』一九七六年、名著出版、一四－一五頁。
（3）豊田『商業史』第三章「大名領国の形成と商品流通」。
（4）奥野『上巻』一六頁。
（5）佐々木銀弥「戦国大名の荷留について」『日本中世の流通と対外関係』吉川弘文館、一九九四年。
（6）奥野『補遺』第七号文書、八－九頁。
（7）仲村研編『今堀日吉神社文書集成』雄山閣出版、一九八一年、第一四〇号文書、一一五－一一六頁。
（8）奥野『上巻』第四〇号文書、七五－七六頁。
（9）「熱田魚市場跡」『日本歴史地名大系23　愛知県の地名』平凡社、一九八一年、一八八頁。
（10）熱田については、『角川日本地名大辞典23　愛知県』角川書店、一九八九年、と『日本歴史地名大系23　愛知県の地名』平凡社、一九八一年、によった。また森浩一編『東海学の創造を目指して』五月書房、二〇〇一年および「名古屋市全図」松岡明文堂、一九三三年、など参照。
(11) 詳しくは後述、一七頁参照。
(12) 熱田社については、津田豊彦「熱田神宮」谷川健一編『日本の神々10　東海』白水社、二〇〇〇年、および福岡猛志「熱田社とその信仰」『海と列島の文化8　伊勢と熊野の海』小学館、一九九二年、によった。
(13) 『狂言集　下』（日本古典文学大系）岩波書店、一九六一年、三七八頁。
(14) 太田牛一著、桑田忠親校注『信長公記』新人物往来社、一九六五年、五四頁。
(15) 神代雄一郎編『日本のコミュニティ』鹿島出版会、一九七七年。
(16) 道路近くに「マンション姥堂」を見つけた。
(17) 大山喬平「絹と綿の荘園――尾張国冨田庄」『日本中世農村史の研究』岩波書店、一九七八年。
(18) 奥野『上巻』第二号文書、一九―二〇頁。
(19) 「熱田魚市場跡」前注9前掲書、一八八頁。
(20) 桑田忠親校注『信長公記』（前注14参照）、五四頁。
(21) 津田豊彦「熱田神宮」（前注12参照）、一八頁。
(22) 池上裕子他編『クロニック戦国全史』講談社、一九九五年、三〇九頁。
(23) 鈴木良一『織田信長』岩波新書、一九六七年、一二頁。
(24) 峰岸純夫『中世　災害・戦乱の社会史』吉川弘文館、二〇〇〇年。
(25) 下村信博「勝幡系織田氏と尾張武士――愛知郡戸部の水野氏の場合」三鬼清一郎編『織豊期の政治構造』吉川弘文館、二〇〇〇年。
同「織田弾正忠家と尾張武士」『織豊期研究』創刊号、一九九九年。
(26) 谷口克広『信長の親衛隊――戦国覇者の多彩な人材』中公新書、一九九八年。
(27) 奥野高廣「初期の織田氏」藤木久志編『織田政権の研究』（戦国大名論集17）吉川弘文館、一九八五年。
(28) 奥野『上巻』第二一号文書、四六―四七頁。藤本元啓「古代・中世熱田社編年史料年表（稿本）」『中世熱田社の構造と展開』続群書類従完成会、二〇〇三年、六三七頁で、藤本はこれを翌年の永禄元年のこととしている。
(29) 奥野『上巻』第二二号文書、四七―四八頁。藤本元啓は、この文書の発布年代を天正四年としている。前掲書、三四一頁。
(30) 奥野『上巻』第二号文書、一九頁。

(31) 藤本元啓「古代・中世熱田社編年史料年表（稿本）」（前注28参照）には、「天文二十二年六月、織田勘十郎信勝、絹本着色菅原道真坐像一幅を寄進す」とある。六三六頁。
(32) 奥野『上巻』第一号文書の〔参考〕、一七―一八頁。
(33) 奥野『上巻』第九号〔付録〕文書、二九―三〇頁。
(34) 藤本元啓「古代・中世熱田社編年史料年表（稿本）」（前注28参照）、六三八頁には「市場、田中、神戸、宿今道、中瀬、須賀」の六つをあげている。
(35) 今谷明『信長の天皇』講談社学術文庫、二〇〇二年、二〇頁。その功で翌年三河守に任ぜられた、とある。
(36) 同上。
(37) 桑田忠親校注『信長公記』（前注14参照）、五八頁。
(38) 藤木久志「村の隠物」『村の領主と戦国世界』東京大学出版会、一九九七年。原題は「村の隠物・預物」『ことばの文化史　中世I』平凡社、一九八八年。
(39) 『沙石集』（日本古典文学大系）岩波書店、一九六六年、六九―七〇頁。
(40) 神田千里「国質・郷質と領主間交渉」『日本歴史』三八二号、一九八〇年。

第二章　知多郡・篠島商人宛て自由通行令

(1) 奥野『上巻』第六号文書、二四―二五頁。
(2) 谷口克広『織田信長合戦全録』中公新書、二〇〇二年。しかし池上裕子他編『クロニック戦国全史』講談社、一九九五年、三一八頁では、信秀は「天文二十年に死んだ」とある。
(3) 奥野『上巻』二四頁。
(4) 勝俣鎮夫「国質・郷質についての考察」『戦国法成立史論』東京大学出版会、一九七九年。
(5) 『角川日本地名大辞典23　愛知県』一九八九年、一三四〇頁。
(6) 『日本歴史地名大系23　愛知県の地名』平凡社、一九八一年、二一八頁。
(7) 永原慶二「戦国期伊勢・三河湾地域の物資流通構造」『戦国期の政治経済構造』岩波書店、一九九七年。
(8) 下村博信「織田弾正忠家と尾張武士」『織豊期研究』創刊号、一九九九年。
(9) 小野晃嗣『近世城下町の研究』増補版＝法政大学出版局、一九九三年、初版＝至文堂、一九二八年。

(10) 佐藤他編『Ⅲ』第九二一号文書、二三六頁。
(11) 奥野『上巻』第七四号文書、一三四―一三五頁。
(12) 同上、第二七号文書、五七頁。
(13) 同上、第三一号文書、六五頁。
(14) 『愛知県史』三一九号文書、一四三頁。なおこの文書については、本書第四章「瀬戸宛て制札」参照。
(15) 同上、第七四号文書、一三四―一三五頁。
(16) 池上裕子他編『クロニック戦国全史』二三六頁。
(17) 同上、二六三頁。
(18) 桑田忠親校注『信長公記』新人物往来社、一九六五年、二三頁。
(19) 下村信博「勝幡系織田氏と尾張武士――愛知郡戸部の水野氏の事例」三鬼清一郎編『織豊期の政治構造』吉川弘文館、二〇〇〇年。
(20) 『角川日本地名大辞典』。信長は天文十三年十一月に守山区大森字壇ノ浦にある法輪寺に宛てて禁制を出した（奥野『補遺』補遺一〇八、一一一頁参照）。当時の軍事的な緊張を示している。
(21) 『角川日本地名大辞典』一六九三頁。
(22) 奥野『上巻』第四三号文書、七九頁。これについては、本書第四章参照。
(23) 前注18前掲書、五〇、五七頁。
(24) 赤塚次郎「海部郡と三河湾の考古学」『海と列島の文化8　伊勢と熊野の海』小学館、一九九二年。
(25) 山下清「師崎の漁業と加工」『江戸時代　人づくり風土記23　愛知』農文協、一九八五年。谷川健一『日本の神々10　東海』白水社、二〇〇〇年、七九頁。
(26) 『聞き書　愛知の食事』農文協、一九八九年、一七三頁。
(27) 宮本常一『塩の道』講談社学術文庫、一九八五年。
(28) 篠宮雄二「黒鍬と鉄鍛冶――大野鍛冶と土木技術集団の出稼ぎ」『人づくり風土記23　愛知』（前注25参照）。
(29) 網野善彦「中世芸能の場とその特質」『日本民俗文化大系7　演者と観客』小学館、一九八四年、二二一―二二三頁。
(30) 『聞き書　愛知の食事』（前注26参照）四九、八二頁。
(31) 『角川日本地名大辞典23　愛知県』（前注5参照）、一二一七頁。
(32) 『日本歴史地名大系23　愛知県の地名』（前注6参照）、一四一頁。
(33) 山田寂雀「幻の大河と堀川」『郷土文化』名古屋郷土文化会、二〇〇二年、からは、堀川の元となった川は州崎神社付近から流れ出していたと考えられるが、名城公園の沼地と堀川との関係はよくわからない。しかし「諸将を名古屋にひきつけた魅力は名古屋台地の北西にあった大きな沼地、ふけ〔深田〕があったことである。このふけこそ名古屋城の強固な防衛線であった」とあり、「故老伝えて曰く、昔は入り海、中世は大河にして水上は三州猿投山より流れ出て今の御深井（名古屋城の蓮池のある庭園）は其流水のつき当たりにしてはなはだ急水の流れ、深き淵にて数株の柳生茂り……」との記録も載せている。ここから、古くは矢田川が城の東北の「柳原」辺りから深井に突き当たるように流れていたことがわかる。それゆえ藤井尚夫の作図した堀川の流れは、当時はなかったと私は考える。

(34) 高田徹「守山城の歴史と構造」『郷土文化』名古屋郷土文化会、二〇〇〇年、によれば、信光の後守山城主になった信次が、庄内川で川狩りを行なっていた最中に、信長の弟の喜六郎を誤って射殺してしまったと『信長公記』にあることから、守山城主の「所領範囲は矢田川と庄内川の中流域を中心に広がっていたと予想される」とある。

(35) 谷口克広前掲書（前注2参照）。

(36) 本書第三章「水野太郎左衛門」参照。

(37) 峰岸純夫「軍事的境界領域の村——「半手」を中心に」『災害・戦乱の社会史』吉川弘文館、二〇〇〇年。

(38) 藤井尚夫『復元イラスト　中世の城と合戦』朝日新聞社、一九九五年。

(39) 奥野『上巻』第一五号文書、三七頁。

(40) 峰岸純夫「国質・郷質ノート」『年報　三田中世史研究』4、一九九七年。

(41) 鍛代敏雄『中世後期の寺社と経済』思文閣出版、一九九九年。

(42) 宇佐見隆之『日本中世の流通と商業』吉川弘文館、一九九九年。

(43) 鍛代俊雄前掲書（注41参照）第一章「石清水神人と商業」で述べられている「神訴」や、伊藤正敏『中世寺院勢力と境内都市』吉川弘文館、一九九九年の第二章「寺社勢力と強制力」中でも特に「強制力としての呪術」を参照した。私の今後の課題としたい。

(44) 桜井英治『日本中世の経済構造』岩波書店、一九九六年。宇佐見隆之『日本中世の流通と商業』（前注42参照）。

第三章　水野太郎左衛門

(1) 名古屋大学文学部国史研究室編『中世鋳物師史料』法政大学出版局、一九八二年、第二部参考資料、第四五号文書、二三一頁。

(2) 奥野『上巻』第三〇号文書、六三、六四頁。「塔九輪」は豊田武の言う「塔・九輪」ではなく、奥野の「塔の九輪」である。

(3) 佐藤他編『Ⅲ』第五三八号文書、三五頁。

(4) 『愛知県史』第一九六号文書、九七頁。
(5) 奥野『上巻』六四頁。
(6) 豊田『商業史』九二頁。同『中世日本の商業』(『豊田武著作集』第二巻) 吉川弘文館、一九八二年、九六頁。
(7) 豊田『商業史』(前注6参照) 七〇、七一、七六、八五頁。
(8) 『中世鋳物師史料』(前注1参照) 三二二頁、参考資料第四二号文書、第四六号文書の網野善彦の注参照。
(9) 朝岡康二「高岡の鋳物師と梵鐘」『技術と民俗 (下)』(日本民俗文化大系14) 小学館、一九八六年、四四二、四四四頁。
(10) 北畠信雄が天正三年十二月に伊勢国一志郡蛸路村の鋳物師に宛てた「鋳物師御免除事」八カ条 (『中世鋳物師史料』参考資料第四九号文書、二三頁) の第八条には、「従他国鋳物師雖入商売、為触口可停止事」とある。この場合の他国の鋳物師がする「商売」とは〈梵鐘を鋳ること〉だろう。
(11) 『中世鋳物師史料』(前注1参照) 真継文書、第二一号文書、二三頁、第二八号文書、二六頁。
(12) 同上、真継文書、第一八二号文書、一二〇頁。
(13) 豊田『商業史』九四頁。
(14) 朝岡康二は前掲論文で「中世以来の鋳物師は、いっぽうで、梵鐘・鰐口などの紀年銘を入れるような青銅製品を作り、もういっぽうでは、鍋釜・犂先など、実用的な鉄器を作っていた」とした。
(15) 網野善彦『中世民衆の生業と技術』東京大学出版会、二〇〇一年。桜井英治『日本中世の経済構造』岩波書店、一九九六年。
(16) 桜井英治「野里村金屋法度の解読」『日本中世の経済構造』(第二章注44参照)、一九九頁以下。
(17) 笹本正治『戦国大名と職人』(中世史選書) 吉川弘文館、一九八八年。
(18) 市村高男「中世常陸における『職人』の存在形態」永原慶二・所理喜夫編『戦国期職人の系譜』角川書店、一九八九年。網野善彦『日本中世の非農業民と天皇』岩波書店、一九五二年、九六頁。
(19) 豊田武『中世日本の商業』(前注6参照)、一〇〇頁。豊田『商業史』九六頁。
(20) 佐藤他編『II』三〇頁。
(21) 『千種区史』区制施行五〇周年記念誌、一九八七年、四五八頁。水野克彦氏のご教示による。
(22) 奥野『上巻』六四頁「参考」参照。
(23) 池上裕子他編『クロニック戦国全史』講談社、一九九五年、では、太郎左衛門は鉄砲製造にも携わり、信長は鉄砲入手のため太郎左衛門を保護したとある。
(24) 平凡社『世界大百科事典』一巻一二〇〇頁、「鋳物師」の項。網野善彦『中世民衆の生業と技術』(前注15) 二六一頁。

(25) 平凡社『愛知県の地名』。
(26) 能「小鍛冶」『謡曲集』(日本古典文学大系) 岩波書店。
(27) 池上裕子他編 (前注23参照)。
(28) 高木昭作『日本近世国家史の研究』岩波書店、一九九〇年。
(29) 柏村祐司『技術と民俗 下』(日本民俗文化大系14) (前注9参照)、四三四頁。
(30) 横田冬彦「鋳物師――辻村鋳物師と真継家」『職人・親方・仲間』(シリーズ近世の身分的周縁3) 吉川弘文館、二〇〇〇年。
(31) ジュディス・オークリー著、木内信敬訳『旅するジプシーの人類学』晶文社、一九八六年。
(32) 『中世鋳物師史料』(前注1参照) 第二部参考資料、第四七号文書、二三二頁。
(33) 同上、第二部参考資料、第四七号文書、第四八号文書、第五五号文書、第五七号文書、第六四号文書、第六五号文書。各々、二三二頁、二三六頁、二三七頁、二四〇頁、二四一頁。
(34) 市村高男「中世の鋳物師の集団と集落」網野善彦編『職人と芸能』吉川弘文館、一九九四年、七一頁。
(35) 桜井英治「職人・商人の組織」『日本中世の経済構造』(前注15参照)。
(36) 『中世鋳物師史料』(前注1参照) 真継文書、第二三九号文書、一五四頁。
(37) 笹本正治「職人と職人集団」朝尾直弘編『身分と格式』(日本の近世7) 中央公論社、一九九二年。笹本氏は「山田七郎右衛門」としているが、これは「七郎左衛門」の誤りである。
(38) 網野善彦『日本中世の非農業民と天皇』(前注18参照) 第三部第一章。
(39) 『中世鋳物師史料』(前注1参照) 真継文書、第一八九号文書、一二四頁。
(40) 田中克行「全国「郷質」「所質」分布考」『中世の惣村と文書』山川出版社、一九九八年、所収。尾張は「郷質」「所質」の混在地域である。
(41) 小島広次「津島とお天道さま」森浩一編『伊勢と熊野の海』(海と列島文化8) 小学館、一九九二年。
(42) 狂言「千鳥」『狂言集 上』(日本古典文学大系) 岩波書店、一九六一年。
(43) 小島広次「勝幡系織田氏と津島衆――織田政権の性格をさぐるために」『名古屋大学日本史論集』下巻、吉川弘文館、一九七五年。
(44) 笹本正治「近世の鋳物師と鍛冶」永原慶二他編『採鉱と冶金』(講座日本技術の社会史 第五巻) 日本評論社、一九八三年、一三五頁。「全国に散った鋳物師たち」日本鋳造工学会・鋳物の科学技術史研究会編『鋳物の技術史』一九九七年、四一一―四一二頁、参照。
(45) 桜井英治「職人・商人の組織」『日本中世の経済構造』(前注35参照)。
(46) 佐藤他編『Ⅲ』第一〇六〇号文書、一九五頁。

(47) 有光友学「今川不入権と「諸役免許」」戦国史研究会編『戦国期東国社会論』吉川弘文館、一九九〇年。
(48) 奥野『上巻』三七頁。
(49) 網野善彦『日本中世の非農業民と天皇』(前注18参照)。
(50) 牧野信之助『越前若狭古文書選』三秀社、一九三三年、四二一―四三頁。
(51) 『静岡県史料』第三輯、二五六頁。ほぼ同文で同年月日の魚座宛て定書が佐藤他編『Ⅲ』第七八五号文書、一六九頁にある。
(52) 佐藤他編『Ⅱ』第四二三号文書、二五六―二五七頁。
(53) 宇佐見隆之「近世の萌芽――商人司」『日本中世の流通と商業』吉川弘文館、一九九九年。
(54) 笹本正治「職人と職人集団」朝尾直弘編『身分と格式』(前注37参照)。
(55) 水野太郎左衛門文書にある慶長三年の福島正則判物(『中世鋳物師史料』真継文書、第二六四号文書、一六六頁)には、代々の安堵状では「并家屋敷之儀、不可有相違之状如件」とあったところが「并家屋敷ニ付、門次之諸役令免許之状如件」と変更している。
(56) 奥野高廣も前掲書でこのように読み、「もんなみ」と振り仮名をした。
(57) 『中世鋳物師史料』第一部真継文書、二成巻文書、第一四号文書、一八六頁。
(58) 同上、第二部参考資料、第四九号文書、二三三頁。
(59) 同上、第一部真継文書、第一九七号文書、一二八頁。
(60) 笹本正治「近世の鋳物師と鍛冶」(前注44参照)、一三四頁。
(61) 佐藤他編『Ⅲ』第五七八号文書、六〇頁。
(62) 同上、第七四〇号文書、一四八頁。
(63) 同上、第七六七号文書、一六一頁。
(64) 同上、第八八五号文書、二一五頁。
(65) 松岡幹生「〈所質〉〈国質〉考異説」『歴史の理論と教育』八七号、一九九三年。
(66) この当時、信長が統一できなかった尾張の地域には従兄弟織田信清のいる犬山がある。ここは交通の要衝として鋳物師の存在も想定される。

第四章　瀬戸宛て制札

(1) 奥野『上巻』第四三号文書、七九―八〇頁。

(2) 佐藤他編『Ⅲ』第五七八号文書、六〇頁。
(3) 『愛知県史』第三一九号文書、一四三頁。
(4) 奥野『上巻』第四三五号文書、七三三頁。
(5) 同上、第一号文書、一四―一五頁。
(6) 奥野『補遺』補遺第七号文書、八―九頁。
(7) 永原慶二「戦国期の都市と物流」『戦国期の政治経済構造』岩波書店、一九九七年、三三〇頁。
(8) 『日本語大辞典』小学館。
(9) 網野善彦「中世の製塩と塩の流通」『塩業・漁業』(講座 技術の日本史2)日本評論社、一九八五年、四九頁。網野善彦・森浩一『馬・船・常民』河合出版、一九九二年、講談社学術文庫、一九九九年。
(10) 宮本常一「塩の道」『道の文化』講談社、一九七九年、二三九―二四〇頁。
(11) 小野晃嗣「興福寺と座衆との関係」『日本中世商業史の研究』法政大学出版局、一九八九年。
(12) 小野晃嗣「卸売市場としての淀魚市の発達」『日本中世商業史の研究』(前注参照)。
(13) 森浩一編『東海学の創造を目指して』五月書房、二〇〇一年。
(14) 網野善彦・森浩一『馬・船・常民』(前注9参照)。
(15) 豊田『商業史』第二章「隔地取引の発達」、第一節「卸売市場の成立」、二「海産物集散市場の成立」。
(16) フロイス『日本史』4、松田毅一・川崎桃太訳、中央公論社、一九七八年、二一三頁。
(17) 宮本常一『塩の道』講談社学術文庫、一九八五年。
(18) 森浩一編『東海学の創造を目指して』(前注13参照)。
(19) 武田祐吉編『風土記』岩波文庫、一九三七年、二八二頁。
(20) 「尾張津島社家堀田右馬太夫家蔵文書」、奥野『上巻』第六一号文書、一一三―一一四頁。
(21) 小島広次「勝幡系織田氏と津島衆」『名古屋大学日本史論集 下巻』吉川弘文館、一九七五年、三三二頁。
(22) 谷川健一『日本の地名』岩波新書、一〇八―一二二頁。
(23) 宮本常一「塩の道」『道の文化』(前注10参照)二三一―二三五頁。
(24) 赤塚次郎「海部郡と三河湾の考古学」『伊勢と熊野の海』(海と列島文化8)小学館、一九九二年。
(25) 網野善彦「河海の世界 美濃・尾張」『海民と日本社会』新人物往来社、一九九八年。
(26) 「名古屋市全図」松岡文明堂、一九三三年。

(27)『日本歴史地名大系23』平凡社、一九八一年。
(28) 網野善彦・森浩一『馬・船・常民』(前注9参照)。
(29) 前注5参照。
(30) 前注6参照。
(31) 永原慶二「戦国期の都市と物流」(前注7参照) 三三四頁。
(32) 奥野『上巻』第一九三号文書、三一六―三一七頁。
(33) 佐々木銀弥「戦国時代における塩の流通」『日本中世の流通と対外貿易』吉川弘文館、一九九四年。
(34) 谷口克広『信長の親衛隊』中公新書、一九九八年、九〇―九一頁。
(35) 佐藤他編『Ⅲ』第八八五号文書、二一五―二一六頁。
(36)「八幡町共有文書」佐藤他編『Ⅲ』補注370、三九〇―三九一頁。
(37) 小島道裕「織豊期の都市法と都市遺構」小島『B』一三八―一三九頁。
(38) 佐藤他編『Ⅲ』第一〇八〇号文書、三〇三―三〇四頁。
(39) 小島道裕「織豊期の都市法と都市遺構」(前注37参照)、一四五―一四六頁。
(40)『新編会津風土記　巻十六』(大日本地誌大系) 雄山閣出版、一九三二年、二二三頁。
(41) 近江永田文書、中部よし子「近世都市の諸問題」地方史研究協議会編『日本の都市と町』雄山閣出版、一九八二年。
(42)『静岡県史料』第二輯、七八六頁。
(43) 佐藤他編『Ⅲ』第六五四号文書、一〇四頁。
(44) 太田牛一著、桑田忠親校注『信長公記』新人物往来社、一九六五年、巻二、九八頁。
(45)「織田信長越前国掟書写」第五条、佐藤他編『Ⅲ』第八二六号文書、一九二頁。
(46)「織田信長甲斐・信濃両国掟書写」第一条、佐藤他編『Ⅲ』第一〇三七号文書、二八五頁。
(47)『信長公記』(前注44参照) 巻四、一二二頁、「御分国中諸関諸役御免許、天下安泰、往還旅人御憐愍、御慈悲甚深く、御冥加も御果報も世に超え、弥増御長久の基なり」。
(48)『信長公記』(前注44参照) 巻八、一六四頁、「先年より、御分国中数多これある諸関・諸役の儀等御免なされし所以、路次の滞り、聊か以て、これなし」。「織田信長尾張国中橋等定書」佐藤他編『Ⅲ』第八一六号文書、一八三頁。

(1) 平凡社『世界大百科事典』の喜多村俊夫の説明による。
(2) 奥野『補遺』補遺第一一五号文書、一一七―一一八頁。
(3) 佐藤他編『Ⅲ』第五九三号文書、六七頁。
(4) 『愛知県史』第三九五号文書、一九七頁。
(5) 佐藤他編『Ⅲ』補注270、三四四頁。
(6) 『愛知県史』図版九、史料番号三九四、一九六頁。
(7) 奥野『補遺』八―九頁。
(8) 佐藤進一『花押を読む』(平凡社選書124)一九八八年、一九五頁。
(9) ここには『武功雑記』とあるが、『武功夜話』と同じものである。
(10) 高木昭作監修・谷口克広著『織田信長家臣人名辞典』吉川弘文館、一九九五年。
(11) 佐藤他編『Ⅲ』補注270、三四四頁。『愛知県史』では、史料番号八九七、四五七頁。なお巻頭図版20に写真版がある。
(12) 藤本正行・鈴木眞哉『偽書「武功夜話」の研究』洋泉社新書、一九九五年。
(13) 谷口克広『織田信長合戦全録』中公新書、二〇〇二年。なお、第二節第三項「信長と二宮」で谷口の議論を紹介。
(14) 奥野『上巻』第四八号文書、八六頁。羽賀徳彦他校訂『歴代古案1』(続群書類従完成会刊、史料纂集古文書編25、一九九三年)も、永禄七年とある。
(15) 『愛知県史』第四三三号文書、二一三頁。ここには「瑞泉伽藍者夷中四派本刹也、犬山落城故一炬成焦土、天乎命乎、宗門破滅仏法下衰寔時至乎、誰不敢嘆息乎」とある。
(16) 津田豊彦「大県神社」谷川健一『日本の神々10　東海』白水社、一九八七年。
(17) 『日本書紀』安閑天皇二年五月九日の条には、この日「尾張国間敷屯倉、入鹿屯倉」を設置したとある。
(18) 小瀬甫庵著、檜谷昭彦・江本裕校訂『太閤記』(新日本古典文学大系60)岩波書店、一九九六年、一四頁。
(19) 小嶋鉦作「尾張国大県神社考」『神社の社会経済史的研究』(『小嶋鉦作著作集』第三巻)吉川弘文館、一九八七年。
(20) 『愛知県史』第一六六〇号文書(九条家文書)、八五六頁。泉州日根庄等に並び「尾州大県社一円　二宮庄」とある。
(21) 藤木久志『村と領主の戦国社会』東京大学出版会、一九九七年。
(22) 小瀬甫庵撰、神郡周校注『信長記　上』現代思潮社、一九八一年、五六頁には「永禄元年七月十二日に二千余騎を率して浮野に打出で給ふ。斯かる所に犬山より織田十郎左衛門尉信清、千騎計にて馳せ加つて、三千騎に成りにけり。岩倉の城より三千余騎打出で、先づ矢軍《やいくさ》ありて……」とある。
(24) 『角川日本地名大辞典23　愛知県』「入鹿」の項。
(25) 小瀬甫庵撰『信長記　上』(前注22参照)、「美濃国賀留美合戦の事」六八頁。
(26) 『愛知県史』第九〇号文書、第九一号文書、第九二号文書、五六―五七頁。
(27) 前注18参照。
(28) 『愛知県史』第四二号文書、一七頁。
(29) 奥野『上巻』五六―五七頁、参考文書。
(30) 太田牛一著、桑田忠親校注『信長公記』新人物往来社、一九六五年、七五頁。
(31) 小瀬甫庵撰『信長記　下』(前注22参照)付録所収、一六六頁。
(32) 『愛知県史』第四四五号文書、二一七頁。
(33) 佐藤進一『花押を読む』(前注8参照)、一九四頁。
(34) 『愛知県史』第五一二号文書、二五九頁。綱文には「八月十日織田信長、青山新七に徳政に関する定書を与える」とある。
(35) 佐藤他編『Ⅱ』第三七一号文書、二三四頁。
(36) 奥野『補遺』補遺第七号文書、八―九頁。
(37) 桑田忠親校注『信長公記』(前注29参照)、七五―七六頁。
(38) 津田豊彦「尾張部神社」谷川健一『日本の神々10　東海』(前注16参照)。
(39) 奥野『上巻』第四四号文書、八〇―八一頁。『愛知県史』第三二〇号文書、一四三頁。綱文には「織田信長、尾張国圓福寺の覚阿弥に買得地を安堵する」とある。
(40) 奥野『上巻』第六六号文書、一二〇―一二一頁。『愛知県史』第五二七号文書、二六六頁。綱文には「織田信長、服部小藤太・尾張国宝桑村に、同村新儀諸役の免除などを伝える」とある。
(41) 奥野『下巻』第八五七号文書、四八一頁。
(42) 奥野『補遺』補遺第九九号文書、一〇三頁。
(43) 奥野『上巻』第八一号文書、一四四頁。
(44) 佐藤他編『Ⅲ』第八九三号文書、二二二頁。
奥野『上巻』第三四一号文書、五七六―五七八頁。

(45) 天文七年の浅井亮政徳政令九カ条（佐藤他編『II』第三三九号文書、二二一頁）や天文二十二年の浅井久政徳政令十三カ条（佐藤他編『II』第四二九号文書、二五九—二六〇頁）には「借銭・借米」以外にも「年期売り・本物返し」「諸講・頼子」「売懸・買懸」「絹布・金物」「利平の加わった預り状」「借書を売券に相調る借物」等の条項がある。青山新七宛て信長徳政令にも「借銭・借米」以外に「年期売り・本物返し」等がある。F第一条も「年期」「質物」や「買徳田畑」の取り戻し等を「違乱」に数えている。以上から、定書Aの「借銭・借米」条項は〈徳政令の一部だが、一般的な徳政令ではない〉ということになる。

(46) 前川裕一郎「壁書・高札と室町幕府徳政令」『史学雑誌』一〇四の一、一九九五年一月。

(47) 加藤彰彦「永禄期の織田信長の徳政について」『史学論集』第三三号、二〇〇三年が信長の徳政令を集めている。

(48) 奥野『上巻』第一〇号文書、三一—三二頁。

(49) 同上、第一三号文書、三四—三五頁。

(50) 『愛知県史』第五一二号文書、二五九頁。

(51) 下村信博『戦国・織豊期の徳政』（戦国史叢書）吉川弘文館、五七頁、名古屋市森守氏所蔵屏風文書、文書の前半部が切断されていると思われる。

(52) 前川裕一郎「壁書・高札と室町幕府徳政令」（前注46参照）。

(53) 浅井氏徳政令（前注45参照）や織田氏徳政令などは「壁書」方式と思われる。特に亮政徳政令・久政徳政令のそれぞれの第九条は共通していて、「借状ニ雖書載何様之文言、可行徳政、万一不出借書之輩、雖有之、当徳政已後者、可為反古事」とあり、借書点検時に提出しなかった借書は反古となった。ここから徳政令発布の際、浅井氏の奉行が領国内の借状のすべてを点検したことが知られる。これは徳政令の効力の永続性を謳い、「高札」の場合の原則とは大いに異なる。「亮政徳政令」第六条には、「雖為敵方之輩、至于降参、可為如惣並、又従敵方令借物族、兼後々於返弁者、音信同前之条、堅可有罪科事」とある。阿部浩一（「戦国期徳政の事例検討」『戦国期の徳政と地域社会』吉川弘文館、二〇〇一年、五五頁）はこれを「《自国民》とでもいうべき領国の構成員の掌握をはか」ったもので、「敗戦という危機に瀕した大名が徳政令により領国民の支持を取り付けることで、敗戦の痛手からの立ち直りを計った」とし、「自国と他国の交流を制限することで両者を明確に区別しようとする意図が込められている」とした。第九条にある浅井氏の奉行が領国内の人々全員にすべての借状の提出を求め、点検する仕組みが前提と考えられよう。

(54) 奥野『上巻』第七三号文書、一三四—一三六頁。

(55) 同上、第三四一号文書、五七六—五七八頁。これらは皆、「借銭・借米」の徳政文言を含むことから、時限立法と考えられる。加納・金森楽市令が時限立法だったことはこれまであまり注目されなかった。

(56) 脇田晴子『戦国大名』（大系日本の歴史7）、小学館、一九八八年、二二二頁。

(57) 池上裕子『戦国の群像』(集英社日本の歴史10)、一九九二年。
(58) 阿部浩一「戦国大名の徳政と地域社会――遠州井伊谷徳政をめぐって」『戦国期の徳政と地域社会』(前注53参照)一一五頁。
(59) 小島道裕「金森寺内町と楽市令」(小島『B』)によれば、信長による都市金森の再建には隣の都市守山の自治組織が関与したと言う。岐阜の楽市場の背後にも自治組織が存在しただろう。
(60) 新行紀一「一向一揆と徳政令」北西弘先生還暦記念会編『中世社会と一向一揆』吉川弘文館、一九八五年。
(61) 宝月圭吾「信濃における近世初頭の徳政文言について」『中世日本の売券と徳政』吉川弘文館、一九九九年。
(62) 藤木久志『村と領主の戦国社会』東京大学出版会、一九九七年。
(63) 池上裕子他編『クロニック戦国全史』講談社、一九九五年、四六〇頁には制札原本の写真がある。
(64) 天正十四年二月付け本郷新市場宛悳定制札の第四条(『武州古文書　上』角川書店、五五二―五五三頁)には「当市へ来者、借銭借米不可致、催促殊質取致間敷事」とある。元亀二年六月の本郷町人宛虎印判状第一条(『武州古文書　上』五五四頁)にも「如何様之借銭借米致之候共、市之日来候商人ニ其催促不可申懸」とある。
(65) 小島道裕「織豊期の都市法と都市遺構」(小島『B』)一二〇―一二一頁。
(66) 佐藤他編『Ⅲ』第五〇五号文書、一八頁。
(67) 中部よし子「近世都市の諸問題」地方史研究協議会編『日本の都市と町――その歴史と現状』雄山閣出版、一九九二年、一一一頁。
(68) 脇田晴子『日本中世都市論』東京大学出版会、一九八一年、三八二頁。
(69) 阿部浩一「戦国大名領下の「蔵」の機能と展開」『戦国期の徳政と地域社会』(前注58参照)一六二頁。
(70) 峰岸純夫「戦国時代の制札とその機能」「制札と東国戦国社会」『中世災害・戦乱の社会史』吉川弘文館、二〇〇一年。

第六章　富士大宮楽市令

(1) 『静岡県史料』第二輯(駿州古文書)、角川書店、一九六六年、二一一―二一二頁、「旧大宮司富士家文書」二六号。
(2) 豊田『商業史』四一二頁。
(3) 佐々木銀弥『日本中世の都市と法』吉川弘文館、一九九四年、二三九―二四〇頁。
(4) 久保田昌希「戦国大名今川氏の町支配をめぐって――駿河国富士大宮と遠州見附府の場合」地方史研究会編『日本の都市と町――その歴史と現状』雄山閣出版、一九八二年、所収、七七―七八頁。
(5) 佐藤他編『Ⅲ』第六一六号文書、八一頁。

（6）例えば今川氏真大石寺諸役免許状（佐藤他編『Ⅲ』二二頁）の第二条には、「一於諸給主山、薪、秣并葺萱等如前〻、篠頼敷津料、停止諸役、可莿取事」とあり、書止にも「為無縁所之間、所令停止諸役也」とある。
（7）野本寛一「富士山本宮浅間神社」谷川健一編『日本の神々10　東海』白水社。
（8）富士宮市郷土資料館調査報告書第三号『市制施行五十周年記念　なつかしの町名をたずねて――富士宮の町名の今昔』平成四年。および富士宮市郷土資料館による「『袖日記』展」（平成十三年二月十日～平成十三年五月十三日）の資料の「『袖日記』による江戸時代末期の大宮町町方の様子」による。
（9）『静岡県史料』第二輯、第一一号文書、二六二―二六三頁、「旧公文富士家文書」。
（10）神代雄一郎編『日本のコミュニティ』鹿島出版会、一九七七年。
（11）堀内真「富士に集う心――表口と北口の富士信仰」網野善彦・石井進編『中世の景観を読む3　境界と鄙に生きる人々』新人物往来社、一九九四年。
（12）『静岡県史料』第一輯、六六六頁、「荻原芹澤文書」四号。
（13）勝俣鎮夫「売買質入れと所有観念」『日本の社会史』第四巻、岩波書店、一九八六年。
（14）菅野覚明『神道の逆襲』講談社現代新書、二〇〇一年、菅野氏は景色の裏側、風景の反転の例として詩人萩原朔太郎の「猫町」を挙げているが、これを読んで私は、神の示現する世界とは市場に他ならないと感じた。
（15）この点については、勝俣氏の前掲注13論文参照。
（16）ヤコブ・ラズ著、高井宏子訳『ヤクザの文化人類学』岩波書店、一九九六年、第七章「テキヤの日常――祭りと逆転」。
（17）桜井英治「中世商人の近世化と都市」『日本中世の経済構造』岩波書店、一九九六年。
（18）網野善彦『無縁・公界・楽』平凡社選書、一九七八年。
（19）後注31参照。
（20）堀内真「連雀商人と市と町」中世都市研究会編『中世都市研究八　都市と職能民』新人物往来社、二〇〇一年。
（21）小和田哲男「戦国期東海道周辺の宿と伝馬役」『小和田哲男著作集　第三巻　武将たちと駿河・遠州』清文堂、二〇〇一年。
（22）藤木久志「戦国の村と城」『戦国史をみる目』校倉書房、一九九五年。
（23）岡田米夫『日本史小辞典　神社』近藤出版社、一九七七年、一四七頁。
（24）同上。
（25）前注11参照。
（26）有光友学「戦国期領主権力の様態と位置――今川領内の葛山氏の場合」有光友学編『戦国期権力と地域社会』吉川弘文館、

一九八六年。
(27)『静岡県史料』第二輯、二〇五頁、「旧大宮司富士家文書」一八号。
(28)同上、二〇九頁、「旧大宮司富士家文書」二三号。
(29)『なつかしの町名をたずねて』三一頁(前注8参照)。
(30)「『袖日記』による江戸時代末期の大宮町町方の様子」(前注8参照)。
(31)『静岡県史料』第二輯、二一〇頁、「旧大宮司富士家文書」第二五号。
(32)同上、二二四頁、「旧大宮司富士家文書」第四一号。
(33)久保田昌希「戦国大名今川氏の町支配をめぐって──駿河国富士大宮と遠州見附府の場合」(前注4参照)。
(34)「官幣大社富士山本宮浅間神社境内全図」東京精行社、明治二十三年。
(35)峰岸純夫「網野善彦『無縁・公界・楽』によせて(一)」『人民の歴史学』六〇、一九七九年。
(36)池上裕子「戦国期都市・流通論の再検討」『戦国時代社会構造の研究』校倉書房、一九九九年。
(37)豊田『商業史』四一二頁。
(38)『小和田哲男著作集　第三巻　武将たちと駿河・遠州』(前注21参照)。
(39)有光友学編『戦国期権力と地域社会』吉川弘文館、一九八六年。
(40)佐々木銀弥『日本中世の都市と法』吉川弘文館、一九九四年。
(41)佐藤他編『Ⅲ』一三九頁。
(42)『静岡県史料』第三輯、七八五頁。
(43)同上、第一輯、七七六頁。
(44)同上、第三輯、二五〇頁。
(45)同上、第二輯、四三頁。
(46)「宿駅の問屋」豊田武前掲書、二五四頁。
(47)宇佐見隆之『日本中世の流通と商業』吉川弘文館、一九九九年。
(48)友野氏と友野座は時間と共に権限を拡大している。
(49)佐藤他編『Ⅲ』六〇頁。
(50)有光友学「今川不入権と「諸役免許」」戦国史研究会編『戦国期東国社会論』吉川弘文館、一九九〇年。
(51)奥野『上』第一五号文書、三七頁。

(52)『小和田哲男著作集　第三巻　武将たちと駿河・遠州』(前注21参照)。
(53)『小和田哲男著作集　第一巻　今川氏の研究』清文堂、二〇〇〇年。
(54)マックス・ウェーバー著、黒正巌・青山秀夫訳『一般社会経済史要論　下巻』岩波書店、一九五五年。
(55)『静岡県史料』第三輯、二五六頁、「友野文書」七号。
(56)菅野覚明『神道の逆襲』(前注14参照)。
(57)稿を改めて論じたい。

第七章　上加納楽市令

(1)奥野『上巻』第七四号文書、一三四―一三五頁。
(2)同上、第一〇〇号文書、一八四頁。
(3)円徳寺文書、『岐阜県史』史料編古代中世1、岐阜県、一九六九年。
(4)天正十年の本能寺の変後開かれた清須会議で織田家の継嗣と決められたが、同十一年に元服し、秀吉から諱の一字を与えられ、秀信と名乗った。『朝日日本歴史人物事典』朝日新聞社、一九九四年。
(5)『週刊名城をゆく1　岐阜城』小学館、二〇〇四年。
(6)松田亮「信長の美濃侵略についての一考察」『城』四〇、一九六八年。
(7)「織田塚」は、神田町通りを挟んで反対側の「徹明町」寄りのビジネスホテル「ダイヤモンド」の脇にもある。円徳寺のそれは、江戸後期の安永五年(一七七六)に、本来別なところにあったものを円徳寺境内に移した結果という。
(8)勝俣鎮夫「楽市場と楽市令」『論集　中世の窓』吉川弘文館、一九九七年。勝俣はここで明言してはいないが、「楽市場」を〈原初的な市場の純粋性を典型的な形で保持していた〉ものとしているので、こう判断した。
(9)小島道裕「楽市令と制札」小島『B』、所収。
(10)小島道裕「楽市令の復元」『歴博』六〇号、一九九三年八月。
(11)池上裕子他編『クロニック戦国全史』講談社、一九九五年。
(12)小野晃嗣『近世城下町の研究』増補版、法政大学出版局、一九九三年。
(13)勝俣鎮夫「楽市場と楽市令」(前注8参照)。
(14)網野善彦『無縁・公界・楽』平凡社選書、一九七八年。

(15) 小島道裕「戦国城下町の構造」小島『B』。
(16) 有光友学「今川不入権と『諸役免許』」戦国史研究会編『戦国期東国社会論』吉川弘文館、一九九〇年。
(17) 奥野『上巻』第一四三号文書、二四三頁。
(18) 同上、第一五二号文書、二五六頁。
(19) 同上、第一五三号文書、二五八頁。
(20) 同上、第三〇一号文書、四九一頁。
(21) 佐藤他編『Ⅱ』第三九一号文書、二四二頁。
(22) 小島道裕「楽市令と制札」小島『B』。
(23) ルイス・フロイス『日本史4』、松田毅一・川崎桃太訳、中央公論社、一九七八年、二一三頁。
(24) 小島道裕「戦国城下町の構造」小島『B』。
(25) 奥野『上巻』第二九号文書、六一－六二頁。
(26) 伊東弥之助「連雀町・連雀座・連雀商人」『三田学会雑誌』三九－八、一九〇九年。
(27) 豊田武は、「伊藤宗十郎の支配は濃尾の商人一円に及び、国内の商人は誰の売子であろうと、伊藤の支配する夷子講への加入義務があり、また、宗十郎の発行する手形を所持せねばならず、清須で商売をする他国商人をも支配した」とした。豊田『商業史』四四六頁。
(28) 本書第三章「水野太郎左衛門」参照。
(29) 「板木明朝等連署書状案」仲村研編『今堀日吉神社文書集成』雄山閣出版、一九八一年、第一八七号文書、一三一頁。
(30) 佐藤他編『Ⅲ』補注第三四二号文書、三八〇－三八一頁。
(31) 小島道裕「金森寺内町と楽市令」小島『B』。
(32) 本書第六章参照。
(33) 峰岸純夫「大名領国と本願寺教団――とくに畿内を中心に」『封建社会』(日本の社会文化史2)講談社、一九七四年。同『本願寺・一向一揆』(戦国大名論集13)吉川弘文館、一九八四年。
(34) 平凡社『世界大百科事典』一九八四年、「木曽川」の項。
(35) 同上、「加納市」の項。
(36) 日比野光敏「南濃　輪中の食」(『聞き書　岐阜の食事』農文協、一九八九年、二七六頁)では、多度神社の祭り見物にも参加したとある。

(37) 天正三年正月二十四日付け祖父江五郎右衛門尉宛て信長朱印状。奥野『下巻』第四九五号文書、六頁。
(38) 桑田忠親校注『信長公記』新人物往来社、一九六五年、二九頁。
(39) 重松明久「冨田聖徳寺の所在地について」『日本歴史』一四〇号、一九四六年。
(40) 『信長公記』(前注38参照)二九－三〇頁。
(41) 聖徳寺文書、『岐阜県史』史料編古代中世1。
(42) 『信長公記』(前注38参照)五〇頁。
(43) 同上、五八頁。
(44) 峰岸純夫「軍事的境界領域の村――「半手」を中心に」『中世　災害・戦乱の社会史』吉川弘文館、二〇〇一年。
(45) 『週刊名城をゆく1　岐阜城』(前注5参照)。
(46) 『信長公記』(前注38参照)七七頁。
(47) 奥野『上巻』第四八号文書、八六頁。
(48) 『信長公記』(前注38参照)八〇頁。
(49) 同上。
(50) 鎌倉の各地の峠にある「やぐら」は墓所であり、また市場でもあった。
(51) 『信長公記』(前注38参照)三七頁には「柴田権六中市場合戦の事」がある。
(52) 同上、八〇頁。
(53) 小川信『中世都市「府中」の展開』思文閣出版、二〇〇一年、一三頁。
(54) 谷口克広『信長の親衛隊』中公新書、一九九八年。
(55) 奥野『上巻』三六七頁、参考資料。
(56) 松下浩「織田信長の右筆に関する一考察」『滋賀県安土城郭調査研究所紀要』第八号、二〇〇二年。武井夕庵筆跡の文書は永禄六年、永禄八年に見られるので、夕庵は稲葉山城落城以前から信長に仕えたことが確認できるという。
(57) 奥野『補遺』補遺第八号文書、九－一一頁。
(58) 神田千里『一向一揆と戦国社会』吉川弘文館、一九九八年。
(59) 『信長公記』(前注38参照)「叡山御退治の事」一二〇頁、および「志賀御陣の事」一一三頁。
(60) 峰岸純夫「戦国時代の制札とその機能」『中世　災害・戦乱の社会史』(前注44参照)。
(61) 奥野『上巻』第六号文書、二四頁。本書第二章「知多郡・篠島商人宛て自由通行令」参照。

(62) 奥野『上巻』第三一号文書、六五頁。
(63) 『愛知県史』第三一九号文書、一四三頁。本書第四章「瀬戸宛て制札」参照。
(64) 本書第三章「水野太郎左衛門」参照。
(65) 本書第六章「尾張二宮宛て定書」参照。
(66) 佐藤他編『Ⅲ』第六五一号文書、一〇一頁。「北加納／右、当郷百姓等可二罷帰一候、然上者、伐二採竹木一、猥作毛苅取、於レ令二狼藉一者、可レ加二成敗一者也、仍下知如レ件」(円徳寺文書)。
(67) 奥野『上巻』第六九号文書、一二九頁。「北加納事、伐採竹木、乱妨・狼藉一切令停止候、諸事如先規可被申付事専候〔要脱カ〕、恐々謹言」(棚橋家文書)。
(68) 宮島敬一「戦国期における地方寺社の機能と役割」『佐賀大学教養部研究紀要』二二号、一九九〇年。
(69) 伊藤正敏『中世の境内都市』吉川弘文館、一九九九年。同『日本の中世寺院——忘れられた自由都市』吉川弘文館、二〇〇〇年。
(70) 永原慶二「戦国期の都市と物流」『戦国期の政治経済構造』岩波書店、一九九七年、三三七頁。
(71) 奥野『上巻』第二七号文書、五七―五八頁。
(72) 本書第二章参照。
(73) 本書第三章参照。
(74) 本書第四章参照。
(75) 本書第五章参照。
(76) 本書第八章参照。
(77) 本書第九章参照。
(78) 本書第十章参照。
(79) 平凡社『世界大百科事典』一九八四年、「楽市令」の項。

第八章　苻中府宮宛て定書

(1) 奥野『上巻』第三〇一号文書、四九一頁。
(2) 佐藤他編『Ⅲ』第七四〇号文書、一四八―一四九頁。
(3) 『愛知県史』第七八三号文書、四〇〇―四〇一頁。

(4) 奥野『上巻』四九二頁。
(5) 豊田『商業史』一五五頁。
(6) 永原慶二「大名領国制下の貫高制」『戦国期の政治経済構造』(前注70参照)、一一〇頁。
(7) 奥野『上巻』第一五号文書、三七頁。
(8) 小島広次「勝幡系織田氏と津島衆」名古屋大学文学部国史研究室編『名古屋大学日本史論集　下巻』吉川弘文館、一九七五年、四九―五七頁。
(9) 同上、四三―四四頁。
(10) 同上、三四頁注5には「米之座、堤下、筏場、今市場、下構の五ヶ町を津島五ヵ村と呼んだ」とある。
(11) 永原慶二「戦国期の都市と物流」『戦国期の政治経済構造』(前注70参照)、三二七頁。
(12) 奥野『上巻』第三四一号文書、五七六―五七七頁。本書第九章「金森楽市令」参照。
(13) 佐藤他編『Ⅲ』第七六七号文書、一六一頁。
(14) 本書第十章「安土楽市令」参照。
(15) 後北条氏楽市令は次のとおり。「掟／一市之日一ヶ月／一日　六日　十一日／十六日　廿一日　廿六日／一押買狼藉、堅令停止事／一国質郷質不可取之事／一喧嘩口論令停止事／一諸役一切不可有之事／已上／右、為楽市、定置所如件、／天正六年／九月廿九日／山角上野介／奉之／世田谷／新宿」(佐藤他編『Ⅲ』第九二二号文書、一三六頁)。
(16) 徳川氏楽市令は次のとおり。「(朱印) 小山新市之事／一為楽市申付之条、一切不可有諸役事／一公方人令押買者、其仁相改可注進事／一於彼市、国質、郷質之儀不可有之事／右条々、如件、／永禄拾三秊／十二月日」(佐藤他編『Ⅲ』第七二二号文書、一三九頁)。
(17) 佐々木銀弥「楽市楽座令と座の保障安堵」『日本中世の都市と法』吉川弘文館、一九九四年、二八六―二八七頁、第五表。
(18) 本書第七章参照。
(19) 池上裕子他編『クロニック戦国全史』小学館、一九九五年、四六〇頁。
(20) 本書「序」および第三章第四節「免許」の項参照。
(21) 奥野『上巻』第四二号文書、七九頁。本書第四章参照。
(22) 同上、第一号文書、一四―一五頁。本書第一章参照。
(23) 同上、第六号文書、二四―二五頁。本書第二章参照。
(24) 同上、第一五号文書、三七頁。
(25) 同上、第二七号文書、五七頁。

(26) 同上、第三一号文書、六五頁。
(27) 同上、第七四号文書、一三四－一三五頁。本書第七章「上加納楽市令」参照。
(28) 同上、第三四一号文書、五七六－五七七頁。本書第九章「金森楽市令」参照。
(29) 奥野『下巻』第七二二号文書、三〇〇－三〇一頁。本書第十章「安土楽市令」参照。
(30) 『戴恩記・折たく柴の記・蘭東事始』(日本古典文学大系95) 岩波書店、一九六四年、八九頁。
(31) 三浦圭一「戦国期の交易と交通」『岩波講座　日本歴史8　中世4』一九七六年。
(32) 鍛代敏雄「本願寺教団と商業」『中世後期の寺社と経済』思文閣出版、一九九九年、一三一頁。
(33) 小瀬甫庵撰『信長記　上』現代思潮社、一九八一年、一一〇頁。
(34) 太田牛一著、桑田忠親校注『信長公記』新人物往来社、一九六五年、八九、九八頁。
(35) 豊田『商業史』三四五頁。
(36) 奥野『上巻』第二六八号文書、四四四－四四五頁。
(37) 「岐阜歴史資料館所蔵文書」岐阜城天守閣に展示。
(38) 佐藤他編『Ⅲ』第七五九号文書、一五六頁。奥野『上巻』第三二九号文書、五四八頁。
(39) 佐藤他編『Ⅲ』第七六〇号文書、一五六頁。奥野『上巻』第三三〇号文書、五四九頁。
(40) 奥野『上巻』第三〇九号文書の参考、五〇七－五一三頁。
(41) 『聞き書　愛知の食事』農文協、一九八九年、一三〇頁。
(42) 谷川健一『日本の神々10　東海』白水社、二〇〇〇年、五〇頁。
(43) 太田牛一著、桑田忠親校注『信長公記』(前注34参照) 巻首、二九頁。
(44) 『愛知県の地名』平凡社、一九八一年、「稲沢市」の項、四〇七頁。
(45) 尾張一宮の「真清田神社」の参道は、アーケードのある本町通りの立派な商店街になっている。
(46) 佐々木銀弥「鎌倉・南北朝時代の国衙と商業」『中世商品流通史の研究』法政大学出版局、一九七二年。
(47) 小林健太郎「十六世紀後期の中心村落網」『史林』四八の一、一九六五年。「大名領国形成期における中心村落の形成」と改題し、小林健太郎『戦国城下町の研究』大明堂、一九八五年に再録。
(48) 笹本正治「市・宿・町」『岩波講座　日本通史』第九巻、一九九四年。
(49) 石井進『日本中世国家史の研究』岩波書店、一九七〇年。
(50) 網野善彦『日本中世の非農業民と天皇』岩波書店、一九八四年。

(51) 中世諸国一宮制研究会編『中世諸国一宮制の基礎的研究』岩田書院、二〇〇〇年。
(52) 小川信『中世都市「府中」の展開』思文閣出版、二〇〇一年。
(53) 榎原雅治「荘園公領惣社と一国祭祀」『日本中世地域社会の構造』校倉書房、二〇〇〇年。
(54) 平凡社『世界大百科事典』一九八四年、「国市」の項。
(55) 『日本大地図帳』平凡社、一九八五年。
(56) 小川信『中世都市「府中」の展開』(前注52参照)、一〇一一二頁。
(57) 鈴木敦子「中世後期における市立て・座支配権とその解体——高良大社と筑後の地域権力」『日本中世社会の流通構造』校倉書房、二〇〇〇年。
(58) 榎原雅治「荘園公領と一国祭祀」(前注53参照)、二九五頁。
(59) 林英夫「尾張の市場と一の宮の三八市」『江戸時代 人づくり風土記23 愛知』農文協、一九九五年、所収。
(60) 奥野『上巻』第三三号文書、六七頁。
(61) 『愛知県の地名』稲沢市「阿弥陀寺」の項、四一五頁。
(62) 小林健太郎『戦国城下町の研究』(前注47参照)、二九〇頁。なお、若山善三郎編『尾張国遺存豊臣秀吉史料写真集』名古屋温古会、一九三五年、第四三号も参照。
(63) 豊田『商業史』四一二頁の「富士大宮の楽市」、四一三頁の「相模荻野の楽市」の説明から。
(64) 奥野『補遺』補遺五二号文書、五五頁。『愛知県史』第三七二号文書、一八九頁。
(65) 中村格「乱世猿楽者の生きざま」『室町能楽論集』わんや書店、一九九六年、三四四頁。
(66) 『愛知県史』第四四七号文書、二一七―二一八頁。
(67) 同上、第四三二号文書、二一三頁。
(68) 同上、第四四五号文書、二一七頁。これは「麒麟」花押の初出。巻頭図版10に写真がある。
(69) 同上、第三九五号文書、一九七頁。佐藤他編『Ⅲ』第五九三号文書、六七頁。本書第五章参照。
(70) 佐藤他編『Ⅲ』第六一六号文書、八一頁。本書第六章参照。
(71) 同上、第七二二号文書、一三九頁。
(72) 同上、第九二一号文書、二三六頁。
(73) 本書第三章「水野太郎左衛門」参照。

（1）奥野『上巻』第三四一号文書、五七六頁。
（2）小野晃嗣『近世城下町の研究』増補版、法政大学出版局、一九九三年。
（3）豊田『商業史』、同『中世日本の商業』（著作集第二巻）吉川弘文館、一九八二年、四一五－四一六頁。
（4）藤木久志『織田・豊臣政権』（日本の歴史15）小学館、一九七五年。同「統一政権の成立」『岩波講座日本歴史』近世一、一九七五年。後に『寺内町の研究　第一巻　戦国社会と寺内町』法蔵館、一九九八年。
（5）井上鋭夫『一向一揆の研究』吉川弘文館、一九三八年、三一三頁。
（6）神田千里「石山合戦における近江一向一揆の性格」『歴史学研究』四四八、一九七七年。後に藤木久志編『織田政権の研究』（戦国大名研究17）吉川弘文館、一九八五年、所収。
（7）脇田晴子『日本中世商業発達史の研究』御茶の水書房、一九六九年。
（8）佐々木銀弥「楽市楽座と座の保障安堵」永原慶二編『戦国期の権力と社会』東京大学出版会、一九七六年。後に同『日本中世の都市と法』吉川弘文館、一九九四年に再録。
（9）勝俣鎮夫「楽市場と楽市令」『論集　中世の窓』吉川弘文館、一九七七年。後に同『戦国法成立史論』東京大学出版会、一九七九年、『織田政権の研究』（戦国大名研究17）吉川弘文館、一九八五年に再録。
（10）小島道裕「金森寺内町と楽市令」小島『B』。同「城下町と楽市令」（同書所収）でも、「当時金森に住民は『いない』状態であった」とした。二三五頁。
（11）林屋辰三郎『天下一統』（日本の歴史12）中央公論社、一九六六年。
（12）藤木久志『織田・豊臣政権』（日本の歴史15）小学館、一九七五年。
（13）朝尾直弘『天下一統』（大系日本の歴史8）小学館、一九八八年。
（14）熱田公『天下一統』（集英社版　日本の歴史11）集英社、一九九二年。
（15）池上裕子他編『クロニック戦国全史』講談社、一九九五年。
（16）小島道裕「金森寺内町と楽市令」小島『B』。
（17）小島道裕「楽市令と制札」小島『B』。
（18）小島は、この折紙の発給年を元亀三年とし、「伊織」を「信盛」の誤りとした。今後はこれに従いたい。
（19）佐藤他編『Ⅲ』では、金森令Ⅱの第一条を「国質・郷質不可押執」と読んだ。今後はこれに従いたい。

(20) 小島は「楽市楽雇」を「楽市楽座」の誤りとしているが、後の蒲生氏郷文書に「楽売楽買」とあるので、「楽市楽雇」でもよいのかもしれない。ここでは小島説に従う。
(21) 佐藤他編『Ⅲ』第一〇六〇号文書、二九五頁。
(22) 福岡市有形文化財。『毛利家文書』一一一四号。中部よし子「近世都市の諸問題」地方史研究協議会『日本の都市と町』雄山閣出版、一九八二年。
(23) 『増補長崎略史　下』(長崎叢書四)長崎市役所、一九二六年、三八八―三八九頁。
(24) 『新編会津風土記』第一巻(大日本地誌大系)雄山閣出版、一九七七年、二二三―二二四頁。
(25) これについては第三節参照。
(26) 小島道裕「金森寺内町と楽市令」小島『B』。
(27) 奥野『上巻』第三〇七号文書、四九九―五〇二頁。
(28) 同上、第三〇九号文書の［参考］、五〇七―五一三頁。
(29) 井上鋭夫『一向一揆の研究』吉川弘文館、一九六八年、三一三頁。
(30) 西川幸治「寺内町の形勢と展開」『日本都市史研究』日本放送出版協会、一九七二年。
(31) 新行紀一「荘家の一揆と一向一揆――金森一揆と堅田大責を中心に」津田秀夫編『近世国家の成立過程』塙書房、一九八二年。
(32) 小島道裕「近江金森一揆の背景」小島『B』。
(33) 藤木久志「戦国の村と城」『戦国史を見る目』校倉書房、一九九五年。
(34) 「本福寺由来記」、笠原一男『真宗における異端の系譜』東京大学出版会、一九六二年、三〇三―三〇四頁、所収。
(35) 「山門気風の土倉」という言葉があるように、比叡山の僧侶や日吉神人が多く金融業の「借上」や「土倉」であった(脇田晴子『室町時代』中公新書、一九八五年)。
(36) 福田アジオ『番と衆――日本社会の東と西』吉川弘文館、一九九七年、九〇頁。
(37) 武邑尚彦「近江のムラの文化を考える」西村幸治他編『環琵琶湖地域論』思文閣出版、二〇〇三年。
(38) 神代雄一郎『日本のコミュニティ』明治大学工学部建築学科神代研究室編、鹿島出版会、一九七七年。
(39) 高橋昌明「民衆の砦」『湖の国の中世史』平凡社、一九八七年。
(40) 『角川日本地名大辞典　滋賀県』三三九頁。『滋賀県の地名』平凡社、四二三頁。
(41) 『聞き書　滋賀の食事』農文協、一九九一年、六九頁。
(42) 峰岸純夫「一向一揆」『岩波講座日本歴史』第八巻、中世四、岩波書店、一九七六年。後に『寺内町の研究　第一巻　戦国社会と寺内町』法蔵館、一九九八年に再録。
(43) 網野善彦『無縁・公界・楽』平凡社選書、一九七八年。
(44) 井上鋭夫『一向一揆の研究』。井上鋭夫『山の民・川の民』平凡社選書、一九八一年。
(45) 野洲町共有文書。豊田武『中世日本商業史の研究』四一六頁。
(46) 西川幸治・土屋敦夫・浜崎一志・増井正哉・八木雅夫「蓮如の道――寺内町の形成と展開」『環境文化』五八、環境文化研究所、一九八三年。大沢研一・仁木宏編『戦国社会と寺内町』(『寺内町の研究』第一巻)法蔵館、一九九八年に再録。
(47) 井上鋭夫『一向一揆の研究』三〇九頁。なお、山門と犬神人・馬借については、網野善彦「清目・犬神人・馬借」『中世の非人と遊女』講談社学術文庫、二〇〇五年。初版=明石書店、一九九六年。
(48) 金森日記抜、『真宗史料集成』第二巻所収。新行紀一「荘家の一揆と一向一揆――金森一揆と堅田大責を中心に」(前注31参照)参照。
(49) 金森日記抜。
(50) 朝尾直弘「惣村から町へ」『都市と近世社会を考える』朝日新聞社、一九九五年、一四三頁。
(51) 奥野『上巻』第三〇七号文書、四九九―五〇二頁。
(52) 寛正六年のいわゆる「寛正の破却」について、「東寺執行日記」には次のようにある。「廿三日の比東山大谷家自山門発向、其子細者、門阿弥陀仏ヲ川ニナカシ絵木、仏火入ナントシテ、江州ニ金森ノ庄ニ沙汰之ス、仍山門ヨリ発向之ス、此本所ハ大谷也、悉犬神人取之、金森ハ建仁寺ノ内妙善庵領也、山門ヘ知行之曲事也」。ここから金森荘の住民支配=下地支配権は本願寺・大谷家が持ち、上級領主権は室町幕府につらなる五山の一つ建仁寺の妙善庵が知行していたが、下地は犬神人が知行分は山門が横領したことがわかる。これ以後、金森荘は山門領となっていたのではあるまいか。
(53) 神田千里「石山合戦における近江一向一揆の性格」(前注6参照)。
(54)『角川日本地名大辞典　滋賀県』二二八頁。高橋昌明「民衆の砦」『湖の国の中世史』(前注39参照)。
(55)『滋賀県の歴史』山川出版社、一九九七年、一三一―一三二頁。
(56) 小島道裕『城と城下』小島『A』。
(57) 前注13参照。
(58) 神田千里「石山合戦における近江一向一揆の性格」(前注6参照)。
(59) 奥野『上巻』第八二号文書、一四五頁。
(60) 同上、第八九号文書、一五九頁。
(61) 同上、第九一号文書、一六八頁。

(62) 同上、第九一号文書、一六八頁。
(63) 同上、一八二―二〇七頁参照。
(64) 高橋昌明「桑実寺の流れ公方」『湖の国の中世史』(前注39参照)。
(65) 太田牛一著、桑田忠親校注『信長公記』新人物往来社、一九六五年、巻一、八六頁。
(66) 『信長公記』(前注65参照)巻一、九〇頁。
(67) 奥野『上巻』第一四三号文書、二四三頁。佐藤他編『Ⅲ』第六八一文書、一一六頁では、第四条「当所知行分事」の「事」がない。
(68) 『当代記・駿府記』(史籍雑纂)続群書類従完成会、一九九五年、一一頁。
(69) 藤井尚夫『復元イラスト　中世の城と合戦』朝日新聞社、一九九五年。
(70) 神田千里「本願寺の行動原理と一向一揆」『一向一揆と戦国社会』吉川弘文館、一九九八年、二六八頁。
(71) 高橋昌明「延暦寺王国としての近江」『湖の国の中世史』(前注39参照)。
(72) 「金森退破之記」、神田千里「石山合戦における近江一向一揆の性格」(前注6参照)。
(73) 神田千里「石山合戦における近江一向一揆の性格」(前注6参照)。
(74) 奥野『上巻』第二六八号文書、四四四―四四六頁。
(75) 『信長公記』(前注65参照)巻三「志賀御陣の事」一一四頁。
(76) 内閣文庫蔵。奥野『上巻』第二六八号文書の説明、四四五―四四六頁、参照。
(77) 奥野『上巻』第二六八号文書、四四四―四四六頁。
(78) 『信長公記』(前注65参照)首巻、三〇頁。
(79) 峰岸純夫「一向一揆」(前注42参照)。藤木久志「統一政権の成立」(前注4参照)。
(80) 佐藤他編『Ⅲ』第五〇五号文書、一八頁。
(81) 堀新「寺内町都市法の構造――「大坂並」の経済特権と領主権」中部よし子編『大坂と周辺都市の研究』清文堂出版、一九九四年、所収。後に『戦国社会と寺内町』(『寺内町の研究』第一巻)法蔵館、一九九八年に再録。
(82) 安野眞幸『バテレン追放令』日本エディタースクール出版部、一九八九年。
(83) 堀新「寺内町都市法の構造――「大坂並」の経済特権と領主権」(前注81参照)。
(84) 奥野『上巻』第三一三号文書、五一九―五二〇頁。
(85) 元亀二年十二月、信長は佐久間に所領宛行の朱印状を出し、金森のほか近江八幡各地の所領を与えた。奥野『上巻』第三〇七号文書、四九九―五〇二頁、参照。

(86) 小島道裕「金森寺内町と楽市令」小島『B』。
(87)『信長公記』(前注65参照)巻四「志むら攻め干さるゝの事」一一九―一二〇頁。
(88) 谷口克広『織田信長合戦全録』中公新書、二〇〇二年、一〇三―一〇四頁。
(89) 小瀬甫庵撰『信長記 上』現代思潮社、古典文庫、一九八一年、巻四「新村城没落并小河城降参の事」一五〇頁。
(90)『当代記・駿府記』(前注68参照)一四頁。
(91) 岸田裕之「統合へ向かう西国地域」『戦国の地域国家』(日本の時代史12)吉川弘文館、二〇〇三年、所収では、籠城している地下衆の戦意を挫き、動員を命じたものの命令・拘束から解き放ち、下城させ、その結果落城させる戦法として「麦薙・稲薙」を挙げている。
(92) この時光秀は、将軍義昭から北山城の奉行衆を与力として付けられており、元亀四年七月の義昭没落後は、幕府衆を光秀家臣団の中に組み入れていった。
(93) 高牧実「湖東の門徒と元亀の起請文」『本願寺・一向一揆』(戦国大名論集13)吉川弘文館、一九八四年。
(94) 同上。
(95) 本書第一章参照。
(96) 奥野『上巻』第六号文書、二四頁。本書第四章参照。
(97) 奥野『上巻』第六一号文書、一一三―一一四頁。本書第四章「瀬戸宛て制札」引用文書B。
(98) 摂津長遠寺宛て定書の第五条「敵方不可撰之事」も「無縁の原理」を保証したものである。同じ元亀三年という年、対日蓮宗という問題など興味深い。
(99) 奥野『上巻』第七四号文書、一三四―一三六頁。本書第七章参照。
(100) 同上、第一〇〇号文書、一八四頁。
(101) 堀新「寺内町都市法の構造――「大坂並」の経済特権と領主権」(前注81参照)。
(102) 奥野『上巻』第一号文書、一四頁。本書第一章「熱田八カ村宛て制札」参照。
(103)「諸役免許」文言はないが、「国次棟別并他所・他国之諸勧進」は「諸役」の具体例と思われる。
(104) 奥野『補遺』補遺第一一五号文書、一一七頁。
(105) 奥野『上巻』第七四号文書、一三五頁。
(106) 勝俣鎮夫「楽市場と楽市令」(前注9参照)では「守護役」や「地下役」の「免除」とするが、すべての課税免除ともした。
(107) 奥野『上巻』第一五号文書、三七頁。

(108) 同上、第四三号文書、七九頁。本書第四章「瀬戸宛て制札」参照。
(109) 佐藤他編『Ⅲ』第六一六号文書、八一頁。本書第六章「富士大宮楽市令」参照。
(110) 奥野『上巻』第三〇号文書、六三頁。本書第三章「水野太郎左衛門」参照。
(111) 同上、第三〇一号文書、四九一頁。本書第八章「苻中府宮宛て定書」参照。
(112) 小島道裕「楽市令と制札」小島『B』。同「戦国期城下町の構造」小島『B』。
(113) 脇田晴子「徳政令と徳政免除——所有の論理をめぐって」『日本中世都市論』東京大学出版会、一九八一年。
(114) 笠原一男・井上鋭夫『蓮如　一向一揆』(日本思想大系17) 岩波書店、一九七二年、一七頁、「御文」六。
(115) 笠原一男『乱世を生きる蓮如の生涯』教育社、一九八一年、七一頁。
(116) 末長国紀『近江商人』中公新書、二〇〇〇年。

第十章　安土楽市令

(1) 奥野『下巻』第七二二号文書、三〇〇頁。
(2) 同上、三〇三−三〇四頁。
(3) 同上。
(4) 小野晃嗣「近世都市の発達」『近世城下町の研究』増補版、法政大学出版局、一九九三年。
(5) 本書第九章「金森楽市令」参照。
(6) 網野善彦「「公界」と公界寺」『日本中世都市の世界』筑摩書房、一九九六年、所収。
(7) 稲葉継陽「中世史における戦争と平和」『日本史研究』四四〇、一九九九年。
(8) 佐藤他編『Ⅲ』第九二一号文書、二三六頁。大場文書。
(9) 同上、第六五四文書、一〇四頁。円徳寺文書。
(10) 小島道裕「楽市令と制札」小島『B』二二四−二二五頁。
(11) 佐藤他編『Ⅲ』第七六七文書、一六一頁。善立寺文書。
(12) 小島道裕「楽市令と制札」小島『B』二三四−二三五頁。
(13) 本章第四節第四項「加納楽市令の継承法」の (2)「都市平和法」。
(14) 佐藤他編『Ⅲ』第七二〇号文書、一三八頁。松平乗承家文書。

(15) 同上、第六一六文書、八一頁。富士文書。本書第六章参照。
(16) 奥野『補遺』補遺第一二号文書、一四頁。
(17) 佐々木銀弥「楽市楽座令と座の保障安堵」『日本中世の都市と法』吉川弘文館、一九九四年。
(18) 小島道裕「金森寺内町と楽市令」小島『B』一九一頁。同「織豊期の都市法と都市遺構」小島『B』一二二頁。
(19) 小野晃嗣『近世城下町の研究』(前注4参照)。平泉澄「座管見」『史学雑誌』二八編一二号、『我が歴史観』所収。
(20) 脇田修「信長政権の座政策」『近世封建制成立史論』東京大学出版会、一九七七年。天正四年に信長は建部油座の保護を命じた。
(21) この文書の受取手、信長との交渉相手が木村次郎左衛門であることは本章第二節参照。
(22) 仲村研『中世惣村史の研究――近江国得珍保今堀郷』法政大学出版局、一九八四年。
(23) 日野町立尋常高等小学校所蔵文書。中部よし子「近世都市の諸問題」地方史研究協議会編『日本の都市と町』雄山閣出版、一九八二年、一〇九頁。小島道裕「織豊期の都市法と都市遺構」小島『B』一二二頁。
(24) 小島道裕「織豊期の都市法と都市遺構」小島『B』一四五－一四六頁。
(25) 大村由己『秀吉事記』天正十三年十月の条には「至公家武家地下商人、止諸役被破座、依之悦者多悲者少、珍重」とある。小野晃嗣「興福寺塩座衆の研究」『日本中世商業史の研究』法政大学出版局、一九八九年、一三一頁。豊田『商業史』四二〇頁、参照。
(26) 佐藤他編『Ⅲ』第五〇五号文書、一八頁。
(27) 加納令、金森令との比較は、本章第四節第一項「十三カ条の概観」参照。
(28) 藤木久志『織田・豊臣政権』(日本の歴史15)小学館、一九七五年。
(29) 小島道裕「織豊期の都市法と都市遺構」小島『B』一三〇頁以降。
(30) 秋田裕毅「安土城下町を復元する」『織田信長と安土城』創元社、一九九〇年。
(31) 朝尾直弘「惣村から町へ」『都市と近世社会を考える』朝日新聞社、一九九五年。
(32) 桜井英治「湊・津・泊――都市自治の系譜」『平安京と水辺の都市、そして安土』(『朝日百科　歴史を読みなおす』)朝日新聞社、一九九三年。
(33) 本章第二節第三項「沙沙貴神社」参照。
(34) 小島道裕「安土」小島『A』第二章。
(35) 小島道裕「「安土町奉行」木村次郎左衛門尉」小島『A』、第三章。
(36) 秋田裕毅「安土への道を考える」『織田信長と安土城』(前注30参照)。
(37) 太田牛一著、桑田忠親校注『信長公記』新人物往来社、一九六五年。

(38) 秋田裕毅「発掘成果から見た安土の町屋」秋田前掲書（前注30参照）。
(39) 秋田裕毅「安土という土地がら」秋田前掲書。
(40) 小島道裕「織豊期の都市法と都市遺構」小島『B』一三一頁。
(41)「沙沙貴神社」谷川健一編『日本の神々5 山城・近江』白水社、一九八六年。
(42) 平凡社『世界大百科事典』一九八五年、「佐々木氏」の項。
(43) 小島道裕「「安土町奉行」木村次郎左衛門尉」小島『A』。
(44) 大化前代の国造、「公」に系譜を引き、律令時代には郡司となり、中世に至ると在地領主として神官系武士団を率いる「社家」全体の支配者は、神官ではなく「惣官」なのではあるまいか。
(45) 永禄十一年九月に信長が近江の国に出した禁制は、近江八幡市の「沖島」宛てと、神埼郡の「永源寺」宛てが残っているが、この時「沙沙貴神社」にも出されたと思う。
(46) 高橋昌明「桑実寺の流れ公方」『湖の国の中世史』平凡社、一九八七年。
(47)『信長公記』による限り、元亀元年から天正三年までの六年間に、五回の宿泊、ないし滞在が確認される。小島道裕「安土——近世城下町の成立」『平安京と水辺の都市、そして安土』（前注32参照）。
(48) 奥野『上巻』第九一号文書、一六八頁。
(49) 小島道裕「「安土町奉行」木村次郎左衛門尉」小島『A』。
(50) 小島はこの文書を永禄十一年のものとするが（小島『A』一九一頁）、ここでは通説に従い、永禄十三年としたい。
(51) 奥野『上巻』第二一〇号文書、三四六頁。
(52) 田代脩「戦国期における領主制——近江国高島郡朽木氏を中心に」『近畿大名の研究』（戦国大名論集5）吉川弘文館、一九八六年。
(53)『信長公記』（前注37参照）。谷口克広『織田信長合戦全録』中公新書、二〇〇二年。
(54) 高木昭作監修・谷口克広著『織田信長家臣人名辞典』吉川弘文館、一九九五年。
(55) 谷口克広『信長軍の司令官』中公新書、二〇〇五年。
(56) 前注37参照。
(57) 奥野『下巻』第六七二号文書、二四二頁。
(58) 笹本正治『戦国大名と職人』吉川弘文館、一九八八年。
(59) 各条文の命名は、小島道裕「織豊期の都市法と都市遺構」小島『B』を参考にした。
(60) 小野晃嗣「近世都市の発達」（前注4参照）。

(61) 勝俣鎮夫「楽市場と楽市令」『戦国法成立史論』東京大学出版会、一九七九年。
(62) 本書第七章「上加納楽市令」で、永禄十年の「上加納楽市令」と永禄十一年の「加納楽市令」を区別したが、ここではこれらを総称して「加納楽市令」と呼びたい。
(63) 稲葉継陽「村の武力動員と陣夫役――戦国期における平和の負担」歴史学研究会編『戦争と平和の中近世史』青木書店、二〇〇一年。
(64) 秀次令第三条には「普請并伝馬免除事」、高次令第三条には「伝馬并普請、今迄如有来可相勤、免許事」とある。
(65) 天正十四年(一五八六)六月付け。小島道裕「織豊期の都市法と都市遺構」小島『B』、一三六―一三七頁。
(66) 文禄三年(一五九四)八月二日付け。小島道裕「織豊期の都市法と都市遺構」小島『B』、一三八―一三九頁。
(67) 神田千里『土一揆の時代』吉川弘文館、二〇〇四年。同「土一揆と民衆」『本郷』五五、二〇〇五年一月。
(68) 平凡社『世界大百科事典』「被官」の項。
(69) 勝俣鎮夫「楽市場と楽市令」(前注61参照)。
(70) 朝尾直弘「安土山下町中定の第十二条について」『都市と近世社会を考える』朝日新聞社、一九九五年。
(71) 永田文書。中部よし子「近世都市の諸問題」(前注23参照)、一一〇頁。
(72) 谷口克広『織田信長家臣人名辞典』(前注54参照)。
(73) 石井進他編『中世政治社会思想　上』(日本思想大系21)岩波書店、一九七二年。
(74) 第一条に「楽売楽買」、第四条に「押売押買」とある。中部よし子「近世都市の諸問題」(前注23参照)、一〇九頁。
(75) 小島道裕「金森寺内町と楽市令」小島『B』。なお本書第九章参照。

あとがき

本書に収めた論文は、この四、五年間に集中して書き、発表したものである。初出の年代順に掲げれば次のようになる。

1 「富士大宮楽市令」『弘前大学教育学部紀要』第87号、二〇〇二年三月
本書第六章。

2 「鋳物師水野太郎左衛門」『弘前大学教育学部研究紀要クロスロード』6、二〇〇二年十月
本書第三章。一部は「序」に加え、表題も「水野太郎左衛門」と改めた。

3 「智多郡・篠島商人宛て自由通行令」『弘前大学教育学部紀要』第89号、二〇〇三年三月
本書第二章。

4 「熱田八ヶ村宛て信長制札」『弘前大学教育学部紀要』第90号、二〇〇三年十月
本書第一章。「熱田八カ村宛て制札」と改めた。

5 「瀬戸宛て信長制札」『弘前大学教育学部紀要』第91号、二〇〇四年三月
本書第四章。表題を「瀬戸宛て制札」と改めた。

6 「苻中府宮宛て信長定書」『弘前大学教育学部紀要』第91号、二〇〇四年三月
本書第八章。大幅に書き直した。表題も「苻中府宮宛て定書」とした。

7 「安土楽市令と伝馬制度」『弘前大学教育学部紀要』第91号、二〇〇四年三月

一部を本書「序」に、他を本書第十章にまとめた。

8 「尾張二の宮宛て定書」『弘前大学教育学部紀要』第92号、二〇〇四年十月
本書第五章。

9 「安土山下町中宛信長定書」『弘前大学教育学部紀要』第93号、二〇〇五年三月
本書第十章。表題を「安土楽市令」と改めた。

10 「加納楽市令」『弘前大学教育学部紀要』第94号、二〇〇五年十月
本書第七章。表題を「上加納楽市令」と改めた。

11 「金森楽市令」『弘前大学教育学部紀要』第95号、二〇〇六年三月
本書第九章

全体の構成としては、執筆順ではなく、対象とした文書の年代順に並べ変えた。第一章から第四章までは、結果として場所的に近接しており、鋳物・相物・瀬戸物・俵物と〈モノ〉を集中的に取り上げることになった。神社関係としては富士大宮・熱田神宮、尾張二宮・苻中府宮・沙沙貴神社を取り上げた。言うまでもないことだが、神社門前が市の庭となっている場合を多く確認できた。寺内町としては加納・金森を取り上げた。

これらの論文を書き続けているとき強く感じたのは、〈学問とは格闘技だ〉ということだった。一つ一つの問題について相手をねじ伏せたつもりでいても、次から次へと私の想いに敵対する事実が立ち現われ、私を嘲笑うかのごとくであった。ファイティングポーズを取り続けることが要請された。当然迷いも生じた。一番の危機は「苻中府宮宛て信長定書」を書いたときで、書き終えてからの現地調査で、国府宮の立派な参道を確認し、あわてて書き直した。当時自分の方針が揺らぐのを感じ、初心を明らかにする必要を痛感して、「安土楽市令と伝馬制度」を書いた。信長文書については奥野高廣氏の研究があるので、氏の胸を借りることが多かった。語句の解釈も、多くの場合すでに先

人の研究がいくつもあり、事実上はそのうちのどれをとるかであった。私の場合、その文書が問題とする〈場所〉の問題が大きなウェイトをなしていた。むしろ、場所の問題性がわかって初めて、読めたと思うことが多かった。

本書の表題を『楽市論』とした。「論」の字の旁は「木簡などの編册を丸く巻いた形」の「侖」である。それゆえ「楽市論」とは、楽市の事例を多く集め、束ねたものとなる。第一章では、伊勢湾の対岸の桑名が「十楽の津」と呼ばれていたことを根拠に、通説的な理解によりながら、都市熱田は楽市化したとした。第二章では、大森平右衛門宛て折紙を取り上げた。これを「守山楽市令」とする議論に対しては、文書を基幹部分と枝葉部分に分けて理解することを主張し、この文書は「楽市令」ではなく、むしろ「自由通行令」だとした。

第四章の瀬戸令に関して言えば、その昔、拙稿「瀬戸楽市令と商人宿」の抜き刷りを故佐々木銀弥氏に差し上げたところ、氏より楽市文言を含まない文書を「楽市令」と名づけることに対して、否定的なご批判をいただいた。しかしその後、本書でも取り上げたように、他ならぬ氏自身が「楽市文言を含まない楽市令」の存在を主張されたのである。氏の議論に従えば、瀬戸令はもとより、第五章の尾張二の宮令も第八章の苻中府宮令も楽市令となろう。氏が根拠とした「諸役免許」についての私の反論は、本書を通じて繰り返し論じたつもりである。

本書では「瀬戸楽市令」とは名づけなかったが、「楽市令」と同じの側面があるとした。二の宮令は市場に対するものでなく、自治村落に対する法令とした。苻中府宮令に対しても、曖昧な定義ながら「楽市令」とした。つまり、熱田や瀬戸、苻中府宮の市場に対しては、通説によって、楽市的な側面があるとした。他方、楽市文言のある富士大宮令・上加納令・金森令・安土令のみを「楽市令」とした点では、「楽市令」について禁欲的な態度を貫いたといえるが、〈楽市とは何か〉の議論はさほど厳密ではなく、全体を通じて、ジグザグに進んだことになる。

第六章では、富士大宮の六度市の楽市化とは、市場から今川勢力を排除することだと論じた。その前提には市場住人の自治、自治都市の発展という歴史があった。ここから一般化して、楽市令が惣村・惣町という自治村落・自治都市の発展という流れの上に位置づけられる。このことは相互に性格を異にする信長の三楽市令にも共通して当てはまろう。第三章では鋳物師の縄張りについて論じたが、商人団の縄張りをめぐる問題は、知多郡・篠島商人にも、瀬戸令にも、苻中府宮令にも当てはまり、本書を通底する関心事である。

今書き終えて思うことは、学問とは社会的な共同作業なのだということである。この本で取り上げた先人の業績として、すでに亡くなった人もあり、もちろん私より若い人のお仕事もあるのだけれど、このようにまとめることができたことに多くの人のお陰であると強く感じている。私のこの仕事が、学問という世界の共同作業の一つとして数え上げられることになれば幸いであるが、同時に、先人の学説の引用、それらへの言及に際して、思い違いなどでご迷惑をおかけしていないかが懸念される。大方のご批判・ご教示をいただければと思う。

（母十七回忌の記念の日に　二〇〇八年十一月二十四日）

安野眞幸

索　引

人名索引

あ 行

か 行

さ 行

た 行

な 行

は 行

ま 行

や 行

ら 行

わ 行

地名索引

（国名の五十音順，市場・寺社・街道名を含む）

あ　行

か　行

さ　行

た　行

は　行

ま　行

や　行

項目分布表

章	諸役免許	通行出入	商売上のトラブル	質取り	徳政	使不可入
一 熱田八カ村	(住民税の免除)	自由	悪党現形		(預ケ物の保護)	○
二 知多郡篠島		自由	喧嘩	国質 郷質 所質		
三 水野太郎左衛門	諸役徴収の許可			所質		
四 瀬戸	(市場税の免除)		横道 商馬	郷質 所質		
五 尾張二宮	住民税の免除			郷質	徳政実施	○
六 富士大宮	(市場税の免除)		押買 狼藉			
七 上加納	住民税の免除	自由	押買 狼藉		徳政実施	○
八 苻中府宮	諸役徴収の許可	強制	押買 狼藉	郷質 所質		
九 金森	諸役徴収の許可	強制		国質 郷質	徳政実施	○
十 安土	諸役徴収の許可	強制	押買 押売	国質 郷質	徳政禁止	○

例えば「徳政」の項目では，第五章「尾張二宮」，第七章「上加納」，第九章「金森」では弓矢徳政が実施され，第一章「熱田八カ村」では預ヶ物の保護が，第十章「安土」では徳政が禁止されたことを示している。預ヶ物保護を（　）に入れたのは，「徳政」文言がないからである。「諸役免許」項目の場合も同じ。

事項・用語索引

た　行

は　行

や　行

ら　行

文書索引

1）時代順に配列した。
2）［　］は奥野高廣著『増補　織田信長文書の研究』での文書番号。
3）太字頁は文書の全文引用，〜はその文書を説明した部分。

安野 眞幸（あんの・まさき）

1940年横須賀に生まれる．64年東京大学文学部卒業．73年東京大学大学院国史学博士課程満期退学．76年弘前大学教養部講師．2006年弘前大学教育学部教授定年退職．同年聖徳大学人文学部歴史文化コース教授．現在に至る．著書：『下人論』（日本エディタースクール出版部，87年），『バテレン追放令』（同，89年．サントリー学芸賞受賞），『港市論』（同，92年）．

＊叢書・歴史学研究＊
楽 市 論　初期信長の流通政策

2009年4月22日　　初版第1刷発行

著 者　安　野　眞　幸

発行所　財団法人　法政大学出版局
〒102-0073　東京都千代田区九段北3-2-7
電話 03(5214)5540/ 振替 00160-6-95814
整版/緑営舎　印刷/三和印刷　製本/鈴木製本所

ISBN978-4-588-25055-2

（価格は消費税抜きで表示してあります）

浅香年木著
日本古代手工業史の研究
古代から中世への移行期における生産様式の変貌を手工業生産の発展と社会的分業の展開過程に視点をおいて究明する一方、官営工房中心の分析がもつ限界を衝き、在地手工業の技術と組織とを精細に発掘・評価して古代手工業の全体像を提示する。
オンデマンド版　7200円

山本弘文著
維新期の街道と輸送（増補版）
明治初年における宿駅制度改廃の歴史的意義と、これを断行した維新政府の政策の問題性とを実証的に跡づける。わが国における馬車輸送登場後の資本主義的交通・輸送・道路体系の成立過程を対象に、初めて学問的な鍬入れを行なった経済史的研究。

3800円

佐々木銀弥著
中世商品流通史の研究
荘園領主経済と代銭納制、国衙・国衙領と地方商業の展開過程及び座商業を実証的に追究し、商品流通の中世的構造の特質を解明することにより、中世の新たな歴史像に迫る。従来の通説を方法論的に検討し、中世商業史研究に画期をもたらした労作。
オンデマンド版　7000円

旗田　巍著
朝鮮中世社会史の研究
高麗時代を中心に、新羅・李朝にわたって、郡県制度、土地制度、家族・身分・村落制度を精細に考察し、朝鮮中世社会の独自な構造と特に土地私有の発展過程を解明する。土地国有論の克服等によって、戦後わが国朝鮮史研究の水準を一挙に高めた。
オンデマンド版　7200円

宮原武夫著
日本古代の国家と農民
人民闘争史観の鮮烈な問題意識に立って、古代国家と農民との矛盾を租税・土地制度・生産諸条件等において綿密に考究し、その上に律令体制下の農民闘争と奴婢の身分解放闘争を展望し位置づける。古代史研究に大きく寄与する新鋭の野心的労作。
オンデマンド版　6000円

家永三郎著
田辺元の思想史的研究
――戦争と哲学者――

西田哲学と並び立つ壮大な思想体系を構築し、「種の論理」に立つ十五年戦争下の協力と抵抗、戦後の宗教的自省とにおいて独自の思索を続けた田辺元。その哲学の生成と展開、思想史的意義と限界を追究し、昭和思想史の一大焦点を鮮やかに照射する。

〔品切〕

秋山國三／仲村　研著
京都「町」の研究
班田制、条坊制、巷所、「町内」等、平安京から近世京都に至る都市形成の指標を、主に個別の「町」の成立・変貌を描きつつ追究する。研究史をつぶさに展望、同時に荘園研究で培われた実証的方法によって、近年の都市史研究に大きく寄与する。

7000円

米田雄介著
郡司の研究
古代国家とその律令的地方行政機構の本質、ならびに在地の階級関係と人民闘争の実態をともに追究するための結節点として郡司研究は長い歴史と蓄積をもつ。先行業績の厳密な検討の上に、郡司制の成立・展開・衰退の過程と意義を本格的に考察。

6800円

衣笠安喜著
近世儒学思想史の研究
〈思想の社会史〉、つまり思想的営為と社会構造との関連を重視する見地から、近世儒学の展開とその法則性を追い、幕藩制社会の思惟様式を分析する。とくに羅山朱子学、折衷学派、差別思想、文人精神、幕末の変革思想等々に独自な視座をもって迫る。
オンデマンド版
5000円

小葉田淳著
金銀貿易史の研究
わが国鎖国前一世紀間の金輸入の実態を明らかにして従来の通説をくつがえした画期的論考を始め、中近世の金銀銅・硫黄・水銀をめぐる日朝・日中間貿易、技術と産業の発達を論じた九篇を集成、明代漳泉人の海外通商、唐人町に関する三篇を付す。
オンデマンド版
5500円

杉井六郎著
徳富蘇峰の研究
近代日本の言論・思想界に巨歩をしるした蘇峰の、明治九年熊本バンド結盟から、同三十年に欧米旅行より帰国するまでの思想形成期に焦点を当て、そのキリスト教、「国民」の論理、明治維新＝吉田松陰観、中国観・西欧文明観等の内実を追究する。
オンデマンド版
7000円

土井正興著
スパルタクス反乱論序説（改訂増補版）
スパルタクス評価の変遷を辿り、国際的な研究業績の検討に立って、奴隷反乱の経緯と背景、思想史的・政治史的意義とを考察した、わが国スパルタクス研究史上初の本格的労作。初版以降の研究動向と著者の思想的発展を補説し、関連年表も増補。
オンデマンド版
8000円

誉田慶恩著
東国在家の研究
中世的収取体制の下で幾多の夫役を担いつつ、多彩な農業生産活動を展開した東国辺境地帯の在家農民の実像を古典的在家から田在家への推移のうちに捉える。実証的で周到な論証に加え、研究史を深く検討し、宗教史との関連をも鋭く示唆する好著。
オンデマンド版 6000円

鬼頭清明著
日本古代都市論序説
正倉院文書に記された高屋連赤万呂ら三人の下級官人の生活と行動を追究し、その舞台である平城京の「都市」としての歴史的性格を考察する。優婆塞貢進、民間写経、出挙銭等に関する論稿も収め、さらに文化財保存問題の現状と課題に言及する。

4800円

浅香年木著
古代地域史の研究
――北陸の古代と中世 1
古代のコシ＝北陸地域群の独自な発展過程を、対岸の東アジア及び畿内・イヅモ地域群等との交通、在地首長層と人民諸階層の動向・扇状地・低湿地の開発等の分析によって追究。日本海文化圏を想定して近年の〈地域史〉の模索に貴重な寄与をなす。
7800円

浅香年木著
治承・寿永の内乱論序説
――北陸の古代と中世 2
有数の平氏知行国地帯である北陸道において、在地領主層と衆徒・堂衆・神人集団の「兵僧連合」が義仲軍団の構成勢力として反権門闘争を展開した過程を分析。従来の東国中心の内乱論を問い直す一方、転換期北陸道のダイナミズムを見事に活写。
オンデマンド版 7000円

浅香年木著
中世北陸の社会と信仰
――北陸の古代と中世 3
南北朝動乱と一向一揆の時代の北陸――その庄園領有関係、領主層の動向、商品流通の実態を踏まえつつ、社会生活と信仰、特に泰澄伝承と寺社縁起、在地寺院・村堂をめぐる結衆＝共同体的結合の様相と地域の特殊性を追究する。畢生の三部作完結。
7500円

杉山　宏著
日本古代海運史の研究
明治以降の研究史の検討を踏まえて、朝鮮半島との交流、海人の性格、船舶管理、官物輸送、津と船瀬の造営管理、運送賃、海賊取締等にわたり、律令制成立前―確立期―崩壊期の時期区分に従って古代海運の実態を究明。斯学における初の本格的研究。

4700円

柚木　學著
近世海運史の研究
上方—江戸間、瀬戸内、そして日本海と、近世の主要航路に展開された海上輸送の実態を追究、とくに菱垣廻船、樽廻船、北前船の問屋組織、輸送状況、経営実態を、船と航海術の技術史的背景も視野に入れて分析、近世海運の特質を総体的に捉える。
オンデマンド版 7000円

小早川欣吾著
日本担保法史序説
資本主義以前のわが国において、法制度と経済生活の接点をなした「質」概念の発達、即ち人的担保と物的担保の成立と発展、その諸形態、保証の種類と性格、時代的特質を、研究史上初めて通史的に体系づけた記念碑的労作。待望の改訂新版。

5800円

平山敏治郎著
日本中世家族の研究
公家衆や武士団の中世家族のうち、主に前者に焦点をあて、家の成立と相続、旧家・新家の動向、同族的結合、家礼・門流の問題を考察する。伝承文化の基軸としての家族的結合を、民俗学と歴史学の接点から初めて本格的に追究した注目の書下し。
オンデマンド版 7000円

小野晃嗣著
日本産業発達史の研究
中世における製紙・酒造・木綿機業の三つの産業の成立・展開を追い、その製造技術と組織、流通過程及び用途、幕府の酒屋統制等をも実証的に究明。物を生産する場を捉える斬新な視角と堅実な手法は産業史研究の範とされた。新版。

5800円

秋山國三著
近世京都町組発達史
——新版・公同沿革史

戦国末期より明治三〇年の公同組合設立に至る京都町組三百年の沿革を通観し、町組＝都市の自治を、制度・組織・理念にわたり巨細に追究した古典的労作。著者急逝の直前まで製作に没頭して完成された町組色分け図を付し、増補改訂を得た新版。

9500円

村瀬正章著
近世伊勢湾海運史の研究
伊勢湾・三河湾の近世海運の実態を、廻船業の経営を中心に、浦廻船と商品流通、河川水運、沿海農村の構造的変容、海難及び海上犯罪、造船と海運業の近代化の諸問題にわたって追究する。地方史と海運史の結合がもたらした貴重な研究成果。

5800円

周藤吉之著
高麗朝官僚制の研究

高麗朝は宋の官僚制を導入した官僚国家である。その両府・三司・翰林院・宝文閣・三館等々の中枢機関と地方制度、科挙制、さらに内侍・茶房、兵制に及ぶ官僚制の全体を、宋のそれと綿密に比較し考証する。朝鮮中世の制度史的基底を照射する。

7800円

新村　拓著
古代医療官人制の研究
——典薬寮の構造

令制医療体制の成立から崩壊に至る過程を、国家医療の軸となった内薬司・典薬寮の機構、医療技術官の養成、薬事・医事行政の成立と展開等にわたって追究し、中世医療体制の成立までを展望する。日本医療の通史を構築する注目の第一作。

オンデマンド版
8700円

丹治健蔵著
関東河川水運史の研究

利根川を中心とする近世河川水運は江戸市場の形成に大きな役割を果した。河川問屋・船積問屋の盛衰、領主による河川支配と川船統制の構造、川船の種類や技術を究明、併せて信濃川水運との比較、明治以降の動向をも検討。関係史料67点を付す。

オンデマンド版
7200円

仲村　研著
中世惣村史の研究
——近江国得珍保今堀郷

今堀日吉神社文書の編纂研究を基礎として、惣村農業の形態、村落生活の様相、座商業の特質と展開、守護六角氏と家臣団の郷村支配の実態、郷民の祭祀・芸能等、多角的に追究。今堀郷の徹底的かつ実証的な解明により中世惣村の構造を見事に描く。

9500円

江村栄一著
自由民権革命の研究

自由民権運動を広範な民衆運動の中に位置づけ、国会設立建白書・請願書の網羅的分析、主権論争及び秩父・群馬等の激化事件の考察、新潟県の運動の事例研究等により、ブルジョア民主主義革命としての全体像を描く。〈自由民権百周年〉記念出版。

オンデマンド版
8000円

新村　拓著
日本医療社会史の研究
——古代中世の民衆生活と医療

悲田院・施薬院の機能と歴史を皮切りに、古代中世の疾病と治療、祈療儀礼や養生観、僧医・民間医の動向、医薬書の流布、薬種の流通等々を多面的に検討し、病気と病人を取りまく問題を社会史的に浮彫りにする。技術偏重の医史学を超える労作。

7500円

岡藤良敬著
日本古代造営史料の復原研究
――造石山寺所関係文書

正倉院文書中の造石山寺所関係文書は、古代の建築・彫刻・絵画・工芸等の造営・製作事業の実態を伝える世界史的にも稀な史料である。先行業績を踏まえ、文書断簡の接続・表裏関係、編成順序、記載内容を精細に検討し古代の原型を見事に復原。

6800円

船越昭生著
鎖国日本にきた「康煕図」の地理学史的研究

清代の康煕帝が在華イエズス会士に実測・作成させた「皇輿全覧図」とそれを採り入れた西欧製地図の伝来は、日本人の世界像の形成、近代的地図作成技術と地理学の発達を促した。百点近い地図図版を収め、受容・考証・利用の過程を克明に追究。

10000円

浜中　昇著
朝鮮古代の経済と社会
――村落・土地制度史研究

正倉院所蔵新羅村落文書の精緻な分析により、統一新羅における家族と村落の歴史的性格を考察し、また高麗期の土地制度を田柴科、小作制、公田と私田、民田の租率、賜給田、量田制、田品制等にわたって検討、朝鮮古代史の基礎構造を究明する。

8000円

田端泰子著
中世村落の構造と領主制

山城国上久世荘、備中国新見荘、近江国奥島荘、津田荘その他における村落結合の実態を具さに検討する一方、小早川家・山科家等の領主制の構造、さらに農民闘争の展開を分析する。戦後の研究史を継承して、中世後期社会像の具体化に寄与。

オンデマンド版
6700円

今谷　明著
守護領国支配機構の研究

南北朝・室町期の畿内近国における管国組織の復原を主眼とし、守護所、郡代役所等、地方官衙の成立・所在地・立地条件、守護・守護代・郡代等の人名・在職期間等を精細に考証して、守護領国概念の有効性と復権を説き、具体像を提示する労著。

8900円

前川明久著
日本古代氏族と王権の研究

古代氏族の成立と発展の過程、とくに記紀神話伝承および伊勢神宮・熱田社が果たした役割を、考古学・歴史地理学・神話学等の広い知見を採り入れて考察を行なう。政治史の枠をこえて大和政権＝古代国家の本質と構造を解明する。

オンデマンド版
8500円

山口隆治著
加賀藩林制史の研究

加賀藩の出廻役、御林山、七木の制、植林政策、請山と山割、焼畑、さらに大聖寺藩の林制等を考察して研究史の欠落を埋める労作。宮永十左衛門「出廻役御用勤方覚帳」をはじめ、「御領国七木之定」、「郷中山割定書并山割帳」等の参考史料を付す。

4500円

牧野隆信著
北前船の研究

その起源と発達の過程、経営と雇用の形態、労使関係、航海と海難、文化交流の実態等々を実証的に追究、北前船の「航跡」を照らし出す。研究史を踏まえたうえで、民俗学の成果を取り入れた、北前船研究の第一人者による三十余年間の集大成。

オンデマンド版
8700円

小野晃嗣著
日本中世商業史の研究

「油商人としての大山崎神人」をはじめ、北野麹座、興福寺塩座・越後青苧座・奈良門前市場・淀魚市等の具体的考証で、今日の中世商工業史及び非農業民研究の先駆となり、今なお大きな影響を与えている著者の単行本未収録全論考（網野善彦解説）

6800円

小野晃嗣著
近世城下町の研究〔増補版〕

江戸や大坂はロンドンやパリをも凌駕せんとする巨大都市であった。世界史的視座から城下町の成立と発展・没落の過程、組織構造、封建社会におけるその経済的意義を究明した古典的名著。「近世都市の発達」他三編の都市論を増補。（松本四郎解説）

7800円

米沢　康著
北陸古代の政治と社会

国造制・国郡制の実態から古代氏族の存在形態と伝承の究明を始め、神済とその史的環境、北陸道の伝馬制、さらに越中からみた『万葉集』の独自な考察に及び、辺境後進地域と見なされてきた北陸＝越中の実像を描き上げる。日生財団刊行助成図書。

6800円

前川明久著
日本古代政治の展開

律令国家の展開、特に七・八世紀政治の特質を究明すべく、聖徳太子妃入内、蘇我氏の東国経営、飛鳥仏教と政治、大化改新と律令制、壬申の乱と湯沐邑、陸奥産金と遣唐使、近江・平城・平安の遷都等を論ずる。日置氏、名張厨司に関する論考を付す。

4800円

土井正興著
スパルタクスとイタリア奴隷戦争
前著『反乱論序説』以来二四年、〈反乱〉から〈蜂起〉へ、さらに〈戦争〉へとその見方を深めた著者は、スハルタクス軍の構成と再南下問題等の細部を検討する一方、古代トラキアや地中海世界の動向の中に位置づけて〈戦争〉の意味を解明する。

11600円

網野善彦著
悪党と海賊
——日本中世の社会と政治
鎌倉後期から南北朝動乱期にかけて活動した悪党・海賊を取り上げ、彼らの位置づけをめぐる従来の通説を検討する一方、その存在形態を明らかにして、中世社会に定位する。精力的な実証研究を通じて日本史像の転換を促し続ける網野史学の原点。
6700円

川添昭二著
中世九州地域史料の研究
覆勘状、来島文書、肥前大島氏関係史料、豊前香春・香春岳城史料、宗像大社八巻文書、太宰府天満宮文書等々を分析・考証して、九州の中世史料総体を論ずる一方、地域規模の史料研究の意義と方法を問う。調査・整理・刊行の技術にも論究する。

7300円

宇佐美ミサ子著
近世助郷制の研究
——西相模地域を中心に
近世の宿駅制を維持すべく設けられた補助的な人馬提供制度であり、同時に地域に役負担を課す幕府の経済支配政策の一環でもあった助郷制。小田原宿・大磯宿を中心に、その成立と実態、地域間の係争や貨幣代納への転換、解体の過程を究明する。
9000円

山内　譲著
中世瀬戸内海地域史の研究
弓削島荘・菊万荘・得宗領伊予国久米郡等の沿岸部・島嶼部荘園の存在構造、産物と輸送など特質の分析をはじめ、塩入荒野の開発、村上氏＝海賊衆の水運・流通・軍事の各方面の活動と海城の実態、伊予河野氏の成立と消長の過程等々を追究する。

7100円

笠谷和比古著
近世武家文書の研究
「文書学」と「文書館学」の統一的研究の必要を唱える独自の視点から、全国に伝存する近世武家文書の内容構成を網羅的に概観し、幕藩関係及び各大名家（藩）間の、またその内部で作成・授受される、諸文書の類型・機能・伝存等々を考察する。

5300円

賀川隆行著
江戸幕府御用金の研究
宝暦・天明期の大坂御用金の指定・上納・返済・年賦証文等々分析、賦課と反発、その経済効果や混乱の実態を解明する。また、文久以降の三井組・大坂銅座・長崎会所・箱館産物会所等の業務・財政構造から近世後期の金融・経済政策を展望する。

7700円

村瀬正章著
伊勢湾海運・流通史の研究
江戸期から近代初頭に至る、米・酒や味醂・木綿・木材・干鰯・大豆・塩などの物産と流通、伊勢・尾張・三河の諸港と廻船経営、海難と漂流、沿海農村の問題を実証的に検討する。豊かで多様な経済活動の実態を掘り起こす、伊勢湾の経済史的研究。

6800円

山口隆治著
加賀藩林野制度の研究
「近世の林野は誰のものか」という問題意識から出発し、林制と改作法の関係、藩有林や留木制度の設定、民有林の成立、植林政策の推進と山林役職の整備、白山麓の焼畑用地、そして出作りの実態に及ぶ。史料「出廻役御用勤方覚帳」他三編を収録。

8800円

松薗　斉著
王朝日記論
平安貴族らが「公事情報」を蓄積するために記した日記は、「家の日記」、「日記の家」を生み、国家レベルの「情報装置」となり、「家記のネットワーク」を形成した。「情報史」の視点から、王朝日記の発生・展開・終焉の過程を辿り、機能と意義を追究する。

4500円

丹治健蔵著
関東水陸交通史の研究
江戸から明治前期にかけての、利根川水運を中心とする、河岸問屋・廻船問屋、軍需物資輸送、舟運荷物の道路輸送、商人荷物の動向などを追い、また関東・甲州道にわたる、近世宿駅問屋制、在郷商人、助郷負担など陸上交通の展開を実証的に考察。

10000円

川嶋將生著
室町文化論考——文化史のなかの公武
中世から近世へ、日本文化の形と実質を創出した室町文化の展開を、武家故実、丹波猿楽や絵解きなどの芸能、毘沙門天や盂蘭盆会の信仰、散所・河原者ら被差別民の生活と文化から論じる。「護身法事」紙背文書の楽書、『南柯記』の翻刻2点を付す。

5500円

安野眞幸著

楽市論——初期信長の流通政策

織田信長の発した「楽市令」を網羅的に取り上げ、とくに「免許」「免除」などの文言の徹底的な分析を通じて、「完全な課税免除の市場」という定説はじめ、「無縁」「縁切り」の場論などを批判的に考察する。信長研究、戦国期経済史に寄与する労作。